叢書・ウニベルシタス　991

ヘーゲルの実践哲学

人倫としての理性的行為者性

ロバート・B・ピピン
星野 勉　監訳
大橋 基・大藪敏宏・小井沼広嗣 訳

法政大学出版局

Cover illustration:
Bricklayers at a Building Site, 1875 (w/c, bodycolour & gum arabic on paper)
Menzel, Adolph Friedrich Erdmann von (1815–1905)
Private Collection
Photo © Christie's Images / The Bridgeman Art Library

For Joan, as ever

謝辞

本書に着手したのは一九九〇年であるが、当初はヘーゲルの近代「人倫」論、したがって、彼の倫理学、政治哲学に関する書物を書き上げるつもりであった。しかし、二、三の予備的な論文を書き進めるにうちに、ヘーゲルの理論を正確に理解するには、行為者性の本性に関する彼のきわめて特異な立場を知ることが欠かせないことが判明した。より正確に言えば、彼の倫理学、政治哲学は本質的に行為者性の理論であるように思われ始めたのである。ところで、ヘーゲルの立場を知るには、行為者性の説明において求められる自由についての詳細な論述と、ヘーゲルが自由な主体としての行為者性の行使にもっとも重要だと考える条件、すなわち、理性についての詳細な論述とが必要となる。自由と理性のいずれの問題に関しても、ヘーゲルの立場は、控えめに言っても標準的であるとは言えない。彼は、形而上学的な二元論に基づいて行為と出来事、行為者と非行為者とを区別することもしなければ、還元主義的一元論に認められる〔たとえば、心的・精神的なものか、それとも、物資的なものかという〕区別を否定することもしない。彼の自由論は、主意主義論でも因果論でもなければ、標準的な両立論でもない。また、彼の実践的な理性の理論は、個人の行使する反省的能力に関する理論でもない。こういう予備的なことだけでも一冊分の論述を要することがすぐさま明らかとなったのである。

数年かけてこの研究を完成するにあたり、私は多くの方々の恩恵を受けており、その方々に謝意を表することは私にとって喜びである。この新しい研究が本格的に始まったのは、アレクサンダー・フォン・フンボルト財団の二度目の研究助成によって実現した、一九九七〜八年、チュービンゲン大学での在外研究期間のことである。そこでまず、フンボルト財団に謝意を表したい。また、滞在中の厚遇と親交に対して、受け入れ機関であるチュービンゲン大学哲学科の研究者、マンフレッド・フランク、オットフリート・ヘッフェ、そして、アントン・コッホに謝意を表したい。（とりわけ、トニー・コッホには、ヘーゲルの「概念論」、ロバート・ブランダムの『Making It Explicit』に関するセミナーで、お世話になった。）二〇〇三〜四年、私は大変幸運なことにベルリン高等研究所（Wissenshaftskolleg zu Berlin）の特別研究員の身分を与えられたが、そこで本書の草稿の数章を完成することができた。ベルリン高等研究所は、優秀なスタッフと毎年彼らが招集する刺激的な研究者のおかげで、想像しうるもっとも理想的な研究環境にある。私はそのスタッフとその年次の特別研究員とにきわめて多くのものを負っている。

ベルリン滞在中には、友人であるフンボルト大学のロルフ－ペーター・ホルストマンが、親切にもベルリン界隈の哲学者たちからなる隔週セミナーを企画し、運営してくれた（ちなみに、彼のドイツ観念論に関する研究は三〇年にわたって私の仕事を鼓舞し続けている）。このセミナーで私は本書の数章の草案を発表する機会をもつことができたし、そこでの研究者仲間のコメントからは得るところがきわめて多かった。とりわけ、ディーナ・エムンズ、ロルフ－ペーター・ホルストマン、アンドレア・ケルン、ハンス－ペーター・クリューガー、クリストフ・メンケ、テリー・ピンカート、セバスティアン・レーデル、そして故リュディガー・ブプナーからは多くの教示を受けた。

さらに、アンドリュー・W・メロン財団にも深く感謝している。メロン財団賞（Distinguished Achievement Award）受賞のおかげで、二〇〇四〜七年の三年間にわたって研究休暇を取ることができ、六章と九章で論じられている問題に関する研究を推し進めることができた。メロン財団の並はずれた配慮によって、この期間、他の仕事を含めて多くのことをなし遂げることができた。もっとも重要なことは、本書の最終草案を仕上げることができたことである。

シカゴ大学とその社会思想研究科にはもっとも大きな恩恵を受けている。「研究者支援」、「誠実と献身の気風」、「絶えざる知的刺激」などのフレーズだけでは、充分にこの研究教育機関のユニークさを伝えることができないほどである。また、このようなコミュニティーの一員であることを私がどれほど誇りに思っているかということも、充分には伝えることができないほどである。

私が恩恵を受けている多くの同僚諸氏や学生諸君にきちんと感謝の言葉を述べるには、少なくとも一章ほどの分量を要するであろう。しかし、次のことは言わないわけにはいかない。シカゴ大学のジム・コナントと今はバーゼル大学のセバスティアン・レーデルは、これまたフンボルト財団の支援によるのだが、二〇〇四年に始まった国際共同プロジェクト「トランスコープ（TransCoop）」を企画、運営してくれた。研究課題は「カントからフレーゲに至る超越論的論理学」である。この研究プロジェクトは数年にわたって可能なかぎり毎年、研究会をシカゴとドイツで交互に開催した。また、ヘーゲルの私の解釈を検証し、ヘーゲルの見解の哲学的説得力を評価するためのフォーラムも開催された。これらの研究会での議論のやり取りから多くの教示を受けた。とくに、ジム・コナント、ポール・フランクス、セバスティアン・レーデル、ピルミン・シュテケラー＝ワイトホッファー、そして、マイケル・トムプソンからである。しかし、特筆すべきは、ジョン・マクダウェルとの幾度かの継続的な議論のやり取りである。これらのセミナーでマクダウェルが発表した研究（そして、彼の研究一般）からも、また彼の批判と応答からも、充分に謝意を表明することができないほど、多くのことを学んだ。マクダウェルが二〇〇七年の春にシカゴ大学で行った行為者性と行為の理論に関する一連の講義からも大いに啓発された。

私はテリー・ピンカートと二十年以上もの間ヘーゲルを論じ合う仲であるが、彼との議論から学んだことがきわめて大事だとずっと思っている。シカゴでの、この数年間のジム・コナントとの、とりわけカントと最近の哲学研究とにおける認知と行為者性に関する問題についての議論は、きわめて有益であった。そして、この二、三年のキャンダス・フォーグラーによる「行為に基づく倫理学」に関するセミナーは、私の最終稿の作成にとって不可欠なものであった。晩年のリチャード・ローティとは、ある時は公的な場で、ある時は活字になったものにおいて、ヘーゲルについて幾度か活発な議論を交わしたが、それはこの上なく光栄なことであったし、そのすべてがきわめて有意義なものであった。アレックス・ホネットからは、フランクフルトでのヘーゲル実践哲学の講義のために数回招聘を受けたが、それはつねに喜ばしいことであった。フランクフルトでホネットがつくり出している哲学的雰囲気は、私が経験したなかでもっとも刺激的で厳正なものの一つであり、そこでの議論から、とりわけホネットとの議論から多くを学ばせていただいた。同様にまた、ロバート・ブランダム、ディーター・ヘンリッヒ、ジョナサン・リア、ベアーテ・レスラー、ナータン・タルコフ、ルードウィッヒ・ジープ、そして、ロバート・スターンとの意見交換にも深く感謝している。予期しない仕方においてであるが、マイケル・フリードとの、絵画や写真におけるモダニズムの本性と歴史についての会話ややり取りは、そして、とりわけ二〇〇四〜五年のシカゴでの素晴らしいセミナーは、本書で取り上げられている多様な問題についてきわめて啓発的であることが判明した。もしフリードの仕事、彼との会話、そして彼の友情による援助がなければ、私は多くの問題に違った風にアプローチしていたことであろう。すくなくとも私の見解では、それほど旨くいかなかったであろう。（私はまた、表紙の素晴らしいメンツェルの絵画の掲載許可を得るにあたっての彼の力添えに感謝している。）最後に、この十年以上にわたる、カント、ドイツ観念論、ヘーゲルに関するゼミナールに参加した、社会思想研究科および哲学研究科の大学院生への謝意は、これを言い表すべき方法がないほどである。特に、マーク・アルツナウアー、デヴィッド・ポッセン、ジョナサン・バスキンの三人の研究助手には、草稿の準備に当たっての非常に有り難く入念な仕事ぶりを深謝したい。

以下のいくつかの章に相当する論文が、しばしば、時にはきわめて体裁の異なる粗削りのかたちで、雑誌や論文集に発表されたが、ここへの転載許諾に感謝する。第二章が最初に日の目を見たのは *The European Journal of Philosophy*, vol.7, no. 2（1999）においてである。第七章が *The European Journal of Philosophy*, vol. 8, no. 2（August 2000）であり、第八章が *Internationales Jahrbuch des Deutschen Idealismus / International Yearbook of German Idealism*, vol. 2（2004）であり、そして、第九章が *The Southern Journal of Philosophy*, vol. xxxix, Supplement, 'The Contemporary Relevance of Hegel's Philosophy of Right'（2001）である。他のいくつか諸章の初期ヴァージョンは、（著者が著作権を保持する）ドイツにおいて、あるいは、ケンブリッジ大学出版局の刊行物において、最初に発表された。

目次

第二部　自由

凡例

一、本書は Robert B. Pippin, *Hegel's Practical Philosophy: Rational Agency as Ethical Life* (Cambridge University Press, 2008) の全訳である。

二、原文でイタリックとなっている箇所は傍点で強調する。書名の場合は『 』とする。なお、太字でイタリックとなっている場合は、《 》で括る。

三、原文の ‘ ’ は「 」とする。原文の［ ］は本訳書でも［ ］とした。また、原文で英語とともに併記されているドイツ語は、必要な場合に限り、（ ）で訳語の後に併記する。原文でイタリックとなっているものはそのままイタリックとした。

四、原書の原注は頁ごとの脚注となっているが、本訳書では章ごとに通し番号をつけて、各章の終わりにまとめた。原注を（ ）、訳注を〔 〕とする。

五、本文中の〔 〕は訳者が読者の便宜を考慮して挿入したものである。

六、節の小見出しは、原書はローマ数字の通し番号のみであるが、原著者と原版元に許可を得て訳者が付けたものである。

七、引用は既訳を参照しつつも、訳者があらためて訳し直した。

八、ヘーゲルの著作を示す略号は原書のものに従い、邦訳については邦題を新たに付けて、参考文献一覧を作成した。該当文献の頁数を付し、『法哲学』については節番号を付けた。

第一部　精神

第一章　前置き——自由な生活を送る

I　「行為者性」とその条件——自由と理性

ヘーゲルの『エンチュクロペディー〔哲学体系〕』では、現代の哲学者ならば実践哲学と呼ぶであろうものが、「精神（*Geist*）の哲学」と呼ばれている。今日では、たいていの哲学者たちは、「実践哲学」が〔自然の出来事とは別個の〕特別な種類の出来事を説明するものであると考えている。それが特別な種類の出来事であるのは、その出来事の発生に責任ありとみなされる主体に、そのための理由もしくは正当化を要求することが妥当だとされるからである。時々そう言われているように、この問題に的確に的を絞るためには、（何らかの理由から何が意図的になされるにせよ、そこでは、なされたことを理解する上でその理由への照会が不可欠となる）実践的な規範領域の明確な境界設定を求める必要がある。そのさい、私たちは、理由のためになされるこの特別な種類の出来事、すなわち、行為が存在する可能性を問うているのである。(1)　これに対して、そのような区別は存在しないかもしれず、自然的諸対象、その諸性質、存在論的に均質な自然的出来事があるだけかもしれないといった問題が、かねてから近代の実践哲学における懸案であった。同様に、私たちはしばしば、時には実践哲学に独自の問題として、また時には第一の問いの答えに密接に絡む問題として、何がそうした理由ないし正当化と正しくみなされるべきであるかを、主体自身が事実上そうした理由とみなすかもしれないものとは別個に、査定することを求める。[2] この議論は、善く行為することを実践理性の行使と結びつける説明であるという点で明らかに、私たちがもっとも重要であると考える主張、すなわち、倫理的、道徳的な種類の理由、権利ないし正義の問題などを含んでいる。[3]

ヘーゲルの包括的な実践哲学に範囲を限れば、先の二つの問いに対する彼の答えの核心は自由の理論にある。すなわち、自由論こそ行為の存在論的な特殊性の説明の核心であり、またヘーゲルの価値論と呼びうるものの核心である。この理論の基本特性は少なくともある定型的な仕方ではよく知られている。しかし、その仕方には、解釈を明晰化する企てを妨げるか、たとえある仕方で明晰化された場合でも、異論の余地ありとみなされてきたか、そのいずれかの予断や含意が付き纏っている。ところで、ヘーゲルの理論は、二つの基本要素から成っている。先ず、ヘーゲルにとって、自由は自分自身とのある一定の反省的で熟慮的な関係のうちにあることにある（ヘーゲルはそれを私の傾向性や動機に「理性の形式」を与えうることだと言う）。しかし、その関係自体が可能であるのは、ひとがすでに他者とのある一定の（最終的には制度的で、規範に律せられた）関係のうちにもある場合、すなわち、ある一定の実践への参与者でもある場合に限られる。このヘーゲルの説明は、自己理解の可能性と内容そのものを、ある時代の社会的、政治的構造から切り離し、その上で自他関係の諸形式を分析するやり方とは相容れない。また、他の多くの近代理論に見られる純粋に心理学的な説明でもない。

以上の二点が、おもに社会的な規範、制度、実践の本性の問題に関する、ヘーゲルの説明のおそらくもっともよく知られている特徴である。こうしたものの説明において、ヘーゲルが「方法論的個人主義」に異を唱えていることはよく知られている。彼の見解では、社会的な規範、制度、実践は、個人の抱く信念ないし個人のコミットメントから構成され、それに存し、それによって維持される、と説明されるべきではない。つまり、個人の決定（すなわち、推定上の偏見なき理性的選択）によって創り出される、と説明されるべきではない。方法論的個人主義に異を唱えるとは、個人があらかじめ複雑な社会的ネットワークの構成員でなければ、個人の精神〔心的態度〕にとってどんな内容もありえないと考えることである。つまり、個人と社会構造の間の依存関係は、社会構造からこの関係を支える諸個人へと還元されるのではなく、その逆であると考えることである。私はもっと力を込めて、方法論的個人主義の論理のこの逆転は、行為者性そのものの可能性の条件を説明するのにどうしても必要である、とヘーゲルが考えていると言いたい。

しかし、この最後の論点は複雑できわめて分かりにくい。そこで、行為という出来事を構成するとされる多くの特性に、――たとえば、行為は何らかの記述のもとで意図される、行為は「なぜ」という問いに対する独特の種類の答えを妥当と認める、行為は知と意という二要素間のある種の関係を含む、などの特性に――、ヘーゲルが、普通は提起されないが、たった今示した社会性の問題へと彼を導く、一つの要素を付け加えていると言っておきたい。きわめて簡略に言えば、行為が私のものとみなされるためには、その行為が行為者にとってある意味をなさなければならない。その内部でならば今これを行うことが筋の通った意味をもちうる、諸々の実践と制度の複合全体のうちに、その行為が理解可能な仕方で嵌め込まれなければならない、ということである。たとえば、私はあることをなし遂げることができる、自分の行っていることが何であるのかを知っている、あらゆることを考慮した上で、その行為が行うべきことであったと反省的に認めることができる、そして、その行為——たとえば、閲兵のため観閲台の前を行進すること——を自発的に、強制されることなく行うことができる。もっとも、ヘーゲルの説明では、その行為は、すでに消滅してしまったか、それとも、ある生活形式の内部で必要とされる他のコミットメントと矛盾するコミットメントを行為者に要求するか、そのいずれかの実践の部分でありうる。私たちは、「行為者性の条件」をぎりぎりにまで緩めることによって、〔例に挙げた観閲台の前を〕行進することは、少なくとも自然に起きる出来事ではないという意味で、行為であると言いたくもなる。しかし、私が究明したいヘーゲルの見解によれば、これは、ある人を行為者とし、ある行動をある人に帰しうる行為とするにあたって必要な行為者性の条件を十分に充たす見解ではないであろう。すなわち、標準的な条件をすべて充たすことができても、なお私たちはその行為が真に「私のもの」であると言うことを躊躇う。完全に心から、その行為を請け負い、自分の行為と認め、自分のものであると主張しうると言うことを躊躇うのである。(4)（親の役割がすっかり変化し、新しく要求されるものが、無意味で辻褄が合わないとひとが感じている社会は、自分の好みが充たされていないと私だけが感じている社会とは異なるであろう。もっとも、状況をそのように記述し直すことは、つねに可能であり、ありふれてはいる。）そして、有意味性のこの種の条件は、何らかの反省もしくは決定によっても、よりよく頭を働かせたり、よりよく見ることによっても、一人だけで確保したり獲得したりすることができない局面なのである。個人が個人として意味の破綻に悩むことは、病的な倦怠もしくは抑鬱症におけるように確かにありうる。しかし、どの既存の社会も、共通の意味、特徴、禁忌の集合体であって、維持されることも破綻することもありうる、共有された一般的な信念体系である。実際、この社会の成立条件、すなわち、共有された有意味性ないし理解可能性のもっとも興味深い諸相の一つは、それが破綻し、消滅し、統制力を失うことがありうることなのである。そして、ヘーゲルが関心を寄せるのは、この破綻しうる共有された実践的な有意味性とは何でなければならないのか、私たちの行為についての説明を、有意味性の条件の実現とその破綻に関するより完全な理論へといかにして統合するべきなのか、という問題だけである。（理解可能な生活のこの形態の達成と維持に、彼は「人倫」（*Sittlichkeit*）という一般的な名称をあてている。また、行為における精神〔心的態度〕の厳格に個人主義的な説明に対する人倫の優位を擁護しているが[5]、これについての彼の言い分は正しく評価されてこなかった。以下で論じたいのは、このことである。）

以上の自由論において、ヘーゲルが不可欠だと考えるのは、第一に、自分の行為、実践、社会的役割を自分のものであると現実に経験的に同定しうる可能性の論証であり、行為が自分自身のものであり、自分自身のものとして経験されるための必要条件の論証である。これが立証されるならば、ひとは自分がある行為をある心理過程や心理作用の結果としてユニークな仕方で因果的にもたらしたと言いうるし、理性的な熟慮に基づいてそうしたと言いうる、と考えることができる。しかし、ひとは自分自身の行為を、なおよそよそしいものとして経験することがありうるし、自分が誰であるのかということの部分的な「表現」にすぎないものとして経験することがありうる、と考える余地も残っている。（これは、ヘーゲルの、自由に関する自己実現論における決定的な論点である。）

第二に、個人の精神〔心的態度〕と共同の精神との関係性は、理性的であるがゆえに、自由を構成し、（自分が行ったことを請け負うことができ、それを本当に自分のものであると認めうるまでに）同定を可能にするということの論証である。（これが、先ほど注意を促しておいた理解可能性問題の鍵となる条件である。）それゆえに、ヘーゲルが提示しようとしているのは、十分に理性的で自由な生活に不可欠な要素であると示されうる多様なコミットメントが近代世界にはある[6]、ということである。それに関する彼のもっとも明確な言明の一つが『美学講義』にある。

真に理性的に組織された国家においては、すべての法律と制度は自由の本質的な諸規定の実現にほかならない。こういう事情であれば、個人の理性がこの国家制度のうちに見出すのはただ自分自身の本質の現実態である。これらの法律に従う場合、それは自分にとって疎遠なものにではなく、ただ自分自身に一致しているのである。もっとも、選択の自由（恣意）もしばしば同じように「自由」と呼ばれる。しかし、選択の自由（恣意）は非理性的な自由にすぎない。というのも、選択と自己規定は意志の理性に基づくのではなく、偶然的な衝動とそれらの感覚や外的世界への依存に基づくからである。
（A, 98; TWA, Bd. 13, 136.『美学講義』（上）一〇五頁）

ヘーゲルは、（ここで強調されているように）彼のもっとも挑戦的で興味深い主張の一つにおいて、法律や制度に従う行為や実践が「主観的」にも「客観的」にも理性的であると言いうることを論証する。ここにも、ヘーゲルの理論の独自性が認められる。彼は、自由の道徳心理学的で個人的な次元（「意志の自由」の可能性）を、等しく自由（行為する自由）を構成する依存と自立の社会関係から切り離すことができないと考える。また、社会的諸制度をそれらの理性性に照らして査定する。もっとも、「人であれば誰も」が行うであろうこと、あるいは「公平な裁判官」ならば行うであろうことに気づけば個人が行使することのできる能力であるかのような、理性の、まったく主観的、能力的で、心理学的な見方を彼はとらない。ヘーゲルが抱いているのは、実践理性の、歴史的、社会的で、プラグマティックな概念であるとみなしうる。彼は実践理性を、自分の行為が別様にもなしうる他者の行為に影響を及ぼし合う人々の間での、正当化の企ての、ある種のやり取りと理解している。しかも、これはすべてある時代の、ある共同体にとってのものである。以下での私の目的は、これがヘーゲルの見解であるという解釈を擁護することであり、この主張そのものを様々な反論に抗して弁明することである。

しかし、直ちに難しい問題が持ち上がってくる。そもそも、これはヘーゲルがこの問題を定式化する仕方ではない。ヘーゲルは、自分が体系的な思想家だと考えているから、主題の範囲をこのように限定することにはきわめて慎重である。彼にとっては、はるかに多くの場面を設定することが必要となるが、それによってこの（自由の）テーマを他の諸命題、とりわけ『論理学』における諸命題から切り離しえないことが明らかになる。この体系への野心は、多くのヘーゲル批判を招いてきたし、彼の哲学を時代遅れのもの、歴史的な関心を呼ぶだけのものにするとみなされている。しかし、どの哲学者にとっても実践哲学の中心問題をそれだけで切り離して論じることはつねにきわめて難しいことである。この体系的観点が、精神哲学における諸問題、すなわち、自己知、一人称的権威、理性の本性、因果性と存在論、行為の形而上学などを提起することになる。また、広範な諸問題を取り扱うことになれば、首尾一貫しなければならず、何らかの意味での統一性が求められる。おおよそ、これが体系的論法の意味することのすべてである(7)。それゆえ、体系化への避けがたい要求についてのヘーゲルの素直さと野心は、それ自体珍しいものではない。いや、私が示したいと考えているように、それはきわめて啓発的でさえありうる。ここで関連する論理学の諸問題を全面的に展開しようとは思わないが、ヘーゲルの実践哲学を適切に論じようとするならば、「理念」、「概念」、「現実性」の間の関係についての主張を無視することはできない。それは、「概念がそれ自身にそれ自身の現実性を与える」、「精神はそれ自身の産物である」、人間の行為における「内」と「外」とは「思弁的同一性」の関係を享受するというものである。また、彼の議論全般を構成する他のいくつかの不可欠な要因も無視することができない。

しかし、一般的なことは別にして、ヘーゲル独自の論法には、もっとも多くの論争を呼び寄せたが、妥当な解釈が避けて通ることのできない、三つの局面がある。

第一に、体系構想の歴史的次元は、その野心という点で評判が悪い。ある出来事を（真にないし十全に）行為とするもの、さらに善い行為もしくは悪い行為とするものに関するヘーゲルの説明は、大きな物語の最大のものに密接に結びつけられているようにみえる。それは、人間であるとは何なのかを理解するための、人類の（彼の説明ではより適切には、西洋における）絶えざる闘争の説明であり、始まり、中間、終わりを具えた、進歩的で自己啓発的な物語である（そのなかで私たちは、絶対的に自由な存在者であることが、そして、自由な生活が何から成り立っているのかを学ぶ）。換言すれば、ヘーゲルは、少なくとも自由がある種の自己決定と理解され、そう理解された自由が少数者にとってだけではなく各個人の可能性とみなされ、普遍的に価値あるものとみなされて、自由の可能性と重要性が注目されるようになったのは、哲学的伝統のなかでは比較的最近のことであり、とりわけ西洋近代に特徴的なことであるという、事実を正当に取り扱おうとする。そこで、こう問うことができる。自由の理論的問題が今そうみえるようにみえ始めるようになったのはなぜなのか、そして、いつなのか。正義についての政治的な問題が自由の問題にこれほど依存するようになったのはなぜなのか、そして、いつなのか。(8) 西洋近代だけがそれ自身を各人の自由な生活に向けての切望の時代と共通に理解しているが、それにはどのような意味があるのか。そして、この西洋の伝統の多くの時代にとって、政治生活も哲学も他の点では私たちの時代とほとんど変わっていないのに、この切望が重要な要因ではなかったことは何を意味するのか。

第二に、ヘーゲルの体系的論法のなかでもっとも異論が多いのは、行為、行為者性、自由に関する近代の議論において自明とされている存在論へのヘーゲルの抱く深い疑念である。これは、主体を存在論的に独特の個人として孤立すること、主体による理由を挿話的、気分的で、ユニークな結果をもたらす心的状態として孤立することへの深い疑念である。これから見るように、ヘーゲルの立場はこれと対照をなす。確かに、ある種の心的態度は行為そのものを構成し、行為そのものから分離することができない。しかし、個人的な主体であることは、いわば集合的、社会的な規範のもとで達成されたものである。したがって、主体の自立とみなされるものは、深遠で存在論的でさえある、独特の種類の依存とつねに絡み合っている。

第三に、この体系性のゆえに、ヘーゲルにとって、「精神」(「精神」(*Geist*)とは、心的態度の人間に独特の形式、彼が行為とみなす人間に独特の所業のためのヘーゲル用語である)の本性と活動に関して、規範性の問題、行為の問題、そして行為の相互的な正当化の問題と交差する諸相以外にも、言うべきことがきわめて多い。しかし、彼が言っていることのいくつかは、今日ではほとんど反響を呼ばないし、不明瞭で分かりにくい。その一例が、真に自己充足的な(それゆえ自由な)活動は、「絶対者」と呼ばれるものだけに帰される、というものである。また、ヘーゲルが「理性の作用」を、それが宇宙の実在的要素であるかのように、実際、全体の根本的な構成要素であり、「最高に実在的な」要素であるかのように、論じているようにみえるときもある。そして、理性をたんなる人間の能力ないし力量のようなものと解釈する説明を拒んでいるようにみえる。

しかし、ヘーゲルは、体系的な思想家ではあっても、彼の有名な言葉では「弁証法的」な思想家でもあるから、私たちは確信をもって次のように言うことができる。すなわち、(責任ある個人によってなされる)行為としての行為の当面の問題に関連する諸特徴、つまり、人間の自由(「主観的精神および客観的精神」と彼が呼ぶものの領域)の本性に関する体系とは別個の問題の正当性と不可避性とを、ヘーゲルがあえて否定することはありえない。また、諸々の理由の質と実現された自由の階梯との関係は言うまでもなく、すべてがそれらの適正な体系的文脈において理解されるときでさえ、ある時代のある社会において諸個人がそれへと訴える諸々の理由の質を理解する正しい方法があることを、ヘーゲルが否定することはありえない。ヘーゲルは、『エンチュクロペディー』において、自然と精神の関係、客観的精神における道徳性の役割、とりわけ、古代と比較して近代における自由の個人的経験の進歩的で高度な本性を論じている。しかも、行為者性像や権利の要求における、精神のより適切な理解への移行に関する主張を説明するために、ヘーゲルが必然的な「絶対者の展開」に関する包括的な主張にいきなり訴えるということは、断じてない。彼自身の論法では、人間の行為領域と自由の問題はそれ固有の説明に値するものである。彼はそれを当の問題に内在的な観点から提示しようとし、実際にそうしている。このような問題は、徐々に「高められ、超えられる」（ヘーゲルの有名な弁証法的用語によれば、「止揚される」(*aufgehoben*)）とき、単純に「廃棄される」のではない。最終的にはその発展が、個人性を社会的依存に結びつけ、ある主体が私的に「もつ」とみなされる意図と公的な行為との不可分性を要求するにせよ、すなわち、その行為（なされたこと）の理解可能性と正当化可能性がつねに何らかの仕方で「制度に拘束されている」ことを要求するにせよ、そうなのである。そして、比較的広範な文脈の内部においてさえも、個別主体は個人として存在し、反省的でかつ社会的な行為者であり続ける。そして、個別主体が自分の行っていることは何なのか、そして、なぜなのかを解釈する仕方が、ヘーゲルの説明において依然として本質的な役割を演じているのである。

　以上で述べたことは、ここで提起された行為者性や倫理学の諸問題が、ヘーゲルの体系への野心とは無関係に、比較的独立に取り扱いうるということである。しかも、その体系への野心を理解しようとするさいに、私たちが何に定位すべきなのかという問題の一部は、諸部分が論じられる仕方そのものから答えられなければならない。たとえば、伝統的なヘーゲル解釈では、有限な人間主体が自由になると理解されるのは、自分たちがただ有限であるばかりではなく、ある意味で「絶対者」の自己実現の乗り物でもあることを――本来的には哲学において、しかも、芸術、宗教、人倫に現前する意識もしくは自己知という媒介された形式において――彼らが自覚する場合である。しかし、このやや預言者的な表現が何を意味するにせよ、有限な諸主体が自然の偶然性から自分自身を解放し、自分の世界を把捉し、他の諸主体と折り合いをつけるという、限定された闘争が、すべて最終的には「絶対者の顕現」とのみ理解されるべきである、ということではない。また、有限な主体に関して理解する必要があるのはただそれだけである、ということでもない。多くの例に認められるように、ヘーゲルは、このような過程における誤謬、行き詰まり、その解決を把握しようとするとき、そうした宇宙論的構想に訴えているわけではない。問題はつねに、当該の過程あるいは展開に限定的かつ内在的に論じられる。何もかもが神聖な精神の自己表現の過程に「飲み込まれる」ことが予定されているならば、ヘーゲルは自分自身がそうであると宣言している弁証法的な思想家ではないことになる。ヘーゲルが次のように言いたいと考えているのも事実である。すなわち、有限であるとだけ考えている限り、有限な主体の行為者性と知識が自分自身にとって完全に理解可能となるわけではない。それが理解可能となるのは、自分自身を「絶対者の顕現」であると解する場合である。ただし、これが意味しているのは、諸主体がそれに「依存する」、自己実現する行為者性および自己知に関する論理があるということである。彼が言おうとしているのは、人間の自由の自己実現の発展過程を理解することができること、そして、理解可能性の他のどの局面もこの過程の適正な理解に依存し、それを前提としていること、ただこれだけである。そして、これが「絶対的」ということなのである。

II　自由と規範性

このような厄介な体系的な野心にもかかわらず、実践哲学におけるヘーゲルは、冒頭で触れた決定的な点において、他の多くの近代哲学者たちと、違っているというよりも、はるかに似かよっている。彼にとっての中心問題は、（彼の属する思想系譜によって）行為としての出来事の分類に必要だとされる条件、つまり自由に関わっている。ある出来事（すなわち、行為）は自然の出来事とは別個の仕方で説明されなければならないという主張と、自己、世界、そして他者との人間独自の関与の仕方を教導するべき諸規範に関する説明とが、実践哲学における二つの主要問題であるが、これらの問題のヘーゲル的な取り扱いの基調をなすのが、自由に関する彼独自の前例のない説明なのである。

行為としての出来事の分類に必要な条件が与えられても、その条件を充たす方法は知られているだけでもきわめて多様である。そこで、ヘーゲルは自分のアプローチを位置づけるにあたり、彼流の観点から、それを以下のような説明と対比している。行為は、私が世界における独自の個人として行う、因果関係から独立の選択の結果生じたが、私は別の選択をすることもできた（すなわち、私は起こったことに対して、その唯一の原因である意志の行為によって責任がある）。行為は、私自身の個性を首尾よく表現することを客観的になし遂げている。私の欲望、傾向性と信念との間の適切な因果的結合は（因果関係から独立の選択を介することなく）この結合を確立しており、その結果私は行為や企てのうちに私自身の行為者性と決意を認めることができる。その行為が自由とみなされうるならば、一階レヴェルで生み出された、私が心に抱く意図、行為、企てを、私は二階レヴェルで同定することができる。その結果、あたかも他者に属しているかのようにとか、あたかも運命的、強制的、専制的であり、実践的に不可避的であるかのようにとか、という意味で、それらが疎遠にみえるということはない。[9][1] ヘーゲルの「関係性」の理論——自由は他者との一定の関係のうちに埋め込まれている限りでのみ可能なある一定の自己関係を必要とすること、また、その理論は理性的な「表現主義」の理論であって「因果的能力」の理論であってはならないこと——は、この種の問題に対する解答として目論まれたものである。

しかし、ヘーゲルは他の近代哲学者のほとんど誰とも違っている。それは、彼の提案にしばしば認められる修正主義的な特性においてであり、もちろん、問題を的確に見たままに述べるために考案された、独創的だが時にはきわめて苛立たしい用語法においてでもある。[10] ところで、ヘーゲルの説明が修正主義的であるのは、彼が問題それ自体の直観的な次元に触れていたいと考えながらも、実践哲学における論争中の問題を再構成することに傾注して、伝統的もしくは類型的な問題に答えることにそれほど熱心ではないからである。これに対して、私は言いたい。たとえ修正主義的ではあっても、彼の解釈は、実践的規範に真摯に応答すると解されることに関する存在論的な説明に基づいており、規範性そのものの一般理論に基づいていると理解されなければならない。したがって、本書の第一部では、精神に関するヘーゲルの主張、精神と自然の関係、すなわち、精神は「それ自身の産物である」という一風変わった主張を吟味する。また、規範は自己立法的なものと解されなければならないという主張、あるいは、ヘーゲル独自の言葉で語られる、実践的規範もしくは概念は「それ自身にそれ自身の現実性を与える」という主張を吟味する。第二部では、ここから、擁護される自由の理論を具体的に実現すると彼が考える、自他の関係性についての説明へと向かう。第三部では、ヘーゲル哲学の理論レヴェルと実践レヴェルの両方で求められる社会性に関する基礎理論——すなわち、承認関係および制度の理性性に関する理論——に向かう。以下は、後続の諸章の手短な概要である。

III　各章の概要

第二章

ヘーゲルの『エンチュクロペディー』に目をやると、形而上学の核心的問題については、彼がカントの基本定式を受け容れていることが明らかになる。彼の哲学体系は次の二つの部分に分けられる。一つは、基本構想のようなもの(11)、すなわち、「論理学」であって、概念と概念内容の可能性に関する理論(いわば、可能な説明のすべてに関する説明)のヘーゲル版である。もう一つは、「自然哲学」と「精神哲学」である。この部分は、理解可能性そのものが、自然か精神か、いずれかの説明でなければその説明が旨くいかないというように、理解可能な領域の限定を必要とするのは一体なぜなのか、についての論証によっている。(ここには明らかに、カントの建築術と称される知識体系論との対応がある。一方では『批判書』と『自然科学の形而上学的原理』の関係との、他方では『批判書』と『人倫の形而上学』の関係との対応が認められる。)ヘーゲルはまた、カントとほぼ同様の仕方で自然と精神の領域を必然と自由の領域に分割する。すなわち、(唯一の未来を経験的な初期条件とともに決定する法則の下にあって)その原因が探求されうる出来事(12)と(カントの有名な用語では「法則の表象」のゆえに生じ)その理由が要求されてよい行為とに分割する。だが、自然領域から分割された精神領域の限定の必然性に関するヘーゲルの説明は、自然の現象性や物自体の不可知性に関するカントの主張には依拠しない。そもそもどの二元論にも依拠しない。ヘーゲルは疑いもなく、自由な行為者として尊敬するべきであるという基本的な主張が成立する境位を「知りえない」とする哲学、自由を実践的に不可避な想定としてしか認めない哲学は、哲学の名に値せず、たんなる「信仰」もしくは宗教の一種と考えるべきだとしている[13]（GW, 344; FK, 94.『信仰と知』五一頁）。

「精神哲学」におけるテーマは、主観的精神、客観的精神、そして絶対的精神の哲学に分類される。この三領域は、規定された精神の異なる諸形態の可能性に関する説明にほぼ対応する[14]。第一の精神形態は、習慣的性向である。これは、規範の適否に関する思慮からその方向性が与えられているが、自然の世界になお深く埋没し、その強い影響を受けている。これについての自然的な説明は（この存在者の活動が複雑さの度合いを増すのに応じて）次第に不適切で満足のいかないものになる。ヘーゲルのアプローチは、すでに述べたように、漸進主義であり、理論的な宥和主義である。したがって、精神とは何であるのかの説明は、自然に囲繞されていて完全に自己決定的ではない諸特性をも的確に認識することができなければならない。また、完全に反省的で自由な人間の精神も、ある可能性が多くの諸段階を経て実現されたものとしてのみ理解されうる。この実現の過程は、食物や気候などの自然的な諸要因から大きく影響を受けているが、厳密にはそれらによって生み出されたわけではない精神とともに始まる。もっとも、ヘーゲルによれば、私たちは、当初はまだ、身体的、精神的な労働によって、自分自身を自然から受け継いでいる性向や傾向性から引き離すには至っていない。だが、潜在的にはこれをなしうるのである。これをなしうることによって、私たちが行うことを説明するにあたり、それと自然的諸要因との関連を理解する仕方が変わる。（繰り返しになるが、ヘーゲルは「人間学」の説明において身体的概念と意図的‐反省的概念との「複合」を唱えているが、このような主張は私たちが自由であるかどうかの問題が、たとえばカントにおけるように、あれかこれか式のものではありえないことを意味している。）以下で取り上げる引用では、精神は自然の「真理」であると言われているから、精神は何らかの種類の自然複合体に基づいているか、それとも、それに由来する。精神に関するすべてが自然のうちで具体化され、自然のうちで表現される。それは、いかなる意味においても、超自然的であるとみなすことはできない。（ヘーゲルは、思想の「最高の」表現でさえ、象徴、音声、標識などの感覚的な具体物を必要とすると主張している。）もっとも、他方でまったく「精神的」（*geistig*）ではない自然的な出来事や様態も確かにある。

　第二が、社会的精神の諸形態、相互関係における諸主体（すなわち、「客観的精神」の成功形態の達成）の説明である。第三が、「自由な思惟」の領域であるが、これはヘーゲルのいわゆる絶対者、すなわち、（芸術、宗教、哲学からなる絶対精神という）自己意識の包括的で、決定的に「無条件的な」[15]諸形態と関係する。彼は、実のところむしろ素直に、このような区分が幾分わざとらしいこと、それらの相互関係はこのような区分が示すよりもはるかに複雑であることを認めてもいる。（『法哲学』において、ヘーゲルは、精神と行為の説明が人間という独特の存在者に関する理論という体裁を十分に整えるに至るのは、客観的精神の哲学において社会性の説明が加わることによってであるとさえ主張している。そして、見かけと違って、真に人間的なものはやや恣意的に分類された人類学的説明と他の「主観的精神」の説明には登場しないと言っている。[16]）

　だが、意外にもカントとの同一歩調はここで終る。精神はいかなる意味においても、「物」（もしくは、「物自体」）でもなければ、実体でもない。精神と自然との関係は、哲学的に前例のない仕方で記述される。それゆえ、ヘーゲルは、[17]主意主義者でも、非両立論者でも、二元論者でもない。彼は（もっとも弱い）意味での「両立論者」である。言い換えれば、カントのように、自由の可能性を擁護するために、独特の種類の因果的能力（「つねに別様になすこともできた」という能力、すなわち、自由による因果性）を立てる必要があるとは考えない[18]。自分の理解する自由が、普遍的な因果的決定論、すなわち、ライプニッツ、スピノザの形而上学と両立することを詳説することにも、それほど関心を示さない。また、自然の哲学、すなわち、自由がそれと両立しうる自然に関する彼の立場を十分に論じることは、本書が取り扱う範囲を超える。私の目的にとって重要なのは、（a）なぜ彼が「意志の自由」の問題にまったく悩むことがないのか、またこれに応じて、（b）なぜ自分の理解する自由の可能性を確保するために独自の因果的能力を立てる必要がないと考えるのか、という問題である。意志の自由の問題への無関心さは、彼がどの種類の唯心論も（叡知的なそれさえも）そっけなく斥けているばかりか、伝統的なカント的問題もほとんど論じていないという事実からも明らかである。（因果性、責任の問題に関する論述の明らかな例外は『法哲学』の第二部「道徳性」に認められる[19]）また、すでに述べたように、「精神」と「自然」の関係に関する彼自身の見解を述べる言葉遣いはきわめて独特である。（たとえば、精神は「自然の真理」であると言われ、自然の「他者」とも自然とは別個の実体、非自然的実体とも言われない。また、美的ではあるが奇妙な言葉遣いで、自然は精神の「眠り」であると言われる。）二つの領域が異なったタイプの実体を表わすこともまったくない。（それゆえ、ヘーゲルはある種の様相論者、あるいは二様相論者である。）もっとも、他の理由からではあるが、ヘーゲルは、自然因果性の概念の適用は有機体の活動を説明する企てにおいて、あるレヴェルに達すると「不適正」なものになると主張している。

　これらの錯綜した主張は、解釈の上でも、哲学の上でも、多くの問題を提起する。その中心にあるのが、「不適正」という主張によってヘーゲルが何を意味しているのかという問題である。なぜなら、それが適正な説明基準に関する問題であると考えていることが、そこでは示唆されているからである。そしてまた、存在者の自然的諸性質にもっぱら関連する説明が、あるレヴェルの複雑さに達すると不十分、不適正なものになると、なぜ彼が考えるのかという問題である。精神は、適正に理解されうるには、集合的に達成された規範的な人間精神と考えられなければならない。しかし、そのように考えるには、すでに述べたように、独特の諸定式が必要になると思われる。それは、精神はそれ自身による「自然からの自己解放」である、精神は「それ自身の産物」である。そして、精神の現実性とは精神が「それ自身をそれがそれであるところのものへと作り成した」(PSS, I:6–7.)[2]ということである、といった諸定式である（これは、後期「ヘーゲル左派」のヒューマニズムの源泉である。そこでは、人間の「自己形成的」な性格が強調され、それが最終的には労働過程による自然必然性からの「現実的」解放に結びつけられている）。私の提示している解釈の含意の一つは、このヘーゲル左派運動がアリストテレス的ないし自然主義的な本質主義への後退を示しているということである。それは、ヘーゲルの構想の完成というよりは切り捨てに繋がる、「自然」の目的論的論理を採用している。しかし、ここで擁護されるべき主要な論点は、ヘーゲルの自己形成モデルが、完成態へ向けての自然的な成長や成熟に関するアリストテレス的な観念にではなく、あらゆる規範の自己立法的な性格に関する主張に由来することである。もし精神が集合的な規範的精神の達成であるとすれば、そのような規範があり、それに私たちが従うのは、ただ私たちがそのような規範を立法し、そのことによって自分自身をそれに従わせたからである。いかにしてこの主張をより比喩的でないものにするのか、とりわけ、理論社会学にも哲学的人間学の一形式にも転ずることなく、いかにして現実の真に拘束的で正当な規範力の説明である規範的必然性に関する主張を保持し続けるのか、ヘーゲルが自分自身に課した課題の大半はこの問題である。そこで、以下ではこれを論じる。

第三章

行為者性の本性とその必要条件に関する非二元論的、両立論的な論述の含意は、ヘーゲルにとって、行為者性の問い（行為者性とは何なのか、それは存在するのか）を提起する正しい方法とは、それが現実に存在するかどうかをあれこれ（哲学的な意味で）詮索することではない、というものである。ヘーゲルの思弁的立場が精神という規範的な生活の主体を論述しているのは、特別の実体としてではなく、自然有機体が歴史的な時間経過を通じてなし遂げたと言いうる、達成された能力と実践としてのことである。とりわけ、何らかの仕方で「権威づけられ」、相互に要求される規則と実践、しかも様々な仕方で相互に責任を問う、本質的に規範的な規則と実践としてのことである。ところで、明らかにヘーゲルは、「精神」の定期集会のようなものがあって、そこで明示的、意識的、集合的な「権威づけ」の行為がなされるとは考えていない。それゆえに、彼がこの自己権威づけの地位によって何を意味しているのかを解明する作業が必要となる。はっきりしているのは、私たちが歴史的な時間経過を通じて自分自身を現実的な行為者へと形成するとヘーゲルが考えていることである。ここから、ヘーゲルへの解説や批判でよく取り上げられる彼独自の結論が出て来る。すなわち、古代エジプト人、古代ギリシア人はもとより、初期のキリスト教徒でさえも、「十分に」行為者であるとみなすことができない。彼らを行為者であるとみなすことができるのはただ「部分的」にであって、仮の意味においてである。ところが、一方で、精神は最終的には「それ自身の産物」であると言われる。明らかに、これはきわめて逆説的な言説である。というのも、ただ行為者、すなわち道徳的人格だけが、理性に訴えることができ、責任ある人格として相互に責任を問うことができると思われるが、行為者、道徳的人格という地位（status）は、それがあらかじめ前提とされている場合に限って、「産物」でありうるからである。

しかし、この見解がいかなる問いに答えるものだとヘーゲルが考えているのか、改めて注目する必要がある。というのも、私たちは、この種の逆説的な主張とともに、ドイツ観念論が抱くもっとも中心的な野心に直面するからである。それは、ドイツ観念論者すべてが何らかの意味で取り組んでいると思っていた問題である。ここではその問題を、カントの『人倫の形而上学の基礎づけ』における「自己立法」に関する基本的な主張と関連づけて論じる。ちなみに、カントの「自己立法」論は、人間の実践、社会関係、制度を引き受け、実行するにあたっての、理性の最高で不可避の権威を論証するものである。カントの継承者たちがそう理解していたように、理性は、まさに「絶対的に最高」であることによって、「自己を権威づける」並はずれた権威をもつ必要がある。もし人格、主体、行為者、精神が、私たちが自分自身をそれへと拘束する規範的な名辞や理想であって、規則や慣例を確立し維持した帰結であるとすれば、そうした規範に従うことができるのは、私たちが自分自身をそれに従わせることによってのみである。人間の自律の本質的な次元を設定するとき、カントが『基礎づけ』に導入した、込み入った議論ではそうなっている。これに対して、真正の行為者性は、当初は部分的に実現されているにすぎないが、それを現実化する企て(不可避の規範的な自己規制を企てる努力)によって集合的、歴史的に生み出されたものである、とヘーゲルは言う。こうして、カントの自己立法モデルを超えていくのである。しかし、その源泉〔カント〕を想起することがなければ、また、ヘーゲル(そしてフィヒテ)がカントから継承し変容させたものを顧みることがなければ、彼の主張を十分に理解することができない。行為者であることの必要条件は、「法則に従って」ではなく「法則の表象に従って」行為することである、というカントの見解は、後継者に大きな影響を与え続けている。法則の権威は、それゆえ、法則としてのその真正さを説明することができるのは、自己立法もしくは自己権威づけという非恣意的な行為によってのみであるというカントの見解もまた、同様である。これは（集合的な自律としての）人間の自立の「社会によって媒介された」説明であることが判明する。しかし、その場合でも、理性の自己権威づけというドイツ観念論の主題への信頼はきわめて顕著である。したがって、私はこの章のかなりの部分をカントから派生してくる帰結とその問題点の考察にあてる。（この帰結と問題点がはっきりと現れているのは、このカントの特徴からもっとも多くを引き継ぐ、クリスティーン・コースガードの解釈においてである。）

さて、本論に戻ろう。この定式のヘーゲル流の拡張に私たちの自然的な直観が反発することを、ヘーゲル自身も気づいていた。先ほど述べたように、私たちは直観的には、行為者性が、大学教授、夫、市民のような規範的に制度化された社会的身分のどれにも帰属しえないと考えがちである。というのも、行為者性が社会的身分に帰属するとすれば、人々はそのような規範的な役割が前提とすることを《なしうるのか》、すなわち、理由に真摯に応える仕方で行為しうるのか、そして、そうすることができない場合、彼らに説明を求めることに正当性はあるのか、という哲学の基本的な（カント的な）問いが回避されて、答えられないであろうからである。また、当該の能力を前提とするやり方でその種の役割（行為者）を説明しようとすれば、それはあいにく論点先取になると思われるからである。だが、ヘーゲルによる自己立法に関する主張の社会的、歴史的なヴァージョンは、それに内在する逆説めいたものを実質的には解消している、と言ってよい。私が論じたいのはこの点である。

第四章

この自己構成モデルは、拡張されて、ある社会集団に時代貫通的に適用されるが、このモデルはもともとカントに由来する。しかし、たった今言及したように、ヘーゲルはこれに彼流の捻りを加えているが、次の二点がきわめて重要である。第一に、ヘーゲルの主張では、説明、評価の通常の基準は、自己を権威づけ、自己立法する権威を理解するには不適切である。周知のように、それ自身の規範的な「根拠」、自己を権威づける「根拠」であると言いうる、その種の主体性を正当に取り扱うためには、私たちは「弁証法的な論理」を必要とする。これは大きなテーマである。だが、可能なあらゆる説明の説明である『論理学』の頂点、すなわち彼の「概念論」を一瞥すれば、自己立法というやや逆説的な観念が、彼の研究全体を通じて、とりわけ、規範性や行為者性に関する彼の一般理論において、どれほど大きな働きをしているのか、より明らかになる。ヘーゲルの説明では、自由は規範に対する正しい応答を必ず含む、と考えられている。すでに述べたように、私が私自身の行為（なされたこと）を同定しうる基礎は、私がそれを請け負うことができ、（他者に対しても私自身に対しても）規範に従ってそれを「私のものであると認める」ことができることにある。第二章で確認するように、私の行為を同定しうる基礎、それゆえ自由の基礎は、カントやルソーの場合と同様に、実践理性にほかならない。私の行為を私のものと認めることができるのは、私が理由に基づいてそれを請け負うことができるからであり、理由を提示することも要求することもできるからであり、なぜそれがなされるべきであったのかを理解することができるからである。しかし、ヘーゲルは、実践理性に関するこの理論を、はるかに広範なテーマのうちに位置づける。そして、個人が行為の可能な道筋を反省的に熟慮するというモデルに基づいて、実践理性の行使を考えたりはしない。今日の多くの哲学者と同様に、ヘーゲルは、思惟そのもの、対象についての意識、志向性そのものが本質的に理性的であり、それゆえに、規範に基づく活動であると考える。（カントによれば、意識そのものは、判断という観点から構造化されており、かくかくしかじかであるとみなすことである。したがって、意識は本質的にかつ不可避的に一種の関与であり、たんなる事実としての心理的出来事であるというよりは、むしろ規範による拘束に類するものなのである。[20]）しかし、ヘーゲルによれば、この規範による拘束を説明するには、「主観的」論理学とともに、彼のいわゆる「客観的」論理学、すなわち諸々の規範とそれらの制度への具体化の論理学が必要となる。ヘーゲルが「概念の論理学」を「自由の論理学」と言い続けているのはなぜなのか、その主張によって彼の実践哲学全体の基礎にある自由の理論を解明することができるのはいかにしてなのか、この答えを入手しうるためには、少なくともその領域の簡単なロードマップが必要となる。

　私が提案したいのは、この自己立法のテーマを心にとどめおくならば、概念は「それ自身にそれ自身の内容を与える」という言明によって何を言わんとしているのか、そのような概念の論理学を「自由の論理学」であると言いうるのはなぜなのか、これらの主張が深く結びついているとヘーゲルが考えるのはなぜなのか、という三つの問いの解明に役立つということである。

　概念、規範内容、「現実性」という観念は、ヘーゲルの思弁哲学にさらに踏み込むことを要求する。先ほどの思弁的な捻りのもう一つは、彼がよくする主張と関連している。それは、「哲学」、とりわけ、行為における規範的精神、その自己権威づけの特性の問題に関わる哲学は、「概念」のみの分析ではありえない、実践的な意味に限定される場合でも、カントのようなア・プリオリで超越論的な企てではありえない、というものである。行為者性とは本質的に、理に適っている、思慮分別がある、善い、有益である、公平である、正しい、そして、美しい、神聖である、という規範的な観念と結びついている。しかも、私たちは、そうした規範の適正な（それゆえまた、不適正な）概念内容を理解することができなくてはならない。それゆえ、哲学は、規範的な観念の現実性と彼が呼ぶものと関係していなければならない。この規範的な観念の概念内容の説明——具体的な仕方で経験と判断を組織化する可能性と正当性に関する説明、（それゆえ最終的には、主観性の現実化、達成に関する説明）――は、それが成功するには、純粋にア・プリオリな形式的な学ではありえない。その成否は、規範的な観念によって現実の歴史的な時間経過を通じて描き上げられる様々な内容の物語的な再構成に懸かっており、諸々の企ての間の論理的な相互関係と彼が呼ぶものに懸かっている。ところで、哲学と現実の結びつきという、ヘーゲルの哲学のこの次元は、この章においで取り立てて集中的な取り扱いを必要とする。というのも、経験的な意味論のようなものについて、すなわち、人々が実際にそうした主張が何であるとみなしているのか、何を認め、何を禁じているとみなしているのかの概要について、ヘーゲルは何も語っていないからである。これは明らかに、ヘーゲルについて多少とも知っている人であれば誰もが、もっともよく知っていることに結びついている。

哲学的な著作として、それ（国家学）はあるべき姿において国家を構成するべきという課題からもっとも遠ざかっていなければならない。そのような論述において利用しうる教えは、それがいかにあるべきかに関してではありえず、むしろ、それが人倫的宇宙としていかに認識されるべきかに関して、国家を導くことなのである。（RP, 16; PR, 21.『法哲学』（上）十九頁）

哲学はつねにその時代の息子である。哲学はこうして、「それ自身の時代」を思想のうちに捉えたものである。世界を「それがあるべきように」構築しようとするどの試みも、空想のなせる業であり、恣意的なものである。

第五章

ヘーゲルは、自己を権威づける権威、あるいは自己立法的な主観性に関するカントの言葉遣いの多くを、弁証法と「現実化」という捻りを加味しながら、自分自身の立場に吸収し、同化する。また、カントにとって行為者性の決定的な条件であったもの、すなわち理性は、ヘーゲルにとっても行為者性の決定的な条件であり、カントとまったく同じように取り扱っている。つまり、ヘーゲルにも「理性的行為者性」の自由論があると確実に言うことができる。[21] このことが基本的に（しかし、ヘーゲルにとっては基本的なレヴェルにとどまるが）意味するのは、自由に行為するには、自分がしたいと思うことについて熟慮する能力、自分がしてよいのは何であるのか、それをなすべきであるとすれば、それはなぜなのかについて理解する能力、最後にとりわけ、そのような思慮に照らして行為する能力が必要である、ということである。[22] ヘーゲルの主張では、この種の能力によってのみ、先に述べた不自由の近代的な形態、つまり、疎外を回避しうる。ちなみに、疎外とは、自分の行為そのものを自分自身のものとして経験することがないという、[23] ルソーによって西洋思想に導入された現象であって、奇妙に聞こえるが、あまりにもよく知られた現象である。ところで、自由な生活における実践理性の役割のもっとも集中的な議論は、『法哲学』の緒論にある。そこで、その箇所がこの章の主題となる。

以上の特徴から、ルソー、カント、フィヒテからロールズ、ハーバーマスに至る、理性的行為者性という近代の伝統のなかに、ヘーゲルは確固たる位置を占めている。しかし、その一方で、ヘーゲルの説明はきわめて独特であり、また、理性が多義的であるから類型化するのがきわめて難しい。一つは、私たちの抱く理性的反省の描像は、もし個人の反省能力を孤立させて、それだけに関心を寄せるならば（もっとも皮肉なことに、緒論での彼自身の議論にも多少その傾向があるが）、歪められると彼が考えているからである。実践的現実の、この個人主義的な断片を適正であるとみなそうにも、「なされた行為」の規定に関連して、はるかに多くのことがすでに「進行して」しまっており（すなわち、主体の他の諸主体への幾重もの依存、これは誰もがつねにすでに受け継いでおり、個人を理論的に孤立させようにも無視することができない）、また、はるかに多くのことが（他者の受容や反応のうちで）「起きるであろう」ということである。もう一つは、近代的制度を理性的と特徴づけ、「近代主体性の原理」、すなわち、規範的な思慮に照らして反省し、評価し、行為する主体の「権利」（また、その行為の説明を要求する他の諸主体の権利）を熱心に擁護するにもかかわらず、カント批判でよく知られているように、ヘーゲルは実践理性がそれだけで「純粋に」実践的でありうることを明確に否定する。ヘーゲルは、個人が理性的な熟慮だけによって達した思慮が、（そこでは、理性は純粋な実践理性であり、それゆえ必然的に形式的であると解されているから）、内容をもちうることを、もしくは行為を導きうることを否定する（「形式主義」批判）。また、その思慮が動機づけを与える力をもちうることに、いくつかの疑問を投げ掛ける（「厳格主義」批判[24]）。すでに示唆したように、ヘーゲルは、近代の用語法で言えば、ヒュームのような自然主義者でも、ウィリアムズのようなある種の新ヒューム主義者でもなく、実践理性についての「内在主義者」である[25]、と言わざるをえない。もっとも、彼が実践理性の内容と動機づけの力とを関係づけるのは、人倫という共同体に対してであって、個人の心理的動機に対してではない。また、あらゆる動機の真の源泉がつねに「欲望に基づく」という主張を受け容れていない。したがって、ヘーゲルの主張は、理性を人倫という文脈の内部に位置づける強力な主張である。それにもかかわらず、ある時代のある共同体によって事実上正当化されうるとみなされるにすぎないものと一般的に正当化されうるものとの区別は、これを保持していると考えられる。したがって、ヘーゲルの結論は相対主義者のそれではない。理性は一時的でローカルな屈折と普遍への志向の両方を併せもつのである[26]。

もっとも、思弁的理論の難解さや道徳的個人主義、良心の倫理学などへのヘーゲルの疑念を言い訳にして、彼が彼自身の流儀で個人の自由や反省的生活のこの上ない重要性を擁護したいとも考えているという事実を、覆い隠すことがあってはならない。個人の自由や反省的生活は集合的に達成されるものであると彼が考えているとしても、この事実から目をそらすべきではない。明らかに、ここでの問題は、この反省能力によってヘーゲルが何を意味しているのかである。というのも、ヘーゲルは私たちの目を、形式的で明晰な反省活動にではなく、社会に埋め込まれた日常的な反省活動という独自の形式に向けさせようとしているからである。私たちの反省能力はつねに、様々な社会的役割の様相として、すなわち実践や制度への私たちの関与の様相として論じられる。このような熟慮はどれも、親、財産所有者、市民などとしての反省である。彼のもっとも強力な主張は、理性的行為者それ自体としての、ある純粋で完全に独立の立場はない、それゆえ、その人の拘束や依存のすべてから「身を引き」、そこで是とするに値するものがどれかを決すると言いうるような瞬間は存在しない、というものである。(反省的認証テストの可能性は自由主義的な道徳的伝統が前提とする基本的な理解の根強い特徴であるから、ここからヘーゲル不信が始まる。この不信はまた、ヘーゲルの唱える役割に拘束された反省概念に対して、道徳的伝統にとって本質的な権利、功績、価値などの確固たる観念を十分には支持しないのではないか、という疑いを向ける。)以下に挙げたのは、主観的精神の哲学の結論部分にある典型的な一節である。

〔自由という〕理念に関する説明が、すなわち、自分の本質、目的、対象は自由であるという、人間の知に関する説明が思弁的であるならば、この理念それ自体が人間の現実性である。理念は、人間がもっているものではなく、人間がそれであるところのものである。(E, 477; PM, 240.『精神哲学』四一

四頁、強調引用者）

ヘーゲルは、初期には、古代ギリシア人、ローマ人、そしてストア学派の人々が自由についての洗練された観念をもっていることを否定し、彼が明らかに支持したいと考える「個人そのものの無限の価値」という理念を導入したことで、キリスト教を高く評価していた。私たちは今や、どの個人も神の愛に値するという理念は自由に内在する「神性」の顕現（彼がよく提示する表象もしくは「思想像」）であり、人間はそれ自身「自由へと運命づけられている」という特別な事実の現われであると彼が主張するのを理解することができる。（「法・権利が関わるのは自由であり」、そして、自由は「人間のもっとも価値ある、もっとも神聖な所有物である」とヘーゲルは『法哲学』二一五節の補遺で述べている。[27]）正確に理解するならば、そのさい、自由はヘーゲルにとって人間的な善とみなされていると言ってよい。ここでは明らかに、「正確に理解するならば」という但し書きが問題の核心である。たった今引用した一節に続いてさらに、彼はやや不敬にも、キリスト教のうちに表現されている「憧憬」もしくは衝迫は、客観的精神で記述される諸々の世俗的な人倫的制度のうちに十分に実現されており、そうした主観的な希望もしくは当為にとどまるものではない、と主張している。

すでに述べたように、『法哲学』の「緒論」でヘーゲルは、自分が擁護したいと考える行為者性の描像にぴったりと合う、いわゆる道徳心理学を提示している。自己決定に必要な心の内部の能力にのみ傾注することは歪んだイメージを生むと主張しながら、そのような能力についてのヘーゲル版があるわけである。それは、『法哲学』の五、六、七節という三つの重要な節に集約され、二三節での自由の独自の定義において頂点に達する。問題は、自分を動機づける傾向性という経験からの主体の「独立」と、傾向性を支配する外的な規則も欲望を充足するためのたんなる戦略も伴わない反省的理性のモデルとの双方を、彼が私たちにどのように理解してほしいと考えているのかである。

以上の考察に導かれて、私たちはヘーゲルによる説明の核心に迫る。思弁哲学におけるこの種の準備を整えた上で、また、実践的な理性性の理論がヘーゲルにはどのようにみえうるかを制約する条件の内部で、彼は行為と行為の理由との核心的説明を展開しなければならない。ところで、『精神現象学』第五章〔「理性」章〕における実践理性の議論の結論部分が、行為の独自性に関する一般的説明のもっとも明瞭な描像を、そして、因果論や両立論の標準形式を引き合いに出すことなく、この独自性をどう説明したいと考えているのかについてのもっとも明快な描像を提示している。

第六章

「理性的であること」（「請け負うことによる私自身の行為の同定」という基準のもとで理解される、自由の可能性の本質的な条件）には、「客観的」側面と「主観的」側面とがある。これはヘーゲルの主張のなかでももっとも独自の主張であるが、彼がこれを包括的に提示しているのは『精神現象学』の「理性」章の諸節においてである。主観的側面は本書第五章における議論の主題であるが、第六章でも道徳性に関するヘーゲルの説明を考察するにあたり再度取り上げる。ところで、理由の客観的な地位に関する主張には多くの次元があるが、これらの次元すべてが、主観が正当化しうるとみなす理由が実際にもちうると主張される地位を超えており、その意味で客観的である。というのも、ヘーゲルは、理由があることを一定の条件下での社会的な実践への参与の問題として論じているからである。そのさい、実践は主として、他者の別様にもなしうる行為に影響を及ぼさざるをえない行為の担い手たちによって、理由を提示したり要求したりするなかで、受容されたり拒否されたりするものによって定義される。その意味で、ヘーゲルは理由と推定されるものの本質と地位を、反省的な個人モデルに基づいて査定しない。反省的な個人は、「誰もがそう行為するとすれば」それが戦略的に合理的な意味をなすかどうかを決定し、合理的な協力関係の問題を解決しようとするだろう。あるいは、誰もがそのような理由（もしくは格率）を同時にもちうるかどうかを決定するために、普遍化テストを実施しようとするだろう。だが、ヘーゲルは、そもそも個人であることが、自分の行為を同定し、それを請け負うことのできる個人であるという、一種の規範的な地位であると理解している。この規範的な地位においては、実践的な正当化可能性が自分の行為を請け負う可能性の本質的な条件である。また、この正当化可能性の要求の成否は社会的実践に依存するとみなされている。この社会的実践は、すでに達成されて手元にあるが、個人が意志の行為によってもたらす制限されたものを超えたものなのである。こうして、私たちはよく知られたヘーゲルおよびヘーゲル主義の諸理念の独特の描像に到達する。それは、言うなれば、私自身の自由は他者の自由に依存するという十九世紀の理念と同様に気高い理念であって、自立の条件は一種の社会的な依存であるという理念である。これは、私の行為を理解し正当化するにあたって私が利用できる理由の本質が、もっとも深い意味において「私次第」ではなく、ある時代の社会的実践（権力と承認の関係を必ず伴う実践）の本性と不可分である、という考え方を含意している。それはまた、私たちがある社会制度に忠誠を誓うべきか否かを評価することが意味をなすような個人的観点がありえないことを、また、その制度への参与は変化を余儀なくさせるものであって、それゆえメンバーとしてのその人の地位は個人としての抽象的な地位とは通約不可能であることを、想定している。[28] これは、より直接的に存在論的な要求に認められるものとも、哲学的人間学の要求に認められるものとも異なる描像である。依存性こそが、たった今スケッチされた意味において、規範的でありかつ構成的なのである。

ところで、主張の核心である依存性から、規範的な意味においても、多くの系が派生するが、私たちの直観に反する多く帰結を伴うにせよ、ヘーゲルはそれらを見事な一貫性をもって関連づけ、仕上げていく。（一例を挙げれば、彼がアリストテレス主義者によく見られる道徳的運の問題のいくつかの局面を受容していることは確かである。）

『法哲学』一五三節において、ヘーゲルはこの依存の肯定を彼自身の思弁的な言葉遣いで次のように表明する。

自由に向けて自分を主体的に規定することに対する諸個人の権利は、彼らが人倫的な現実に帰属する限りで実現される。なぜなら、彼らの自由の確信はこのような客観性において真実のものとなるからである。また、彼らが自分自身の本質や内的普遍性を現実に所有するのは、人倫的な領域においてであるからである。(RP, 303; PR, 196.『法哲学』(下) 一五三節)

しかも、この主張に関する注解において簡略に次のように言う。

息子を倫理的に教育する最良の方法を尋ねる父親の問いに対して、あるピタゴラス学徒はこう答えた。「息子さんをよい法律をもった国家の公民にすることです」[29]。(RP, 303; PR 196.『法哲学』(下) 一五三節)。

このような主張は、ヘーゲルの政治理論のなかでももっとも多く批判を浴びた（たとえば、「開かれた社会」の敵というポパーのヘーゲル像、バーリンの「積極的自由」の危険性に関する議論、そして、ヘーゲルの自由は政治に敬礼する自由であるというラッセルの有名な皮肉)。もっとも、ヘーゲルは、「共同の善は個人の善よりも優先する」、個人は自分で考えることを止め、断乎法則〔法〕に従わなければならない、個人は現実には存在しない、あるいは、(あたかも「有機体論者」であるかのように)ただ超個人的な人倫的実体のみが存在する、とは言っていない。確かに(反省によって規定され、良心に基づく)主体と(人がそこへと社会化されている集合的規範、人が社会的実践において提示する理由の役割)客体との不可分性、あるいは、内(意図)と外(公的に遂行される行為)の不可分性を主張してはいる。しかし、前者をすべて後者に還元することを考えているわけではない。彼は人倫の古代ギリシア的形態の不十分さをしきりに説いているが、それは人倫の主体面の理解に関して、古代ギリシア人が心の習性や非反省的習慣にあまりにもウエイトを置き過ぎているからである。また、ソフォクレスのオイディプス王のうちに認める倫理的態度をはっきりと批判してもいる。そこでは、責めが、その個人が知るべきだったこと、あるいは知ることができたことについて配慮することなく、「ただ客体的に」帰されているようにみえるという。また、行為が行為であるためには、何らかの記述のもとで意図されていることが決定的に重要である、という今日の見解をヘーゲルが受容していることも確かである。それゆえ、彼は行為者が起きていることを引き受けることを〔行為が行為であるために〕必要な構成要素として要求してもいる。もっとも、ヘーゲル自身が考えているように、実際に〔主体と客体、内と外を〕同時に成立させることに成功しているかどうか、これがこの章で提起されなくてはならない問題である。

このアプローチに関連して、より具体的な三つの問題がある。第一に、ヘーゲルによればすでに確立された客観的な規範の内部では、主体が行為の理由であると考えうるものと行為の理由として他者に提示しうるものとは絡み合っているが、このことは行為の理由を心的機構の構成要素としてのみ取り扱うことは誤りである、と彼がみなしていることを意味する。彼は、「自由への主体的決心」が現実的なのは「人倫共同体において」のみであり、何らかの社会的実践における手段としてのみであると述べている。だが、そのとき彼は、目的に関する信念が達成されるとだけ考えないのはなぜなのか、価値や欲望に関する信念が主体の適切な実践的理由となってそれらを達成するとだけ考えないのはなぜなのか、を説明しようとしていると思われる。実践的理由は、〔「主観的」であるばかりか〕「客観的」でもまたあり、それゆえに、「契約があるから」、「私は父親だから」、「私は市民だから」というように示される思慮としてある。これらの事実は、「もし私がよき父親でありたいと考えるならば」、あるいは「もし私が父親の役割を善それ自体と評価するならば」という条件を付け加えるまでもなく、行為を行い、行為を控える理由である。もっとも、実践的理由に関するこのような説明は、主体とその役割の乖離を当然のことながら必要とするであろう。ところが、ヘーゲルは、何も考えず自動的にその役割を演ずるような、主体の役割への解消を回避しつつ、主体と役割の乖離を否定したいと考えている。しかし、これは明らかに無理な注文ではある。

第二に、以下の引用に「内と外」についての典型的な主張がある。

人間は、彼の外的あり方、すなわち彼の行為においてあるとおりに（たんに身体的な外面性においてではないが）、内的にもある。内的にのみ、すなわち意図や心がけにおいてのみ高潔、道徳的等々であって、彼の外が内と同じでないならば、その人の内も外と同じように空疎である。（EL, 247; EnL, 197.『小論理学』三六〇頁）

あるいは、「人の真実の存在はむしろ彼の行為〔なされたこと〕である」。そして「個人とはその行為〔なされたこと〕がそれであるところのものである」（PhG, 178; PhS, 193.『精神現象学』（上）三二二頁）。

第三に、行為がユニークなものであるのは、ユニークな心的原因（信念、欲望、意図）を引き合いに出すことができるからではない。そもそも意図を先行する原因として同定する方法はないから、意図を規定しうるのはただ遡及的にのみである。「現実の」意図は行為の「うちに」ある。これが意味するのは、行為し終えるまでは、何を行おうと意図していたのか（何を行うことに本当のところコミットしていたのか）を私たちは完全には知ることができないということである。これは、（私はある意図を抱いていたが、それをなし遂げる決心がつかなかったという）意志の弱さについての私たちの直観とも、（偶然的要因のために現実になし遂げられたことは私の意図したことではなかったが、私は自分の意図を変えたわけではないという）多くのタイプの言い訳とも、まったく反するようにみえる。そこで、ヘーゲルの真意は何なのか、また、そのように主張するのはなぜなのか、これを理解することがこの章の課題となる。

第七章

すでに何度も言及したように、自由な行為者であることは一種の規範的な地位であって、その内容と可能性そのものは、相互に承認し合う行為者たちから成る共同体の内部で、自由な行為者として承認され、自由な行為者とみなされていることに依存する。この社会性がヘーゲル実践哲学の基調をなすものだが、本章では、これを正しく理解する方法を考察する場面へと移行する。だが、この社会性をめぐっては、何よりもまず解釈上の論争が数多くある。ヘーゲル研究者の多くは、ヘーゲルが主体性については、（歴史によって媒介された）相互主体性としての社会理論をもともと約束していたにもかかわらず、諸個人を絶対的主体の顕現やそれ「への還帰」のたんなる契機へと貶める形而上学的な理論のために、その約束を反故にしたと考えている。本章において私は、そのような主張を論駁し、初期、後期を問わず、ヘーゲルのどの著作においても示されている自由の本性に関する問いに、承認論がいかにして答えようとしているのかを提示しようと思う。

ところで、哲学的問いは答えるのが難しくなればなるほど、それ自体はよりはっきりしてくる。つまり、哲学的問いの主たるものは単純である。ここでのそれは、主体が一人だけでは自由でありえないとヘーゲルが考えるのはなぜなのか（これは、自由を首尾よく行使し保護するための共同的な諸条件に関する実践的な問題とは別個の問題である）、とりわけ、ある一定の仕方で他者によって承認されない限り主体は自由でありえないと考えるのはなぜなのか、そして、何がその承認に必要とされるのか、という問いである。そもそも、他人が私に気づき、私を認め、私を支援し、私との連帯を表明することがあろうとなかろうと、それと関係なく私が自由であることはありえないのか。どれほど奇妙に聞こえようとも、ありえないというのがヘーゲルの立場であることに疑いの余地はない。彼はこう言っている。真の自由は「私と他者との同一性にある。私が真に自由であるのはただ、他者もまた自由であり、かつ私によって自由なものとして承認されている場合に限られる」（EPG, §431.『精神哲学』四三一節、強調引用者）。あるいは、「各個人の自由は、ただ彼が他者によって自由であると承認される場合に限って存する。そして、他者は、彼のうちに彼ら自身の正当性の意識をもつのである。（…）私が自由であるのは、他者が自由である場合に限られる。そして、彼らが私を自由であるとみなすのに応じて私は彼らを自由であるとみなす。（…）これが意識の自己意識としての実現〔現実化〕である」（VG, 175; LPS, 194. 強調引用者）[3]

これらの問いに答えることによって適切に立てられる枠組のもとで初めて、ヘーゲルの自由論と実践哲学全般にとってもっとも困難で包括的な問題を提起することができる。他の多くの近代哲学者と同様に、ヘーゲルは、近代という条件のもとでの自由の現実的行使は（少なくとも当初は）対立抗争にならざるをえないと理解するべきだと言う。マキアヴェリ、ホッブズからカント、フィヒテに至るまで、ほとんど誰もが、個人の自由の行使に関する哲学的考察において、自他の自由行使の間での対立抗争を考慮せざるをえないことを認めている。多くの場合、これは経験から得られた単純な見方に裏付けられており、問題は戦略的に設定されている。資源の有限性という前提のもとでは、どの意志の行使も他者が意志を行使する可能性を閉ざすと言いうる。反省的主体すべてがこの可能性を想定してそれを防ごうと努めることもできないわけではないが、そこで私たちが直面するのは、万人の万人に対する闘争か、それとも、目的達成に必要な、私のものと君のものとの間のもっとも基本的な区別さえも保証されえないという（『人倫の形而上学』の「法論」でのカントの説明にあるような）[30]単純な混乱状況か、そのいずれかである。

ヘーゲルにとって、（ハードルが高い分）状況は不利である。というのも、そもそも主体あるいは行為者としての私の地位《い》の可能性を、彼が「承認のための死を賭した闘争」と呼ぶ、有名な想像上の対立抗争の帰結に結びつけているからである。この地位の必要条件を再構成するにあたり、（論点先取になるから）主体をまさに最初から「主体」として理解することはできない。主体は、当初は力のあるなしに応じて、主人もしくは奴隷として理解されざるをえない。そして、事実上ヘーゲルの実践哲学において問題となるすべてのこと――歴史的に達成された地位としての精神の観念、個人が他者たちの占める公的な世界に内的生活においても依存していること、万人と共有することのできる理性の可能性、そして、世俗的理性を最高の社会権威として提示したり要求したりすることに大きく依存する近代的実践の成功の可能性など――が、最終的には彼自身の承認論に行き着く。そして、歴史的な時間経過を通じての、近代の人倫における承認関係の客観的な実現に行き着くのである。[31]

第八章

すでに述べたように、ヘーゲルは孤立した個人が熟慮の結果だけに基づいて行為するという描像にきわめて懐疑的である。この「基づいて」が何らかの因果的な力をもつと解される場合には、とりわけそうである。つまり、ヘーゲルは熟慮の結果や理由がそれだけで行為を動機づけることができないと考えている。これは、そうした考え方のカント版である「厳格主義」、「形式主義」への批判に認められる。また、熟慮によって行為が動機づけられる場合であっても、行為の内容までもが個人の推論だけから導かれた帰結であるとは言うことはできないと考えている。ヘーゲルは、この結論をその内容が歴史的な時間経過を通じて劇的に変化するという事実から引き出している。(もし時代Tの人物Aが「女性であるから」と考えてある仕方で行為するように動機づけられ、時代T'の人物Bが同様に考えて全く違った仕方で行為するように動機づけられる場合、それは、ただBがよりよく考えたからであり、Aに見えなかったものを発見したからだと主張するならば、それがまったくのこじつけにみえることは一見して明らかであろう。)ここで再び、私たちは人倫の「現実的」ないし歴史的な形態の優位性に関する主張に出会う。また、行為者性像における間主体的な依存の根源性、その際立った優位性に関する主張に、そして、そのような依存の歴史的条件に関する主張に出会うのである。(個人に責任ありと考えることは、疑いもなく近代に達成された考え方である。そう考えるには複合的な社会的諸前提が必要となるのであって、歴史を通じて一貫してものごとの真理でありえたものが近代になって発見されたというわけではない。)しかし、明らかにヘーゲルは、個人の権原(個人が個人に対してもつ権原ないし権利要求)と(家族、氏族、種族としてではなく）個人としての個人の道徳的な責任、この両者をともに擁護したいと考えている。他の場合と同様に、両者をともに擁護するための彼流の正当化は、権利を帰属させ、責任を負わせる社会的実践の再解釈を必要とする。また、そうした仕方で相互に責任を問うとき私たちが行っていることの解釈を必要とする。そのような実践は、何らかの実体論に基づく形而上学的主張から推論された帰結とは解されない（一例を挙げれば、負わされる責任の範囲と誰が責任を負うとされるかの範囲は変化するが、その変化の説明が提示されなくてはならない）。したがって、全体としての実践の理性性は歴史的な理性性に関する主張に依存すると見られている。ヘーゲルが示そうとしているのは、ある現象が最高の規範としての自由の諸含意の部分的な現象にすぎないと考えるとしても、実践の理性性と推定されるものはそれと矛盾しないこと、しかし、この部分的な現象を基本的もしくは第一義的なものと考えるならば、状況が歪められる（私たちは規範の受容にあたり様々な矛盾を経験する）ことである。

以上の考察から自ずから生じる疑問は、これらの主張すべてが近代の政治や政治生活の明確で支持しうる形式をもたらすのかどうか、換言すれば、ヘーゲルの「承認」の政治は帰結主義や権利を基礎に据えるヴァージョンに対する、（自由主義的伝統の内部での）明確な代案であるのかどうか、というものである。この疑問に答えるには、ヘーゲルの説明に対する自由主義者のもっとも明瞭な応答において示されているものの本質を理解する必要がある。こうしたことが本章で議論される。

第九章

前章の議論によって、私たちは、ヘーゲルの倫理学・政治学理論のもっともよく知られたレッテルに連れ戻される。それは、「社会的役割」理論である、というものである。それを行うのが理性的であって、それゆえ正しいこととは本質的に、社会的な役割を担うことである。それも、理性そのもの（あるいは、世界精神、宇宙的精神、神）の客観的構造を、それが歴史に現象する通りに（それ自身の自己意識に向けて展開する通りに）反映する、そのような社会的役割を担うことである、というものである。私がここでの考察を通じて主張したいのは、このレッテルが表面的で間違っているということである（ヘーゲル自身も幾度かそう述べている）。しかし、そう主張しようと思えば、たんに主観的でなく客観的な理性性に関するヘーゲルの見解がどのように理解されるべきなのか、「制度的理性性」に関する彼の理論がどのようなものなのか、に関する解釈を提示することが余儀なくされる。これはとりわけ難題である。というのも、ヘーゲルの見解では、制度的理性性に関して多くの近代理論がそうしているように、理性的だと推定される個人が個人として（妨げられることのない、理想的な文脈において）何を意志するのかに訴えても、この問題は解決することができないからである。ヘーゲルによれば、そうした個人は、社会成立以前には、また、理性能力の点だけでは、意志する内容を何一つもつことができない。この主張は、道徳的な運の容認と相まって、間違いなくヘーゲルを、自由主義的伝統の、ホッブズとロック、ルソーとカントの両系統から引き離すことになる。[32]（実際、『歴史哲学講義』序論には、「人は国家においてのみ理性的な現存在をもつ」という有名な主張がある。また、『精神現象学』にもそのような主張を予感させるものが数多くある。[33]）さらに進んで、ヘーゲルはこう言っている。「自己意識的な理性の現実化の概念が、その完成された実在性をもつのは、実際には一つの民族の生活のうちにおいてである」（PhG, 194; PhS, 212.『精神現象学』（上）三五四頁）。

　これが示唆する方向性に対しては、直観的にはもっともらしく思われる反論の一つが用意されている。明らかだと思われるのは、ヘーゲルが言いうるのは次のことだけである。すなわち、「これをするのが正しい」のは私が父親だからである、「これをすることで私が善い行為をしている」のはこれが善い父親のすることだからである、「他者が私にこれを期待する権利がある」のは近代的「ブルジョア」家族制度（私有財産を所有する核家族）がそれ自体あるべきものである場合に限られる。しかも、ヘーゲルがこれを主張しうるのは、西洋の知的、社会的歴史における展開が何らかの意味で進歩的であって、より理性的になっているとの理解を示すことができる場合に限られる。おそらく、人類に歴史が存在することが善いことを、そもそも人類が存在することが善いことを示す必要もある。この要求は過大であって、第八章の「経験の論理」が扱った問題のどれよりも、はるかにスケールの大きな問題だと思われる。たとえそれを示すことができるにせよできないにせよ、ともかく、ヘーゲルはいくつもの箇所で（もっとも明確には『法哲学』一四節で）、自分が伝統主義者ではないこと、「理性の形式」で表現されえないものは何ものも「自由な思考に対して正当化」されえないことを明らかにしている。したがって、たんなる合意は、たとえ心からの合意であっても何ごとも決定しない。しかし、もしそうであれば、私たちは次のように考えたくなる。すなわち、制度や歴史的発展が、ある種の基準に、すなわち慣習から独立の理性的な受容可能性の基準に適合していることが示されるのであれば、私たち自身の時代を含むどの時代に属するものであれ、あれこれの制度や実践にもその基準を適用しないのはなぜなのか、と。

他の場合と同様、この問題（制度的、歴史的な理性性の問題）に関するヘーゲルの立場を理解する鍵は、次の違いを見分けることである。すなわち、（現実の諸制度が徐々にそれに合致していくと言われうるプラトンの基本構造〔イデア〕のような）ヘーゲル以前の「客観的」理性の観念に訴える要求と、個人によって所有され経験される能力という理性のまったく主観的、能力的な見解との違いである。そのさい、私たちはその一方だけに偏る考えに肩入れしないように努める必要がある。私が一貫して唱えてきたのは、客観的理性性に関するヘーゲル自身の社会的、歴史的な概念こそ、両者に代わる案だということである。これは、相互に自分自身を正当化する制度拘束的な実践における成功の達成、すなわち、ロバート・ブランダムが有名にした便利な用語で言えば「理由を提示したり要求したりするゲーム」における成功の達成と解される。また、これを理解するためには、（たった今与えられた特性描写におけるように）客観的精神の視点の内側からそれを理解するときと、哲学者として絶対的精神の視点からそれを考察するときとでは、ヘーゲルが理性性の問題をいかに違った風に見ているかということも、私たちは理解してかかる必要がある。

IV　ヘーゲル実践哲学の解釈について

ヘーゲルのテクストに関しては、解釈上の問題点や論争点が数限りなくある。他の少数の近代哲学者と同様、彼は明らかに、多くの伝統的な哲学（彼が時折「悟性の哲学」、「意識の哲学」と呼ぶ哲学）の誤解や曲解を招きかねない臆見を回避するために、新哲学用語を考案しなければならないと考えた。だが、結果的には、彼の新哲学用語は早々に忘れ去られて、哲学界では次第に反響を呼ばなくなった。また、本書で私の採用したアプローチは、ヘーゲルに多くの今日的な問題をぶつけているという点で、比較的珍しいものである。そこで、解釈ということについて一言する必要があると思われる。（もっとも、この二十年ほど英語圏の哲学ではヘーゲルへの関心が復活してきているから、珍しいといっても、今ではただ相対的に、というにすぎない。）

本書での私の目論見は、実践哲学に関してヘーゲルが言おうとする独特の内容を理解することであって、特別の解釈方法を提案することではない。そのさい、実践哲学とは、人間の行為者性と行為の領域、すなわち、意図的に何らかの理由のために、それも最終的には倫理的理由のためになされるものごとの領域に関わっている。また、ヘーゲルはこのテーマを論じるにあたり、独特の出来事〔行為〕、実践、制度の可能性そのものを適正に理解するために、社会性と歴史性を両方ともに導入しているが、実践哲学はとくにその導入の仕方に関わっている。彼の主張の多くは、近代哲学において隘路となっている伝統的な二者択一を回避することを約束している。つまり、形而上学的二元論、自由による因果性というまったく信じられない主張、唯心論と自然還元主義〔唯物論〕との二元論、また、今日の両立論が唱える自由に関するかなり弱い観念、これらをヘーゲルは少なくとも回避しようとしていると思われる。もっとも、これらの提案は、ほとんど口を挟むことを許さない言葉でなされ、「あれもこれも」包み込む総合的アプローチによって二元論の克服を約束するものであるから、思わせぶりなだけのようにみえることもある。ヘーゲルの主張に向き合うにあたり、私はただ次の単純な前提に立っている。すなわち、彼自身の用語、あるいは、より曖昧な用語によってヘーゲルのテクストをただもっともらしく言い換えても（多くのヘーゲル解釈では、こうしたアプローチが依然まかり通っている）、それによって得られるものは何もない。また、ヘーゲルが今日の英語圏の新聞、雑誌記事で用いられる言葉で彼の哲学を著述したかのような、時代錯誤の見せかけによっても得られるものは何もない、ということである。

しかし、忠実な原典主義、偏屈な歴史主義（あるいは、高級な知的ジャーナリズム）か、それとも、ときに耳にする「テクストから自由な」解釈と呼ばれるもの[34]か、すなわち、ヘーゲルが重要だとは認めないテーマを取り扱うためにヘーゲルをただ利用することか、このいずれかしか選択肢がないとは誰も考えたくないであろう。この点については、第一に、カントの唱えるテクスト理解の方法が間違いなく正しい。それは、ある哲学者のテクストを理解する唯一の方法は、彼に寄り添って考えること、弱点もしくは不明な点と思われるものを積極的に検証すること、その哲学者の主張に対して彼にその権利があるかどうかを絶えず問うこと、そして、その立場がテクストにある反論以外の反論にいかに答えうるのかを想像することである、というものである。確かに、今日の哲学には、こうした方法を試みることを可能とし、一般的に近づきやすくするための共通言語が十分に用意されている。第二に、哲学者の人々に対するコミットメントを、論理的により明快な言葉やより表現力豊かな言葉で言い表すことによって、広げようと努めるべきではないという理由を私はまったく認めない。哲学者は、認知されていようといなかろうと、自分がコミットしているものをすでに提示してしまっているに違いない[35]。

この一般的な意味において――それを、合理的再構成と呼ぼうが、批判的解釈と呼ぼうが、それとも、事物様相（*de re*）の解釈と呼ぼうが、どう呼ぶにせよ――、ヘーゲルが以下で主張しているきわめて独特で、きわめて見込みがあると思われる多くの事柄を、私は理解したいと考えている。

― 精神は（物質的であれ、非物質的であれ）物ではなく、活動である。人間の精神そのものはそのような活動と解されるべきである。

― 自然は「眠れる」精神であり、精神は自然の「真理」である。

― 世界を理解可能なものとしようとする私たちの試みは、異なった二種類の説明、すなわち自然の説明と精神の説明を必要とする。

— 精神は「それ自身の産物」である。

— 概念はそれ自身の現実性を「それ自身に与える」と言うことができる。そして、哲学は概念とその現実化とをともに研究しなければならない。すなわち、「理念」を研究しなければならない。

— 自由と必然は、人間の行為を説明しようとするさいに、必ずしも二律背反的な対立を形成するわけではない。

— 自由の可能性は、行為者がつねに（絶対的に）別様にもなすことができたことを証明しなければならないということを、必要としない。自由の可能性を証明するために、自然法則を「免れること」は必要ではない。

— 自由は、外的な拘束からの自由でも、因果的能力でも、純粋な自発性でもない。むしろ、集合的に達成された関係性、「他なるもののうちにあって自分のもとにあること」である。

— 理性的なものは現実的であり、現実的なものは理性的である。

——哲学はつねにその時代の息子である。

——哲学はそれだけでは何がなされるべきかを立証することができない。

——われわれが何を行おうと意図したかを知るのは、ただ「われわれの行為」からだけである。

——内なる意図と外なる行為との関係は因果関係ではなく、「表現」関係である。内と外は「思弁的な同一性」さえも形成する。

——行為の「自我」もしくは主体が、そのような主体でありうるのは、ただ「他の自己意識」に対してだけである。行為者性は社会的な地位であって、形而上学的なカテゴリーではない。

——このような行為者性もしくは自由それ自体は、時間のなかで社会的に達成されたものの一種であると解されなくてはならず、そのような「承認された」地位をめぐる対立や抗争の帰結であると解されなくてはならない。

——人々がそのような抗争や疎外を克服するに至り、彼らの社会的世界、諸対象、諸制度、そして自分自身と和解するに至りうるのはどのようにしてなのか、これを私たちが理解し始めることができるのは近代になってからである。

――これは、そのような関係が理性的であり、それによって人間の自由を具体化すると言うことができるからである。ただし、理性の真に客観的な形態が存在することを私たちが理解する場合にのみ、そうなのである。(それは、ただたんに理性的であると仮定された意志が理想的条件下で意志するであろうものではない。)

確かに、ヘーゲルには、彼の実践哲学に関連する関心事がほかにもたくさんあった。自然哲学、彼のいわゆる人間学、職業団体と君主制についても、そして、宗教および絶対者の哲学についても、語るべきことがあった。だが、私はこれらのテーマを直接取り扱うつもりはない。これらのテーマは、並行して考察するには荷が重すぎるし、山のようにたくさんあることは周知のことだからである。したがって、以下の議論によって、以上に列挙した主張でもってヘーゲルが言おうとしていたのは何であるのか、そして、自分自身にそのような主張をする権利があると考えたのはなぜなのかの読者の理解をわずかでも進めることができれば、それは私にとって望外の幸せというものである。

原注

(1) 「〈なぜ〉という問いの意味」についてのアンスコムのよく知られた説明を参照。Anscombe (2000), pp. ii. ff.

(2) これから見るように、この問題についてのヘーゲルの説明のもっとも際立った特徴は、自然の出来事と精神的活動とを厳格にあれかこれかと区別しないことである。彼に特有なその種の説明に関しては、問題の重なりがかなりありうる。これが明らかになるのは、「人間学」の彼特有の説明においてである。そこでは、ある民族ないし部族に特徴的な地理的条件、食物、非反省的な心の習慣の関連性というような問題が、本質的に動物の行動ではなく人間の行為に関する説明の部分として論じられている。これによって彼特有の議論が可能となる。たとえば、EPG, 92, PM, 69〔『精神哲学』一一八頁〕の「退屈」についての彼の説明を参照。

(3) 私たちも明らかに、自分の信じることについての理由を要求したり提示したりする。そして、ヘーゲルは、理論理性と実践理性の厳格な区別に懐疑的であって(第五章の議論を参照)、両方の領域における概念的変換を考慮に入れることを執拗に主張しているが、理論理性と実践理性との関係が「意味をなす」ことに関する充分な説明は、独立の研究を必要としよう。私はここでは実践的問題に集中する。ヘーゲルが一般的問題(概念内容の理論)をどう見ているかに関するいくつかの示唆を第三、四章で与えておいた。

(4) この問題をこのような仕方で考えることは、行為者性および自由の階梯〔度合い〕の可能性を想定している。最終的には、それは、完全な実現との対比において部分的と解される実現に関するヘーゲルによるアリストテレス的な説明もまた必要とする。

(5) これは、個人をたんなる随伴現象、あるいは「実在性」に劣るものとして取り扱おうとするような、その種の「優位」ではない。ヘーゲルにとって、個人が何らかの仕方で精神化されていなければ、この規定された共同精神、すなわち人倫のようなものが存在することはありえないであろうこともまた真理である。彼は、危機の時代にはあらゆる集団が崩壊しうること、そして、諸個人が規範的な基準として「自分自身に頼る」ということを充分に承知している(これはソクラテスに関する彼の議論にある)。

(6) この極端に曖昧で抽象的な定式とともに問題は始まる。この定式は、コミットメントから自由な行為者が熟慮し、一方か他方かいずれかのコミットメントを選択することを示唆している。ヘーゲルの描像は、「つねにあらかじめ」制度的に拘束された諸人格がその立場の「客観的理性性」に関して事後的に熟慮することができる、というものである。彼の説明は、スピノザを除くどの理論よりも、選択の問題を重要視することはない。自由の問題を、恣意(*Willkuer*)すなわち選択の自由の問題と考える立場への、彼のもっとも明快な批判については、『法哲学』一五節の注と補遺を参照。

(7) ここで私は方法論的な体系性の問題に集中する。それは、正直なところ、ヘーゲルの実践的現象の取り扱いにおける核心的な問題の単純化である。つまり、ヘーゲルは、近代自由主義思想のきわめて重要な主柱を否定したいと考えている。様々な価値領域もしくは規範領域の「自律」、すなわち、善対悪、美対醜、有用(交換価値をもつ)対無用(交換価値をもたない)、聖対俗、正対不正によって定義される還元不可能で共約不可能な諸領域の「自律」を否定したいと考えている。「全体論」に与して自由主義のこの局面に異を唱える人々は、政治神学におけるように、宗教の包括性、あるいは、政治学、経済学の包括性にしばしば賛意を示した。また、当然ながら多くの疑惑を招いた。ヘーゲルは、規範に支配された活動のすべてを自由の実現とみなしたいと考えている。それによって彼が意味しているのは何なのか、規範的な観点がそれほどまでに包括的であると考えるのはなぜなのか、これを了解するには、彼が「自由の実現」によって何を理解しているのかという問題から着手しなくてはならない。この論考はその予備的な研究である。

(8) もちろん、人間の自由の本性とその外延に関する問い（すなわち、自由に行為するとは何なのであろうか）を形而上学に関する問いから区別すること、そして、自由の社会的、政治的条件に関する問いを意志の自由に関する問いから区別することは、可能である。しかし、すでに簡単に言及したように、体系願望を抱いているとすれば、ヘーゲルはこのような仕方でものごとを分離することはない。

(9) Frankfurt, H. G. (1971) を参照。また、Segal, J. (1991) における、自己に関する「場」の理論についての興味深い議論を参照 (p. 88ff.)。それとの対比で自由に関する説明が測定される自由論の要件の表明においてさえ、問題が極端に困難であることは明らかである。論者たちは、要件を充たしているという主張を競い合っていると同時に、その要件をめぐって大いに議論し合っている。

(10) 人間の活動や実践の本性の説明、および自由の本性の説明におけるヘーゲルの模範は、アリストテレスとスピノザである。もっとも、ここではこれらの関連を辿ることはできない。

(11) これを正確に述べることは難しい。それが意味すると思われるのは、他のどの説明によっても前提とされるが、それ自身は他のどの説明も前提としない、そのような説明である。しかし、それは正確ではないだろう。というのも、ヘーゲルは、彼の体系の正しいイメージは円環であって、この種の体系ではないと主張しているからである。しかし、当面の目的にとって必要なのは、ただ論理学の重要性が大きいことを強調しておくことである。そして、そう要約しておけば比較的害がない。

(12) 「自然における万物は法則に従って作用する。ただ理性的存在のみが法則の表象に従って（すなわち、原理に従って）行為する能力をもっている」(F, 29; GL., 412.『人倫の形而上学の基礎づけ』四一頁)。また、CprR, 17-18; KpV, 19-20 も参照。

(13) 「知の制限」のテーマに関するカントとヘーゲルの関係については、Pippn (1991a) を参照。

(14) 私の知っている限り、ヘーゲルはウィトゲンシュタインの用語のドイツ語相当語（「考えをもった（gesinnt）」、「考えを同じくする」（gleichgesinnt））を用いてはいない。しかし、彼の精神に関する説明は、彼が「心的なもの（Seelending）」と呼ぶもの、すなわち、心的内容、考え、主観的形式に関する説明ではない。それゆえに、心の主観的状態、意識状態、ある内容の把握を直接示すのではない別の用語が必要とされる。ヘーゲルの説明では、ある内容を理解することは、ある考え方をもっていることである。それはある考えを適正に掌握する能力をもつということを意味する。Pippin (1997a), pp. 1-25 序文を参照。

(15) ヘーゲルが、『エンチュクロペディー』五七五節において、移行の「外的」形式について言っていることを参照（EPG: 393-394; PM, 314）。

(16) 『法哲学』一九〇節注を参照（RP, 384; PR, 228）。

(17) Schacht (1976) と Parkinson (1985) は、ヘーゲルを両立論者であると解釈する。しかし、これは誤解に基づいている。なぜそれが誤解であるのかについては、Wood (1990), pp. 150-1 を参照。とりわけ次の明快な要約を参照。

ヘーゲルの行為論は、事実上動機を意図とか（内的な）理由とかに置き換えているから、そこでは、動機が文字通り何の役割も演じていない。これは印象的である。ヘーゲルは、どのような心的要因が私を動機づけるのかと問うのに代えて、それを行う理由を与える行為記述でもって私の行為を説明することを求めるのである（1990, p. 151）。

(18) ヘーゲルが両立論者であるのはこの意味においてのみである。なぜなら、彼は自分自身の説明を主意主義と対比するときでも、「欲するに値するすべての自由」、すなわち、単純に私のしたいことをすることができる自由の、両立論者による通常の擁護論を採らないからである。ヘーゲルによれば、その擁護論は不完全で満足のいくものではない。しかし、だからといって、彼は、私は別様になすことが、もしくは欲することができたに違いない、と言っているのでもない。因果的な物語であれば何であれ、行為が私のものとみなされるために達成されなければならない、一定の反省的、熟慮的、社会的な関係がある。ヘーゲルが関心をもつのは、この関係性である。この問題の様々なオプションを理解する上で非常に貴重なのが、Kane (1998) である。

(19) これは第六章で考察する。

(20) このようなカント、セラーズの思想に関するもっとも詳細で洗練された説明は、ブランダムのものである

(Brandom, R. (1994))。また、次の箇所を参照。「カントの重要な考えでは、判断や行為をたんなる自然的な被造物の反応と区別するのは、それらの特殊な素材への関係でも、特殊な透明度でもない。判断や行為は特別の仕方で私たちがそれに対して責任のあるものである」(Brandom, R. (1998), p. 1)。

(21) 私の論文、'Hegel, Ethical Reasons, Kantian Rejoinders' と 'Hegel's Ethical Rationalism,' を参照 (Pippin, R. (1997a))。また、アラン・パッテンの興味深い議論も参照 (Patten, A. (1999))。私のレヴューも参照 (Pippin. R. (2001b))。アラン・ウッドも、ここで示された見解とは異なるが、理性的行為者性の興味深い見解を擁護している (Wood, A. (1990))。ウッドの説明は、ヘーゲルが自由の主観的次元の重要性を無視しているという批判からヘーゲルを擁護するのに特に有効である。

(22) ヘーゲルのテクストのなかでこの立場に関してよく引用される箇所は、再び『法哲学』緒論五—七節である。四節でヘーゲルはまた正当にも私たちに『エンチュクロペディー』(一八一七年、ハイデルベルグ版) 三六三—三九九節〔一八三〇年第三版では、四四〇—四八二節〕を参照させている。

(23) 私は、そのような疎外の現象学的事実は当然のことと受け止められうる、と考えている。しかし、もとより、それは、その言明 (「私自身の」行為が真に私のものではない) が示しているように、逆説的な観念ではある。私の知っている最近のもっとも優れた議論は、Jaeggi, R. (2005) である。特に、その二節、「疎遠な生としての自分自身」。

(24) この二つの問題〔形式主義批判と厳格主義批判〕の本性と現代のカント主義者による回答に関しては次のものを参照。Pippin, R. (2001a).

(25) 「内在主義者」としてのヘーゲルに関しては、「ヘーゲルの倫理的理性主義」(Pippin, R. (1997a), pp. 417–50) を参照。また、Knowles (2002), p. 183 を参照。

(26) 内在主義的要求、すなわちコンテクスト内在化要求と、たとえ歴史的に状況づけられていようとも普遍的に共有しうる理性が存在しうるという信念の近代後期における喪失との結合こそ、ヘーゲルの説明が「ヨーロッパ中心主義」思考の擁護することのできない弁明であるとの疑念を生み出す原因である。

(27) ヘーゲルにおける「自由の幸福に対する優位」に関しては、Wood (1990), p. 69 などを参照。

(28) 自己本位的に考えて、よき父であるべきか、それともよき友であるべきか、どちらに正しい理由があるかを自問し、それに従って行為する人は、そのことによって、よい父であることも、よい友であることもない。

(29) ホトーのノートでヘーゲルは次のように繰り返している。「個人はただよき国家の公民となることによってのみ彼の権利を獲得する」(VPR, 3:499)。

(30) カントにおけるこの問題に関する議論については、Pippin, R.(2006)を参照。

(31)「時間経過を通じての近代の人倫における承認関係の客観的な実現」の意味は、次の箇所において示唆されている。そこでヘーゲルは、教養と合法性の達成を、そのような闘争を克服することによって獲得されたものとして論じている。「市民化された状況において、とりわけ、家族、市民社会、国家において、私は、何の闘争もなく、すべての人を承認すると同時に、すべての人によって承認される。そこでは、倫理的かつ法的な諸関係がすでに現前している(…)」(BPhG, pp. 78-79)。

(32) Pippin, R.(2001a)を参照。

(33) ヘーゲルは特に次のような指摘をしている。「この人倫的実体は、それを抽象的な普遍性において受け止めるならば、思想の形式における法であるにすぎない。しかし、それは、そのまま直接的に現実の(つまり、諸個人の心における)自己意識であり、あるいは、習俗である」。これは、「個別的な意識」はこの「普遍的な意識」を自覚している限りでのみ「存在する一者」である、とヘーゲルが付け加えていることに対応する。(PhG, 194; PhS, 212.『精神現象学』(上)三五三頁)。

(34) 過去の哲学者を哲学的な議論に取り込もうとする企てについての、「哲学史家」による典型的な批判は、フレッド・ベイザーの幾つかの苦言に認めることができる。とくに、Beiser, F.(2007)を参照。もっとも、私自身は、ベイザーによるドイツの思想家についての大部の解説から示唆を受けたということはない。ドイツの思想家たちの現実の意図が何であったのかを理解するうえでも、また、彼らがしたことが何であれ、それを主張する権利があると感じたのはなぜであるのかを理解するうえでも、そうである。さらに、ベイザーはしばしば、あたかも過去四〇年間、非凡で、哲学的な才能が豊かで、歴史的にもよく知られたドイツの研究者は存在しなかったかのように言っている。過去四〇年間のドイツの哲学研究者といえば、その多くは、ヘーゲル研究のハイデルベルグ学派(ヘンリッヒ、フルダ、トイニッセン、クラマー、ブプナー)から、プラウスやヴォルフのようなカント・ドイツ観念論研究者に至る研究者から成る。私の見解では、ベイザーの仕事だけからでも、テクストに忠実な解説か、それとも、テクストから自由な急進的な再構築か、という二者択一でないことは明らかである。ベイザーは二者択一だと考えているように思われる。Bowie, A. and Hammer, E.(2007)と Wallace, R. M.(2005)も参照。解説による注釈は時には有益でありうる。しかし、それはまたしばしば偏屈で難解なヘーゲル訓詁学を生み出す。その例は、Wallace (2005), p. 78 にある。

(35) ブランダムは、「言語様相についての (de dicto)」解釈と「事物様相についての (de re)」解釈との間の相違を見事に言い表しているが、この原則に私は賛同する。Brandom, R. (2002).

訳注

〔1〕 それは、H・フランクファートの議論である。詳細は、本書第五章の訳注〔2〕を参照。

〔2〕 これは、ヘーゲルによって一八二五年夏学期に行われた「精神哲学」三七七節に関する講義のH・ケーラーの筆記録からの引用である。これを、M・J・ペトリはPSS (『エンチュクロペディー』第三部、第一章「主観的精神」) の編集、翻訳に当たり収録している。なお、本書第二章の訳注〔4〕を参照。

〔3〕 ピピンの原文には、VPG, 175; LPWH, 194 とあるが、VG, 175; LPS, 194 の誤りである。なお、このテクスト (VG, LPS) は、ヘーゲルによって一八二七—八年に行われた、『エンチュクロペディー』第三部、第一章「主観的精神」に関する、近年発見されたJ・E・エルトマンによる筆記録である。引用は、四三六節に関するものである。

第二章　自然と精神（心）──ヘーゲルの両立論

I　自由をめぐる三つの問い──自由と精神

近代哲学における自由の問題には以下の三つの基本的な構成要素がある。（i）自由とは何なのか。換言すれば、自由に行為するとはどういうことなのであろうか。（ii）自由に行為することは可能なのか。そして、（iii）自由な生活を送ることはどれほど重要なのか。最後の問いが示唆しているように、自由の問題は、哲学的な問いと人間が抱く目標〔価値〕の両方に関わっている。しかも、これらの問いは明らかに結びついてもいる。ひとによっては、哲学的空想であって、ありえない自由を望むことがありうる。したがって、自由に関する真の理論は、西洋近代において自由な生活に帰せられる重要性が間違って位置づけられていることを暴露するかもしれない。

第三の問いに対して「自由とは価値ある生活の最も重要な次元である」と肯定的に答えるならば、それは、当然起こりうる問い（なぜ自由は、たとえば敬虔とか安全とかと比べて、それほどまでに重要なのか）に加えて、二つの問いを引き起こす。〔a〕どのような種類の政治秩序や社会システムが、最もよくこの能力を実現するのか、すなわち、諸個人が自由な主体として行為することを許し、かつまたそれをよりいっそう容易にするのか。さらにまた、そこには第一章で言及した次のような歴史的な問いが存在する。――〔b〕西洋近代という時代の哲学に特有の、自由の重要性とは何なのか。

ヘーゲルの「客観的精神の哲学」は最初の問い〔a〕に対する答えを含んでいる。第二の問い〔b〕に対して、彼は哲学史において最も野心的で思弁的な答えを与えている。さらに、冒頭で挙げた三つの主要な問いに対しては、前例のないきわめて論争的な答えを用意している。

〔i〕私がヘーゲルとともにこれから提案するのは、私たちが「自由とは何なのか」と問うさいに説明できるようにしたいのは次の条件である、ということである。すなわち、この条件を充たすには、私の様々な行為や企てが私自身の行為や企てであり、しかも私自身がそうであると経験することができなくてはならない。つまり、それらの行為や企てを私自身の行為者性（agency）を反映し表現する出来事として経験することができなくてはならない[1]。ヘーゲルの考えでは、このユニークな所有者条件は、私が出来事を引き起こした原因であるとか、私がいなければその出来事は生じなかったであろうとか、ということだけでは充たすことができない。もしその出来事が「私のもの」であれば、それが他人や他のものに帰属し、それらによって生み出されたとか、あるいは、あらかじめ定められ、強制され、実践的に避け難かったなどとかのように、よそよそしいものに思われたり、疎遠であったりするはずがない[2]。（この性格づけは、明らかにきわめて大雑把ではあるが、それでも必要である。というのも、論争の一つの重要な要因が以下の非難に関わっているからである。それは、一介の著者であるヘーゲルが望ましいとかよいとかと認めているにすぎないあまりに多くのことが、あたかも自由の問題であるかのように、一緒くたに扱われている、という非難である。まさしく、何がこの論争に相応しい境域なのかをめぐっては、主としてアイザイア・バーリンの主張[3]以来、活発な議論がなされている。）このような行為や企てをどれほど正確に私に結びつければ、それらが私に起因するもの、すなわち私のものとみなされ、それゆえに自由の実例になるのか、これは大きな問題である[4]。

この問いに答えるにあたってヘーゲルは、キリスト教の伝統に影響された多くの哲学者とは異なり、自由の本性に関する主意主義の立場に立たない。これまでに述べてきたように、その代わりに、ヘーゲルは以下の見解を擁護する。それによれば、ひとが適切な自己理解や他者理解を成し遂げるのは、そのような理解の形式を条件づけたり反映したりする社会構造のなかにおいてである。私たちはこれを「様態」(state) 理論と呼ぶことができる（これは、自分自身や他者に関する関係的で活動的な状態のことであって、政治的な国家（*Staat*）のことではない。もっとも、政治的な国家はヘーゲルの実践哲学において最終的にはある役割を果たすことにはなる）。ヘーゲルは、自由の可能性がある種の因果的能力を個人が所有することに依存するとは解さない。つまり、自由を可能にするものが、先行する因果的な諸条件から独立の意志の作用によって行為を開始する能力であるとは考えていない。多くの両立論者の見解とは反対に、ヘーゲルの場合、自由であることはいかなる種類の因果性も必要としない[1]。彼の『論理学』では、有機的生命や精神的生命といった生命一般に因果関係を適用することは、明白かつ端的に「不適切」であると述べられている（WL, I: 400–401; SL, 562.『大論理学』（中）二〇六頁）。この「不適切」であるということは、部分的には、（原因の内容は結果のうちへと「継続する」という）ヘーゲル独自の機械的因果性の理解に関係している。しかし、本質的な論点は、ある外的原因が目的をもった存在者に作用してある結果をもたらすと単純には言えない点にある。なぜなら、起こりうる結果は何であれ、ヘーゲルの言い方では、直近の原因が「取り入れられ」、「変形される」ことに依存するからである。原因の因果的能力とは、それが理解される仕方の結果に依存しており、人間の場合には起こりうる結果が行為する理由とみなされているか否かに依存している。この点についてヘーゲルが取り上げている例、すなわち、独自の用語でその論点を定式化する仕方を簡潔に示している箇所が、以下の引用である。

一般に歴史において、諸々の精神的集団や諸個人は、相互に作用して、交互規定をなす。しかし、精神の本性は、他の根源的な実在を自己自身の中に受け容れない、という点で生物一般の性格よりもいっそう高い意味をもつ。すなわち、精神の本性は、ある原因がそのまま自分のうちへと継続することを許さず、むしろ、その原因を中断させ、変形させるのである（WL, I:400–401; SL, 562.『大論理学』（中）二〇六頁）。

同じような論点は、ヘーゲルがイエナ時代の『精神現象学』において骨相学や人相学を解説しようと試みた議論においても示されている（PhG, 185ff.; PhS, 182ff.『精神現象学』（上）三〇八頁以下）。『法哲学』「緒論」の十五節（ヘーゲルが自由と決定論の問題に関心を示している、数少ない箇所の一つ）において、彼は、もし私たちが自由によって、たんに別様にもなしえた能力とか、自分勝手に行なう能力（選択の自由）とかを意味するとしたら、そのときはもちろん、そのような意味での自由（恣意）は錯覚である、と容赦なく断定している。さらにヘーゲルは、そうした自由は自由に関する妄想であり、しかも、内的な矛盾に結びついた観念であることを示そうとする。なぜなら、このような選択の状況は、つねに意志に先行する複雑な文脈を伴っており、この文脈に内容が浸透しているので、そこでは可能な選択の内容がすでに固まっているからである。私はAを選んだが、Bを選ぶこともできたと言いうるような場合でも、このようなただ形式的にすぎない可能性は、疎外されていない状態の条件、すなわち真の自由の条件を充たすことはできない。「私ゆえに」BではなくAが選ばれうるとしても、私もたんに偶然このような内容を負わされているだけであるから、内容それ自身は私の意志を反映することはないのである。(私はスミスを解雇するのもジョーンズを解雇するのも自由だが、私がスミスやジョーンズを解雇しなければならないということ、私が彼らのいずれかを解雇しないと悲惨な帰結を被ることは、私次第であるわけではない。「選択」(恣意)という視点からは、行為のそうした局面すべてが不自由にみえてしまう。)

恣意にそなわっているのは、内容が私の意志の本性によって私のものとして規定されているのではなく、むしろ偶然性によって規定されているということである。それゆえ私はこの内容に依存する。こうしたことが恣意の根底にある矛盾である。(RP, 67; PR, 49.『法哲学』(上)十五節)

この引用によってヘーゲルが示そうとしているのは、私が自由であるのは、まさしく私が選択の文脈や内容でさえも「選択」する場合だ、ということではない。彼は、〔自由を選択の自由と捉える限り〕問題全体が歪んで枠づけられてしまうこと、自由の本性は選択の自由の問題と結びつけられるべきではないこと、これを示そうと試みているのである。それに代えて、ヘーゲルは、自由をある種の自己関係と自他関係を含むものと理解している。つまり、自由は、ある種の自己了解と相互承認の関係のなかにあるものとして構成されるのである[5]。したがって、自由を達成することは、私の行為を自分自身のものとして経験しうるということであり、この達成に接近することは、そうした経験に接近することなのである。(こうした自己関係において、私は自分自身がそれを行うように傾向づけられている内容を超越したり、否定したりせずに、私の様々な選択肢のある特定の内容（すなわち情動や傾向性）を自己と同定する道筋を見出す。「自由とは、ある特定の何かを意欲することであり、この規定性のなかで自分自身のもとに在ることであって、もう一度普遍的なものへと還帰することなのである」[6]（RP, 57; PR, 43.『法哲学』（上）七節）。この当初は漠然としていて未完成だが、やがて徐々に十全に実現されていく様態、つまり、規範に律せられた個人的精神性、集団的精神性、社会的現実という様態、これらについてヘーゲルが与えた名称が「精神」（*Geist*）という英語では捉えにくい言葉である。本章で私が論じようとしているのは、もし精神を心（mind）や魂（soul）と考えるならば、私たちは精神を誤解することになる、ということである。むしろ、精神という語が指示しているのは、上述のようにして達成された個人的精神性や集団的精神性であり、制度という形で具体化された承認関係に他ならない。そのため、私は、ほとんど意味もなく現在では標準的な訳語になっている「精神」（spirit）をドイツ語の「精神」（*Geist*）を言い表す用語として使い、本章で与えられる説明によって意味を膨らませたいと考えている。社会に媒介された自己意識と自己反省のこの様態は、きわめて精巧で体系的な方法によって理性的な自他関係として定義づけられる限りで、自由であるとみなされる[7]。この自由であるとは、ある活動的な様態であり、物事を行っている状態であり、自由と分類される諸々の活動や実践を含む存在の有り様である。そのさい、活動や実践が自由と分類されるのは、ある一定の仕方ですべてが他者への関係のなかで企てられていることによってであり、ある特別な因果的起源をもつこととか、因果系列から外れた存在によって企てられていることとかによってではない。

したがって、ヘーゲルは、このような精神の観念を説明するにあたって、いまだになお伝統的な哲学用語を援用しているようにもみえるが、すぐさまその用語の彼独特の理解を提示してもいる。『エンチュクロペディー』の三八二節で、私たちに「精神の本質は自由である」と述べているのである。ヘーゲルがここで、自然の本質は必然性であり、精神の本質は非因果的な自発性である、という二元論的主張をしている、と考えるひともいるかもしれない。しかし、ヘーゲルは、伝統的な形而上学に同調することなく、すなわち二元論に与する哲学にまったく同調することなく、この命題に注釈を与えている。それが、自由とは「それ自身との同一性としての概念の絶対的否定性」である、というものである。ただし、この「として」という同格は、一見しただけでは命題の理解にまったく役立たない。詳しくは第三章と第四章で明らかにしたいと考えているが、ここでヘーゲルが「概念」という語によって意味しているのは、(規則という意味での)規範のようなものであり、したがって、彼がこの自由の観念によって意味しているのは、規範に方向づけられた活動、みずからに課した規範による拘束といったことなのである。そして、このような規範の否定性は、規範による拘束からさらに高まって、主体の内部での自己分割にまで及ぶ。(ヘーゲルは真正な行為を、彼の哲学の他分野でも馴染みのある仕方で、直接性とみなされるものの否定として描き出している。この場合、否定が意味しているのは、感覚的な欲望や傾向性がただ無媒介に現存していることの否定である。)さらにまた、ヘーゲルは、「それ自身との同一性」という表現によって、理性を基礎とする規範的な拘束との和解やこの拘束の肯定を意味している。もっとも、このような解釈に辿り着くには、もうしばらく時間を要する。(ヘーゲル自身による注釈は、時折解釈するのが不可能と思われるほど比喩的である。彼は、三八二節の補遺で、キリストが「真理は私たちを自由なものにする」、その直後に、彼自身による福音への補足と思われる文言、「しかし、自由は精神〔われわれ——ドイツ語原文〕を真なるものにする」を付け加える。ヘーゲルがここで言及しているのは、あるものが本来それであるところのものとして十全に現実化すること、という彼自身が抱いている真理観なのである(ヘーゲルによれば、真理は、概念が外的な実在と一致するところにではなく、概念がそれ自身と一致するところに成り立つ)。したがって、ここで、精神を自由なものにする真理とは、啓示や発見ではなく、精神が十全な意味で本来それであるところのもの、すなわち、みずからに課した規範によって拘束され、律せられるものとして行為するようになることである。)

〔ii〕したがって、より基本的な観点から、ヘーゲルが自由の可能性を擁護するのは、(最初はやや誤解を招きかねない表現ではあるが)非両立論ではなく、両立論と私たちが呼びうる形式においてである、と言うことができる。私は、自由な主体の資格を手に入れるのに、自分自身が非因果的な原因だと考えることができる、ということを必要としない。だから、私は、形而上学的にも、実践的条件としても、(因果法則のもとへの包摂が自然の根本原理(*Ur-Prinzip*)であるにせよ、そうでないにせよ)、自然法則に従う決定から外れた領域を確立するには及ばない。このことの意味は、諸々の自然原理でもって精神に関わるある特定の過程や変化を説明することの「不適切さ」は、ヘーゲルでは他のところに求められなくてはならないということである。しかも、それが求められるのは、自発性の強力な、すなわち主意主義的な観念に訴えたり、それを擁護したりすることによってではない[8]。

さて、ヘーゲルはあらゆる二元論の一貫した敵対者として有名であるから、この問題についても徹底しているからといって、驚くには当たらない。しかし、彼の反二元論の鍵をなすのは、非唯物論的な一元論、つまり「物質世界は何らかの仕方で心に依存していると解釈する立場[9]」ではなく、むしろ、精神はそもそも物(*Seelending*)ではなく、物質的でも、非物質的でもない、というもっとラディカルなテーゼである。すなわち、精神の哲学は、経験的でも形而上学的でもありえず、むしろその課題として、精神という観念を精神がそれ自身の活動のひとつの体系へとそれ自身を内在的で必然的に展開することにおいて考察しなければならない。（…）形而上学的な仕方による分析は、もっぱら概念に取り組むだけで、その発生には関わらない。そうした仕方の場合、概念はある抽象態にすぎない。そして、概念規定は、まさしくそれ自身死せる概念である。しかしながら、精神は本質的に活動的であるというように存在する。その意味は――自分自身を、そして実際に自分の概念を発生させその概念を明示することである。(10)（W, 15:217. 強調引用者）

いったんこのテーゼが確認されるならば、なぜヘーゲルにとって、意識、志向、自由、信念、目的などといった属性に言及する理由が、許容されているとか、（通常の両立論のように）可能であるとか、実用的に有用であるとか、というだけのことではないのかが理解できるようになるだろう。これらの属性は、世界を理解可能なものにするいかなる試みにも、必要とされており、不可欠なものなのである。

もちろん、以上の論述によっても、まだ私たちにとってヘーゲルの方針は確固たるものであるわけではない。ヘーゲルが形而上学に関して述べている否定的なニュアンスの内容にもかかわらず、上述の主張は、ヘーゲルの自由論に関する定型的な説明と呼びうるものを呼び起すようにみえる。その説明とは、ヘーゲルは自由を理性に結びつけたのだが、それはカントやフィヒテとは違うやり方においてであった、というものである。すなわち、ヘーゲルにとって理性《ヌース》（*die Vernunft*）は、（時折そう述べられるように）実在性の根底に横たわる理性の構造であり、自己自身を外的に展開し、表現して、最終的な自己意識のうちで自己自身へと還帰する、神的精神ないし宇宙的精神である。また、この精神の自己意識は、芸術、宗教、哲学のなかで最も十全に顕現する。こうした発展史的な実現は諸々の客観的で社会的な制度を含み、これらの諸制度はそれら自身で理性の実現を表現するものである。こうして、自由であるとは、この理性的構造のなかで正しく客観的な役目に就くことである。この点を説明するにあたって、ヘーゲルは自由の自己実現論を持ち出しているが、自分自身を実現するとは、「適時に適所にいる」のに必要な幸運を具えていること、要するに、絶対精神が実現するための乗り物〔達成手段〕であるのに必要な幸運を具えていることなのである。

以上の定型的な解釈に伴う問題は、それがヘーゲルの理論の主観的次元（主体にとって実践的理由とみなされるのは何なのか、それはなぜなのか）を公正に扱っていないということであり、また、そうした主観的次元を適切かつ公正に扱ったとしても、客観的側面をこうした理性《ヌース》の構造と解釈することは正解でありえないということである(11)。しかし同様に指摘しておかなければならないのは、一方で、ヘーゲルの方向性はある意味で明らかに非カント的な方向性である、ということである。カントの二元論も（自由の実践的な優位性に基づいているから）形而上学的ではないと言ってよいが、しかし、カントの二元論は厳格である。自然の領域と精神の領域は、「あれかこれか」であって、けっして「あれもこれも」ではない。これに対して、ヘーゲルにとっての精神は、やがて確認するように、社会‐歴史的に達成されたもの（特定の実践や制度という達成事）である。それは自然的存在者にもなしうることだから、自然の次元と精神の次元の間には連続性がある。他方で、ヘーゲルは、カントによる合理的心理学への批判をたびたび熱心に取り上げて、カントを称えてもいる。すなわち、カントは、魂が物ではなく「自我」であることを示すことによって、（魂の単一性や物質性などといった）合理的心理学の主たる問題（に答えるのではなく）、むしろこの問題から私たちを「解放した」のだ、と称えている。そして、ヘーゲルは、カントが向っていたと彼が主張する方向性に倣おうとするが、それは、魂に相応しい形而上学的述語に関する問いから離脱して、魂の「真の本質」、「自己意識の自己自身との純粋な同一性」、すなわち「自由」へ向う方向性である（W, 13:32.［『ハイデルベルク・エンチュクロペディー』三二節］）。この「自己意識の自己自身との同一性」という、限りなく単純化された言葉で表されているのは、道徳的、倫理的、政治的な規範的拘束に対する主体の関係である。この関係において、これらの規範的拘束は「外的なもの」としてではなく、むしろ「内的なもの」として経験されるのであり、外から課せられたものではなく、むしろ「私のもの」であるという仕方で経験される。そして、ヘーゲルは通常、このように規範的拘束を肯定すること・規範的拘束を私に同一化することの条件として「理性」を引き合いに出し、しばしばこれらの拘束が「主体自身の理性」であると主張している。これは、ヘーゲルが自由を特徴づけるにあたって最も頻繁に用いる言い方、つまり「他なるもののうちにあって自分のもとにあること」において問題となっているのと同じことなのである。これは、自己と他者が現実にひとつの一元論的な実体のうちに統合される、といった種類の発見を主張しているのではない。（どのような種類の実践理性ならばそのような実体でありうるのか。なぜそのような実体ならば私に行為する理由を与えるのか。どこでヘーゲルはそうした実体が可能であると語っているのか）。むしろ、この主張の含意は、諸々の実践における達成である。こうした達成においてこそ、諸々の正当化の理由は首尾よく分かち合われることができ、ある行為の道筋を私が正当化するさいの根拠が正当な理由として他者に受容されうるのである。以上のすべてを踏まえるかぎり、ヘーゲル自身が魂や心について説明するにあたって、非物質的であれ、物質的であれ、あるいは「物質的でも非物質的でもない」ものであれ、何らかの実体に基づく説明を提示しているといった主張は、まったく成り立たないのである。

〔iii〕最後に、「自由がどれほど重要か」という本章冒頭で示した第三の問いに対して、ヘーゲルは「絶対的に重要である」と答えているが、この回答を彼自身の見地から要約するのは容易である。というのも、宗教の歴史から普遍と特殊の関係に至るまで、ヘーゲルの記述するすべての事柄が、何らかの仕方で自由の現実化という問題に関係しているからであり、ヘーゲルの哲学全体は、さしあたり漠然としてはいるが、「絶対的なものは自由である」という一文に要約できるからである。

これが、ヘーゲルが規範としての自由を擁護することに関心をもっていたこと、そして、この理想の現実化の度合い〔階梯〕に訴えることによって諸制度や歴史的進歩を評価していることを意味しているのは、もとよりである。だが、そのさいの評価は明らかに、どのような意味で、ある改変や変化が自由に企てられた行為とみなされうるのか、あるいは、みなされえないのか、また、その理由は何か、という点に関するある見解に基づいている。歴史や制度を関係づける体系的問題と自由を擁護する規範的問題との間のこのような結びつきにおいては、ヘーゲルも他の人々と異なってはいない――両立論者や自然主義者のさまざまなプログラムがリバタリアンの政治学やいわゆる自由の消極的観念と結びついているのは偶然ではない。しかし、ヘーゲルは、リバタリアンとは対照的に、自由の社会的理論をもっている。すなわち、ひとは一人で孤立していては――自由のための実践的な諸条件を実現できないから――自由な存在ではありえないという強力な主張をもっている。もっとも、ヘーゲルがそうした立場をとる理由は、リバタリアンが立脚する原子論的個人主義の政治への不満に由来しているわけではない。その理由は、何が自由に企てられた行為とみなしうるのかについての一般的見解に基づいており、ヘーゲルの自由の社会的理論は、こうした体系的関心を視野に収めなければ、うまく理解することができない。

II　自由と両立論

前節で挙げた三つの問題のなかでも最も重要なのは、他の二つがそれに基づくところの問題であるが、本章ではこれを取り上げたいと思う。それは、自由の可能性についての第二の問い、もしくは、ヘーゲルによる二元論や非両立論の否定の本性についての問いである。その問題は、ヘーゲルの視点では自然と精神の関係であり、私たちの視点では、いわゆる自由意志という争点に関わる限りでの心身問題である。

ヘーゲルが自然と精神の関係に関して述べようとすることを（少なくとも共感をもって）理解するには、二つの深刻な障害がある。第一の障害は、ヘーゲルの自然についての主張に関わっている。すなわち、自然は一つの世界精神もしくは宇宙的精神の顕現、すなわち発展論的な現実化である、と主張しているようにみえる見解に関わる。第二の障害は、心的生活や実践的生活を議論するさいのヘーゲルの方法が、百科全書的な形式で提示されているという事実であり、発展史的ではあるが、厳密には分析的でも演繹的でもない方法論を用いて提示されているという事実である。[12]

自然界が神的精神の有限な顕現であることや、自然的な存在者が神的精神の自己顕現の階層的秩序を反映することはありそうもないから、このような主張に基づくどのような両立論も、もっぱら歴史的な関心をそそるにすぎないと思われるかもしれない。しかしながら、このような非唯物論的な一元論や目的論的な実在論といった解釈に関しては多くの不満な点が残る。前者は（C・D・ブロード[2]の古い言い方では）「非唯物論的な還元主義」ということになろうが、それはヘーゲルの立場ではありえない。なぜなら、ヘーゲルが（因果的な解説も含む）自然の説明を世界の適切な説明に不可欠の要素だとみなしていたこと、そして、自然がそれに固有の領域では自立的であることは、明らかだからである。自然は、仮象や幻想ではなく、あくまでも自然である。もし自然が何ものかの顕現であるならば、自然の概念の顕現であり、これは自然が最終的に理解可能であることの要求である。自然と精神に関するヘーゲルの説明の目的論的次元は、野心に富んでいるとともに複雑である。しかし、ヘーゲルが以下に述べるような目的志向的な仕方で、もしくは実在論的な仕方で、目的論を理解しているという証拠はほとんどない。その仕方とは、自然が神の設計図から生み出されたものと理解されなければならないかのように、あるいは、世界のなかに十全な自己発展へ向けて宇宙を引き上げうるような因果的力があるかのように、はたまた、来たる終末がすべての物事をそれ自身の方に引き寄せるかのごとく、起きていることを説明するためにその終末が呼び出されなければならないかのように、目的論を理解することである[13]。

しかし、ヘーゲル解釈への諸々の疑念や不満と、ヘーゲルの独特の諸定式の謎とは、別個に取り扱うべき問題である。精神的な諸属性への言及が避けがたく不可欠であるという主張の根拠が、物質と異なるものであれ、万物の根底にある一元論的なもの（おそらくは自然でも精神でもないもの）であれ、何らかの非物質的な実体が存在するということにはないのであれば（換言すれば、私たちは「それが存在するかのように行為しなければならない」ことにはないのであれば）、こうした必然性（精神の諸属性の必然性や「諸理由に訴える」説明の必然性）のヘーゲル的な根拠は何でありうるのだろうか。

III　自然と精神の両立論

以下は、自然と精神の関係に関するヘーゲルの立場が最も凝縮されている論述の一つである。

われわれからすると、精神は自然をみずからの前提にしている。自然にとって精神はその真理であり、したがって精神は自然に対する絶対的な第一者である。自然はこの精神という真理のうちで消失しており、そして、精神は対自存在へ到達した理念、その客体がその主体と同様に概念であるような理念となった。この同一性は絶対的な否定性である［ここでもまた、否定性と同一性の両方が主張されている］。なぜなら、概念は自然においてその完全な外的客観性をもつのだが、精神においてこの概念の外化は止揚されており、この止揚において概念は自分自身と同一になっているからである。それゆえ同時に、概念がこの同一性を構成するのは、もっぱらこのような自然からの還帰としてなのである。（PSS, I:24–25.『精神哲学』十三頁）

ヘーゲルは明らかに自然と精神の関係の問題を言い表す用語を発案し、同時に、彼なりの解決を示唆してもいるのだが、この箇所は、今日いかなる反響も呼んでおらず、歴史的にも何ら反響を呼ばなかった。しかし、そこからは次のような結論をただちに引き出すことができる。

（ｉ）反二元論。ヘーゲルが終始一貫して主張していることだが、人間の知性や諸々の実践のあらゆる位相（精神）は、つねに自然を「前提とする」。そのように想定されることによって、自然と精神の関係は、普通とはまったく異なるやり方で提出される。すなわち、自然と精神の関係は、「真理」関係として提出されるのであり、異なる実体や異なる属性の問題ではない。三八八節でも、精神は「自然の真理として生成した」と主張されている。自然に関する真理、つまり自然が何であって何でないかということに関する真理それ自体は、自然の顕現、すなわち春の発芽や太陽黒点のように、自然に生起する諸現象ではないのである。精神だけが自然の真理を明示ないし表現しうるという示唆に含意されているのは一体何なのか、これはまだ不明である。とはいえ、ヘーゲルが、実在的でなく仮象にすぎないという意味で自然は真理ではない、と主張していると示すものも何もない。実際、精神は自然の「他者」ではなく、むしろ自然の真理である、とヘーゲルが頻繁に主張していることに鑑みても、ヘーゲルは熟慮の上で、そのようには主張しないのである。

ヘーゲルが示唆していると思われるのは、端的には次のことである。すなわち、諸々の自然有機体は、その複雑さや組織化がある一定の水準に達すると、それ自身に従事するようになるが、最終的には、自然の境界線の内側ならば、もしくは経験的観察の帰結の範囲内ならば適切でありうるような説明の仕方では、もはやそれ自身を理解することができなくなる、ということである。（この可能性の一つが、自然を、適切にその真理において理解し、正しく把握する試みである。これは、たんに自然の諸特性に訴えるだけでは十分にはなりえないものの理解へと向かう試みである。その意味で、精神は自然の真理であり、自然それ自体は非真理のうちに存在するのである。やがて判明することだが、この立場をこのように錯綜させているものはこの「非真理」という用語である。）しかし、「非真理」は、自然に関する諸々の「外面的」なカテゴリーに固執し続けることから帰結するものであって、存在論的な不適当さや実体の不適当さによるのでも、私たちが自分の道徳生活を理解するためにこうした新奇なカテゴリーを想定することによるのでも、さらに、生物学や化学の言葉を用いて相互の行為を期待、予見、説明することにおいて私たちがまだ進歩していないことによるのでもない。諸々の自然的存在者は、自己感情やたんなる自己感知では説明しえない仕方で、自分自身を理解し始める。なぜなら、それらの反省的な自己関係の形式は、表現されなければならないもの〔他者への関係における自己反省〕の一つの位相であり、主観と客観が分離可能な観察的な立場に準ずるものではないからである。そして、自然の存在者たちは自然的欲求とは異なる根拠に基づいて相互に説明を求め、責任を問うことができるようになっていく。（私たちはすぐに、精神は「それ自身の産物」である、というヘーゲルの弁証法的な主張を見ることになるだろう。）そして、そうした達成事は、（再度セラーズを援用するならば）[14]もしその種類の事実が誤って自然的な事実と受け取られるならば、正しく説明されないことになるだろう。すべてがこの通りだとすれば、精神の自他への関係や自他に関する理解から独立の仕方で精神を説明しようとすること（ヘーゲルにとって、精神を「自然主義的に」理解すること）は、人間のコミュニケーションを発声や観察可能な行動を観察し、それらから推理することによって説明しようとするようなものであろう。しかし、言語的な意味は、自然における出来事として、経験的な仕方で発見できるものではない（もっとも、このことが、それゆえに非自然的な出来事はかならず存在する、ということを意味しないのも確かである）。そして、同様のことは精神についても当てはまる。[15]

これと関連して、三八九節では、物質から分離した魂の現存在に関する問題全体が退けられている。ヘーゲルは、伝統的な意味での非物質性については触れずに、非物質性の問題を、自然による「真理」の現実化の問題としていっそう適切に定式化する。すなわち、いかなる非物質性が属するとみなされるにせよ、魂というのは、まさしく自然固有の「観念的生命」を、すなわち、自然に固有の「非物質性」（ここではヘーゲル独自の意味で使われている）を含むのであって、空間的位置をもたない非自然的な実体を含むことはない。[16]（自然に「固有の」非物質性がそのさい関連する活動は、自然有機体がなしうる活動であるが、その自然の諸特性を参照しても満足のいく仕方で説明されない。）そして、三八一節の補遺にあるこの主張への長い注釈で、ヘーゲルははっきりと次のように主張する。自然から精神への「移行」は「完全に他のものへの移行ではなく、むしろ、自然においては自分自身に対して外的である精神が自己のうちへと立ち返ることなのである」[17]（PSS, I:46–47.『精神哲学』二四頁）。

したがって、先ほど引用した三八一節における（「自然はこの〔精神という〕真理のうちで消失しており、精神は対自存在へ到達した理念になった」（PSS, I:24–25.『精神哲学』十三頁）という）「消失」についての見解は、精神を自然的に説明するのは不適切だということ、また、たとえ精神がなおつねにある時ある所にあるとしても、時間・空間といった観念を「その真理において」ある精神に適用することはまったく不可能だということに関係している。自然においてはいかなるものも、「自分自身をそうみなす」ものには至ることはできず、「対自存在に達する」ことはできない。（自然と連続性をもち、自然に従属する諸々の存在者に相応しい生活様式は、自己理解の可能な形式としては「消失」して、精神のなしうる生活様式ではなくなっていく。）私の考えでは、その証拠は、ヘーゲルの根本的な問題が（それを「論理学」の問題であると述べているように）説明上の適切さという一般的基準に関わるのであって、説明するものの適切な形式に関わりはしても、説明されるものの本性には関わっていない、という点にある。（両者はおそらく論理的に結びついており、後者についての答えが必然的に前者の条件を用意すると主張する者もいるだろう。しかし、「絶対主義的」な自然主義者はこうしたことを仮定しようとしない。それが目下の問題である。）私たちが求めているのは、難しく摑みどころのないものである。なぜなら、それは、何が説明の適切さとみなされるのか、説明上の満足とみなされるのか、したがって、認知に関する神経学的になしうる否認し難い記述や倫理的性向に関する進化論的－生物学的描写が間違いではないにせよ、不完全で誤解を招く不適切なものであるのはなぜなのか、といった問題に対する答えだからである。こうした説明上の満足の問題は、要するに、自然についての問題ではなく、私たちについての問題なのである。（これはヘーゲルの「観念論」の別の表明である。）

こうして最終的に到達された自然からの自立は、客観的精神においてこそ達成されるのだが、他の様々な現われにおいては、「魂」、「意識」、さらに「思想」として達成される。しかし、この自立は決して非自然的なものとして理解することはできず、自然との結びつきや自然による部分的な規定が常に強調されていることは、依然として事実である。三八二節の補遺において、ヘーゲルはこの論点について次のように主張している。自然からの「自立」や自然の「克服」（それが精神というものである）は、そもそも自然からの「逃避」や「撤退」とは関わりがなく、むしろ「みずからの他者［自然］との関係のう<ruby>ち<rt>、</rt></ruby>で」この自立を達成する（PPS, I:48–51.）。

以上によって、『エンチュクロペディー』の構造に関する、独特で議論の余地ある解釈がすでに示唆されている。もっとも、この文脈では、それは一つの提案にとどまらざるをえない。しかし、私は、以下で引用される文章や擁護論が、それを納得できるものとすることを期待している。その解釈とは、「論理学－自然哲学－精神哲学」という構造が、規定されたすべての理解可能性（表象ないし概念の内容の可能性、客観的な意図の可能性、そして、何であれこのような可能性に関する最も一般的な言明が意味するもの）を包括する試みである、という解釈である。ヘーゲルは、あらゆるものは概念が浸透している、すなわち、概念に「浸され」「貫かれ」ているると言っているが、そのとき「存在するとは理解可能であることである」という、古代理性主義における根源的な前提を復唱しているのである。[3] この企ては、現象についての満足のいく説明（つまり、それを「理解できるものとする」こと）に役立つものは何であるのかという問題を含むが、これで尽くされているわけではない（WL, 2:135; SL, 713-71.『大論理学』（下）一九七―一九八頁）。実際、説明において満足できるものや満足できないものに言及するのは、精神や自然の説明において中心的役割を果たすのが精神に固有の合目的性であることを指示する、ヘーゲル流のやり方なのである。すなわち、ヘーゲルの自然哲学は、まさしく自然に関する哲学であり、自然現象についての競合する科学的説明でも、科学哲学でもない。たとえば、根源的な諸力に訴える予測可能性だけが説明の基準であるべきかどうかという問い自体は、科学の問いではない。むしろその問いは、ヘーゲルにとって最大の問い、つまり精神自身の自己知や精神の自己充足という問いの内側に取り込まれることによってのみ、答えることができる。その意味において、自然の説明を省みることによって、私たちはこのような満足いく説明の問いへと導かれ、それとともに必然的に、精神の自己知の説明の内側での、精神固有の説明基準の問いへと導かれるのである。

つまり、自然それ自身が「精神へと発展する」わけではない。自然に関する説明を考え抜くことで、精神自身の（「対自的な」）説明基準に導かれ、それゆえに、規範的権威一般の本性、つまり、私たちによる集合的精神性の達成、精神自身の自己実現における中心的問題に導かれるのである。ヘーゲルにとっては、カントの見地からすれば、有限で制約されたものの知識は、不可避的に有限な知識の諸条件についての問いを惹起し、最終的には無制約なもの（すなわち、究極的に満足のいく説明）への探究を惹起する。この遡及的探究は、私たちを経験の限界を超えて導くことはないが、より深く内面へと導き、私たち自身の規範的な要件の本性、つまり、自己「立法」へと導くのである。これは、無制約なものを「擬人化」することではない（自由で理性的な自己立法はヘーゲルが「絶対者」と呼ぶものである）。しかし、キリストの受肉について理性的な説明を与えていることは、ヘーゲルがしばしば自分の哲学を記述するために用いるイメージの一例である。ヘーゲルは、「神」が人に成ったという主張、つまり、精神の（究極的に満足のいく）自己知や自己立法活動が「無制約なもの」であるという主張を、きわめて真剣に受け止めている。これはカントが視野に収めながらも、適切には主張することのできなかった解決法である[18]。

それゆえ、概念が何らかの物事のうちにあって、その根拠となるということは、物事が理解可能性の原理をもっていること、すなわち、物事が真に何であるかの説明が与えられ、それが明らかにされることによって、物事が理解可能なものにされうることを要求する。その場合、理解可能性は、それ自体が一個の論理的観念であって、自己知から、説明上満足のいくものの知から切り離せない観念なのである。私はすでに『エンチュクロペディー』の構造とカントの『批判書』–「自然の形而上学」–「人倫の形而上学」という構造との類似性に言及した。もっともヘーゲルは、多くの理由から、自分はカントのように理解可能性の主観的な諸条件を提示しているわけではない、と明確に主張するであろう。しかし、私の示唆するように、問題は依然として理解可能性であり、説明できるようにすることである。ヘーゲルは明らかに、自分が一切の説明の包括的な可能性のようなもの（思想が内容をもつと述べうるさいの決定的な方法）を提供できたと信じている。なぜ私たちの説明がこのように分岐しなければならないか、つまり、私たちが自然の領域と呼ぶであろうもの（それは、ヘーゲルにとって、機械論的説明や目的論的説明を含んでいる）と、セラーズの言う「理由の空間」、すなわち、いかにして私たちがみずから信ずべきことやなすべきことを決めているか（私たち自身で立法しているか）についての規範的説明とに分岐しなければならないか、を説明できたと信じているのである。他の多くの文脈においてとまったく同様なのだが、このような思想の運動は、この運動から帰結するであろう内的な諸問題――両立しえない諸々のコミットメント、諸々の想定間での葛藤、さらに現存在する対立――が、包括的もしくは完全であるとみなされる理解可能性の諸段階である、ということの提示によって明らかにされる。ときには、この構想は、大掛かりで捉え難いもの(言わば「存在論理学」の不適切さ)であったり、きわめて特殊で(「化学性」という説明様式のような)半ば経験的な主張から区別するのが難しいものであったりする。私たちはようやく、ヘーゲルが、自然の領域と精神の領域の間のこうした不可避的な論理的分割を、説明できる限りで、より明確にしようとする地点に立っているのである。

上述の大部分は、カントの非常に興味深い主張、すなわち体系の問題への論理的アプローチに当たるものについての彼の見解に関する、ヘーゲルの注釈として読み取ることができるかもしれない。以下のカントからの引用を考察してみよう。

> 体系の区分を演繹すること、すなわち、その区分が完全で、かつ連続的であること、つまり、区分された概念から、下位の全区分系列における区分項への移行に、いかなる飛躍もないことを、証明するというのは、体系の建築家にとって、最も満たし難い条件の一つである。分割のために正あるいは不正の区分にとって最上位の区分概念がそもそも何であるのかは、思案を要する。それは、自由な選択意志の作用一般なのである。(19)(AA, 6:218n.『人倫の形而上学』三二一―三二三頁)

こうした非二元論的で、独特な質料形相論的な立場というのは、たとえば『美学講義』といった、ヘーゲルの著作の他の箇所でも顕著である。以下の引用において、ヘーゲルは、有機的生命における「理念的統一」の最初の顕現、すなわち魂を論じている。

> 魂は実体的な統一であり、すべてに浸透している普遍性である。この普遍性は、同時に自己自身への単純な関係であり、主観的な自覚〔対自存在〕である。こうした高次の意味で、魂と身体の統一は受けとられなければならない。すなわち、魂と身体の両者は、互いに結合することになるような相違したものではなく、むしろ、それら諸規定の同一の全体性である。また、理念一般はまさしく、その客観的な実在性のうちで自分自身を概念として自覚する概念として理解されることができ、そうした概念には、概念とその実在性の相違と統一の両方が含まれている。したがって、生命もまさしく、魂がその身体と統一していることとして認識されなければならないのである。（A, 119; TWA, vol. 13, 161. 『美学講義』（上）一二九頁）

（ii）自己関係としての精神。では、何が「精神」という様態を区別するのか。繰り返しになるが、「精神」という様態が非自然的状態でないのならば、一体なぜそれはそのように自然から区別されなければならないのか。『エンチュクロペディー』の自然から精神への移行を叙述する箇所において、ヘーゲルの立場は、こうした感覚的生物は、石や植物や昆虫が単純にそのようなものであると言われうるような仕方で、それらの自然を体現しているにすぎないわけではない、というものである。それらは、自分が直接に感じたり経験したりする性向、情動、傾向性に対して、媒介されて自己に向けられた関係に入り込むようになる。私たちが受け容れなければならないのは、「即自存在」として説明されるようなものではなく、ヘーゲルによれば、むしろ「その客体も、その主体と同様に概念であるところの、対自存在に到達した」と言われうる存在なのである。このような「その客体もその主体と同様に」ということへの言及は、諸々の自然的な存在者が、非観察的でより自己規定的な仕方で、自己自身を自覚しうる知的能力について、ヘーゲルが言及するさいの論理学的なやり方である。主体がある様式で「自己を捉えること」は、「客体」がそうした様式で捉えられることとなのである。やがて判明するように、この自己関係は、規範的性格をもつと同時に、自然には還元不可能な一人称的性格をもつ。そして、このような関係を確立したと言いうる存在者たちは、自然そのものに適用できるような諸々の説明とは違う種類の説明を、すなわち、（依然として）自然に体現されてはいるが、達成された諸様態や諸関係を理解可能にする方法を、必要とするのである。

完全に自然的なもの、換言すれば純粋に自然的なものとして記述されるであろうものからの、このような分化は、ヘーゲルがある種の知的能力をできる限り一般的に捉えようとして、極端に抽象的な見地からなされている。その知的能力とは、ある存在者が自然な諸条件や諸状態に対してもつ「否定的」関係とヘーゲルが呼ぶもののための能力であって、その存在者の諸々の自然的な条件や状態の直接的具体化のための能力ではない。たんに自然界の諸々の条件や摂理への関係の「なかにいる」のではなく、むしろ、その関係を「引き受けること」は、まだ（ヘーゲルによる精神の説明の冒頭部においては）意識にも志向性にも、主観的な内面性そのものにも、ましてや意図的行為にも関わっておらず、さしあたり、生きものの基本的な特徴、ある程度の自己運動と言えるもの、すなわち漠然とした合目的性、換言すれば、漠然とした自己への方向づけのみに関わっている。何らかの仕方で自然界を引き受け、自然界に反応したり、自然界との交わりを作り上げたりしなければならない存在者たちは、魂を吹き込まれていると言われる。広義には「自然の直接性の克服」とカテゴリー化されているものは、いささか注目すべきことに、ヘーゲルが

「魂」と呼ぶもののうちにおける精神の最初の原初的な現われなのである。これが注目すべきものである理由は、ヘーゲルが、情動、感情、習慣、最終的には意識、思想、社会性など、精神性のより高次の顕現を議論するさいにも、魂という用語を使い続けているからである。精神性の現われのすべてが、異なる概念的な分類を必要としているのは、それらすべてが、自然過程を含んでいるだけでなく、自分たちの目下の生活をみずから営むことにおいて、自分自身のために行為することにおいて、自然を対象とみなすことをも含んでいるからである。このようにしてなされうる「克服」のより高次の階梯を識別することは、ヘーゲルがどのようにして精神というカテゴリーを導入しようとしているかを心得る仕方を与えるのである。ここでも、印象的なのは、「自然の直接性の克服」が何らかの非自然的なものを反映する、ということがまったく提示されていない点である。諸々の自然的存在者は、このような自然に向う新しい立場や自然に対する新しい関係を達成するのであって、魂はまさしくそのようにして達成されたものなのである。そこでの着想は、新しい存在論的対象を提示しない一方で、このような諸関係が次のような知的能力を導入する、という点にある。その能力とは、直接性、外面性、特殊性といった自然界に居場所をもつ説明的諸基準が、それに対して依然としてある意味で可能であるとしても、もはや不完全なものにすぎなくなるような知的能力である。(20)

ここでヘーゲル自身の言葉遣いはみずからの体系的な論理学を反映している。これはやや残念なことである。私たちがここで手に入れたいと依然として願っているのは、これらの有機体が行い、述べ、形作っているものを理解するにあたって、精神の諸概念が（存在論的でないにせよ）カテゴリーとして必要であることの本性についてのいくらか扱いやすい説明である。また明らかになっているのは、そうしたことに関するヘーゲルの言い分も、説明付与すなわち理解可能性に関するヘーゲルの説明全体と私が呼んできたもの、つまりヘーゲルの論理学を必要とせざるをえない、ということである。これが明らかになるのは、諸々の自然的存在者が、自然の直接的な現前〔現象〕に対してまったく肯定的な関係にあると同時に、「否定的」な関係にもあると言いうるのはいかにしてか、という点についての主張にヘーゲルが訴えていることによってである。自然の直接性が「否定される」のは、すなわち「観念化される」のは、ある実在がこのような直接性に対して一定の関係を確立して、ある能力を身につけることができる場合のことである。それは、改めてそれ自体が自然過程を体現するとされる発展的な可能態として理解しても、もはやそれについての適切な理解とはなりえないような能力である。この能力は、こうした自然過程のすべてに向って、立場、態度、姿勢を引き受ける能力であり、ヘーゲルの説明では、当初は、感情、情動、儀礼、習慣のなかに現れるものである。そして、このような諸々の定式化におけるきわめて多くの作業が、直接性の否定によってなされることによって、「否定性」の観念というヘーゲル主義の核心部に上訴されているのである。

その実例も非常に印象的である。このような感覚的生物は、言わば、襲ってくる刺激をただ感情で表わすのではない。そうした生物は、脅威とみなされるものを経験し、「ある仕方で」つまり恐れの感情を抱きながら、その脅威を受けとる。したがって、諸々の感情は、ヘーゲルの術語では「否定性の諸様式」とも言われうる。あるいは、非同一性とも言われうるが、それはある経験の内側での自己関係の一様式を意味しており、ただ（確かにまたそうでもあるにせよ）ある状態のなかに在ること（ある状態と同一的であること）だけを意味するわけではない。それゆえ、ある経験を、たとえば脳の状態といった自然現象として扱うことをすっかり不適切なものにしてしまうのは、このような経験がもつ主観的性格——恐怖のなかにいるということ——ではないのである。この経験は、間違って「ひとがそのなかにいる状態」として分析されるかもしれない。しかし、それはおそらくカテゴリーとして不適切である。というのも、この状態はすでに、世界に対する振る舞いにおけるある種の達成を反映しているからである。そうした達成は、もし自然現象、因果的帰結、心理学的状態とみなされるならば、看過されてしまうものである。このような反応は、世界を引き受ける仕方を含んでいるはずであり、あらかじめはっきりとした様式の指向性や方向性を具えた、世界を理解する仕方を前提としている。魂は、ヘーゲルによれば、それ自身が自然を「止揚」する（依然として自然が存続しているが、その独立性を取り消す）ことのうちにあるものであって、自然と異なるものではない。魂を吹き込まれた存在者、すなわち生命ある存在者が、こうした存在者としてもつ同一性は、その存在者の「自然から自己自身への還帰」という、魂に関する、最終的には精神に関するきわめて比喩的だが、明らかに非二元論的で非実体論的な説明を、つねに含んでいる。自然を止揚する関係の達成こそが精神を成り立たせるのである。すなわち、それら自身の自然的な諸能力のゆえにそうした関係を達成できる自然的存在者が、精神的存在者なのである。そうした関係を達成し維持しているものが、精神的に存在しているものである。だから、それをなしえない存在者は精神的ではないのである。

さらに言えば、ヘーゲルは自分を顧みる状態を、諸々の行為や他の状態を引き起こすものであると後に述べられうる、信念や意図としては扱っていない。精神は、上述のようにして自己自身を構成し、このような「諸々の克服」を成し遂げる、諸々の様式であると述べられている。ヘーゲルは、このような様式は、本質的に「自己啓示〔表現〕」として理解されなければならず、他の何かの原因として理解されてはならない、と忠告している。

自己啓示は、それゆえ、それ自身で精神の内容である。そして自己啓示は、何らかの仕方で、精神の内容に付け加わる外面的な形式にすぎないわけではない。したがって、精神がみずからの啓示のなかで露わにするのは、形式と異なった内容ではなく、そのなかで精神の主要な内容が表現されるような形式、すなわち精神の自己啓示なのである。(PSS, I:54–55.『精神哲学』二八頁)

あるいは三八五節の補遺では、もっと簡潔で注目に値する形で「精神は本質的に精神が自己自身について知るものにほかならない」とされている[21](PSS, I:68–69.『精神哲学』三七頁)。「自己啓示は、それゆえ、それ自身で、精神の内容である」とか、「精神は本質的に精神が自己自身について知るものにほかならない」といった、人間を人間とする事柄に関する諸々の定式化には、数多くの含意がある。すでに述べたように、このような精神の特色には、いくつかの現実化の度合い(階梯)があると言われうる。獲得された「距離」の度合い(階梯)、諸々の可能な態度を引き受けるさいの反応の範囲、当初の自然条件だけによって設定されたわけではない範囲、これらの事柄がヘーゲルによって提示される段階論的説明、すなわち発展史的説明(最も広義に考えるなら、「第二の自然」の説明)のための基盤を提示しているのである[22]。

(iii) 精神は達成としての自由である。ヘーゲルが説明しなければならないことが、ここにはまだ多く残っている。しかし、少なくとも、この立場によって開かれた心身問題の伝統的な理解に対抗する際立った傾向が、まずもって強調されるべきである。というのも、ヘーゲルは、人間の精神性の諸形式を、達成事のようなもの、自他関係の諸様態とみなし、それゆえ、精神がそれに態度をとる自然、ならびに精神性自身の到達可能もしくは到達不可能な本性を理解する方法だとみなし始めているからである。これらはもちろん、時間と空間のなかの小片物質とも記述されうる被造物以外のものによっては、現実には到達されない達成事である。[23] したがって、精神のユニークな能力、すなわち精神の自由は、「精神の直接的な特性として生じるのではなく〔つまり、精神のうちに直接的に存在しているものではなく〕、むしろ精神自身の活動を通してもたらされるものである」(PSS, I:52–53.『精神哲学』二七頁。強調引用者)。

このような「傾向」に関するより明瞭な注釈は、ケーラーやグリースハイムによる三七七節の講義筆記録〔4〕のなかにある。[24] 第一に、ヘーゲルの反ロマン主義は、彼が次のように主張するときに表われている。それは、精神が自然から自立したものとみなされるべきならば、この自然から自立する能力は、実体という見地からではなく歴史的な見地から考察されるべきであり、存在論的にではなくある意味で「実践的」に考察されるべきである、という主張である。近代はある意味で古代ギリシアよりも「高次の立場」に到達しており、近代人は古代ギリシア人よりも、よりいっそう自由になり、よりいっそう「行為者」になった。それは、自然からのよりいっそうの自立という達成事によるのであって、実体の自立の一事例、すなわち形而上学的な事実であるかのように推定された精神の自立に関する知識がよりいっそう明確になったということによるのではない。(しかも、その箇所のどこにも、それが人間存在それ自体の形而上学的な変化、つまり実体の変化によるとは示されていない。) 別の言い方をすれば、ヘーゲルは、近代人は古代ギリシア人「よりいっそう自由」であるという有名な主張をする場合に、近代人が政治的によりいっそう自由であること、つまり、古代ギリシア人ももっていた能力をよりよく実現していることだけを言おうとしているのではない。ヘーゲルが言わんとしているのは、むしろ、私たちがよりいっそう自由になったこと、よりいっそう自由のための能力を実現できるようになったことである。こうして、ヘーゲルの哲学体系に関する問いは、どのような自由の観念ならば、また、そうした自由の観念のどのような擁護ならば、彼をして上述のように語ることを可能にするのか、ということなのである。上述の筆記録には、以上の主張が詳しく説明されている重要なくだりがいくつかあるが、それらすべてにおいて次のことがはっきりと示されている。つまり、ヘーゲルは（最終的にはそうした論点も同様に取り上げたいと考えているが）本来具わっている能力のより大きな政治的実現だけを語っているのではなく、むしろ、より深くより広い事柄について語っているのである。「主観的精神」三七七節講義録の最初に次のようにある。

しばしば、美学の著作では、われわれが古代ギリシア人から隔たり、自然と一体になって存在することの美しさを欠いてしまっていることが嘆かれているのを耳にする。しかしながら、こうしたことを悲嘆することは、感情にとってのものであって、理性にとってのものではない。というのも、自由であること、したがって対自的に自由であることが精神の本質であり、自然的なものの直接性の内側にとどまることは精神の本質ではないからである。(PSS, I:4-5.)

（古代ギリシア人のもとに）「とどまる」か、それとも、そこから「立ち去る」か、この発想自体がすでに、実践的精神性一般の形式が成果（なされたもの）であるという考え方を示唆しているが、こうした強調は、文章が進むにつれて、より明白になる。

精神はその端緒を自然一般のうちにもつ。そのさい、ただ外的な自然について考えるのではなく、人間自身の感覚的な自然、人間が感覚的で身体をもって存在していること、他の一般的な客体との関係のなかに存在していることもまた考えるひとがいるに違いない。しかし、単に感覚することはもっぱら動物だけに該当する。これに対して、精神が向かっていく極点は、精神の自由であり、精神の無限性であり、精神の即自かつ対自的な存在である。そこには二つの局面がある。しかし、もしわれわれが精神とは何かと問うならば、すぐに出てくる答えは、精神とは運動であり、自己自身を自然から解放していく過程であり、自然から徐々に脱け出していく過程だ、というものである。こうした運動は、精神の存在であり、精神の実体そのものなのである。(PSS, I:4–7.)

これが自然と精神の二元性を取り上げる通常のやり方とはまったく違ったものであることに、ヘーゲルは十分に気づいていた。

精神は通常、主体として、何ごとかをなすものとして語られており、主体がなす物事から区別して、この運動、この過程として、依然として特殊なもの、多かれ少なかれ偶然的である主体の活動として語られている(…)(PSS, I:6–7.)。

こうして今や、ヘーゲルの反論が明確に主張される。

精神の本当の本性は、このような絶対的な生命性であること、つまり自然性から、直接性から脱け出していき、自然性を止揚して、自分の自然性を捨て、自己自身に至り、それ自体で自由である、という過程であることである。精神は、このようなそれ自身の産物としての自己自身に至るものとしてのみ、それ自身である。精神の活動が存在しているということは、まさしく、精神が自己自身を精神がそれであるものへと作り成したということなのである。(PSS, I:6–7.)

そして、最後に、「精神が精神であるのは、ただそれ自身の成果としてのみである」とされるのである(PSS, I:6–7. 強調引用者)。

これらの諸定式、とくに最後の論理的に不明瞭な主張（そもそもいかにして精神はそれ自身の成果でありうるのか）[25]は、ヘーゲルが擁護しようとしている立場のユニークさが認められる点で、同時にまた、標準的な論評のなかで注意を払われていない点で、注目すべきである。私たちは、非唯物論的な一元論がこれら諸定式を正当に扱わないことを確認するべきであるのと同時に、それら諸定式の衝撃を充分に受けとめるべきである。したがって、私たちもまた「それ自身の成果であること」に関するある種の注釈を必要としていることは明らかである。私は第三章でそうした注釈を示そうと考えている。

問題をこのような仕方で設定すると、彼の「精神哲学」の議論において、近代のデカルト、カント以降の自然と心に関する議論の多くを支配している諸問題が、なぜ生じてこないのか、ということも判明してくる。その諸問題とは、主観的な自己確信、生の感情、意図的様態、心的対象、それらの自然への還元可能性もしくは不可能性であり、行為における自発的な因果性、すなわち「別様にもなすこともできた」という可能性に関する問題である。これに代わって、ヘーゲルの精神哲学では、それらとは完全に異なる一連の問題が提示されるが、そこでは、人間以外の動物と相当程度共有される諸能力が非自然的な諸特性や諸能力であることを必要とするのかどうか、という点にはあまり関心が払われない。つまり、感情、養育、性、死のような事柄に関する議論が提示されるが、自然に生起する諸状態や諸活動がそのような事柄を可能にすると言われうるのは、すべて、自然に対するある種の「否定的関係」、すなわち、自然からの自立に注意を払うことによってである。そこでは、デカルト的問題やカント的問題には、ほとんど、もしくは、まったく注意が払われていない。たとえば、「自然な出来事としての死の克服」、つまり、動物の死と対置される人間の死の非自然的な境位は、追憶や儀礼という形式の確立、つまり個人が死という抽象的な普遍性のうちへ「埋没」するのを防ぐ諸形式の確立という観点から論じられている。死の「自然性」が「克服」され、そうして、はっきりと精神的になるのは、「不死」の要請によってでもなければ、「不死」への関心によってですらなく、人間の諸実践に具わる「保存しつつ廃棄すること」によってなのである。これは、精神が身体とのある種の区別を創り出す仕方、つまり、その内部で事実上の同一性もしくは形而上学的な同一性が同時に容易に認められうるところの差異を創り出す仕方を、ヘーゲルがどのように理解したいと考えているのか、ということに関する最良の事例の一つである。言い換えれば、精神がそれであるものは、非自然的なものでも非物質的なものでもなく、むしろ、ヘーゲルの決り文句にある、自然の否定である（「精神は自然の外面性を否定し、それ自身に自然を同化させるのであって、それによって自然を観念化するのである」(PSS, I:42-43.『精神哲学』二二一―二二二頁)。ヘーゲルは、このような考えが、自然に対する以下の二つの関係を覆うのに十分包括的であると考えている。一方の関係（自然に対する認知的な関係）では、世界との感覚的接触におけるたんなる直接性が、認知において何らかの役割を果たすために「否定」すなわち概念化されなければならない。もう一方は、自然に対する実践的な関係であり、これは食事や労働から制度構築や宗教的諸実践までを網羅している(26)。

すなわち、三八一節の補遺に戻ってみると、ヘーゲルは自分の立場を以下のように要約している。

それゆえ、自然がそれ自身を提示する最も完全な形態である動物の生活の場合ですら、概念は、概念の本質である魂のごとき本性と等しい現実態への到達に失敗し、自然の規定された存在の外面性や有限性を完全に克服することに失敗する。この克服は、精神においてようやく完成されるのである。まさしく精神の内側で、こうした規定された存在に対する勝利が生じることに関する説明において、精神はそれ自身を自然から区別する。したがって、その区別は単に精神の本質について外面的に反省することの作用ではないのである。(PSS, I:34–35.『精神哲学』十八頁)

ここでもまた自然と精神の対照が明瞭である。精神に関する問いは、精神の実体的本性について「外面的に反省」することによって設定されうる問いではない。ある一定の形式の集合的精神性の達成、一定の形式の自己理解を生き抜く方法、私たちが集合的に行う事柄によってそもそも可能になる生き方が、私たちが精神的な存在者であるか否かを決定するのであり、したがって、精神的であることを、すなわち自由であることを私たちが「現実化」できるか否かを決定するのである。

IV　精神は「それ自身の産物」である

この解釈は、全般的に、明らかに新アリストテレス主義に傾斜している(精神はエネルゲイアである。すなわち、生ける人間の身体の活動態、もしくは、ありありとした現実態である。この種の定式はヘーゲルの明白で強力な見解による)[27]。また、それは「ヘーゲル左派」にも傾斜している(行為者性そのものが、ある種の歴史的で社会的な達成事と解されているからである)[28]。私の狙いは主として、ヘーゲルのテキストがどのようにして二元論でも非唯物論でもない解釈を支持しているのか、を示すことにあった。ただし、哲学的には私たちはまだそれほど進んでいない。私たちはさらになお精神を様々に区別することができなくてはならない。(というのも、ヘーゲルは、私たちが「自然的直接性の克服〔過程〕」として理解している精神の諸段階、すなわち魂、意識、精神という段階を区別しており、さらにその段階ごとに諸形式を区別しているからである)。そして、私たちは、精神の実践的な実現をこのように区別するとき、精神の実践的実現と精神の認知的実現もまた区別することができなくてはならない。先にI節のiiで指摘したように、精神の観念は「思惟すること」すべての諸形式(芸術、宗教、哲学)を含んでいるから、それらが本質的に「自然の否定」、すなわち歴史的な達成事とみなされる場合には、一冊の本を要するほど大きなテーマが招き寄せられることになる。それは、精神の(存在論的でなく)論理的な特異さのための論拠や精神の観念の規範的効力に具わる本質的に歴史的な本性のための論拠が、このような諸主題(芸術、宗教、哲学)に基づいているがゆえに、重大なテーマなのである[29]。しかし、私たちはまだ、このような歴史的達成事としての精神という観念から帰結する、行為者性の究極的な理解からは遠く隔たっている。つまり、主体であることとそれ自体が歴史的ないしは社会的な達成事である、もっとなじみのあるヘーゲル用語で言えば、主体であるとは主体として承認されていることである、つまり、私たちは一人では自由でありえず、このような自由を共同で達成しなければならない、という理解からは、まだ遠く隔たっている。(別の仕方でこの問題を提起するならば、私たちにはおのずから次のように考える傾向がつねにある。自然界に対する関係を構想し、構築し、媒介する特異な能力が私たちにあるとすれば、それは形而上学的に特異な能力でなければならないとか、ある種の弱い一元論もしくは変則的な一元論に訴えなければならないとか、二様相、付随性、創発特性といった他の種類のテーゼに訴えなければならないとか[5]、と私たちはついつい考える。もちろん、精神に関するヘーゲルの説明は、こうした説明のどれでもない。そして、それが何であるのかを知るのは難しい。）しかしながら、この解釈によって示唆される一般的な方向性のいくつかは、結論のなかで示すことができるはずである。[30]

私はヘーゲル理解の方向づけを、ヘーゲルの後期『エンチュクロペディー』における以下の箇所から手に入れた。ヘーゲルは、自分のアプローチをすべての経験的心理学や哲学的心理学から区別するにあたり、改めてこれらの心理学が誤解を招くものであると主張している。それらの心理学は、精神ないし魂が、その内部でのみ諸規定がその表現として現れる、既成の主体であることを前提とした上で、精神ないし魂が何であり、それに対して何が起き、それが何を行うのかを述べようとしている。これに対して、ヘーゲルが擁護しようとしている見地は、「精神が即自的にそれであるところのものの表現を対自的に定立する」というものであり、精神自身の「表現」（expression; *Äusserungen*）が、「精神が自分をそれ自身へと仕上げて、それ自身と一致するまでの諸契機であり、この活動によって精神ははじめて現実的精神になる」というものである（PSS, I:80–81.『精神哲学』四五頁）。私たちがしばしば確認してきたように、精神とは、それ自身の産物であり、それ自身がそれであると精神がみなすところのものである。[31]

私たちが問うているのは、何がこのような自己産出過程を特異なものとし、「自然」とは異なる自己理解の様相を不可避なものとして要請するのか、ということである。（もし私たちがヘーゲル流の人類学者であるならば、自然と文化の区別が自然に関する包括的説明の内部に属していると解されようとも、だからといって何が間違っているのか、と問うことだろう。）この問いに答えるにあたってのいくつかのヒントはすでに明らかにされているが、決定的な論点が姿を現すのは、精神がより適切に「それ自身を実現」し、自然からそれ自身をますます区別すると理解されうる諸段階を、ヘーゲルが要約し始めるときである。

決定的な論点とは理性であり、精神の生成である。すなわち、精神がますます理性に導かれ、理性に集合的に応答するように、それ自身をみずから形成することである。これが、自然の直接性の最終的な克服（精神の実現）の達成である。（ここには、もちろん、ヘーゲルとヘーゲル左派の伝統との間の違いがある。後者は社会的に組織された労働が物質的必要の充足に関する克服や否定の媒体であることを強調している。）精神は、ある有機体が時間経過を通じて、言わば有効な「理由の空間」を「作る」努力によって、精神に成ると想定されている。私たちは、自分がそうした種類の存在者であることを示すことだけによって、このような自由のための領域を受け継いでいるわけではない。「理性は、精神の実体的な本性を構成しており、精神の本質を構成している真理や観念のための別の表現にすぎないのである」（PSS, I:88–89. 強調引用者）。

こうした主張を、私たちが『エンチュクロペディー』に見出した、精神を達成とみなす立場と合わせて考察すると、ヘーゲルの求めている独特の要求が現れ始める。すなわち、セラーズ流の曖昧な定式を再び用いるなら、（i）精神と自然の二元論の核心的な問いは、結局のところ、規範的な諸観念や諸評価の適用可能性と自然的もしくは法則的な説明との間での問いとして、すべて規範の徹底的に歴史的な説明の内部で論じられる（このことが何を意味するのかは第三章で述べる）。そして、（ii）ヘーゲルのアプローチは、このような区別の可能性を存在論的な事実に基づくものとみなすことを必要としない。すなわち、因果性を免れている非物質的存在者と因果的に規定されている物質的存在者の間の区別とはみなされないのである。両者の区別は、それ自体、規範的で歴史的な区別であり、存在論的な区別ではない。それは、私たちが時代経過を通じて集合的に定式化して、自分自身をそこへと拘束してきた社会規範に基づいており、それゆえに流動的で歴史的に可塑的なのである。（たとえば、自然の諸部分は、それらが意図的に行為しているかのように（たとえば木々が人格、つまり賢人でもあるかのように）規範的に応答されうるかどうか、あるいは、行為の特定の諸形式（たとえば神経衰弱やある種の犯罪的な行為）が、因果的に決定される自然の出来事として、因果的に操作可能な自然の出来事として、よりよく応答されうるかどうか、というように区別が問われる）[32]。私の考えでは、ヘーゲルの場合も、セラーズの場合と同様である。その考え方の核心にあるのは、あるひとを一人の人格とみなすことは、そのひとを人格として「分類または解説する」ことではなく、むしろそのひとの「意図を詳細に物語る」ことである、というものである。ヘーゲルには、この意図の内容に関するセラーズとは異なった物語がある。それは、その意図の私たちに対する権利請求の本性に関する物語である。私たちが歴史物語を語らなければならないのは、そのような意図が今あるように存在するようになったのはどのようにしてかについてなのであり、また、どのような種類の規範的権威をもってなのかについてなのである[33]。

したがって、この立場では、もし私たちが以下の問いの答えとして、存在論的に特異な存在者を探し始めるならば、問題そのものが誤ってカテゴライズされることになる。その問いとは、ここで、この人格とみなされた存在者に対して、彼自身の理由に基づいて行為する者として、それゆえ、このような想定のもとで適正な応答や制裁や議論に従う者として、応答することがなぜ適切なのか、という問いである。この問いに対する答えは、私たちがこのような識別において規範として確立したものに関係している。というのも、何かあるものが規範として存在するのは、まさしく私たちがそれを確立し、それに自分をコミットさせてきたからであり、私たちが非物質性のようなものを見出したからでも、あるいは、非因果的な原因についての信念を抱いているからでもない。これらの構成や設定を自然の出来事とみなしたり、それらの因果的諸条件を探し求めたりすることもまた、自分自身に特定の諸規範を守らせることであり、それらの規範を採用するに至ることであろうが、それ自身すでに、それに対する適切な正当化（したがって、精神の語り）が必要となる「認識論上の事実」であろう。そして、こうしたことのすべては当然私たちをより大きな規範的な問題へと導くが、それはとりわけ、この確立されたものの正当性に関する問いなのである。私たちが何であるのか、何であらねばならないのかについて、私たちが知っていることに訴えるのでも、「自由の理念のもとで」行為することの実践的な必然性や不可避性に関する何らかの主張に訴えるのでもないならば、いかなる仕方で確立されたものの批判や修正は可能になるのか、という問いである。[34]

すなわち、理性を精神の「本質」であると語るヘーゲルの議論は、私たちが詳しく見てきたように、きわめて注意深く読み解かれなければならない。ヘーゲルは実際に、精神それ自身をある種の規範として取り扱っている。それは、それによって私たちが（自分が存在論的にそれであるところの自然有機体であり続けながらも）自分たち自身を相互に理性による応答性や方向づけに従わせ、そのことによって自由としての精神を実現する、集合的な制度である。ヘーゲルにとって重要なのは、このような態度や振る舞いの形式であって、そうした態度や振る舞いを身につけた存在者たちの自然ではない。しかもヘーゲルは、明らかに、このような生活形式を、現存在の非理性性や偶然性によって長らく阻まれていた眠れる潜在的なものの自然的な現実化として論じてはいない。そこで用いられる語彙は、あくまでも、措定すること、産出すること、形成することについてのものである。つまり、あくまでもフィヒテ的であって、シェリング的ではなく、少なくともこの問題に関してはまったくアリストテレス的でもない。これが意味しているのは、「現実化」、充実、自己自身への還帰、真実態に関するヘーゲルによる主張の根拠が、何らかの本質主義でも、繰り返しになるが、自由の理念のもとで行為する実践的必然性を主張するカントの実践的論拠でもありえない、ということである。[35] 私たちがこのような存在者であるのは、私たちが自分たち自身を相互にそうした規範に従わせるからである。つまり、私たちが規範を作り、規範を維持するのである。私たちがそのようにあろうと集合的に意図する限りでのみ、規範は「われわれが誰であるかを表現する」のである。

こうした方向性は、明らかに、歴史物語をおおいに促し、そうした物語の発展史的な論理を構成することに向かわせる。私たちは、この発展史的な論理によって、魂、心、自己、意識、最後にヘーゲルがよく用いる精神の簡略な言い方では、「自我」といった諸観念が手に入れそして失うことになる、自己理解に対する原初的な掌握力を理解することができる。このような自己概念の理想化である「自律性」がもつ規範力と同様に、理性的な存在者すなわち「自然を克服する存在者」という観念も私たちに対して拘束力をもっているが、そうした規範的な拘束力に関する発展史的な説明は、ヘーゲルのテキストにおいて様々な仕方で姿を現わし、現れるごとにそれ自身に関する問題を解き得点を積み上げていく。(私たちが考察している『エンチュクロペディー』において、その問題は「魂」(「人間学」の見地)という自然的でも精神的でもある混合的なカテゴリーに関係している。そして、自分自身を、気候、食事、無反省な習慣などの自然的状況に従うものとみなしたり、その自然的状況を乗り越えるものとみなしたりする仕方がもつ不適切さの本性、つまり現象学的かつ論理学的な不適切さの本性に関係している。)『精神現象学』、歴史・芸術・宗教に関する哲学において、また、『論理学』を下支えする哲学史の発展に関する基本的なコメンタリーにおいて擁護されている発展史的な論理では、これとは異なった用語や論点が現れてくる。しかし、いずれにおいても、ヘーゲルの説明はすべて、諸々の人間主体にとっての「理性的に自己を規定する」規範という最優先の主張のために、本質的には同一の弁護を試みているのである。(36)

今や、形式的な意味では、そうした種類の弁護のすべてが馴染みのないものであるわけではない。ヘーゲルが回答しようとしている問いは、大まかに言えば、歴史的に合理的な説明にとっての問いと同じ問い、すなわち、いかなる規範的な諸形式がこのような非自然的な状態と整合するのか、という問いである。カント的な構成主義者たちにとってのように[6]、その回答は、それら自身の可能性の条件を実現し体現する諸規範と関係しているはずである。つまり、諸規範が存在し維持されるのは、ただ立法されたものとしてのみであり、「精神がそれ自身の成果である」限りでのみである。この回答が上述のようなものでありえなかったとしたら、このような諸規範が構築されることはないだろうし、たとえ諸規範がある集団によって他の集団へ不当に押しつけられる場合があるにしても、万人からの忠誠を要求することはできないだろう。すなわち、それらの諸規範は、一般的な相互性を、つまり各人が互いを大勢のなかの一人とみなすような仕方を体現することができないのである。

この回答は、こうした形での正当化の可能性に疑いを抱かせるに十分なほど安易なものではある。だが、ヘーゲルの言い分全般を評価するにあたり最初のステップとなるのは、この種の物語だけが次のような問いを私たちに理解させてくれる、というヘーゲルによる包括的な主張である。その問いとは、私たちが、自分自身が自己規定する個人であるという考えに、しかも理性性という規範への信頼によってそのように自己規定するという考えにかくも執着するに至ったのはなぜなのか、私たちが以前はそうした考えに執着しなかったのはなぜなのか、私たちが自分自身を自然の現われ、自然の一部とみなしていたのはなぜなのか、そして、そうした自己理解が、今日私たちが自然として理解しているものとの永続的で説明のつかない対立状態にないのはいかにしてなのか、といった問いである。

最後に、ヘーゲルによる精神の説明には数多くの要素があるが、私たちはすでに最も逆説的な要素――つまり「精神はそれ自身の産物である」に出会っている。しかしながら、重要なのは、この言葉遣いがドイツ観念論の文脈では見慣れないものではない点を想起することである。同じ観念は、自己定立するものとしての自我というフィヒテの用語に示されている（この観念は、ヘーゲルの場合と同じ逆説、つまり外見上は克服できないようにみえる逆説を体現している。というのも、明らかにただ何らかの定立の成果としてのみ現存在できる自我が、そうした定立の起源であると述べられているからである）。しかし、それは、ヘーゲルが『純粋理性批判』において導入された「カントの絶対者」と呼ぶ観念でもある。「カントの絶対者」とは、純粋理性の権威は純粋理性それ自身以外には依存しないのだから、理性はみずからを権威づけるものでなければならない、という観念である。（極端な言い方をすれば、ヘーゲルが三八六節の補遺で明らかにし始めるように、精神がもつこのような自己を権威づける能力、すなわち自己立法する能力の全体は、有限なものでしかないにもかかわらず、「真に無限なもの」に到達する。「真に無限なもの」とは、一切の有限な依存に基づくことがない規範的権威の一形式である（PSS, I:72–73）。）このことが最も明瞭に現れているのはカントの実践哲学や以下のようなカントの主張においてである。それは、私が従っている道徳法則が、私が従っている自由の法則であるのは、私が自分自身をそうした法則の「制定者」（Author）であるとみなしている限りでのことであり、しかも、私が自分自身でその法則に従っている限りでのことである、という主張である。この主張によってカントが言おうとしたことの意味、そして、それによって生み出された諸々の困難やアポリアがいかなるものかについての評価は、それ自身の産物としての精神というヘーゲルの観念を私たちが知る上で役立つであろう。

原注

（1） 少なくとも、この実験的条件は最近の哲学において重要なものである。いくつかの古典的な扱いの場合、私がなしていることは、「実在的な」私、すなわち私のより高次の自己といったものを表現するのかもしれない。それは、たとえ私が自分のなしていることをそうした仕方で経験しえない場合でも、また、たとえ私がなしていることが私にとって強いられたもの、または／かつ、恣意的なものに思われている場合でも、そうなのかもしれない。私は、ヘーゲルが解決されなければならないと理解していた問題の中心が（ヘーゲル自身による粗雑ともいえるルソー解釈にもかかわらず）ルソーであることを主張する。

（2） いかなる理論であれ、自由に関する理論の要件について述べようとする一般理論のほとんどすべてが、あれかこれか、つまり、この場合はおそらく「非疎外」論か「自己規定」論かに傾くように思われようとも、私はここでヘーゲルをいかなる特殊理論にもコミットさせようとは思わない。しかし、やがて分かるように、自由の「達成」や実現に関するヘーゲルの説明には、このように数多くの構成要素があるのだから、この要件を性急に過剰解釈するのは誤りであろう。自由に関する近代的観念に具わる多様な次元についての、とくに「理想的生活」についてのきわめて有益な概観を得るには、Geuss（1995a）を参照。また、分類学的理由と分析的理由の両方で不可欠なのは、Pothast（1980）と Kane（1998）である。

（3） Berlin（1997）.

（4） ヘーゲルが以下のことを支持していると指摘するのは重要なことである。それは、あらゆる概念的分析、すなわち意味論的分析が、これらの諸条件を満足させるのは何だろうかという問題、あるいは、その諸条件が意味するのは何かという問題さえ設定することができない、ということである。つまり、こうした規範の歴史的発生に関する哲学的に方向づけられた分析だけが、このような規準を首尾よく満たすことへと向かう道筋を指摘しうるのである。Siep（1979）を参照。そこでは「このような諸制度の設置や発展は、ただ自由原理を妥当させるだけでなく、自由原理の意義を規定したり修正したりする」とされている。私はこの方法論的問題を第四章でさらに議論する。自由に関するこの要約のなかで問題になっている二つの規準、すなわち「自発性」条件と「固有性」条件の関係に関する重要な議論については、Fulda（1996），pp. 47–63 を参照。フルダは、普遍性に関する思弁的な学説を用いて、ヘーゲルが「自分自身のもとにあること」という重要な観念をもって言わんとしていたことを解説しようとしている。私は本書で、ヘーゲルが継承したフィヒテの系譜のラディカルさ、すなわち「実践的系譜の優位」によって、よりいっそう方向づけられた注釈を提供しようと試みている。

(5) 一般に認められているように、このような状態にあることが、それがおそらくは貴重で素晴らしいことであるにしても、自由であることとみなされるべきなのはなぜなのか、という点については、抗いえないものでないにせよ、一応の理由がある。ヘーゲルは以上のことがその通りであることを示さなければならず、以下のような私たちの感覚を利用して、それを試みている。その感覚とは、もし私が自分の活動や企てと同一化できるならば、もしそれらの活動や企てが私によって自分のものとして経験されたり、経験されうるのであれば、私は自由に行為したのだ、というものである。私は、第六章で、ヘーゲルの議論のこのような次元を探究する。

(6) RP §23（『法哲学』（上）二三節）も参照。

(7) もちろん、私がなそうとすることやなすべきこと、つまり、私の意図や理由に関する私の見解と実際の行為の間にはある関係がある。私が、自分のなすべきものについて、あるいは、他の人々からの私への要求が私にそれをなすように導くところのものについて、様々な反省的態度をとることができる。そして、あるときは、そうした見解に従って、すなわちそれに「基づいて」行為するが、またあるときは、それらに従うことも「基づく」こともなく行為する。以上のことは明らかである。しかし、ヘーゲルにとって、この関係は因果関係ではなく「表現主義的」関係である。そして、そうした主張は、本書の以下の大部分で、とりわけ第六章で探究されるであろう。また、Taylor（1985b）と Quante（1997）も参照。

(8) 両立論の記述が誤解を招くものである、ということの理由は、両立論が単に寛容な立場にすぎない点、すなわち、次のような単なる論理的意見を述べているにすぎない点にある。それは、普遍的な決定論はもちこたえることができるだろうが、その場合でも依然として、何らかの意味で、私たちはそれにもかかわらず自由である、と断言することが可能である、という意見である。両立論の古典的な諸形態では、このような主張は、（流れる水は「必然的に」下へと向かうが、外からの障壁に遮られていなければ「自由に」流れる、というホッブズの擁護のように）自由に関する相対的に弱い観念のみを提案することによって擁護されている。ある出来事が自由な行為とみなされるのに必要な諸条件に関するフィヒテとヘーゲルの分析は、多くの二様相論の立場に似ているが、それ以上にきわめて野心的であり、寛容な立場に満足することはない。その切実な要求に関するもっと詳細な記述は、ウィルフレッド・セラーズが「ステレオスコープ・ヴィジョン」に望んだことである。「ステレオスコープ・ヴィジョン」では「一つの風景について二つの異なった視座が、一つの一貫性をもった経験へと融合する」

のである（Sellers 1963b, p. 4）。また、当該の問題に関してセラーズが示した「概括的な見方（synoptic view）の採用は、スピノザが信じたように、奴隷状態にあるひとを自由人に変形するのだろうか、あるいは、多くの人々が恐れるように、自由人を奴隷状態にあるひとへと変形するのだろうか」というヴァージョンも注目に値する。（Sellers 1963b, p. 18）。

（9） Sellers （1968）, p. 51.

（10） ヘーゲルによる一八二二年から二五年の精神哲学への注解における同様の言葉遣いも参照されたい。そこでヘーゲルは、ひとが「自分自身のなかに完全に自由な基礎を」達成することができるのは、自分自身を自然から解き放つことによってである、と指摘して、精神に関するこのような観念がどれほど修正的なものであるかを、つまり、精神とはこのような解放の運動以外のなにものでもない、ということを強調しようとしている。精神は「これをなすような、すなわち」「現実性」（*Actuosität*）である精神の存在を「もたらすような」通常の主体＝行為者であるとすら言われえない。精神は純粋なエネルゲイア、すなわち活動である、ということを述べる翻訳しがたい試みなのである。この箇所での、精神はその活動で「ある」という言葉遣いは、第六章において、「行為する」行為者より、大きな役割を引き受けることになるだろう。

（11） ヘーゲルの観念論は、それが通常理解されているような「客観的」な観念論ではない、という主張に関する擁護として、Pippin （1989） を参照。

（12） 三七九節の補遺は、『エンチュクロペディー』で遂行されている発展史的手続きに関する公式の言明を提出している。とりわけ、「各々の特殊な観念は、自己産出し、自己現実化する普遍的概念に、すなわち論理的理念に由来する。哲学は、精神を永遠なる理念の必然的な発展史として把握しなければならず、精神の学の特殊な諸部門を構成する発展史が、それ自身を純粋に精神の概念から展開することを見守らなければならないのである」（PSS, I:16–17.『精神哲学』八頁）。私は、この引用箇所でヘーゲルが言わんとしていることに関する解釈を、第八章で提示する。

（13） ヘーゲルは明らかに、もっぱら目的論の「主観的」（すなわち「意図的」）モデル（つまり、「そうした諸目的を達成するための手段を因果的に使用するような、主観的に掲げられている諸目標」というモデル）に依拠するあらゆる試みを拒絶している。したがって、ヘーゲルが、こうしたモデルとは対照的に、自然的世界がその「ために」あるところのものは、ある特定の「目的」、すなわち「精神の発生や十全な実現」である、と提唱するときに何を言おうとしていたのか、という点を解釈するにあたって、私たちは非常に慎重にならなければならない。こうした種類の主張が関わっているのは、まず第一に、ヘーゲルの概念に関する理論であり、基礎的な諸概念についての適切な理解が人間的時間のなかで段階的に発生することである。そのため、化学反応を理解することは、私たちがこの反応を「化学反応として特徴づけられねばならないこととはどのようなことか」の実現や表明とみなすことを必要とする。(化学反応を理解することが、出来事はいかにして「それ自身を化学反応として十全に実現」しようと「努力して」いるかを理解することを意味するものでない、ということは確かである。)上述のことが意味しているのは、そうした化学反応を解説する諸概念の分類機能がこうした化学反応という相互連結したシステムのなかでどんな役割を果たしうるのかを理解することであり、多様な概念的分類に具わる制約がどのようにして明らかになり、補足、除去されるかを理解することなのである。最終的に、以上のことはすべて、万物は「理念」の諸々の必要条件の「充溢」として理解されうる、というヘーゲルの主張に関する解釈を必要とするだろう。しかし、そうしたことは、ともかくも「一貫した概念図式を表明する」という方向を向いており、「創造以前の神的精神を明らかにする」という方向には向いていない。後者は、結局のところ、ヘーゲルによってイメージされたものを意味しているのである。WL, 2:156; 2:165; SL, 736, 744–745(『大論理学』(中)一七四—一七五頁、一八五頁);EL, 8:141, EnL:359–361(『小論理学』一八四頁)を参照。その複雑な諸問題についての最もすぐれた論文は、Theunissen (1978) に収められている。また、Willem De Vries (1991) と Warnke (1972) も有益である。

(14) Sellers (1963a), p. 146, #17、または、p. 169 の古典的な定義を参照。

(15) ヘーゲルによる精神についてのこのような主張は、事実上、マイケル・トンプソンが「人生」や「生活形式」について行なったのと同じ種類の主張である。それは、「人生」や「生活形式」は、属性や関係や客体のような論理的観念であって、経験的概念ではない、という主張である。Thompson (1995) と Thompson (forthcoming) を参照。

(16) ボウマンによって編集された選集のなかの三七七節から四八二節への追加における定義を参照されたい。「したがって、すべての物質的なものは、《自然のなかで作用している即自的に在る精神を通して》、精神のうちに止揚される。そして、このような魂という実体のうちへの止揚が完遂された場合、魂はすべての物質的なものの同一性として、あらゆる非物質性として登場する。したがって、物質と呼ばれるものはすべて——物質は表象にとっては自立的なものとして映現するのだが――精神に対して非自立的なものとして認識されることになる」(HW, 2:12.《 》による強調は引用者、傍点強調はヘーゲル自身のもの)。

(17) 自然そのものは、即自的な精神にすぎず、まだ対自的な精神ではない、という主張によって自分が何を言わんとしているかを解説しようとするヘーゲルの試みのなかでも最も興味深いものは、ベルリンでの哲学史講義の多様なヴァージョンに見出される。たとえば、一八一九―二〇年の冬学期からは、アリストテレスの「受動的理性」(nous pathetikos) の学説に対するコメントや解釈のなかに見出される。ヘーゲルは次のことをはっきり指摘している。つまり、受動的理性に「自然において考えうるが、まだ思想ではない」という注解を加えることは、自然が、こうした単なる潜勢態 (dynamis) として、この意味でのみ「真ではない」ものであり、「非現実性」である、ということを言っているのである。それは、「考えうるものは、受動的理性である。そして、この理性をして考えられたものたらしめるものは、能動的理性である」という『エンチュクロペディー』の言葉遣いと同じことを言っているのである。ヘーゲルは、このような注解の制限内で、自分がアリストテレスの「最も思弁的」な思想、すなわち汎神論的思想、換言すれば非宇宙的思想とみなしているものを裏付けているのである。それは、以下のような思想である。万物は理性とともに生きているが、理性は、最終的に別の実体〔精神〕に成るような実体〔物質〕には関係せず、言い換えるならば、その実体〔物質〕が実際には何であるか (あったか) には関係しない。ただし、理性は、結局のところ暗黙のうちに思考可能なもの、つまり、最終的には一貫性をもって能動的に思考〔理解〕されうると考えられており、そうした意味において、物質から「解放され」て、思考可能なものとして自由にされているものに関係するのである。「自然の真なるもの、自然の魂は、概念である。」これらはすべて、非常に有益な以下の論文で引用されている。Kern (1971), pp. 237–59.

(18) このような仕方でヘーゲルの哲学体系を読解することを証し立てる根拠は以下に示されている。Pippin (1989)。ヘーゲルによる機械論の扱いにおいて解説問題が果たしている役割についての啓発的な説明は、以下に見出される。Kreines (2004)。

(19) 「反省概念の多義性」における一節 B346 (『純粋理性批判』(上) 三八六頁) も参照。

(20) 自然と精神の関係についてヘーゲルが述べようとしたことの要点を提示するには、非常に多くのやり方がある。自然状態は市民状態に対立している、というホッブズを思い出させるやり方は、政治哲学的見地のみからのものであろう。(近代的な) 自然状態が意味するのは、「規範による規制を欠いている」こと、すなわちある者がその種族の成員としてもつ義務という拘束によって統治されていないことである。ヘーゲルの近代性を理解する仕方のひとつは、自然哲学を越えた精神哲学の必要性を説くヘーゲルの主張を、「自然状態」からの脱出、つまり「自然状態」の拒絶という近代の政治的主張と、基本的な論理構造において同一のものとして理解することであろう。もちろん、ヘーゲルの上述の主張は、政治的文脈の場合と同様に、私たちが自然的であることをやめること、もしくは非自然的なものとして理解されなければならないことを意味してはいない。

(21) これらの種類の定式化は、ヘーゲルが、十全に実現された精神の諸形式に関して、つまり、そこにおいて自己理解や諸々の他者への関係が自己規定され、そのようにして自然が「克服された」ところの諸形式に関して語るとき、ヘーゲルが以下のような精神について語るのはなぜか、という点を解説しはじめる。それは、「自己という形式」で(したがって、ある実体の実現ではなく、また、ある事物をその制限から自由にすることではなく)「みずから展開していく自己意識の真理」という意味での精神である。以下を参照。WL, I:266; SL, 417; PhG, 427.(『大論理学』(中)四四―四六頁); PhS, 485.(『精神現象学』(下)二四九―二五〇頁)

(22) 「単なる反応」と「行為者がその説明にさいして熟考するような重要性を具えている何ものかに対する応答、すなわち、諸々の思想や問いに取り巻かれた反応としての応答」との違いについては、Anscombe (2000), p. 23 を参照。

(23) 三七八節への補遺の最後で、ヘーゲルは再び合理的心理学を批判するのだが、その理由は、合理的心理学が身体に対して奇妙な外的関係にある事物(*Seelending*)として魂を扱っているからである。そして彼は、魂は「その概念の統一を通して身体との内的に結びつけられている」という自分の立場に対立するものすべてを批判していく(PSS, I:12-13.『精神哲学』三七八節。強調引用者)。「その概念の統一を通して」という文章で言われているところの統一の本性は、部分的には、上で引用した三八一節の箇所で、まだ不明瞭であるにせよ、提示されている。私は第四章で、この説明のなかで「その概念の論理」がどのような役割を演じることになるか、という点を議論することにしたい。

(24) 精神にそなわる自己構成された性格についてのヘーゲルの立場(および、彼が提出しているある種の有機体論)がもつラディカルさは、すでに『信仰と知』におけるヤコービ批判で明らかになっている。ヘーゲルは、ヤコービの直観主義の認識論的側面だけを完全に拒否しているのではなく、善なるもの、超感性的なものといった諸々の理想の自然的な超越的性格の要求を、いかなるものであれ拒絶している。ヤコービとは反対に、ヘーゲルの立場は以下のようなものである。「超越論的構想力や理性的認識は、ヤコービの考え方とはまったく違うものである。それは、自然を分析することなく、所与のなにものかを分析的な統一と多様へと切り離すこともない。むしろ反対に、有機的な、生命ある全体性としてそれ自身で存在することによって、それは、全体性の理念を創造し、その理念を普遍的なものと特殊なものの絶対的で根源的な統一へと構築するのである」(GW, 372; FK, 132.『信仰と知』九九頁。強調引用者)。

(25) 三七九節の補遺において、ヘーゲルは、そのパラドックスの合成を楽しんでいるように思える。彼は、私たちがそのパラドックスを解きほぐすために目的論的なイメージを次のように用いたがるのを知っている。つまり、精神は、潜在的にそれが実際にそうであるものであって、それゆえ、種のように植物としてのそれ自身を生み出すのだと言われうる、という具合にである。しかし、ヘーゲルは、このように「精神がそれ自身に達する、ということが現れるのは、単なる生物においてではなく、むしろ、もう少し完全な形式での精神においてである」と主張する。こうしたことの理由は、植物の場合、成熟した植物によって産出される種子は、オリジナルの種子と同一ではないのに対して、「自己を知る精神」の場合には、「所産が、それを生み出すものとまったく同一である」という点にある(PSS, I:18–19.『精神哲学』九頁)。ヘーゲルは、三八一節において、自分がアリストテレスと異なっている点が、自然的ないし有機的な成長に関わるものではなく、むしろ、自然からの自己解放というみずからの観念に関わるものである、ということを明らかにし始めるのである。

(26) 四四三節、とくに補遺を参照(PSS, 3:92–97)。このテーマ(自然からの断絶と自然の人間化)が取り上げられ、やがて、とくに哲学的人間学の伝統において変形されていく道程に関する素晴らしい説明は、Honneth and Joas (1998) を参照。また、Löwith (1984) の第一部第二・三章も有益である。

(27) 「魂についてのアリストテレスの著書は、魂の特殊な諸側面や諸条件についての論文も同様に、今でも依然として、この一般的な論題についての思弁的関心に関する最良の業績であり、唯一の業績ですらある。精神哲学の本質的な目的は、その〔魂という〕観念を精神の認知のなかに導入し直すことであり、これらアリストテレスの著作をそのようなものとして再解釈すること以外のなにものでもない」(PSS, I:10–11.『精神哲学』四頁)。

(28) 私が思うに、これは、ミヒャエル・ヴォルフの革新的研究『心身問題』が向かっているおおよその方向性である。Wolff (1992)。私が気づいた限りでは、その諸問題に関して三八一節で提出された説明より優れたものは、ヘーゲルの文献のどこにも見当たらない。「ヘーゲル左派」との関連については、ホネットとヨアスの研究

(1998) を参照。また、ドイツの「哲学的人間学」の伝統に具わるこうしたアプローチの発展に対する重要性についても同様である。

(29) 今でも論争になっているその主張は、セラーズが自身の自然主義にもかかわらず容認しようとしていた主張に似ている。それは、「人格」を「科学がヒトと呼ぶもの」として理解しようという試みは挫折せざるをえず、「[人格の] 再構築は (…) 原理的に不可能であり、その不可能性は論理的不可能性である」という主張である (Sellars 1963a, p. 38)。

(30) 今や、あらかじめ知っておかなければなければならないことは少なくなったので、私たちは十分に、自由の問題に関する伝統的議論のヘーゲルによる (解決ではなく) 再定義がもつラディカルさや展望を評価し始めることができると思われるのであり、私はそう望んでいる。

たとえば、(デフリースが行ったように) ヘーゲルを「弱い一元論者」として読解するのは誤りであろう。このような読解は、ヘーゲルをして、実際に宇宙に存在するのはただ一種類の事物、すなわち物質だけである、ということを支持させ、しかも、何らかの種類の複雑性のヒエラルキーに編成された諸々の付随関係を支持させてしまう (DeVries 1988, pp. 41-6)。したがって、ヘーゲルの立場をこのようにみなすことで得られるものがあるにしても、それが誤解を招くこともありうるのである。第一に、最近の付随性論者は、「基体」、すなわち「実在的客体」という言葉の真理の一切を確定することは、そうすることによって、より高次の付随的な言葉の真理も確定すると考えており、このことは、規定や解説に関して、ヘーゲルより粗雑な物理主義者が受容しうるようなテーゼを提唱することになる。また第二に、自然と精神の関係 (つまり、説明形式の間での論理的区別について説明するだけでなく、そもそもこの関係が現れるのはなぜか) を解説するために、ヘーゲルをこうした仕方で解釈する者は、実在論的目的論を、そこにおいて、「精神」はそれが自然の「テロス」に内在するがゆえに出現しなければならない、とされるような目的論として描き出す。しかし、私が強調しようとしてきたことだが、精神の自己実現は「偶発的に起きる」のでもなければ、ある種の形而上学的な「過程」のように、「発展」するのでもない。ここまで見てきたように、「精神」はそれ自身の産物であると言われうるものであり、精神の自然に対する関係は「解放」という関係であり、自然の直接性の克服であり、それゆえに概念の偉大なる否定的労働なのである。

美学講義のケーラーによる筆記録のある箇所で、ヘーゲルは、中立的、すなわち変則的な一元論の近代的な諸形式（そして、創発特性理論もしくは付随性理論）を予期して、精神に関して実在的な理論を提供することがないという意味で「唯物論」とみなしうる諸形式を拒絶している（上述の箇所は、Wolff 1992, p. 58 に引用されている）。

(31) ヘーゲルは、『美学講義』において、自分の議論に関連する様々な指摘をしている。彼は、「自由は精神の最高の運命であり」、「自由は理性的なもの一般をその内容とする」と記している（A, p. 97; TWA, v. 13, p. 134.『美学講義』（上）一〇四頁）。しかし、ヘーゲルがこの論点を展開する場合に、自然における美的なものの重要性を完全に放逐する程度にまで、精神の「実践的」な自立と自己充足を強調していることは、きわめて教訓的である。「それゆえ芸術作品は、精神に貫かれることのないいかなる自然の産物よりも高い。たとえば、それによって風景が絵画のなかに再現されてきたような感情や洞察に頼ることによって、こうした芸術作品は、単なる自然の風景よりも高い位階を得る。なぜなら、すべての精神的なものは自然の産物より良いからである。さらに、自然なものは、芸術がそうするように、聖なる理想を再現することができないのである」（A, p. 29; TWA, vol. 13, p. 49.『美学講義』（上）三三—三四頁。強調引用者）。この印象的な引用箇所を、ヘーゲルを実体‐形而上学的な一元論者とみなす形而上学的解釈と和解させるのは、困難である。

(32) この論点は、とくにブランダムによってうまく仕上げられ、説得力をもって擁護されている。Brandom (1977), pp. 187–96.

(33) Sellars (1963a), p. 40.

(34) しかし、現代哲学の場合ですら、規範性の優位についてのこのような立場は、セラーズやブランダムのようなセラーズ主義者と提携している。それは、私がかつて示そうとしたように、元々はフィヒテの立場である（Pippin, 2000c）。独断論に対するフィヒテの不断の反論は、存在論的な対案を擁護するものではなく、何かあるものがそのもので「ある」ことはできない、と主張するものである。しかも、フィヒテは、この種の反論という応答を通して自分が提示しようとコミットしているところの他のものである上述の主張について、はっきり気づいているのである。

(35) カントも、理性的存在者としての私たち自身という概念規定へのコミットメントが発展し、歴史的に成熟していくことに関する考えをもっていた、と言い張るカント主義者はいる。たとえば、ヘンリー・アリスンは、カントが歴史哲学、人間学、文化〔教育論〕、目的論において、「自然化された」、つまり歴史的に制約された能力としての人間の理性に関して「かなり豊かで、陰翳のある考えを提供している」と主張する（Allison 1977, p. 45）。しかし、この主張は以下のような混乱をもたらす。まず、永遠で普遍的に拘束力をもつ理性の権威が、その下できっと観察されるであろう諸条件についてのカントの一般的な反省を混乱させてしまう。次に、これとは異なる諸条件の下で観察される私たちの「捻じ曲がった」性向や「根本的に邪悪な」性向に対して、より良く抵抗するための技量について「我々が望んでいいもの」に関するカントの周縁的な思索を混乱させる。そして、そうした規範としての理性が具える規定的権威は、それ自身で、本質的に歴史的であり、それゆえに私たちは、自分自身をこのような存在に造り直すまで、そうした理性的生物になることはない、というよりラディカルな主張を混乱させるのである。したがって、カントにおける理性を「自然化された、歴史的に制約された能力」と呼ぶことは、誤解を招くものである。私たちは自分がなすべきことを、いつでも、カントの場合はいかなる時代でもいかなる社会でも、なすことができる。そして、カントの言う意味での自由はオール・オア・ナッシングであって、「自然化され、歴史的に制約された」とはとても言い難い能力なのである。以上のことは、アリソンからの返答に反して、マクダウェルがカントについて抱いた懸念を擁護することに帰着する。しかし私は、すでに示した理由から、「第二の自然」に関するヘーゲルの立場は、アリストテレス的観念が許すだろういかなる立場よりも、相当に歴史主義的な立場であり、「フィヒテ的」な立場である、と考えている。McDowell (1994), pp. 84-86. および、McDowell (2007c) を参照。さらに Pippin (2007) 参照。

(36) このような解釈路線は、一方で、自然と精神の区別にそなわる重要性（デカルト以後の諸々の形而上学的争点は重要ではなくなっていて、現代の心の哲学の大概はそれを迂回してしまう）を縮小しながら、それゆえ他方では、たとえ今日では、私たちが現在そうであるものに成ることにおける単なる歴史的な出来事ではなく、歴史的な達成としてだとしても、精神という境位を「再び膨張させる」。その問いは、精神諸科学を単純化することの難しさについての問いではないが、私たちは、そうした論点回避によって、言うなれば、「意味の諸科学」、すなわち精神の語り一般に関する純粋にプラグマティックな正当化に辿り着くわけではない（Cf. Rorty 1979, pp. 353-6.）。ヘーゲルの説明が掲げている問題は、一義的には、諸々の意味を最もよく理解する仕方ではなく、そうしたあるものが依存しているもの、すなわち、規範性の源泉や本性についての次のような問いである。つまり、いかにして私たちは特定の説明に互いを拘束するようになったか、また、それはなぜか（意味の条件）、集合的にそうしたことを為す特定の仕方の何が間違っていて他の仕方の何が正しいのか、といった問題なのである。ヘーゲルの立場はとてもラディカルである。なぜなら（i）こうしたことが精神に関する説明が帰することのすべてであり、（ii）そうした説明の内側でヘーゲルが以下のような主張を全面的に擁護しているからである。それは、近代の到来がこの精神の説明という試みにおける決定的で越えることのできない局面、すなわち「自然の克服や自然からの解放」を区別する、という主張である。

訳注

〔1〕両立論とは、心的現象が物理現象に還元されないものであるとみなす立場で、実践哲学の分野では、ひとの行動が自然因果性によって決定されているとしても、意志が自分の行為の原因となり行為を決定することは可能である、と主張するものである。そこには、原注（8）に見られるような「弱い立場」の他にも、意志が自分の意図する行為の責任を引き受けることによって、その後の行為が決定される、といった「強い立場」もみられる。

〔2〕C・D・ブロードは、意識経験について、低レヴェルの物理的事実を集めても予見できない事象として説明しており、その立場は心の哲学では「創発特性論」に分類される（本章訳注〔5〕を参照）。ただし、ブロードの立場は、近年、D・チャルマーズによって、「二様相論」の一種として理解され直すべきだと主張されている。チャルマーズ『意識する心』白揚社、二〇〇一年、一七〇頁、参照。

〔3〕パルメニデスに由来する形而上学的な実在論のこと。そこでは、存在それ自身が思惟され、あるがままに知られうるという、存在と思惟との独自の同一性が主張されている。

〔4〕M・ペトリによる『エンチュクロペディー』「主観的精神」の英訳は、原語と英訳の対照に加えて、「補遺」のもととなった、ヘーゲルの講義に関するケーラーとグリースハイムの筆記録も掲載している。同著からのピピンによる引用の多くは、ペトリの英訳を下敷きにしながら、ドイツ語原文の文意に沿うように訂正が加えられている。なお、右記講義録は未邦訳である。

〔5〕ここで挙げられている三つの用語は、心の哲学において、心的現象を物理現象に還元しえないものと主張するさいの立場の違いを示すものである。「二様相論」（dual aspect theory――「二側面論」「二面論」とも訳される）は、伝統的な実体二元論・唯心論・唯物論を退け、心的現象と物理現象を同じ実体の二つの様相と考える。ただし、この立場のなかには、その実体を、物理的実体とみなすか、心でも物でもない第三の実体とみなすかの違いが含まれる。また「付随性理論」（supervenience theory――「スーパーヴィーニエンス理論」と音写されることが

多い）は、ある物理現象Ａ（行動や形態）に対してある心的現象Ｂ（道徳的心情や美的心情）が生じている、という事態に関して、もしＡが起きなければＢが生じることなく、また、Ａの変化なしにＢが変化することもないのならば、ＢはＡという基底に付随する、というかたちで意識経験と物理現象の関係を説明する。そして、「創発特性理論」（emergent property theory――「創発論」とも訳される）は、ある物理現象が一定レヴェルを越えた複雑さに達すると、諸要素の総和や合成によっては説明できない全体という新たな現象が生じる、という観点から心的現象を説明するものである。

〔6〕「カント的構成主義」は、ロールズが自身の政治哲学の方法を特徴づけるさいに用いた概念であり、合理的な構成手続きにおける一要素として「特定の人間の観念」を規定し、その手続きの結果、正義の基本原理の内容が妥当なものとして決定されるとする立場を意味する。この立場は、経験を成立させるア・プリオリな主観的諸条件のもとでのみ普遍性をもった客観的認識は構成される、というカントの「認識論的構成主義」に基づき、演繹的な理論構築の前提として「特定の人間の観念」を任意に想定せざるをえないという制限を自覚するものである。したがって、この観念の妥当性を高めるため、正義論には、現実や常識の側から理論を検証・修正していく「反照的均衡」の方法が含まれることとなる。また、こうした観点からすると、カントの倫理学は、自律的な「人格」という観念から行為規範を導く「道徳的構成主義」と理解され、ヘーゲルの「観念論」やアリストテレスの「自然主義」などに対立する立場として扱われる。

第三章　自分自身に法則を与えることについて

I　「自己立法」原理——カントからヘーゲルへ

ヘーゲルの精神についての独特の言い回し——すなわち、精神は「それ自身の産物」である——は、フィヒテの自己定立（self-positing）の観念を経由して、最終的にはカントの自己立法（self-legislation）の観念にまで遡ることができる。また、そのような言い回しをすることでヘーゲルが言わんとしているのは、人格性のような価値、あるいは、自由に関するある特定の概念規定（conception）[1]やその価値が、たんに偶然的な諸状況への対応において構成されるもの、すなわち、新しいダンス、芸術形式、服装スタイルを提案するような仕方で措定されるものではない、ということである。精神が自分で立法するのは、法則〔法〕であって、文化的な嗜好物ではない。したがって、このように拘束力をもち、しかも恣意的ではないという自己立法の本性には、何らかの説明が与えられなければならない。ヘーゲルが精神それ自身を達成された規範的な地位として考えているという仮定を推し進めるならば、結局は、ヘーゲル理論の核心を認知的かつ実践的な規範性の理論とみなすことになり、そして、ヘーゲルが以下のような規範性の本性に関するカントの議論から影響を受けていると主張することになる。カントにおける規範性の本性とは、私たちは「みずから立法した」わけではない行為に関する法則ないし原理には従わないというものである。そこで問題は、この自己立法というメタ法則がどのように理解されるのか、また、ヘーゲルがそれをどのように評価して、有意義に定式化し直したのか、という点にある。このメタ法則によって文化の絶対視、すなわち「構成主義」(constructivism)[2]へと導かれることはないが、一方でヘーゲルは、みずから述べているように、歴史的変化(精神はそれ自身の産物である)を説明するために、有機的な成長や成熟のような自然的発展のモデルを採用しているというわけでもない。精神の発展史における偶然的でも恣意的でもない諸帰結を説明するにあたって、自然にとって代わると想定されているのは、ヘーゲルの見地では論理であって本性ではない。しかし、そうした論理の中心にある自己立法という観念は、明らかに、非常に広がりのある主張であり、それと同時に、そのままではきわめて逆説的な主張である。そこで私は、本章において、その観念をいっそう具体的なものにして、少なくともヘーゲルの場合はそれが逆説的な主張ではないことを論証したいと望んでいる。

　私たちは、このような論点に関して、高所から俯瞰することから出発することができる。つまり、これまで強調されてきたヘーゲル理論の別の特徴から出発することができるのである。それは、一定の反省的諸関係のうちにあることが、それも、自他を尊重し合う規範的に拘束された諸関係のうちにあることが自由を構成するとヘーゲルが考えている、という主張である。ヘーゲルの倫理学理論に関して広く共有されている見解は、基本的にこの主張と一致している。いくらかより伝統的な定式で言い直すなら、ヘーゲルは人間の正しい行為に関する社会的役割理論を掲げている、と言われる。幾度となく指摘されてきたように、このタイプの説明一般は、一見して満足のいかないものであり、改めて見直しても「それ自身の産物」という言葉遣いと対立関係にあると思われよう。何らかの役割に従事すること、または、何らかの関係のうちにあることが、正当で善いものであるということは、そもそもそれ自体が普遍的かつ客観的に弁明可能でなければならないと思われよう。このような弁明をまってはじめて、「なぜなら私は妹であるから」といった役割や関係に基づく理由への訴えを正当化することができ、正当化を求める者に提示することができるのである。そして、ヘーゲルがこうした弁明の論拠を提示する次の一歩を踏み出し、その論拠を完成させようとするのはいかにしてなのかという点については、次のような型通りの見解がある。すなわち、このような社会的諸機能は、一つの理性的な歴史過程の産物とみなされるべきであり、したがって、根底にある理性的構造の現われ、すなわち神的精神の顕現とみなされるべきであると主張することによってである、という見解である。だがこの主張は、たいていの近代的哲学者たちにとっては、望みのないものに映る。というのも、彼らのほとんどすべてが、人間の究極的な目的や善に関して、等しく正当で通約不可能な諸主張の多元性を受け容れており、二十世紀以降であれば、歴史的進歩についてのいかなる考えも余りにも楽天的であるとみなすだろうからである。

以上が、ヘーゲルの立場とみなされているものの限界について考える上で、当然で妥当と思われるやり方である。そこで、私たちは次のように考える。すなわち、社会的役割ないし自他の関係性の規範的次元に関する諸々の主張は、とくに権利や権原の要求を含むと理解される場合には、個人による十分な「反省的認証」(reflective endorsement)に耐えることができなければならない。「反省的認証」とは、私たちの社会的役割を前提とはしないが、それらを肯定することで終わる、筋の通った弁明のことである。こうした弁明によってのみ、上述のような社会的役割に訴える諸々の思慮は、どの反省的個人にとっても拘束力をもつ実践的理由とみなされると言うことができる。もちろん、たいていの場合私たちは、個々人自身が、こうした役割への参加から「距離をとって」こうしたコミットメントに関して筋の通った弁明をすることができなければならないとか、実際にそうしなければならないとか、と言ったりはしない。しかし、私たちは、もし規範的権威が原理的に正当でありうるのであれば、このように理想化された反省的認証テストも原則的に実施できなければならない、と考えるのである。（規範的権威についてのこうした考え方は、私たちからするとまったく当然なことであるが、見かけ上はとかく奇妙なものである。というのも、それは、「君が、誰か他の人物、いわば、自分のコミットメントのすべてがこうした認証テストに耐えるに違いない、十分に合理的な個人であるべきならば、これらの認証テストを受けるコミットメントとは、君がコミットしているであろう社会的・政治的な諸制度である」、と言うようなものだからである。これに対する自然な回答があるとすれば、それはおそらく、「その通り、ただし、もし私がそうした個人であるならば……」というものであると思われるであろう。この回答は、自分が考察しているのは「現実化された」理性性であって形式的な合理性ではない、というヘーゲルの強い主張の始まりである。）

　すなわち、反省的認証についてこのような道筋で考えることは、理論的にはすでにきわめて「濃い」(thick) ものであり、また、義務づけ、つまり拘束力のある「規範性の源泉」についてのカントの立場へとそのまま通じるものである。[3] もし、あらゆる種類の思慮が、反省的認証テストに耐える場合にのみ、したがって、このような諸々のテストがあって、ある思慮がテストに耐え、私たちがテストの合否を理由にして提案を受け入れたり拒否したりできる場合にのみ、正当化可能な実践的理由とみなされうるとすれば、そのとき、私たちが主張しているのは次のことである。すなわち、理性はある意味で実践的でありうる。この反省的認証テストを通過することが基本的に最も重要な問題であって、規範性の基盤を構成する重要な要素である。そして、こうした後ろ盾のすべてが、ある複雑に入り組んだ仕方で行為者を動機づける。こうして、私たちは少なくとも、さらに次の主張への明確な道筋をつけたのである。何をなすべきかという問い（特に、決してやってはいけないのは何なのかという問い）は結局のところ実践的な純粋理性に関わる問題である。もはや偶然的な物質的目的の追求に縛られない反省的な理性の形式が存在する。純粋な反省的理性のこのような形式もまた実践的でありうる。私たちの行為はすべてこのようなア・プリオリな認証テストに訴えることで許容されうるか否か判断されうる。（このような主張の現代版は、欲望から独立した行為の理由がある、というものである。）このカント的な説明によれば、ある特定の社会的役割のなかに在るということは、それだけでは何ごとかを行うための理由とは決してみなされえない。というのも、私は、このような役割を果たすための諸要件を行為の原理として反省的に採用し、能動的にある一連の行為を自分自身に求めなければならないからであり、また、自分が関与している役割ないし関係がいかなる種類のものであれ、それに関与するべきか否かについて、反省的に決定しなければならないからである。

以上を踏まえると、この論点についてのカントとヘーゲルの対立の今ではよく知られている他の側面も視界に入ってくる。ヘーゲルからカントに向けられた反駁的な問いのリストはよく知られているし、既述の箇所でもすでに示唆されているが、以下の問いがそれである。実践的に純粋に理性的な行為者ならば必要不可欠だとして立法するであろうものに、私たちが規範的に拘束され、コミットしていると言いうるのは、どのような意味においてなのか。私がまさしく行為者として（*qua agent*）反省的認証の諸要件にコミットしているのは、いかなる意味においてなのか。このようなテストは存在するのか。すなわち、このコミットメントから実際に行為を導くものが生じるのか。また、こうした最優先のコミットメントへの動機づけの有効性を説明できるような、人間の動機づけの首尾一貫した理論が存在するのか。ところで、ヘーゲルの考えでは、私たち相互の権利要求、規範的な諸規則は、すでに進行している生活様式、結びつき、制度、依存から発生するものであり、つねにそれらの諸相である。このような結びつきや依存は（ある歴史的な時代においては）個人的な行為者であることを構成すると言いうる。また、これに対して、このような関わり合いからの完全に反省的な抽象は人工的な構成物を造り出すのであって、こうした構成物がもつ推定上の認証は（たとえ明確な認証がなされうるとしても）結局は哲学的な幻想世界のものであって、具体的な人間生活の諸要件には何らの関係ももたない[1]。

こうして、お馴染みのやり取りが展開されることになる。ヘーゲルの理論によれば、このような諸々の社会的なコミットメントや依存は、諸個人が様々な理由で抱く価値についての信念をただ反映するだけではない。それらは、それよりもはるかに深遠であり、ある意味で生活の諸形態、すなわちヘーゲルの用語で言えば、「精神の諸形態」なのである。ところが、カントの考えでは、この主張はすべて、私たちが自分自身をこのような諸々の継承物から切り離し、それらについて反省し、可能ならばそれらを拒否することを、具体的に（*in concreto*）どれほど徹底して行うことができるのか、ということを無視している。それゆえ、純粋に理性的な仕方（すなわち、不偏不党で、行為者中立的で、まったく非自己本位的な仕方）で、なされるべきことをどれほど徹底して決定することができるのか、ということも無視している。（コースガードのきわめて適切な言葉遣いによれば、「良い兵士は命令に従うが、善い人間は無辜の民を虐殺しない」のである[2]。）

しかし、最も重要な両者の接点に行き着くために、ただちに以下のことを指摘しておくべきである。カント、ヘーゲルの双方にとって、社会化、習慣づけ、共通の習律、役割の影響によってただ受動的に形成されたものとしてしか互いを理解せず、しかも、自分の実践的生活のなかでたんにそれらの影響を表現するものとしてしか互いを理解しないとすれば、それは私たちがそれであるところのその種の生物に相応しい尊敬、尊厳、価値を互いに与えないことを意味する。私たちがこうした尊敬を受ける権原〔権利〕をもっているのは、私たちの営む生活がある意味で私たちに懸かっているからであり、私たちによって能動的に導かれているからである。[3]（『法哲学』におけるヘーゲルによる慣習主義（conventionalism）の拒絶を思い出されたい（RP, 14: PR, 11.『法哲学』（上）四頁）。私たちが担う社会的役割にせよ、私たちが行動に移す習慣にせよ、私たちはそれらを自分自身のものたらしめてきたのである。それゆえ、そうした社会的役割や習慣は私たちにとって規範や理想として機能する。だが、こうした規範や理想は、私たちが能動的に維持しなければならないもの、しかも自分自身や他人に対して正当化しながら維持しなければならないものであるから、あらゆる理想と同様に、私たちが維持することも、裏切ることもありうるようなものである。ヘーゲルによれば、規範や習慣が一定不変のものや性向でもなければ、単純に固定されてもいなければ、歴史的に決定されてもいないのは、確かなことである。（ヘーゲルにとって、実践的に意味をなす諸々の形式、価値、理想の最も興味深い様相はそれらが変化することであること、そして、この変化への道がそれらを実践しようとしている諸個人が抱く不満にあるに違いないことを、想起されたい。）私たちの生活の価値は、それが自由な生活であることに結びついている。そして、それが自由な生活であることは、基本的な諸制度や諸実践の客観的な正しさの主体による承認に結びついているはずである。しかしながら、このような承認はそれ自体理由を与えると同時に理由を求める具体的実践に結びついているから、そうした承認が機能しうるのは、この承認が間違いなく本当に主体的な承認であって、受け継がれてきた習慣のたんなる再現ではない場合に限られる。（「徳と一致する行為」と「徳からの行為」を区別することは、アリストテレスにとってと同様に、ヘーゲルにとっても重要である。）ここで問題となっているカントとヘーゲルの不一致は、これらの作法を「自分自身のもの」にするという、すなわち「それらの権威を承認する」というこの行為の本性によるのであり、したがって、このような具体的実践と結びついた承認という次元（ヘーゲルがしばしば単純に「主体性」と呼んでいるもの）を、個人的な「反省的認証」、とりわけ純粋理性の実践性として理解された場合の「反省的認証」と等しいとみなすことに対するヘーゲルの異議によるのである。そして、以上をもってようやく筆者は主要な論題に立ち返ることになる。それは、ヘーゲルによる以上のような主張を解明する一つの方法として、理性がみずから課した規範についてのカントの議論を捉え直すことである。(4)

II　カントの「自己立法」の逆説性

繰り返しになるが、以下のカントの主張は、規範的コミットメントの唯一可能な起源についての彼の主張のラディカルさを最も明瞭に示している。(5) すなわち、私たちは常に私の一人称的な視座から私自身を理性的にそれへと義務づけうるものにのみ義務づけられている。これが、神の命令や自然法の伝統に由来する義務づけ問題の行き詰まりに対して、カントの与えた解決である。(6) もし人間が義務に拘束され、ある普遍的な法則〔法〕に従いうるとすれば、いかにしてそれがカントの企てにおけるもう一つの不可欠の前提と整合するのか、を説明することができなければならない。もう一つの前提とは、人間は、自分自身の生活の十全な主体であり、一人称の視点から反省的に認証できないいかなる規範的権威にも従うことはない、というものである。カントのラディカルに聞こえる主張によれば、これをなしうる唯一の方法は、人間が法則（法）の立法者であると同時に、自分が命ずる法則（法）に従う、という方法だけであるように思われる。[7] 諸々の事物の様態、歴史、私の社会的役割、自然、さらに神であれ、何事も、カントの言うところの、私が自分自身にその法則（法）を与えることがなければ、実践的理由として機能することはない。しかも、私が、このような事案を本当に立法していると言いうるのは、（いわば、継承され社会化された態度を表現しているだけではなく）私が理性をもって立法を行なう場合のみである。[8] この主張を敷衍して次のように述べるならば、それは大きな一歩を踏み出すことになるが、物議を呼ぶ一歩でもある。すなわち、反省的推論がこのようにして価値の源泉であるがゆえに、ある種の後退論証の帰結として、[5] 私たちは無条件に理性それ自身とその純粋な普遍的諸要件に拘束されており、しかも、その拘束はすべて道徳的な必然性を伴うがゆえに、生活を指導しうるような仕方で拘束されているのである。しかし、これは理解しうる主張であるから、私たちは適正な過程によってそれを吟味すべきである。もっとも、コースガードが正しく指摘しているように、このような反省的認証に携わることは、「カントにとって、道徳性を正当化する方法ではない。なぜなら、それ［私が反省的に認証しうるものだけに自分自身を従わせること］が道徳性そのものだからである。[9]」

要するに、ここには、想定上のヘーゲルの立場に対抗するカントの立場の魅力、そこに潜在する諸々の逆説と、規範的権威の根拠についての両者の結び付きとが認められるわけだが、それは以下に挙げる『人倫の形而上学の基礎づけ』の弁証法めいた色合いの濃い有名な主張のなかで明白になっている。

それゆえ意志はただたんに法則に服従させられているのではない。そうではなくて意志は、自分自身で立法するものとしてもみなされなければならず、そして、だからこそ真っ先に、（意志が自分自身をその制定者（*Urheber*）と考えうる）法則に従っているとみなされなければならない、という仕方で法則に服従させられているのである。[10]（AA, 4:431; F, 48.『人倫の形而上学の基礎づけ』六九頁）

カントの主張について最初に指摘されるべき点は、それが比喩的だということである。法則（法）をもたないと推定される人が、ある原理を起草、立案、立法して、それゆえにのみ、その原理に拘束される――そうでなければまったく拘束されない――といったイメージは、こうした法をもたない主体がどのような根拠に基づいて何を立法するべきかを決定しうるのか、まったく想像し難いものにする。もし君があらかじめ理性の束縛に拘束されていないならば、どのような根拠に基づいて、自分自身をこうした束縛に従わせうるのだろうか。理性的な反省が、究極的には反省的な理性性そのものが、あらゆる人間的価値の源泉であるとすれば、その原理を立案し立法するといった考え全体が、根拠のないものに思われる。そのさい浮かび上がってくる肖像は、ケーニヒスブルクの誠実な賢人〔カント〕より、「飛躍」しようとしている憂鬱なデンマーク人〔キルケゴール〕や「自由の刑に処せられて」苦悩している斜視のフランス人〔サルトル〕に似ているように思われる。[11]

これはカントに固有の問題ではない。カントは、以下のように社会的・政治的な見地からきわめて明瞭にこの問題を表現したルソーから、それを引き継いだ。

本来は制度の産物である社会的精神が、その制度の設立自体をつかさどること、そして、人々が、法の生まれる前に、彼らが法によってそうなるはずのものになっていること。[12]

もちろん、法則（法）の自己立法という比喩的次元のいくつかの局面は、それほど曖昧なものではない。理性が立法するのは、私たちが理由を根拠として何をなすべきかを決定するときであり、また、そうしているとき、私たちは何がなされるべきかを決定しているのである。私たちもそのように権威に対する要求の適否を決定することがなければ、理性は第三者的な他者でも、他の権威でもありえない。このように決定することにおいて、私たちはいつも一般性の原理に拠っているのである。なるほど「私にその気があるから」という理由は、たとえその気があると考えている場合であっても、私たちの自己立法による規範ではありえない。これに対して、「自分がその瞬間にしたいと思うことを常になせ」は、私たちが原理として採用するべきものについての推論による反省の結果としてこの原理を採用しているならば、上述のような自己立法による規範でありうる。しかし、これは、まだこの決定の基盤――すなわち「立法者としての私たち自身」――を曖昧なままにしており、そのため、カントの逆説的な反省的諸定式を説明するのには役立たない。その諸定式とは、理性は自己自身をみずからの対象にもつ、意志は「自己自身を意欲する」などであり、それらは、フィヒテやヘーゲルのよく似た反省的で弁証法的な諸定式の拠り所でもある。私の主張は以上である(13)。

しかし、一般性のこのきわめて抽象的なレヴェルでは、クリスティアン・ヴォルフ〔6〕のような非カント的な先行者でさえ、以下の引用のレトリックまがいの定式を採用することができた。つまり、自然法理論と自己立法原理を一つの文のなかで一緒に言い張ることすら可能なのである。「私たちは理性を通して自然の法が指示するものを知るのであるから、理性的人格はそれ以上の法を必要としない。理性的人格は、むしろ、理性による自分自身に対する法なのである(14)。」そして、理性的人格は、自分自身に対する法であり、自然の義務づけのほかには、もはや他に何の義務づけも必要としないのだから、この人格にとっては、報酬も処罰も、善き行為に向けた動機とも悪しき行為を回避する動機ともならない（…）。それゆえ、理性的なひとが善を遂行するのは、それが善いからであり、悪を退けるのは、それが悪いからである。その場合、そのひとは神のようになる。というのも、善をなして悪を退けるよう自分を義務づけうる優越者をもたないひとは、（…）むしろ、自分の自然の完成によって、これ〔善〕をなし、それ〔悪〕を退ける。[15]

もちろん、ヴォルフの「自律」という言葉遣いは、彼の理性主義的な卓越主義（理性が立法においてもつのは叡知的客体であって、カントの場合のように、理性自身ではない）によって、また、「自然によって内在的に動機づけること」という観念、つまり、カントが用いることのできなかった抜け道を獲得することによって、制約されている。しかし、ある種の自律を強調しており、自分自身に対する法であるという言葉遣いについて柔軟に解釈しうる点で、依然として非常に印象的である。だが、カントのヴァージョンとの対比もまた印象的である。カントは、経験的な思慮を排除し、純粋理性が私たちのなすべきことだと決定するものを私たちが信頼すべきだ、と主張しているのではない。カントの主張は、「純粋な実践理性が決定するのはその法則が純粋な実践理性による拘束であるべきだということであり、それによって純粋な実践理性はこの法則の権威に服従する」ということである。カントの純粋理性がいかなる意味でも受動的なものでなく、自然の叡知的客体（「人間的な善」）をもたないとすれば、この主張こそがカントの立場でなければならない。[16]そして、純粋実践理性のそれ自身からの分離とそれに続く再統合は、比喩的であるという点で私たちを困惑させるものである。（この分離と再統合は、概念の内的な「否定性」とそれに続く概念の自己同一化という第二章で紹介したヘーゲルの言葉遣いへと、私たちを直接立ち戻らせもする。）しかし、カントの場合、比喩的ではない注記が見当たらないために、ニーチェの記述する状況を呈してくる。それは、自己規制ないし自己支配が、同時に、おそらくはそのまま、自己従属であるような状況である。

カントの『単なる理性の限界内における宗教』のいくつかの箇所を援用すれば、ひとが生活設計を「律する法則を定める」さいの責任という観念を、より妥当と思われるものにできるかもしれない。ひとは、立法において、自己愛ではなく道徳法則がつねに自分のすべての決断において最優先の原理でなければならない、ということを決定する。しかし、それは、道徳法則に自分自身を従わせることを「選び取る」方法のひとつであろう。というのも、ひとは道徳法則の採用を選択することなしに、このような生活設計を抱くことはないはずだからである(17)。しかし、これはまずもって、そのひとがそもそも義務に拘束されているという（問題である）ことの説明ではなく、どの程度そのひとが、生活全体の隅々まで拘束する自己立法化された法則を承認して、それに従っているかの説明でしかないであろう。確かに、道徳法則が義務的であるのは、ただ現実にそれに拘束力をもたせた当人に対してだけであり、それ以外の仕方では義務的ではないと主張する立場に立ちたい、と私たちは考えてはいない。おそらく、『宗教論』のその箇所が、そうした立場に扉を開くことはありえない。しかし、明らかに、それは私たちを次の問いへと駆り立てる。すなわち、カントが自律を人間的な価値の源泉として強調していることと、無条件的な義務ないし不可避的な義務を強調していることとが、両立しうるかどうかという問いである。

『人倫の形而上学の基礎づけ』では、少なくとも、カントが自己立法原理によって除外しようとしたものがより明らかになり、その原理が示す方向性がよりはっきりしている。カントによれば、あらゆる「外的」命令を受け容れること、すなわち、感覚的刺激を満足させるのに必要な行為の過程を受け容れることは、そもそも、行為者という私たちの地位そのものを回避することである。しかしながらこの行為者という地位は、一人称的視点を生きることのなかに含まれており、一人称的視点は私たちがそこから自分の生活の道筋をつけなければならない不可避的な視点である。（すなわち、私たちが自分自身の生活について三人称的視点を採用することは、実践的に不可能である。そうした三人称的視点を採用するとすれば、それは私たちの脳や身体がやろうとしていることを見ようと待ち構えているようなものだろう。）この主張の仕方がいくぶん不明瞭なのは、カントにとっては以下の事態の重要性が明らかだからである。つまり、ただ命令されている、すなわち、外から規定されている、という現象それ自体が自己欺瞞であり、多くの場合、故意の自己欺瞞だということである。「自分自身を」命ぜられ規定されたままに「させておくこと」によって、私たちは、実のところ完全に受動的であるわけではなく、自分自身をこのような「させておく」という原理に基づいて行為するよう規定しているのである。この主張を通して、私たちは、カントの自己立法者原理が含むに違いない避けがたい事態に近づく。代表的な箇所は以下のものである。

ところで、理性が自分の判断に関して自分自身のものだという意識をもちながら、外からの制御を受けるということは、どうしても考えられない。というのも、そうした場合、主体は、自分の判断力が規定したことの責任を、自分の理性にではなく、外的刺激〔欲動力〕に帰すことになるからである。理性は自分自身を、外的影響から独立した、みずからの諸原理の立法者とみなさなければならず、したがって、理性は、実践理性として、ないし理性的存在者の意志として、自分自身を自由なものであるとみなさなければならないのである。[18]（AA, 4:448; F, 65.『人倫の形而上学の基礎づけ』九二―九三頁）

最後に、はっきりしているのは、自己立法に関するこの描像が、ラディカルで潜在的には逆説めいているという外見をもつが、取るに足りないものではないことに立ち止まって留意するべきだということである。この描像が示唆しているのは、「私が拘束されているのは、私が自分自身を拘束したからであり、それゆえに、私はそれによって自分自身を拘束から解き放つ」ということではない。この自己立法のイメージは、〔将棋の飛車に似た動きをする〕持ち駒のルークを斜めに移動させて、自分にそのようにする権威があることを正当化しようとするチェス・プレイヤーに似ているであろう。そのさいの要点は、この「チェス」という理想的な客体がどのようなものかに関して誰もがそれだとみなしうるものを彼が侵害していることではない。このプレイヤーが自分自身に矛盾していること、つまり、チェスをプレイすることに彼自身が同意したことに矛盾しており、彼が同意してコミットしているすべての事柄に矛盾していることである。彼は事実上「自分自身を帳消しにしている」のであり、行為者性という体裁を取りながら、自分自身の行為者性を無効にしているのである。したがって、自己立法を強く主張するさいに唯一肝心なことは、間違いを犯すことを容認すること、上述の事例では、ゲームの規則への客観的な侵害がありうることを容認することが、客観的価値、伝統的自然法、他の自然主義的理論への扉を開くわけではない、このことに注意を払うことである。もとより、ヘーゲルの説明にあるように、いったん実践が制度化〔自己立法化〕されると、人々は何をなすべきか「分かって」いて、改めて価値の創造や自己義務づけの過程を潜り抜ける必要はない。いったんある実践が存在すると、そこには行為するための理由が、個人や集団による承認から独立に存在するのであり、参与者たちが誠実にそれに対して反応する理由が存在するのである。再三繰り返しているように、ヘーゲルが関心をもっているのは、カントのモデルに準えるなら、人々が理性的なものとしてそれを受け容れ、自分自身をそこに拘束するところのものが変化しうることである。しかも、この変化は、私たちがたんに間違いを犯し、今は徐々にそれを正している、といった仕方での変化ではない。簡単に言えば、それら諸規範が変化するのは、私たちがそれらを変化させるからなのである。規範的な権威、すなわち規範の「掌握」(grip) は、失敗することがありうる。集合的な意味において、実践や制度の破綻とは、その実践や制度がもはや共同体の十分に広範な層によって権威あるものとして承認されず、その執行や制裁がたんなる権威のない暴力的な権力行使になることであるが、そうした破綻は実践や制度の根源的な権威が自ら構成されたものであることの露呈に役立つのである。しかし、これは最も単純化した意味においてのことである。私たちは、明らかに、偶発的な失敗(世界史的に重要でないもの、おそらくは飢饉、頽廃、集合的な非理性性)と内部崩壊とを分類するような区別も設けたいと考えるはずだからである。この内部崩壊とは、ヘーゲルが『精神現象学』のなかで多大な紙幅を費やして描いたような崩壊であり、たとえば、ヘーゲルが西洋の道徳制度の核心にある個人主義的な道徳のうちにその到来を見い出したと考えた崩壊のようなものである。

さらに言えば、カントにとってもヘーゲルにとっても、規範の権威を説明するためには、(個人ないし共同体にとっての) 様々な種類の儀式、すなわち、周期的に開催され、意図的であり、意識的であり、権威づけるものであり、自ら義務づけるものである儀式のようなものが存在しなければならない、ということはない。オペラは、あるひとないしある集団がある単一の行為によって意図的に創造したものであるとは言えないが、徐々に創造され作り出されたものなのである。しかも、オペラに具わる諸価値に同意することは、「私はこれによって同意する」という参加儀礼などを伴う必要もない。むしろ、まさしくオペラにそなわる諸価値がオペラに賛同する人々を拘束するのであり、たとえば一緒になって歌おうとすることによってオペラに参加する人々を拘束するのである。

III 「自己立法」と理性による拘束

カントの「道徳法則の自己立法者」論を、より比喩的なものでなくする様々な方法を今や提案することができる。これまで示されたように、たいていは逆説的にも、比喩それ自体が示唆しているものの可能性を否定するというやり方である。比喩それ自体が示唆しているものとは、義務づけられていない状態が、法を制定しそれに従属する行為によって、義務づけられた状態になる、というものである。議論は結局のところこの可能性を否定することに行き着く。また、その戦略は、先程引用した箇所においてすでに明らかであって、理性が理性以外のところから方向づけを受け取りうると「考える」可能性を否定することであり、つねに「自由の理念のもとで」行為する、つまり、反省的に思慮された理由に基づいて行為する実践的必然性を押し出すことである。この戦略は、まずはその目標を達成しなければならないが、同時に私たちを不可避的にそれに拘束する理性に指導されるか否かがある意味で「私たちに懸かっている」ことも示さなければならない。カントにとって、反道徳行為ないし不正行為における誤りは、理性がもつ最小限の形式的拘束を侵害することにあり、私たちがそもそも行為者であると言われうるのは、この拘束に従っていることのみによる。したがって、善い行為をしていない場合、行為において自分で自分に課す実践理性の拘束に従うのに失敗しているのである。同時に言わなければならないのは、私たちが自分自身をこうした拘束に従わせるか否かを問うことが、何らかの意味で可能だと考えられることである。もっとも、こうした拘束への要求を回避しようとすることが、すでにそれに従っていることの証明にならざるをえない。

この問題をより簡潔に整理するならば、次のようになろう。カントにとって、その表面上の言葉遣いにもかかわらず、「人格」はいかなる意味でも実体論的ないし形而上学的なカテゴリーではなく、むしろ何らかの意味で（それに対するコミットメントが避けられえない）実践的な達成事である。また、「人格」の観念を他者に帰属させることは、内的帰属（ascription）であって外的記述（description）ではない。フィヒテならば、自我は自己自身を定立すると言うであろう。ヘーゲルならば、精神は「それ自身の産物」であると言うであろう。

この文字通り無拘束の行為が現実にはありえないこと、すなわち、自分で自分に従う行為がそのつどすでに進行してしまっていることを示す一つのやり方は、自分が行為することにおいてそのつどすでに基本的な義務を引き受けてしまっていることを示すことである。この「すでに」が、それゆえ不可避性と必然性の要求が、「自己立法者」という能動的な用語によって求められる自己立法を無効にするものではないことを示しうることである。（私たちが自分自身を理性に拘束させるのだから、私たちは理性に拘束されているのではない、と言いたくなる人もいるだろう。しかし、その理性が、それなしでは規範も生活を送る手立ても存在しなくなるような、拘束力をもった立法を成り立たせるのである）[19]。こうしたやり方は「後退」論証と呼ばれているものであり、近年アレン・ウッドがいささか異なるヴァージョンを提出したが、コースガードによって周知の定式が与えられている[20]。

さて、本章の後半部分では、このような言い分の道徳的な次元に立ち返ることになる。しかし、実践的な不可避性や暗黙の否認しえないコミットメントに関する諸問題に触れるに先だって、まず、私たちが自分自身に対して規則や規範を立法するという考え方、それゆえ「自分自身を拘束すること」によって規則や規範に拘束されるという考え方の全体を、比喩的でないものにする必要がある。ところで、コースガードや他の論者たちは、定言命法よりも、むしろ仮言命法という日常のありふれた事例の方が、容易にこの考え方を明らかにして、自己立法という言葉の脱魔術化に役立つと主張している。これが重要なのは、通常の生活では、仮言命法という道具的な形式が実践的推論の疑う余地のない適用とみなされているからであり、しかも、それが次の問題に関する明瞭な見通しを与えるからである。その問題とは、私たちに求められているのはいかなる実践理性なのか（いわゆる「道具的理性の規範性」とは結局のところ何なのか[21]）、そのさい、自己立法や自己立法者という言葉遣いがそうした文脈で意味をなすのかどうか、というものである。

　このアプローチにおける基本的な考え方は複雑ではない。私がある目的を設定する場合、すなわち、ある目的の追求をただ（カントの意味で）「願望」するのではなく、「意欲」する、つまり、実際にその目的を追求しようと決心する場合、私はその意欲によって、その目的を遂行するために必要な諸手段を獲得することに「自分自身をコミットさせた」と言いうる。私は、（ある目的を追求するために）ある規則を自分で制定することによって、（諸手段を得るための）別の規則を制定し、それに自分自身を拘束したのである。私がこれをはっきりと自覚しているにせよ自覚していないにせよ、そうなのである。私は、自分がプレイしようと決めたゲームのために諸規則を設定し、そうすることで、それらに基づいてプレイをするように自分自身を拘束したのである。もし私がこのような諸手段を手に入れることに「理性的に拘束されて」いるのであれば、まさしくその目的を設定することによって「私は自分自身を拘束した」のである。そこでは、理性がすでに実践的であり、「内在主義」の要求を充たしていること、つまり、実際にある行為を動機づけていることが示されている。ところで、大学に進学するのに全員が有機化学を履修する必要はないという場合を例に取り上げよう。しかし、もし医大への進学を決めて、医大の入学には「有機化学」で高い点を取ることがいかに重要な要件であるかを知ったとしたら、私は目的をあきらめるか、その重要な手段を獲得することによって、自分のコミットメントを貫き通すか、どちらかを選択しなければならない。カントの観点からみて重要なのは、これが医大に入学しようとするひとは十中八九ほぼ確実に化学のクラスへの登録を意欲するという予想を立てる問題ではない、ということである。それは手段についての信念を欲望への入り口や転轍機とみなす三人称的な見方であって、それによれば、手段についての信念は動機をなす欲望の流れを方向づけるだけであり、目的に向かうその欲望が現実の動機として働いているのである。この場合、医者になるという私の欲望は動機づけの力であり続けている、というのも、私の欲望は「有機化学の効用についての知識に導かれて」おり、私はその途上にあっても「有機化学に向かう欲望を拾い上げている」からであると、ヒューム主義者に寄り添って述べることは、きわめて不自然だと思われる。明らかにここではそれ以上のことが進行している。なぜなら、一人称的な観点からは、有機化学の有用性についての信念を本当にもち、本当に医大に行きたいと思っていても、自動的に科目登録窓口に向かわないということがありうる、と思われるからである。[22] 実際に当該の目的やその有効な手段にコミットしている場合でさえ、私は自分がそれを行うことが合理的だと分かっていることを実践しないことがありうる。事情がそうであれば、私たちはヒュームが認めなかったことを認めなければならない。それは、実践理性が存在するということである。コースガードが指摘したように、「道具的理性の規範性」が存在するのである。あるいは、カントが指摘したように、道具的事例における意志の理性的な「強要」(*Nöthigung*)という問題が存在するのである(AA, 4:417; F, 33.『人倫の形而上学の基礎づけ』四八頁)。事柄をこのように理解すること、これこそきわめて重要な点である(ヘーゲルもそれに同意するであろう)。すなわち、「理性的であるとは、まさしく、自律的であることである」(強調引用者)、そして、「理性によって律せられていることと自分自身を律することとは、まったく同じことである」[23]。私たちが「認める」必要があり、自分のふるまいを適合させる必要がある法は外部にあるのではない。私たちが自分自身に与える法だけが、つまり、私たちが自分自身をそれにコミットさせたがゆえに、私たちがそれへと拘束されているような法だけが存在するのである。したがって、もし私たちがその法に追従しないのであれば、私たちは何一つとして決心していない。そのとき、私たちは、理性的であろうとしていない。すなわち、主体であろうとも、人格であろうとも、行為者であろうともしていない[24]。（ここの論点は、やや混乱を招くものだが、きわめて重要である。主体であるとは主体であろうとしないことができることを意味する。ここからすでに、第一章と第二章で扱われた問題、つまり、カント以後の伝統における主体性の地位、ユニークに実践的であって形而上学的ではない地位について、多くのことが語り出される。）

この最後の主張のなかには、きわめて多くのことが詰め込まれている。より野心的な場合と同様に、この場合にも、道徳的コミットメントや自己立法について言明しようとすると、困難な問題が生じてくる。それは、道徳的コミットメントや自己立法のすべてが具体的にはどういうことになるのか、このような事例において「私たち自身を律する」ことの意味をどのように説明するのか、という問題である。ここで私が示したいのは、個人的な行為者というモデルは、ある逆説的な状況に次々と陥る、ということだけである。それは、個人的な行為者が、自分自身を自分の関心や生活から完全に引き離して、「コミットメントに先行する」不可避的な実践的推論の形式によりながら、きわめて一般的な行為の諸原理に反省的にコミットしたり、認証したりする、というモデルである。（ここで私は、この自己形成に関するより集合的で歴史的なヘーゲル・ヴァージョンに戻りたいと思っている。）すでに見たように、これは、近代に典型的な主張の深層にまで達する、きわめて大きな問題である。近代に典型的な主張とは、ある思慮が行為の真正な理由とみなされうるのは、私たちが「それを自分自身のもの」にして、(自分自身に対してだけでも)擁護しうる仕方でそれを採用する場合に限られる、また、これらの正当化する思慮の承認を理由にそれを採用したと言いうる場合に限られる、というものである。カントの説明のコースガード・ヴァージョンによると、これが意味するのは次のことである。すなわち、もしあるひとがただある目的を欲し、正しい手段についてある信念もち、ただ事実上それらの手段を追求しているだけであれば、そのひとは道具的に合理的ではない。したがって、自分自身を律しておらず、そのひとの生活は当人自身のものではない。コースガードにとって、そのひとがその手段を追求しなくてはならないのは、当人がそうすべきだと信じているからであり、それが行うべき合理的なことであって、その手段が合理的であるとの確認が従うことのできる規範であると信じているからである。要するに、そのひとが自律的であって、「たまたま合理的」であるわけではない、とみなされるためである。

以上が、コースガードが問題を提示するやり方であるが、それはきわめて物議を呼ぶやり方である。なぜなら、その説明にはすでに見たように、理性によって「導かれる」ことと理性によって「動機づけられる」ことの間に曖昧さがあるからである(コースガードは、両方の用語を同じ意味で取り扱う傾向にある)。繰り返しになるが、ヒューム主義者であれば確かに前者を受け容れることができるであろう。先ほど述べたようにヒュームの場合、指導は実践理性の行なうことであって、事実上目的へと至る諸手段へと私たちを導くことである。私たちは、まったく合理的である限りでそうした導きに従うのであり、ここで合理的であるとは因果的に何の狂いもないということである。しかし、(コースガードが指摘している)意味での指導の場合、そのような指導的理性の導きに従わないことは、合理性の失敗ではない。合理性の失敗は、間違い、挫折、無知、記憶違いなど、あるいは、目的についての心変わりでなければならないのである。合理的な失敗を示すには、合理的に行為するとき私たちは理性が要求するものによって動機づけられていることを示さなければならないし、この理性の要求を承認し受容する場合であっても、私たちがこの要求に注意を払わないことがありうることを示さなければならない。これは、きわめて特異で非常に論争的な問題である。ともかく今ここで、ある道具的な規範に「コミットすること」とそれを「やり遂げること」、あるいはコミットしながらも「やり損なうこと」という考えは、全般に曖昧で比喩的であるから、明らかにされなければならない。

これらのすべてに含まれる主要問題は、以下のカントの込み入った主張に由来する。

目的を遂げたいと意欲する者は（理性が彼の行為に決定的な影響をもつ限り）、その目的になくてはならない必然的な手段が自分の意のままになるなら、その手段を用いることをも意欲する。この命題は、意欲に関する限りは分析的である。なぜなら、ある客体を私のもたらす結果として意欲することには、すでに、行為する原因としての私の因果性、すなわち手段の使用が考えられているからであり、その命法は、目的を遂げようとする意欲の概念から、この目的に必然的な諸行為の概念を引き出しているからである。（AA, 4:417; F, 33-34.『人倫の形而上学の基礎づけ』四八頁）

しかし、「その目的を意欲する者は誰でも、その諸手段を意欲する」という命題が分析的であるならば、私たちは自分自身にこれらの手段に関する規範的な法則を課したわけではないことになる。その場合、これまで追尾していた方向は的外れだということになるから、私たちは、ヒュームへと逆戻りすべきことになるだろう。カントによる、目的設定に手段追求が含まれているという分析性についての強い主張に従えば、自分がコミットした目的に必要な諸手段を追求しない者は、非合理であるわけではないし、自分自身に課した規範への適合に失敗しているのでもない。そのひとは単に、自分が実際はその目的をまったく意欲していない、ということを露呈しているにすぎないのである。つまり、そのひとはただ「その目的を望んだ」だけであり、その達成を夢みただけなのである。ある目的を「実際に」意欲したことに対する基準、すなわちテストは、その諸手段を意欲することである。[25] たとえば、あなたが自分自身や他の人々に、自分が資本家階級の特権を粉砕するために活動していると語り、そのためにある程度の金銭を拠出するとしよう。ところが、あなたがBMWの高級車やブリオーニのスーツやトスカーナ地方の別荘を所有しているとすれば、その方があなたの本当の目的についてより多くを私たちに語っているのである。[26]

しかし、前述の引用箇所には「理性が彼の行為に決定的な影響をもつ限り」という留保条項がある。しかも、カントは、上述の分析性についての主張に加えて、仮言命法が命法であることを主張してもいる。この仮言命法は、私たちが採用しはするが、遵守し損なうことがありうる規範を意味するに違いない。言い換えれば、おそらく私たちは、リムジンを乗用する社会主義者のような、諸々の自己欺瞞の事例、換言すれば、偽善的な事例があるだろうことを許容することができるのである。しかし、ある目的に対する諸手段が追求されないときに起きる事態の正しい分析が、より直接的に合理性の失敗を示す、といった事例も存在する。この場合の合理性の失敗とは、私たちが合理的でないことなのだが、その意味するところは、私たちが自分自身で立法し、自分自身を拘束させたところの法則を遵守しないということである。確かに、次のようなことも起こりうる。私たちは、なんとしても医大に入りたいと思いながらも、有機化学で直面する数学への不安が勝って、その代わりに芸術史のクラスに登録することもある。すなわち、私たちは、本当にある目的を意欲することができるが、たんに理性の規範的要求が頓挫するという理由から、その諸手段を意欲するのに失敗することがありうるのである。このような事例の場合、私たちは、分析原理をもっと慎重に主張するべきである。すなわち、ある目的を追求する理由をもつ者は誰でもその目的に相応しい諸手段を追求する理由をもっている。あるいは、ある目的を追求すべき者は誰でも（目標を設定することは、結局のところ規範的な事柄でもあるから）その諸手段を追求すべきである。私たちがこのような仕方で分析原理を表明しなければならないのは、道具的理性が理性であり、規範的であることに関して決定的なことは、それが必ず失敗しうるものである、ということだからである。つまり、それは、採用され遵守されうるが、肝心なときに回避され無視されうるものなのである。さもなければ、規範や仮言命法という言葉遣いは不適切である。そして、私たちは、人々が他のことを行っている場合に、彼らが行おうとしているらしいことについて語っていることになるのである。

コースガードは二、三のもっともな実例を挙げている。注射が自分を死の病から救うと信じており、助かりたいと思っているひとでも、注射針が怖いという理由で注射を拒否することがある。そのひとは、生存という目的を断念するのではなく、注射針を刺されることを避けるという目的を優先的に採用するのである。さて、次のような古典的な西部劇もしくは南北戦争の映画脚本があるとしよう。テックスは脚を撃たれており、切断しなければ死んでしまう。仲間が脚の切断の準備をしているとき、テックスは苦痛と恐怖のなかで彼らに切断しないように懇願する。しかし、私たちも彼の仲間も、このような抗議をテックスの本当の意志であるとはみなさない。私たちは（おそらく）、彼が実際に意欲せざるをえないのは、生き残ることだと知っている（もっとも、テックスは、自分が意欲するであろうことを、心静かに熟慮できるだろうか）。そして、私たちは、彼による抗議が不安や恐怖といった合理的でない侵入者がもたらしたものであり、彼が実際に、麻酔なしで行われる手術を受けることより、どんな犠牲を払ってでも切断を避けることを好み、死ぬことさえも厭わないなどということはない、ということを知っているのである。

この事例は正しいようにみえるが、コースガードのように、そこからあまりにも多くの結論を引き出すことに関しては、私たちはもっと慎重であるべきだろう。ここには問題が三つある。第一に、ある人が実際にある目的を意欲したのに、自分自身を規範的にコミットさせた諸手段の追求に、まさしく非合理なことに失敗しているのはどのようなときなのかを語るのは容易ではない。最初からすべての問いを回避したいと考えているわけではないが、慎重に考えて短期的な利益よりも長期的な利益をつねに優先させることを行為者性の条件として要求しないとすれば、私たちは、上述の事例において実際にあるひとの「真の目的」が何であるのかを語るための明確な権利を、確かにア・プリオリにはもっていない。リムジンを乗用する社会主義者の事例では、自分の信念を伝えているときでさえ、彼は階級構造を打破するという目的を実際には抱いていない、と言うことがきわめて適切であると思われる。この否認の最良の証拠は、彼の諸々の行為が階級構造を打破するための手段を獲得するという真剣な意図をまったく表していないことである。ここで、こうしたより説得力のある解釈を述べることが大切なのは、それが第六章で非常に重要になるからである。私たちが第六章で検討するのは、いかにしてヘーゲルが意図についての語り方を心理学から解き放ち、意図的行為の「内的」な諸相を諸々の「外的」な表現と論理的に結びつけるか、ということなのである。

何によってこの事例を他の諸々の事例から区別することができるのだろうか。私たちはどこで、彼は目的を設定してはいるが、意志が「弱い」ためにその手段を追求する決意を奮い起こすことができないのだ、と言いたくなるのだろうか。彼が手段を追求しないことが、彼がその目的を実際には設定せず、意欲しなかったことの明白な証拠である、と言わないのは、なぜなのだろうか。私たちは、以下のような妥当と思われる条件を追加しさえすればよい。それは、他の事情が同じならば（*ceteris paribus*）、当然起こるに違いない多くの障害を伴う目的、今はまだ知られていない予見不可能な困難を被りやすい目的を誰も意欲しない、という条件である。テックスや注射針を怖がるひとの場合、生き延びるという目的を担わせるのが自明だと考えているから、私たちは意志の「弱さ」という解釈の道を進むのである。しかし、次のように考えることは、それほど常軌を逸しているだろうか。すなわち、あるひとが、遠い将来に起こりそうなことを差し迫った苦痛を回避することほどには重要ではないとみなすかもしれない。しかし、（それが何を意味しようとも）彼は「弱い」というように、私たちに要求するものは何もない。あるいは、あるひとが自分にとっては死そのものより望ましくないかもしれない手術を受けるより、死ぬことを望むかもしれないということを、ア・プリオリに拒絶するように私たちに要求するものは何もない。また、あるひとが、何が自分にとって最も重要なのかについて考えをもたず、自分自身をどちらの立場にも立たせうる、などといったことである。（テックスが冷静に熟慮したときに決心するかもしれないことを想像することが、自動的に彼が何を望みどんな目標を設定するかの正しいテストであるわけではないが、少なくとも正しいテストであるためには、以上のような問題のすべてを放置するわけにはいくまい。）コースガードが主張したいと考えているのは、「義務づけ一般が人間生活の現実である」ということである。[27] しかし、手術の事例で起こっていることのなかには、テックスが「義務づけを回避している」といったことは、ほとんど見受けられない。仲間の一人が「だが、テックスよ、まさに生き延びていることや生きたいと思っていることによって、お前は自分の脚を切断するように自分自身を理性的に義務づけたのだ」と指摘するとすれば、それは間違いなく奇妙であろう。私は思い切って次のように断言したい。このような事例ではたいてい、人々はある目的を設定したと（自分自身に対して）公言しても、それに必要な手段を追求しない。もっとありていに言えば、人々は実際にはこのような目的を設定してもいなければ、実のところ、その目的を彼らが公言するほど重要なものともみなしていない。困難な手段に直面すれば、その目的について心変わりをしてしまうのである。あるいは、最もありがちなこととしては、人々が目的を設定するのは、通常はその目的が自分にとってもっと価値の高いものを犠牲にしない限りでという制限された仕方においてのことなのである。（これは、たいていの人々がどのようにして「死が二人を分かつまで」婚姻を保つという目的を採用しているか、という仕方に正確に通じていると思われる。[28]）

第二に、自分がコミットしている規範の遵守の非合理的な失敗要因を、カントの観点からどのように言明されると考えられているのか、そもそも不明瞭である。コースガードは、人々が「非合理で意志が弱く」なったと言いうるのはいかにしてなのかを説明する要因に言及する場合、「恐怖、怠惰、羞恥心、憂鬱」を挙げ、これらを「理性に対する感受性」を「遮断」する「諸力」と呼ぶに至る。[29]テックスに関して、「言うべきことは、恐怖がテックスを非合理にしていることだ」と私たちには聞こえる。[30]また、同じ箇所で、「臆病、怠惰、憂鬱が（…）私の意志を制御しようと、すなわち屈服させようとする」という文章を目にする。[31]自分の人生を送るために、私は能動的に自分自身の運命を制御しなければならず、「意識的に手綱を取って、自分自身をその目的の原因たらしめ」なければならない、とコースガードは主張する。このようにしなければ、「私は、そうみなされるとしても、一人の行為者として存在していない」。それゆえ「道具的原理との一致は、意志をもつことを構成するのであり、ある意味で、この一致が君に意志を与えるのである。[32]」

確かに、コースガードはみずからの抱く自律に対するカント風の賞賛を抑え切れなくなっている。ここでまず言わなければならないのは、このことである。道具的原理と一致しないことで、私が行為者であることをやめてしまうのだとしたら、その場合、私たちがここで手にしているのは、合理性に関する私の失敗ではない。というのも、それは、私はあるコミットメントを実現するのに失敗してはいない、これらの実例のすべてにおいてコミットメントの実現を妨害する何かあるものが私に対して起きた、といった具合に聞こえるからである。その何かあるものが、理性がもつ動機づけの力を「遮断する」わけである。たとえば、恐怖が「私を理性的でなくする」などといったことである。こうしたことはすべて、先ほどヒューム主義者が言いたかったことである。以上のことは理性がもつ動機づける力の崩壊なのだが、ここではすべて私の失敗ないしは弱さではなく、病気もしくは外からの干渉であるかのように聞こえるのである。このとき、(コースガードが受け容れている)[33]カントの「統合」(incorporation)の原理に対して、いったい何が起こったのだろうか。この統合原理に従うなら、恐怖や欲望や傾向性は、それらが何かをなすように私を仕向けている間であっても、それらが起こっている最中でさえも、決して行為する動機とはみなされない(それとともに、説明ともみなされない)。それらが自分の動機とみなされるためには、格律のなかに統合され、行為者によって善き理由として採用されなければならないのである。もし私たちがこうした統合原理を胸に抱いているとしたら、私は現存する不安、反感、予感をそれに基づいて行為するに値する理由とみなしていなければならないのだから、コースガードによる「失敗」もしくは「弱さ」に依拠した説明に訴えることは、ますます妥当とは思えないものになってくる。また、もし私がそのように感情を理由として行為するとしたら、そのさい私は、私自身を初発の目的から引き離しているのであり、あるコミットメントをやり遂げることに失敗しているのである。[34]換言すれば、これら感情的な諸要因が私の意志を「制御する」と言うか、それとも、「凌駕する」と言うかは、大きな違いをなす。[35]コースガードは、これら二つの用語を同義に使っているが、これらは同義ではない。コースガードの諸々の実例に示されている

「制御」を用いるならば、私たちは、非合理的な行為どころか、まったく行為などしておらず、行為者性における崩壊ではあっても、行為者性の失敗ではない。あるいは、「凌駕」を用いるならば、私たちは、ある何ものかを他のものよりも価値あるものとみなしているのだが、そうしたことは、おそらく無知や愚かさの事例であっても、弱さやわがままの事例ではないのである。

　さらに言うと、もし私たちが少しばかり距離をとって、このような感情の嵐を生み出すような種類の性格について自分が根源的に責任をもつ（私がその感情を選んだのだし、たとえ今それについて何もなしえないとしても、私の過失の現在の諸帰結とともに生きなければならない）、ということを認めようとするならば、その場合私たちは、そのもとでこのような性格が形成される諸々の社会的条件や機会（およびその欠如）を含む、あらゆる種類の道徳的運（moral luck）[7]の問題を導入することになる。（その結果、私たちは「私の性格に対する責任」という強い見解のすべてを掘り崩してしまうことだろう。これは、ヘーゲルの世界において私たちがそうしたいと思っているのとまさに同様である）。しかも、それだけではない。私たちはそれによって再び、あたかもスーツを選ぶように性格を選ぶ性格なき行為者というありそうもない考えも導入してしまうのである[36]。実際、そうしたありそうもない考えは、コースガード独特の言葉遣い、すなわち、君は自分自身をある道具的規範にコミットさせることによって初めてある一つの意志を「自分自身に与える」によって示されている。私たちは、カントからフィヒテ（および、フィヒテの言う、自己自身を定立する自我）への道筋を、現代風によりよい形で呼び戻すよう求めることもできないが、カントについてのコースガードによる特徴づけが役立つとも確信できないのである[37]。

　最後の第三に、規範の権威を承認すること、しかも規範に従うのに失敗すること、この両方をなしうることなしに、私たちは規範に律せられた生活を生きることができないということを強調するのは重要だが、その一方で、弱さへの疑わしい（カントの場合は逆説的な）訴えや、通常は感性に結びつけられている脆さというキリスト教の他の観念（すなわち罪の観念）への訴えとは異なる、このような失敗を表現したり説明したりする仕方がある。たとえば、自分の目的であると信じていたものに対する手段を、すなわち、追求しようと意欲していたものに対する手段を獲得する機会を得られないことに気づいたとき、私たちは自分に関して抱いていた理想に従うことに失敗していると簡単に言いうるだろう。あるひとが、自分がそうであると考えていた人物ではないことに気づく。つまり、これまでの歳月そのひとは自分がAであることを目指しているとはっきり確信していたのだが、結局自分がAではなかったことが判明するのである。もちろん私たちは、たとえAであることにコミットしていたのだとしても、そのひとは自分が「意志の力」や決心する強さをそなえていなかったことに気づいたのだと言うことによって、このことを言い表すことができる。しかし、そのとき私たちはすでにこうした見解のもつ逆説を見届けてしまっている。自己認識や自己評価といった言葉遣いを援用し、行為がそのひとの実際に関心をもつ目的について顕わにしているものに集中する方が、より適切に思われる。[38] 私たちはいずれ、まさしくそれが規範的権威を「自己立法された」ものとみなす見地の反省において、ヘーゲルが行っていることを、認めることになろう。

Ⅳ　社会によって媒介された実践的アイデンティティ

しかしながら、自己立法者に基づく自律の解釈の脱比喩化された説明を求める私たちの探究は、今や先に言及した問題のある局面をより十分に考慮することを必要とする。私たちは、文字通りにカントやコースガードが想定している法以前の状況をも取りあげることで、ある困難に直面しつつあるように思われる。というのも、私たちは、自己立法者と自己服従という論点を保持しようと試みる一方で、そのような法以前の状況という推定上の選択肢の可能性をより懸命に掘り崩したいと思っているからである。とはいえ、この選択肢が規範的に不可能であることを示すために、この選択肢を議論することは必要なことではあろう。この議論によって私たちは、より直接に「私たちがそれに対して自分自身を義務づけているとみなされなければならないもの」を考察する立場に辿り着くのである。

実際、道具的な事例においてさえ、私たちは、道具的な合理性という規範に「従うのに失敗した」ことが意味するものに関して、すべてを提示したわけではない。コースガードの説明において見たように、そうした説明が含んでいるのは、何らかの仕方で行為者であることに失敗していること、つまり、自分の生活の道筋を規定するのではなく、自分の生活が外から規定されているのを許容したということにすぎないのである。（私たちは、カントの説明では自分の行っていることを記述するべき仕方が曖昧であることも見出した。たとえば、どちらとも取れるが、「させておく」、「まかせる」のであるから、それは行っていない、る、そして再び逆説的ながら、私たちは、行為者であることに失敗するために、行為者であらねばならない、というような記述の仕方である(39)。）しかし、当面の問題は、理性の要求の考察へのコミットメントにおける私たちの関与をもう少し詳しく記述すべきだ、ということである。私たちは今や、このような諸要求を自動的に感受し、それに対応することで、「そうする」わけではない。要するに、私たちはそのコミットメントに関与して、それを保持しなければならないのであり、さもなければ、私たちは自分の生活の主体ではなくなるだろう、ということである。すなわち、問題は、そのコミットメントが私たちに対して何を意味するのか、ということなのである。コースガードが理解するカントによれば、私がこうしたコミットメントを保持しなければ、「私は、行為者とみなされても、行為者として存在しない」のだから、理性へのこうした関与は「ある深い仕方で、私たちが誰であるかの自分の感覚から発する」のである。(40) 問題になっているのは、私たち自身の「実践的アイデンティティ」そのものである。〔8〕そして、このことからも、私たちは、私の企てとの同一性や同一化〔同定〕といった言葉遣いに接近していく。それは、前章でヘーゲルの『エンチュクロペディー』を参照したときに、簡単に見てきたものである。

実践的アイデンティティ一般は、「君が自分自身を価値あるものと考えるさいの記述、すなわち君が自分自身の人生を生きるに値するものとみなし、自分の行為が行うに値するとみなすさいの記述として理解するほうが適切である。(41)」こうした実践的アイデンティティには多くの偶然的なヴァージョン――教授、夫、友人、アメリカ人――があるが、それらすべてのヴァージョンにおいても、私がひとつの実践的アイデンティティをもっていると言いうるのは、まさしく、各々のアイデンティティを構成している規範へのコミットメントを維持していることによってのみであり、そうした場合、私はある一つのアイデンティティを「採用」して、別のそれを「放棄」すると言いうるのであって、私のアイデンティティに関しては君に対して要求する必要のあるものは何もないのである。(42) しかし、考察のこのような発展における次のステップにおいて、私たちはカントの道徳理論へと立ち返るのである。ところで、コースガードが言うように、「私たちがそれによって自分のアイデンティティを考えなければいけないような特別の方法」は存在するのだろうか。もし存在するのだとしたら、それは追求されている「道徳的アイデンティティ」であることになるのだろうか、それを失うことは「死よりも悪い」ことになるのだろうか。

たった今指摘したように、実践的アイデンティティについてのこうした議論を通じて、私たちは本章の最初の箇所で注意を促しておいた「社会的役割」の問題に接近することになる。カントとヘーゲルの違いもより明らかになりつつある。カントの視点に立てば、このような役割は、もしそれらが拘束力のある規範として機能しうるには、なんとしても各個人による反省的認証の産物とみなされなければならない。個人は自分自身を役割やその諸関係の制定者とみなすことができなければならない。他方、ヘーゲルにとっては、実践的役割は反省的内容にとっての先行条件であるのだが、事実上の制限ではなく、近代の人倫そのものの客観的な規範構造を表現するものである。（規範による拘束が自由の可能性の条件であるという意味においてのみ、それは制限である。[43]）しかし、それ以上に知られているのは、カントの説明では、ある究極的な道徳的アイデンティティと、他の偶然的な義務に勝る、それに付随する義務が存在することである。そして、私たちは、カントによるその擁護論によって、自己立法の比喩が明示する最も重要なものに立ち返ることになるだろう。

私たちが最初に言いうるのは、そもそも人間であることの普遍的特徴は、この不可避的なアイデンティティとして機能しうるから、それを喪失することは承認に値する人間生活を喪失することを意味するであろう、つまり、人間にとって価値のある生存過程すべてを喪失することを意味するであろう、ということである。[44]少なくともそのように言いうるのは、ここにおいても、カントの「自己立法者」原理への信頼をもち続けている限りでのことであろう。そもそも、私たちはこのような実践的アイデンティティを確立し、それにコミットすることなしには、生活を送ることができない。それゆえに、実践的アイデンティティそのものをもつことの価値、したがって、このアイデンティティの必要条件は、諸々の特殊な役割やアイデンティティと同じ地位〔資格〕をもつことはない。人間に特有の仕方で私たちにとって問題となるものの条件である、反省的推論そのものの価値も偶然的な愛着や依存から生じるものではなく、アイデンティティを維持するべきならば、私たちが信頼し続けなければならないものである。[45]私たちが人間としての価値をもつのは、私たちが自分を人間として評価しているからなのである。そして、この実践的アイデンティティという考えを導入することによって、私たちが自分たちの人間性の価値を高く評価せざるをえないのはなぜなのかが、遡及的により明らかになると思われる。自己立法者原理の示唆する方向性がもたらすと想定されるのは、次の論証形式である。すなわち、何かあるものに価値を認め、それを獲得するために必要なコミットメントに自分自身を拘束することは、すでにこの能力そのものの価値を認めたということであり、私たちはただ存在しているだけでは人間ではありえないことを認めたということである。私たちは、目的を設定し、自分自身を規範に拘束しなければならない。だから、とりわけこの能力の価値を認めることが、不可避的なのである。自己立法原理とは幾分食い違うが、今のところそれを具体化するともみなされうる言い回しには、この自己立法者原理は、人間であることがそれであるところのもの、すなわち、評価者にして理性的な目的設定者であることである、とある。(46)

すべての価値は、こうした仕方で、人間性という価値に依存する。実践的アイデンティティの他の諸形態が部分的にでも重要であるのは、人間性がそれらを必要とするからである。したがって、こうした人間的アイデンティティとそれが携える諸々の義務は、たとえひとが単純にもっていると言いうるようなアイデンティティではないとしても、時代を貫く実体のアイデンティティのように、不可避的であり、広く浸透している。これは、私たちの人間的アイデンティティがある種の成果であり、私たちが時間経過を通じて造り出し維持することで定立されたものである、という主張である。私が提唱してきたように、この主張は後の観念論者たちによって熱心に取り上げられ、思弁的な思考を鍛え上げることになった。とくに、主体のアイデンティティそのものが問題になり、「それ自身の成果」である主体の弁証法的な次元がはっきりと視野に収められて以来、そうなったのである。しかも、それがカント自身の最も思弁的ないくつかの諸要素の源泉なのである。（『実践理性批判』で人間的自由の実在性の独特の「提示／表明」と思われるものにおいて理性の「事実」が引き合いに出されているが、これは事実（*Faktum*）の語源（*facere*）に含まれる「創り出す」といった観念に訴えていることになる。この意味で理性の規範的要求を「承認する」は、正確に言うと「事実を知る」の通常の意味に含まれるものではない。「承認する」とは、むしろ、「自己立法する」、またこうした規範に「自ら従う」に近い。換言すれば、実践理性へのコミットメントは行為であり、「事実」であり、私たちが行なうものであって、私たちが受動的に気づいたり受け入れたりするものではない。というのも、それはもたらされるからである。[47]）

しかし、以上のことすべてによって、私たちは遠くまで来ただけで、いまだに必要不可欠な道徳的アイデンティティに到達していない。『実践理性批判』の最初の、最もよく知られた箇所で上述の論証が示しているのは、行為において基本的な首尾一貫性を保つために、君は自分自身の人格の内なる人間性の価値を認めていると想定されていなければならず、自分の反省的能力の価値を認めていなければならない、ということだけである。したがって、不可避的な道徳的アイデンティティを擁護しようとすれば、人間性そのものの価値を認めることなしに、つまり、万人におけるこのような反省的に生活を送る能力を尊敬することなしに、君はこのような価値を創り出すことはできない、と論ずることであろう。これを論じるために、ある論者たちは、私たちが自分の人間性に対する私的で避けがたい規範的コミットメントから出発し、「超越論的論証」法によって、私たちが他者の内なる人間性、ひいては万人の内なる人間性という価値を承認することにコミットしている、と推論できることを提示しようと試みている。しかし、もし旨くいったとしても、この試みが示しているのはせいぜい私が各人の人間性という価値を彼や彼女に対して承認しなければならないことであって、私が君の人間性の価値を認めなければならないことではない。コースガードやネーゲルの、より野心的な試みは、自分自身の人間性の価値を認めることは、実際に私が私自身の人間性の価値を認めることである、という理解の否定から出発する。彼らは、異なった仕方ではあるが、次のように論じている。私が抱いている理由が何であれ、その理由はもともと最初から人間性そのものの価値を認める理由でなければならない。これが意味するのは、人間が存在するところではどこでも、人間性の価値にコミットしている、ということである。ところが、私の場合だけでは、私は人間性の価値を認めることはできないし、人間性の価値を認める「理由」は存在しえない。こう彼らの論証は進行する。そして、私は、私という人間性の具体例の価値を認めるために、人間性そのものの価値を認めなければならないが、だからこそ、私は人間性を目的それ自体として尊敬することにコミットしているのである。このようにして、私たちは道徳的アイデンティティを提示したというわけである。

以上の論証が普遍的価値への道徳的コミットメントを確立するかどうかという問いに答えるには明らかに別の著書をもう一冊必要とするであろう。しかも、この主張が確立しようとしているのは何なのか、「私たち自身の人間性の価値」が含んでいるのは何なのか、それゆえ人間性そのものに内在する価値が含んでいるのは何なのか、厳密には不明瞭でもある。コースガードは、この論証形式をきわめて大雑把に、即座にそれを疑わしいものにしてしまうほど大雑把に用いている。たとえば、私たちが自分の動物的自然の価値を認め、それに配慮し、それを楽しむことは、それをどこに見出すにせよ、動物的感覚の価値へのコミットメントを前提としており、そこから人間以外の動物に対する私たちの義務を考える手立てが与えられる、とコースガードは主張する。この論証は私にはまったくの誇張にみえる。それが気に入らないのは、非常に多くのものが、自分の動物的自然に何らかの意味で価値を認めるべきだということから引き出されている点にある。私は、たとえ自分の動物的自然に快を感じることがあっても、そこから動物性が価値あるものかどうかの一般的見解を手に入れるべきだとは考えない。また、寒さや痛みなどの苦を避けるからといって、それによって一般的な見解を表現しているとみなすことはできない。この問題は、人間性の普遍的価値という、類似のより大きな問題を指し示している。いずれにせよ、自分自身を大勢のなかの一人とのみみなす、この道徳的アイデンティティは、コースガードの採用するロールズの用語で言えば、問題の言明、「概念」にあるすぎず、まだ実質的な解答の特定、「概念規定」に至っていない。そこで、次のように仮定してみることにしよう。価値の源泉が反省的認証の能力だとみなすことによって、私はこの価値そのものにコミットするのであり、もし私が他の人々におけるそうした能力を尊敬しないならば、私はこのようなコミットメントを維持することができず、行為者でもありえず、アイデンティティをもつことができない。しかし、このような仮定も、まだ概念であって概念規定ではない、言い換えれば、まだ問題の形式的な言明であって実質的な解決ではない。まずもって私たちは、その価値、すなわち、反省的認証の能力がどれほど重要であるはずなのかを知らない。もしそれが自動的に他のすべての価値に対する切り札になるのならば、私たちの偶然的な実践的アイデンティティと推定上の道徳的アイデンティティとの間で生じる現実的な葛藤（義務に対するたんなる抵抗ではない）を理解するのが難しくなるであろう。そして、もしそれが測り知れないほどに重要なものであるのなら、私が自分自身の娯楽のためにリスクをおかすとき、たとえば、自分の反省的な認証能力を維持して安全にドライブするよりも高速でドライブする喜びを高く評価するとき、私は不道徳であるだろうか。[48]

V　社会的・歴史的な「自己立法」原理

しかし、さらに重要だと思われるのは、理性的行為者の演繹的分析からだけでは、コミットメントのための内容も、この人間性の価値を形成するものの意味も、反省的認証という自由の本質も、引き出すことができないことである。かりに、大勢のなかの一人であるが、相手にそれに口出しする権原を認めることを望まないような思慮は評価にあたって当てにしないという、私たち自身の一般的な概念が与えられているとする（これは遡及的な論証だけが許す議論である）。このようなコミットメントを表明しうる多様な概念規定は、コースガードが挙げている特定の「啓蒙以後」の概念規定よりもはるかに広がりのあるものである。彼女がよく指摘しているように、概念規定がこのような概念を充たすのは「実践的アイデンティティを経由して」のことである。したがって、私たちは、他の人々のうちで理性的に無視することが許されないものがとりわけ何であるのかを理解するに先だって、それでもって人々が価値を承認して、それに自分自身を拘束する、際立って人間的な仕方を理解しなければならない。コースガードも次のように指摘している。

人間的アイデンティティは、異なる社会的世界では、異なる仕方で構成されてきた。罪、不名誉、道徳的な誤りなどは、すべて、あるひとが傷つけられたり損なわれたりすることなしには、つまりアイデンティティを失うことなしには行いえないものの理解を、したがって、ひとが行ってはならないこ

との理解を、言い表している。(49)

そして、

> 私たちがいま理解しているような道徳的な誤りの概念は、私たちが生きている世界に属しており、そうした世界は啓蒙主義によってもたらされたものであって、そこでは、ひとのアイデンティティとは、人間性それ自体に対するそのひととの関係である。(50)

まったく正しいと、私たち本物のヘーゲル主義者は言う。しかし、この全面的な受け容れはカントとヘーゲルの対決全体を認めることになるが、こうして、ぐるりと一回りして、それとともに出発したところの二者択一（したがって、カントの自己立法の定式へと脱線し始めた点）に立ち返る。もし反省的な目的設定に内在する相互性要求の明確に道徳的な実現がこのように「歴史」の問題であるとすれば、そして、もしこの歴史的な時代の規範的権威について私たちが言いうることがこれ以上存在しないとすれば、どこにおいても有効である形式的な諸要件は、これら諸要件の現実化が社会史的に特殊であるという事実ほどには重要でないことになる。これは、あるひとの核心をなす実践的ないし道徳的アイデンティティに関する演繹的説明がありうるということを見込みのないものにする。したがって、正当な説明がありうるとすれば、それは、演繹的なものではなく、おそらく発展史的なものである。そして、この発展史に基づいて進行するいかなる自己立法も、集合的なものであり、この発展のあれこれの段階に特殊なものであって、決して地上から離れることがない。

こうした観点からすると、ヘーゲルがカント以上にカント主義者であることが判明するであろう。何度も見てきたように、ここで言う明らかにカント的なものとは、その生活形態それ自体を反省的に認証することができなければ、近代後期における私たちの歴史的位置に、規範的権威を認める特別な理由はない、ということである。しかし、私たちが旅してきた道を考慮するならば、まさしく私たちの歴史的位置に規範的権威を認めようと試みること、すなわち、ヘーゲルが言うところの「われわれ」ならばその試みを理解するであろう仕方で、規範的権威の基準を満たそうと試みることは、ただたんに、しかも論点先取的に、私たちが権威を与えたかった生活形態を再び表明することになるであろう。ヘーゲルの言葉遣いでは、啓蒙の近代性の理性的な地位〔境位〕は、哲学的に識別することができるが、それは演繹的方法論によってでも、行為者性という概念の分析によってでもない。（分析の対象は動く標的である。）私たちにはなお、どのようにしたらこれら歴史的に特殊な傾倒、依存、社会的役割、社会的理想を我がものにできると言いうるのかのカントの説明に代わる説明が必要である。すなわち、それらの立法的性格や立法化された諸成果への私たちの従属に関するカントの説明に代わる説明が必要なのである。この点で、ヘーゲルの直観はきわめて有益である。ヘーゲルは私たちの注意を、規範の不十分さの経験、つまり生活形態におけるその崩壊[9]（私たちがもはや諸規範を我がものたらしめることのできない状況）に集中的に向かわせ、否定の道（*via negativa*）を介することによって、この崩壊から積極的な規範的権威を再構成する、という一般理論を提供しようと試みるのである。

しかし、これはもとより、ここまで論じてきたのとは別のテーマである。また、私たちが諸規範を個人による理性的な認証によって選び取られたものではなく、むしろ時代を通じて集合的に立法化されたものとみなすとき、すべてのものが変化するが、それを示すにはきわめて多くの作業を要するであろう。私は

第四章でこのテーマを取り上げ、さらに第五章で反省的認証の心理的な諸問題について論じるつもりである。そして、私が本章で示そうと試みたのは、もっぱら、道徳生活の主体性に関する説明が、形式的な自己立法に基づく個人的な認証テストのようなものへの訴えを当てにすることができそうもない、ということである。

私は、ヘーゲルがこのような権威の問題や自己立法という権威の起源について考えており、それらのどちらについても、カントより（私たちが必要としているヘーゲル主義のすべては、私たちは自分が作るものだけを知るのであり、理性は自然に対して立法するのであって、それに懇願することはない、という見解へのカントの深いコミットメントにあるから、すくなくとも伝統的なカントより）幅広く考えていることを、それと同時に、より歴史的に考えていることを示してきた。今や私が示したいのは、まさに、ヘーゲルによる自己立法の要求が及ぶ範囲が、ヘーゲルにとって、いかに広く、いかに歴史的であるか、ということである。

原注

（1）ヘーゲルの側から見てきわめて明白なのは、ある特定の共同体における長い幼少時の依存は、当該の抽象化不可能な特徴の一つとみなされる、ということである。

（2）Korsgaad（1996a）, p. 102.

（3）ヘーゲルの客観的精神の理論において反省的主体の忠誠心がもつ重要性については、Pippin（1997c）を参照。

（4）それ自体ひじょうに大きな論題であるにせよ、カントとヘーゲルの親近性については、しばしば認められているよりも相当に大きな余地がある、ということが指摘されるべきであろう。カントの定言命法は、許容性のあるきわめて基礎的なテストとして機能する。それゆえ、テストされる行為描写に必要な（それ自身まったく規範的に豊かな）社会的文脈を含む、道徳的経験の非常に大きな領域が規定されずに放置され、不完全義務、諸徳、権利の諸原理といった大きな領域がこのテストの手続きから演繹されることもない。また、ヘーゲルは、私たちがいついかなるところでも端的に人間という仲間どうしとして他のすべての人々に多くを負っている、ということに反論していない。そして、ヘーゲル自身が規範的に規制されたふるまいを理解する仕方である「人倫」への訴えは、著しく薄く、近代的な倫理生活のきわめて基礎的なわずかな諸次元に触れるだけであり、それゆえに、そこにおいて「人倫」への訴えが関連してくるところの道徳性の立場の重要性をそもそも除外してはいないのである。このような親近性をいくらか示唆するものとして、Pippin（2006）を参照。

（5）このような一人称の視座を否応なく用いることが何を意味するかについては、Korsgaad（1996a）, pp. 162–87 の「自由としての道徳性」、もしくはコースガードによるロック講義（“Self-Constitution : Agency, Identity and Integrity”）冒頭の注解を参照。

（6）今日、多くの者が解決をプーフェンドルフに由来すると理解している。とくに、以下の第七章を参照。Schneewind（1998）, pp. 118–40.

（7）カントによるこのような諸定式の使用は遺稿でも頻繁に見られる。『オプス・ポストゥムム』、参照。たとえば、人間は「義務づけられているが、それによって自己を義務づけている」とされている（AA 22:118）。また、*Naturrecht Feyerband*（AA 27:132ff.）では、「自由は制限されなければならないが、そうしたことは自然の諸法則によっては起こりえない。なぜなら、そのとき、人間は自由ではないからである。それゆえ、人間は自分自身を制限しなければならないのである」とある。そして、『『人倫の形而上学』準備原稿』（AA 23:250（33ff.））では、「自然は外から賦課された法則である。われわれは、自然から自由なとき、自覚的に諸法則を作らなければならない」とされる。

（8）「カントの人間性の定式」におけるコースガードによる説明は、Korsgaard（1996a）を参照。「われわれは、自分の行為のなかで、われわれの理性的な本性ゆえに価値に参照する状態をもつものとして自分をみなす。われわれは、自分自身の選択が選択対象の善さに関する十分条件であるかのように、行為する。こうした態度は、理性的な行為［の主体的原理］のなかに組み込まれているのである。」

（9）Korsgaard（1996b）, p. 89. 明らかに、こうした主張は次に、ある特異な仕方で問いを一歩押し戻して、そのように構築された道徳性に関する正当化の問題を提示し直すのである。

(10) Korsgaard (1996b), p. 100.

(11) おそらく、カントが想定している原理に関する最も明瞭な現代的表現は、「自我は、自己によって肯定された諸目的に先行する」というロールズの表現に見出されるのだが、このことは驚くにあたらない。Rawls (1971), p. 560. こうした主張に対する私の応答は、コースガード (1996b) に対するネーゲルの反論の最後と同じものである。ネーゲルが反論しているのは、ある人が他の人々のために自分の命を犠牲にすることがありうるのは何故か、という点についてのコースガードの説明に対してである。コースガードはその理由について、そのひとの「アイデンティティ」そのものがかかっているからであり、もしその人が他の人々を裏切るならば、平気で生きることができなくなるからである、と述べている。しかし、ネーゲルが言うには、私もまったく同じように考えているのだが、「実際に説明しなければならないこと (real explanation) は、その人にとっていったい何が平気で生きることを不可能にするのだろうか、ということであり、上述のコースガードが述べたことは、裏切りに逆らう非一人称的な理由である。」(Korsgaard 1996b, p. 206.) 私が思うに、ネーゲルが「実在論」と呼ぶものへの否応ないコミットメントなしでも、こうしたことは正しい応答でありうる。コースガードは、ロック講義 (Korsgaard forthcoming) のなかで、自己構成に関するラディカルな観念をはっきりと強調し、たとえすでに存在しているにせよ、「それら自身を形成している」(それらの生活を維持している) 動物とのアナロジーをもって、パラドックスを最小化しようと試みている。しかし、この後者の観念は、人格の自己構成には関連しないアリストテレスの可能態、現勢態、現勢化という諸観念を乱用しており、みずからの自然に従う自己維持から自己構成や自律性への移動を示しているのである。

(12) Rousseau (1986, p. 164).

(13) 私はもう一度、カントの定式が文字通りのものではなく比喩的なものであると受けとっている、ということを強調すべきであろう。要点は、カントが言おうと試みていることを、避けがたいパラドックス的なものとして解釈することなく理解し (Pinkard 2002, pp. 45–65, 60, 333–55.)、また、ひとは「自覚的に考え」行為する前に「物事を考えて解決する」べきである、という一般的原理に参照するものとして受け取ることによって、その主張を訂正することなく理解することなのである。カント以後の思想の大部分を、自己立法という主題の様々な次元の取り組みとして再構成するピンカートの試みを参照。

（14）Wolff（1976）, §24.

（15）Wolff（1976）, §38.

（16）これは、カントがしばしば取り上げるいささか懐疑的な方法であるが、ほんのわずかばかり異なった視座からすると、ある特有の言葉遣いで、以下のように述べることは間違いではないであろう。つまり、カントにとっての自由は、それがあるひと自身の諸目的を設定することとして理解されたとしても、同時に、あるひとの行為を道徳的に拘束することとして理解されたとしても、人間的な善なのである。

（17）Korsgaard（1996a）, pp. 164-7 における「自由としての道徳性」、および、彼女が「自発性からの論拠」と呼ぶものを参照。

（18）これは、カントが欲望から自立した諸理由があるとだけ述べているのではない、ということを示す数多くの箇所の一つである。というのも、カントは、欲望から自立した実践的諸理由のみがある、と言おうとしていると思われるからである。

（19）コースガードはこの言い回しを Korsgaard（1996b）, p. 234 で用いており、それは、彼女のロック講義（Korsgaard forthcoming）における自己構成に関する考えの土台である。

（20）理性の「無条件なものへの後退」を扱っている Korsgaard（1996a）における「カントの人間性の定式」、および、カントによる『人倫の形而上学の基礎づけ』（GL, 428-429）に関するコースガードの分析を参照（1996a, pp. 119-31）。Wood（1999）におけるウッドの説明は、彼の理解するカントが支持している「客観的」な善さについての強い主張に基づいている。そうした善さは、（いかなる目的であれ）そうした目的の設定において理性的に意志する者によって主張されなければならない、という意味で「客観的」な善さである。そのとき、理性の後退は、この善さの「源泉」という価値に転じる。私は、このアプローチに対するいくつかの反論を Pippin（2000a）のなかで提示している。

（21）Korsgaard（1997）, pp. 215-54.

（22）私がここで「一人称的視座から」と言っているのは、なぜヘーゲルの見地からすると意志の弱さが存在しないのか、という点を第六章で示そうとしているからである。

（23）Korsgaard（1996b）, p. 219.

（24）Henrich（1994）におけるディーター・ヘンリッヒによる「道徳的洞察の概念とカントの理性の事実に関する

学説」という必読文献を参照。
(25) 上述の「すでに考えられた」や「この目的に必要な行為の概念を引き出す」という表現を参照。このような反論の含意は、行為者性に関するヘーゲルの理解にきわめて重要であり、第七章で肉付けされるであろう。
(26) Anscombe (2000), pp. 7–8 参照。とくに「行為における内と外」の間の関係についての問い［第六章で議論される］に対して重要なのは、以下の箇所である。「よろしい、もし君が少なくともあるひとの意図について、少なくとも本当の事を述べたいのなら、君は、あたかもあるひとが実際に行ったことや行っていることを考えているかどうかに関して、成功する好機を得るであろう」(Anscombe 2000, p. 8)。
(27) Korsgaard (1996b), p. 113. 邦訳一三三頁
(28) コースガードは、Korsgaard (1996a) のある箇所で、まさしくこの論点についての意見を述べていると思われる。彼女が挙げる言い分は、「諸々の規則や原理は、諸活動そのものを構成しており、それゆえに内的である」というものである。もし私が歩こうとするなら、私は一方の足を他方の足の前に置かなければならない。それは、私の歩行を外から強制するような規則、もしくは、私を迷路の壁の中に押し込むような規則ではない。すなわち、私は一貫してその規則にそむくことができるのである (p. 234. 強調引用者)。言い換えると、もし君がXと、こうした仕方でXに内的であるようなYを求めるなら、Yを追求しないことは、まさに、君が本当はXを意欲しなかったことを意味しているのである。
(29) Korsgaard (1997), p. 229.
(30) Korsgaard (1996b), p. 238.
(31) Korsgaard (1996b), p. 246.
(32) Korsgaard (1996b), p. 246.
(33) とくに、Korsgaard (1996a), pp. 110–14 における「カントの人間性の定式」、ならびに、『人倫の形而上学』から彼女が引用した箇所を参照 (e. g. pp. 387 and 392 —— これらの文章は、たとえばトム・ヒルの著作が示しているように、カントに関する近年の議論に大きな影響を与えている)。また、カントの「人類史の憶測的起源」や「宗教」についての著作からの引用も参照。
(34) 私が思うに、ここでの間違いは、「弱さ」というキリスト教の言葉遣いに、したがって、それに呼応して解決としての「強さ」に訴えることに由来する。こうしたことを非合理性の擁護として描く常識的な記述は、格好の

出発地点である。この記述が述べるのは、テックスの拒絶が「非合理的」である理由は、状況の緊急性、時間がまったくないこと、危機的な諸条件が、こうした異常な状況において、テックスに、普段通りなら決心するであろうことを決心しない、という決心をすることを求めており、それゆえテックスは、その事実や境遇に関して落ち着いて反省することも十分に自覚することもできなかった、という点にある、というものであろう。私たちは、おそらく（また通常はそうしている）、テックス自身、そうした落ち着いた反省的行為者を「本当のテックス」として同定したいはずだ、と付け加えるかもしれない。しかし、これはちょっとした幻想でもある。切断を拒絶する場合、テックスは、「本当のテックス」であるのに「弱すぎる」わけではない。彼は、このように拒絶することにおいて、こうした本当のテックスについて何事かを表現し発見するのである。それは、人生に対する彼のコミットメントの本性についての何事かであり、彼が抱く痛みに対する恐怖の重さであり、自分自身についての理想像を呼び出したり、それに頼ったりする彼の技量（やその欠如）などである。彼は、手術を拒絶しているときでも、本当のテックスが「弱々しく」なったものではない。彼はまさしくテックスなのである。

（35）Korsgaard（1996a）における「自由としての道徳性」も参照。「自己愛から行為する人格は、まったく能動的に意欲してはいないが、自分の自然という受動的な部分に制御されることをみずからに許しているはいる。ただし、この部分は、逆に、自然の全体に制御されている。叡知界の視座からすると、われわれが道徳性ではなく傾向性の影響下で採用する諸目的は、われわれ自身の諸目的にすらみえないのである。」（p. 168）しかし、私たちの感覚的目的のほとんどが「傾向性の影響下で」採用されているのだから、この引用箇所には明らかに間違いがある。厳密に言うと、ある者は自分自身が制御されることを「許す」が、それゆえに「能動的に意志して」いない、という考えは一貫性を欠いているのである。私が言わんとしているのは、あるひとがこの考えに基づいて痛みに耐えようと弾丸を噛みながら、これらの考慮を根拠にして、それゆえ「悪は叡知的なものではない」と主張しても、得るものは少ない、ということである（p. 171）。

（36）その観念を納得できるものにしようとするコースガードの試みについては、Korsgaard（1996a）, p. 181 を参照。

（37）コースガードが言おうとしていること（それは、彼女のロック講義の第二章できわめて明瞭である Korsgaard forthcoming）は、次のようなことである。その目的を意欲する人が手段を意欲すること（したがって、手段を意欲しないひとは、その目的を意欲しなかったに違いないこと）は、同語反復的なものではありえない。なぜなら、同語反復的とみなしたその場合、「君はその歯について実際に歯医者に行くべきだった」といった主張にそなわる明らかに規範的な力が、説明し難いものになるだろうからである。しかし、ヒューム主義者は、ともかく実践理性のようなものが存在することを否定する場合でも、まったく問題がなく、そのため、彼にそのように指摘することに異存がない。(すなわち彼は、怖い歯医者ですぐに治療するより、歯が痛み続けることを好む方が、より非合理であるとは言われえない、ということを受け入れているのである。)もっと広くみると、私が思うに、コースガードは正しくも、ヒューム主義者が、追求された目的の動機づけの効力が因果的にはどのように働くかを説明している、という点を批判しており、こうした説明で述べられていることが、彼女の言う意味での規範であるところの仮言的な実践的原理を意味している、ということに同意していない。行為に関する「表現主義者」の説明、および、時間経過を通して改められうる意図(intentions)に関する暫定的な理論(私たちは、自分が実際になそうと意欲しているものを分かるまで、ある目的を本当に選んだのかそうでないのかを、めったに知ることがない)は、このような非因果的説明という考えを充実させえたのである。

(38) すなわち、その考えは次のようになろう。理性の十全な使用、もしくは、より十全な使用が認証しないであろう目的を追求する人々は「非理性的」である。たとえ、そうした追求が「意志」の弱い作用にまで遡ることができないにせよ、そうなのである。

(39) おそらく私たちは、パラドクッスという外見を減らすために、ある人格がそうであるものや主体が必要とするものに「従う」のに失敗しうるのだ、と述べるべきであろう。これは、ヘーゲルが真理を「概念のそれ自身との一致」として説明することと近しい。

(40) Korsgaard (1996b), p. 18.

(41) Korsgaard (1996b), p. 101.

(42) Korsgaard (1997), pp. 239-41 も参照。コースガードはしばしば次のような主張に訴えている。「行為の瞬間、私は、自分自身をともかくも行為の担い手とみなしているとしても、選択に関する自分の原理と同一化しなければならない」(p. 241)。

(43) Brandom (1977)。

(44) 実際、このような人間のアイデンティティへの参照はカントの見解を、それが保障されている以上に、具体化する。厳密に言うと、私たちは、火星からであろうと、どこからであろうと、あらゆる理性的存在者の可能性の諸条件について語っているべきなのである。このヴァージョンが引き起こす多くの困難と人間への参照を真剣に受け取ることの複雑さに関する説明としては、Thompson（1995）、および、Thompson（forthcoming）を参照。

(45) Korsgaard（1996b）, p. 121. こうした移行に関するウッドのヴァージョンは、似たようなものであるが、それがまさしく実体的なコミットメントを含んでいるがゆえに、かなり論争的なものである。つまり、私が明らかにするのは「私自身への尊敬が（…）私を自分の理性的な計画に拘束するものである」ということだ、とされるのである（Wood 1999, p. 119）。私は次のように考えるべきだと思う。私が自分の計画に拘束されているのは、単純に、私の欲望が穏やかな情動に転じていたとしても、このようにはっきり認められているにしても、私が依然としてその目的を望んでいるからである。

(46)「もしわれわれが自分の人間性を規範的なものとして扱わないのならば、その他の諸々のアイデンティティは何ひとつ規範的なものでありえないし、そのとき、われわれは行為する理由をまったくもつことができないのである」（Korsgaard（1996b）, p. 129.）。

(47) 言い換えると、少なくとも、そうしたことは、事実要求（*Faktum* claim）に関するどちらかといえば冒険的な読解方法であり、コースガードのどちらかといえばフィヒテ的なカント主義の精神における方法であろう。事実について述べられている箇所に関する一般的な議論としては、Ameriks（2002）を参照。また、カントの規範性の理論とフィヒテの自己定立に関する言葉遣いの間の結びつきに関するより十分な説明としては、Pippin（2000c）を参照。

(48) 私は、無謀運転をしているつもりはない。私は、他の何らかのやり方であっても、自分の理性的自然に対するリスクを高める何事をも、そうしたアイデンティティを強化することなしには行うつもりはないのである。

(49) Korsgaard（1996b）, p. 117.

(50) Korsgaard（1996b）, p. 117.

訳注

〔1〕ロールズは、問題とされる事柄を記述する「概念」（concept）とその問題の解決を提示する「概念規定」（conception; conceptualization）を区別した。すなわち、正義の「概念」は、平等や公正といった抽象度の高い観念を示し、正義の「概念規定」は、平等な自由の原理を基礎に置きながら、公正な機会均等原理と格差原理をもって「公正な分配」をもたらす、という正義の観念に現実性を与える理論構想を示すものである。

〔2〕 第二章訳注〔6〕参照。

〔3〕「濃い」は、B・ウィリアムズが歴史的文脈に内在した相対的概念を形容するために用いた術語で、逆に、純粋に理論的に構築された普遍的概念は「薄い」(thin)とされ、批判的に扱われる。また、「規範性の源泉」は、コースガードがロックからヒュームを経てカントに至る近代の倫理学史を整理するにあたって設定したテーマで、その具体像として提示されるのが「反省的認証」という発想である。

〔4〕 アリストテレスにおける「徳と一致する行為」と「徳からの行為」の区別は、「善き行為」が「有徳なひと」から内発的ないし自然に生じたものか、あるいは、まだ「徳」を身につけていないひとが行なう外面的にのみ「徳に適った行為」であるか、という区別である。ピピンは本論で、ヘーゲルがこの区別を重視したと述べているが、そのさい留意すべきは、ピピンがヘーゲルを新アリストテレス主義者として特徴づけていない点である。このことは、ピピンが、ヘーゲルの「第二の自然」に関して、それをアリストテレスに倣った「自然主義」とみなすウッドやマクダウェルに反して、より知的に媒介された精神性を具えたものとして解釈しようとしている点に見出される。

〔5〕 コースガードによると、「後退」論証とは、すでに遂行されている事柄の背後で、暗黙のうちに採用されている原理を発見していく方法を意味する。その典型例として挙げられているのは、カントが自由の認識根拠として道徳法則を見出すにあたって『人倫の形而上学の基礎づけ』で提示した手続き、すなわち、道徳直観から偶然的な諸要素を除外して実践理性を析出して、道徳法則に辿り着くという手続きである。ただし、その手続きのなかで、実践理性と道徳法則がいかなる論理的関係にあるか、という点については解釈が分かれる。

〔6〕 ライプニッツの哲学を通俗化し、演繹的方法によって体系化したことで知られるC・ヴォルフは、「完全性とは多様における一致である」(perfectio est consensus in varietate)という存在論に基づいて執筆した『自然法論』において、個人の生得的で不変の権利という観念を提示して、カントをはじめとする後世の哲学者に影響を与えた。ヴォルフによると、各個人が心の能力を自由に行使し、その能力すべてを調和的に使用することで「心の完全性」に達することが、各個人の自然の権利であると同時に自然の義務であるとされる。E・カッシーラー『自由と形式』ミネルヴァ書房、一九七二年、二六九頁以下、参照。

〔7〕「道徳的運」は、B・ウィリアムズが、功利主義や義務論の原理主義を批判するために、行為者が善行をなしうるかどうかは、本人の意志だけでなく、行為にあたって置かれている状況や、時代や生活環境に応じて形成さ

れた性格などに依存する、という点を指摘しようと用いた表現であり、相対主義的含意を具える。Cf. Williams, B., *Moral Luck*, Cambridge University Press 1981, pp. 20–39.

〔8〕コースガードは、「反省的認証」という概念に対して、その概念規定として「実践的アイデンティティ」（役割・職業・国籍など）を挙げ、その核になるものを「道徳的アイデンティティ」（反省主体に内属する人間性という価値）に見出している。この発想そのものの妥当性やカント解釈としての整合性は、現在、論争点の一つとなっている。

〔9〕「否定の道」は、「神は何々ではない」という否定の積み重ねを通して、神の認識に接近しようとする否定神学の方法の比喩表現であり、ここでは、ヘーゲルの『精神現象学』や『歴史哲学』の発展史的方法が示唆されている。

第四章　自由の現実化

I　二つのヘーゲル批判

第三章の議論では、哲学はそれが取り扱う概念の「現実性」に関わらなければならない、というヘーゲル独特の主張を紹介した。ちなみに、概念とその現実性の区別は、ロールズによる概念と概念規定（conceptualization）の区別に類似している。[1] ヘーゲルはこのような考えを前提として、次の区別を導入する。その一方は、自由な生活に関する理想化された観念、すなわちユートピア的（それゆえ、実践的には歪んだ、多分に素朴な）観念である。他方は、有機的で、生きる努力をし、社会的に組織された、死すべき歴史的な存在者である私たちにとって、自由な生活、すなわち、自分自身の生活がいかなるものでありうるかに関する現実主義的な説明を明らかに力説するものである。ヘーゲル思想のこの一面に対しては、よく知られた反論がある。[1] ヘーゲル自身は、折に触れて自分の実践哲学（実際はその哲学全体）を自由の哲学と特徴づけており、また、近代の断固たる擁護者を自認しているとしきりに明言しているが、それにもかかわらず、彼の実践哲学は、反自由主義的で反動的ですらあるという、少なくとも二つの悩ましい非難につきまとわれている。しかも、二つともがこの概念の現実化条件に関わっている。第一のものは、反個人主義に対する非難である。それは、ヘーゲルが個人の自然権に関する諸々の近代的主張に十分な注意を払っていないかのような、非難である。それどころか、個人そのものは現実性の形而上学的理論の内側において最もよく理解されうる、すなわち、個人は、超個人的な人倫的実体という真に「現実的」なものの単なる属性、偶然的で二次的な、最終的には取るに足らない現象であって、(十全な意味で実在的で、現実的ではない)ということをヘーゲルが確信していたかのように、非難する。[2] これによれば、ヘーゲルは、政治に関する「有機体論者」であり、この人倫的有機体の個々の部分は、切断された手や腎臓や肺と同様、存在論的に固有の現実性として各々の個体的な存立や理解可能性を要求することがない、と信じていたことになる。つまり、各々の部分が真にないし現実的にありうるのは、何らかの自足的かつ超個人的な全体の内部でのみだということになる。

第二の非難は、ある種独特の歴史実定主義、つまり、歴史上の出来事を、それがあたかも(あるいは実際に)神の摂理によって定められているかのように神聖化したことへの嫌疑である。ヘーゲルのおそらく最も有名で最も多く引用される箇所には、「理性的なものは現実的であり、現実的なものは理性的である」(RP, 25; PR, 20.『法哲学』(上)一七—一八頁)とある。すなわち、世界史の諸々の出来事は、一貫性をもち、理解可能な、理性的に必然的ですらある一つの発展史の諸契機であると理解されなければならないし、この発展史に関する物語は、「世界精神」が(つまり、かの超個人的な「人倫的実体」が大文字化され、時間経過を通じて)段階的にそれ自身についての完全な自己意識へと到達する物語である。これは、哲学、政治、宗教、芸術の歴史における主要な現実的な歴史的変化の根底にあるとされる過程であり、そうした歴史的変化に対応するとされる過程である。

これらの非難は、テキスト上の根拠を欠いているわけではない。ヘーゲルは時折、個人を「人倫的実体」の「偶有性」と呼び（RP, 294; PR, 190.『法哲学』（下）一四五節）、このような人倫的実体の確立に成功することをもって、「個人の我意や、孤立自存して人倫的実体に対立する個人固有の良心は、消え失せてしまう」としているからである（RP, 303; PR, 195–196.『法哲学』（下）一五二節）。また、ヘーゲルはひどく受け入れ難い歴史的弁神論にコミットしている、という第二の非難に対しても、同様の根拠が認められるであろう。ヘーゲルは、『歴史哲学講義』の「緒論」のなかで、自分の探究をはっきりと「弁神論、すなわち神の行為の正当化」と称し、世界の歴史を「理性的な過程、すなわち世界精神の理性的で必然的な進化」と呼んでいる（VdG, 48; LPWH, 42, 29.『歴史哲学』（上）三三頁）。また、『エンチュクロペディー』において「主観的精神」を説明する三七七節への補遺では、歴史を「無意味な活動や偶然的な事件の戯れ」に還元するような歴史の説明を毅然と斥け、対照的に歴史は「神の摂理」によって統治されている、と主張している（PSS, I:8–9.）。

しかしながら、これらの引用箇所、および他の同様の箇所の多くは、ヘーゲル解釈が取り組まざるをえない難題を突き付けている。そこでの主張は、「人倫的実体」の現実性という、歴史的に前例のない、明らかにヘーゲル的（著しく修正主義的）な実体観念に訴えている。(3) しかも、ヘーゲルは、個体性の権利要求そのものは否定せず、もっぱら頑なな自己保持や「我意」、それらに伴う道徳的に疑わしい私的な良心への独断的主張だけを否定しているように思われる。さらに、ヘーゲルはよく神聖さという観念に訴えるが、この神聖さへの訴えは、ヘーゲルが人間それ自身の神聖視や神格化を主張していると思われる多くの箇所とも整合させられなければならず、(4) それゆえに、現世から隔絶した慈悲深い神という伝統的な観念に基づくものではない。最後に、上述の非難は、何らかの仕方で以下に挙げる（『エンチュクロペディー』四八二節からの）引用とも整合させられなければならない。

ギリシア人やローマ人、プラトンやアリストテレス、そしてストア学派の人々ですらも、現実的な自由意志という理念をもっていなかった。反対に彼らは（たとえば、アテナイの市民やスパルタの市民であるといった）生まれによってのみ、あるいは、性格の強さや教育もしくは哲学によってのみ、人間は現実的に自由であると考えていた（したがって、賢者はたとえ奴隷であっても鎖につながれていても自由である）。この自由の理念は、キリスト教を通じて世界に現れた。キリスト教によれば、個人そのものが、神の愛の対象であり目的であることによって、無限の価値をもち、精神として神との絶対的な関係のうちに生き、神的精神を自分のうちに住まわせるように定められている。すなわち、人間はそれ自体最高の自由へと定められ、それを使命としている。[5]（PSS, 3:266–269. 強調引用者。『精神哲学』四一三―四一四頁）

II　概念と現実性

さて、取り組まなければならない難題は、何よりも解釈上のものであって、弁明を旨とするものではない。ヘーゲル批判で取り上げられた箇所でのヘーゲルの本当の意図は、それが批判においてヘーゲルに帰せられている意味といかに不整合であるかを考慮すれば、ひどく不明瞭である。すでに示したように、このような解釈上の難題を解きほぐすことができるのは、ヘーゲルの実践哲学を包括的に見渡そうと試みることによってのみであり、引用箇所での主張がその答えであると思われる問いを理解しようと試みることによってのみである。

とりわけ、このような再構成を導くはずの論点が一つある。それは、『法哲学』「緒論」二節注解の終わりでヘーゲルが示している限定事項を真摯に受け止めようとすれば、ただちに明らかになる。そこでヘーゲルは、「哲学的論理学のなかで詳述されている、哲学における学問的手続きの本性に精通していることが、ここでは前提とされている」とはっきり注意を促している（RP, 32; PR, 28.『法哲学』（上）二節）。この前提は、『法哲学』緒論冒頭の段落に明らかに関連している。そこで、ヘーゲルは、自由の問題やその他の哲学的な諸問題に接近するにあたっての彼の方法について、きわめて典型的な主張を行っている。「法の哲学が対象とするのは、法・権利の理念であり、したがって、法・権利の概念とその現実化である」（RP, 29; PR, 25.『法哲学』（上）一節）。ヘーゲルがその注解で引き続き強調しているのは、「哲学が取り組まなければならないのは理念」であり、「たんなる概念」ではないということである。そして、前者を後者から区別する核心が「現実性」なのである（「現実性」は、「理念」の説明には契機として含まれているが、現存在に関する問いを外的な問題、つまり偶然性の問題として扱う「たんなる概念」の説明には含まれていない）。そして、ヘーゲルは、哲学のなかに「現実性」という論点を導入することは、たんに概念がそれに対応する実例を現実世界にたまたまもっているか否かに関する問題ではないことを明らかにしている。もしそういうことだということになれば、ヘーゲルが自分の実践哲学を次のいずれかによって性格づけているかのように思われるであろう。すなわち、哲学をすでに存在している政治的、社会的な諸構造の分析や合理的な再構成[6]に制限する（ヘーゲルを「歴史実定主義者」だと非難するさいに顕著な解釈）か、それとも、「あるべきもの」に関するあらゆる考察を、ある歴史的な時点において実践的に可能なものすなわち「現実的で」あるものへとそのまま制限するか、そのいずれかによってである。[7]

しかし、概念と現実性の関係は、ほとんど馴染みのない、非常に思弁的な用語で叙述されているが、そこでの用語は『法哲学』二節における学問的、論理学的な前提についてのヘーゲルの注意を喚起する。というのも、私たちは、概念が「それ自身に現実性を与える」限りで（RP, 29; PR, 25.『法哲学』（上）一節）、いかなる概念であれ、その概念の現実性（実例の単なる「現存在」から区別された現実性）を考慮しなければならない、と言われているからである。この概念と現実性の間の関係は、「たんなる調和」ではなく、むしろ「完全な相互浸透」である（RP, 29; PR, 26.『法哲学』（上）一節）。「法・権利の理念は自由である」がゆえに、私たちは、自由の概念とその現実化や現実性との両方を理解しなければならず、そうすることによっていかにして概念がこうした現実性を「それ自身に与える」のかを理解しなければならない。（こうした言葉遣いは、『歴史哲学講義』の「緒論」でも顕著である。たとえば、「精神の普遍的特徴は、精神が即自的にそなえている諸規定を現実化する点にある」とある（VdG, 66; LPWH, 57. 強調引用者）。

これらの主張を理解することが、上述の非難の考察にあたっても、また、ヘーゲルの全般的な評価にあたっても、明らかに不可欠である。というのも、現実性に対する主張が両方の問題の核心をなすからである。ところで、自由は人倫においてのみ実現される、ひとはたった一人では現実的に自由ではありえず、現実的な社会的諸制度の参加者としてのみ自由でありうる、とりわけ、個人は国家のなかでのみ現実的に自由でありうる、というヘーゲルの考え方には批判が多い。また、哲学は、私たちが近づこうと努めなければならない理想に関するものではなく、遡及的に現実的なものの合理性を把握することができるにすぎない、という主張も同様である。だが、これらをどう評価するかはすべて、私たちがこうした現実性という地位〔境位〕に関する主張をどのように理解するのか、そして、法・権利および自由の概念がそれ自身にみずからの現実性を与えるという当初は分かりにくい主張とどのようにして折り合いをつけるのか、という点に懸かっているのである。(8)

III　概念がその現実性を「それ自身に与える」

私の提案は、ヘーゲルの概念論が、カテゴリー的な区別立てをする仕方を教示する「当為」、規範、規則の理論であり、推理の実質を司り、なすべきこと、なすべからざることを指令する諸原理の理論である、ということである。また、ヘーゲルの主たる問題が、可能な概念内容の説明であり、彼の好む用語を用いるなら、「規定」(determination) の規範的権威に関する説明である、ということである。その点で、ヘーゲルの「概念論」は、規範性の理論であり（したがって、あらゆる理論的、実践的な理解可能性の理論であり）、第三章で示したように、ある種の自己立法の理論である。以上が、ヘーゲルが「自由の領域」を強調する理由である。カント同様に、ヘーゲルも理性による絶対的に自由な自己権威づけについて語っている。この概念論を理解し、なぜそれが実践哲学と関連するのかを理解するには、概念がその現実性を「それ自身に与える」というこの独特な考え方を、ヘーゲルはいかにして私たちに理解させようというつもりであるのかについて、たとえ抽象的であっても、ある種の見通しが必要であろう。

『論理学』、とくに「概念の論理学〔概念論〕」では、推論を行う思惟は概念を用いる技量と述語を帰属させる能力を必要とするという事実が、問題の出発点だとみなされている。私たちは、概念の正しい使い方と間違った使い方を区別しうるようになるために、概念規定に関する説明を必要とする。すなわち、私たちは何によって、この概念が首尾よくこれを指示しており、あれを指示していない（たとえば、正と不正、質と量、自然と精神）と理解することができるのか。何によって、ある推理は正当に進行し、他はそうではないのか。あるものが何であるかを判断し、述語を帰属させうるには、私たちは、ある主語をある述語づけによって、そうではないものから区別するという仕方で、分類し、識別することができなければならない。私たちは、この正しく帰属させることの成功と失敗が結局のところ何なのかを、原理的に説明することができなければならない。ヘーゲルは、『論理学』を、規範的問題としての概念規定の可能性についての、このような問いに対する包括的な回答であると考えている。

以上のように理解される問題に、もう一つ提案を加えることができる。それは、経験において内容を規定し、表象に可能な内容をもたせるために、私たちは一般にどのような概念能力をもたなければならないのか、についての説明である。このいささかカント的な探究が『論理学』全体で進行していることは明らかである。この概念能力の可能性についての反省が問題となるが、哲学的反省は、近代の「観念についての新しい方法」〔ロック〕、すなわち、心によるみずからの内容や働きに関する観察などからは区別されなければならず、まずもって「それ自身で」内容を規定する可能性の問題へと向かわなければならない。こうしたカント的転回は、もとより、ヘーゲルの『論理学』全体に及ぶ筋書きではないのだが、『論理学』での探究を方向づける理に適った出発点なのである。

概念論への導入にあたっての所見、つまり、「概念一般」と題され、ヘーゲルが「概念の概念」と呼ぶ節において、この企てに関する最も一般的なイメージが与えられている。すでに指摘したように、私たちが知りたいのは、ヘーゲルが概念の論理学が何であると考えているのか、ということである。それは、概念の論理学が、私たちがこれまで述べてきたことの範囲を越えて、自由の領域と現実性の領域に関わっているいることを理解するためである。それゆえ、私は、この箇所で与えられているいくつかの手掛かりを追尾することにしたい。最初の手掛かりは、最も困難で論争の余地のあるもので、先の要約のなかですぐに目に入ってきたものである。概念論序論のほとんど三分の二が、『純粋理性批判』における概念や判断の本性についてのカントの議論から引き継いだものと、それとの相違を扱っている。さらに、カントの方向性と自由が自己立法であるという主張との結びつきも、幾度か指摘されている。たとえ、それらの言及すべてが曖昧であり、すでに見てきたように、少なくとも部分的には、見覚えのあるフィヒテの用語法によって、この結びつきを確立しようとしているように思われるにせよ、そうなのである。こうしたことは、すでに、多くの箇所において「定立されたもの」(*Gesetztsein*)が強調されている点で顕著であり、とくに、客観的論理学と主観的論理学の明確な違いを記述する以下の引用でも強調されている。すなわち、

自由が概念に属するのは、そうした同一性が、絶対的に規定されたものとして、実体の必然性を構成しているからであり、それゆえに、この同一性は今や止揚されており、換言すれば、定立されている。そして、このように自己に関係づけられたものとして定立されたものが、単純に、そうした同一性なのである。因果関係のなかにある諸実体の相互的な不透明さは消滅し、自己透明な明瞭さになった。なぜなら、それらの自己実体の根源性は定立されたもののうちへ変形していくからである。根源的実体は、そうした定立されたもののうちで根源的であり、それ自身の原因である。そして、この実体は概念の自由へと高められた実体なのである。(WL, 2:16; SL, 582.『大論理学』(下)十二―十三頁)

以下の引用も典型的な主張の一つであろう。

概念は、それがそれ自身で自由であるような具体的な現実存在へと発展した場合、純粋な自己意識という自我以外の何ものでもない（…）自我は、概念として、現存在へと至るような純粋概念そのものである。（WL, 2:17; SL, 583.『大論理学』（下）十四頁）

この箇所は、それを中心にして解釈全体が構築されうるような主張に、[9] つまり、概念の統一性は統覚の統一性以外のものではない、というカントの「洞察」へのヘーゲルの手放しの賛辞に、数行ばかり先行するものである（WL, 2:17–18; SL, 584.『大論理学』（下）十五頁）。そこでは「本質や概念が形成する統一」が言及されているのだが、それが示唆するのは、概念内容の問題、すなわち概念規定の問題である。そして、「概念」を「われ思うという統一」に等置することは、ある種の非経験的起源、すなわち自己定立を示唆しており、それは、自由についての主張への掛け橋になるように思われる。

このように、概念論全体の方位点として、またそれとの対照として、カントを頻繁に持ち出していることには、いくつかの要因が含まれる。最も確実に言いうるのは、カントとヘーゲルの間に、実在論、つまり、概念内容に関するもっぱら経験的（唯名論的）な説明に対抗するという共通点がある、ということである。内容の規定、すなわち、内容を適切に確定することは、経験から自立したある種の活動に関わっている（ここで言う自立とは、規範的な意味での自立であり、それが意味しているのは、根拠ないしは正当化として、経験的内容に依存しているわけではない、ということである）。したがって、あらゆる判断は排他的で推論的な諸関係に依存している。言い換えれば、この諸関係は、私たちが知的に思惟し分節化しうるものを拘束するが、それは「私たちが何を考えるべきか」を規範的に拘束することによってであって、心理的な傾向とか制約とかによってではない。このような境位は、すでに、自由に関する明確な問題を指し示している。(しかし、やがて判明するように、この場合の自由が選択の自由でないことは確かである)。なぜなら、以上の説明によれば、このような規範的な権威は、いかなる経験論的、実在論的な主張からも、引き出されえないからである。また、ここでの依存は、こうした概念内容の実在性の主張には一切関係しない。つまり、世界の存在が、上述の経験から自立した活動に依存しているというわけではまったくない。この依存が関係するのは、世界の内容に関する諸々の主張がもちうるであろう、たんなる可能的な意味(ないし正当化)である。そこで大きな問題であるのは、明らかに、このような規範性の起源であり、とりわけ規定的な諸規範の起源である。

ヘーゲルが概念の論理学そのものを自由の領域と呼んでいるという、私たちのテーマを今思い起してみると、以上の状況は哲学的には有利ではないようにみえる。それはあまりにも反経験論であることを強調して、経験論、実在論、自然主義の「邪悪な双子」のようにみえるほどである。自己定立する概念内容の理論は、決して世界の理解可能性に対応するものではなく、まさに至るところで(また神秘的に)それを主観的に構成するものであるかのように思われるのである。また、私たちが、カントによる観念論の超越論的ヴァージョンにそなわる諸々の限界に対してヘーゲルが頻繁に行った攻撃のすべてを思い起こすと、問題の度合いが一段と増すことになる。ところで、超越論哲学の諸帰結は、カントのいわゆる「後退」形式においてであれ、「前進」形式においてであれ、常に何らかの仕方で相対化される[2]。また、対象の概念構造についての要求が保証されると言いうるのは、可能な対象の概念構造についての要求が、ア・プリオリな綜合的真理の体系としての、たとえば数学において、必然的に前提とされている場合に限られる。つまり、そのような要求が客観的に妥当であると言いうるのは、私たちのように経験をする者の条件として、とりわけ私たちのような直観形式を有する被造物にとっての条件としてのことなのである。

だが、ヘーゲルは、『論理学』のなかで展開される諸能力、つまり、概念、判断、推理の諸能力が、理解を可能にして説明を与える「われわれ」の能力とは理解されえないことを確信している。（ヘーゲルが何度も明らかにしているのは、この能力の「賦課」という考えがカントの哲学やその後継者たちにとって致命的なものであり、「大きな誤解」にほかならない、ということである（*WL*, 2:21; *SL*, 588.『大論理学』（下）二二頁）。それによって私たちは、満足できない二流の真理のもとに止まる。）『精神現象学』の課題の一部は「概念の演繹」と呼ばれているが、それが提示しているのは、「われわれの」、「主観的な」、「有限な」といった超越論哲学の諸制限を無用にすることができるが、そのさい「みずから権威づける」概念の「現実性」についての主張は無用にするにはおよばない、ということである。純粋悟性概念は客観的な妥当性を有することが示されうる、というカントの言葉は、概念が現実性をもつ、という分かりにくい観念に変形される。それは、ヘーゲル自身が何度も指摘しているように、いかにして概念が「それ自身にみずからの現実性を与える」と言いうるのか、を示すことによって提示されうる。概念をその現実化から切り離して研究することは可能ではあるが、私たちはつねに、そのような視点の不完全さを銘記しなければならない。哲学的学問の真の対象は、まさしく理念（*die Idee*）なのである。ヘーゲルは、理念をその現実化における概念、すなわち、その現実化と一体の概念と理解している。ヘーゲルの著作では、そのような言い回しが頻繁に繰り返される（実例を二つだけ挙げるなら、『法哲学』の冒頭や『美学講義』の冒頭がそれである。また、ヘーゲルが『論理学』の『法哲学』への関係を説明しているほとんどすべての箇所もそうである）。「概念一般」の冒頭でも、同じ方向性が示唆されている。

> 今や、概念が、単なる主観的な前提とみなされるのでなく、絶対的な基礎とみなされなければならない、ということが真であるとしても、そうしたことがなされうるのは、もっぱら概念がそれ自身を基礎たらしめる限りにおいてのことである。(WL, 2:11; SL, 577. 強調引用者。『大論理学』(下)五頁)

私の解釈によれば、概念は「それ自身を基礎とする」は、概念が「それ自身に現実性を与える」と等しいものであり、また、その場合の「現実性」は、現実的な、すなわち実効的な(客観的に妥当する)規範的な地位であることを示している。したがって、こうした現実性がいかなる種類の規範的な地位でありうるのか、ということが、概念論にとっての問題である。ヘーゲルはこのような定式化を、その後の箇所でも何度か繰り返す。たとえば、

> 今や、概念はそれだけではまだ完全ではなく、理念へと高まらなければならず、理念のみが概念と実在性の統一である、ということが明確に認められなければならない。そして、このことは、結果的に、概念そのものの本性から自発的に現れ出るものとして示されなければならない。なぜなら、概念がそれ自身に与える実在性は、概念によって外からきたものとして受け取られてはならず、むしろ、学問の欲求に応じて、概念そのものに由来しなければならないからである。(WL, 2:20; SL, 587.『大論理学』(下)一九頁)

そして最終的には、

逆に、論理学は、理念がそこから出て自然の創造主になり、自然を通り抜けて、具体的な直接性の形式に至るような水準へと上昇するのを展示する。しかしながら、その具体的直接性の概念は、この直接性の形態を打ち破って、再び、具体的な精神としてのそれ自身を実現しようとするのである。(WL, 2:25; SL, 592.『大論理学』(下)二六頁)

これらの主張のうちにはカントのはっきりとした影響を聞き取ることができる。(たんなる概念は、形而上学的演繹の成果であるのに対して、理念は、現実化された概念、図式化されたカテゴリーないし原則であり、現実的対象への客観的関係において理解された概念である)。しかし他方で、これらの引用のすべてが依然として概念図式の観念論の未完の形態を示しているようにもみえる。ヘーゲルが一方で、読者に論理学から実在哲学へ移行する準備をさせているのは明らかだが、他方で、概念の現実性ないし客観的妥当性についてどのように考えるべきかについての一般的な描像を描き出してもいる。この概念の現実性ないし客観的妥当性は、とりわけ「自由の領域」と関わるとされる場合、焦点を合わせるのが難しくなる。ところで、現実性と自由に関する言説との二つの論点がともに示されている最も明瞭な箇所は、おそらく次の『エンチュクロペディー』「小論理学」からのものである。

われわれは、古代の哲学者たちがまさしく感覚的直観のただなかにあり、天上の国と地上の大地以外の何ものも前提しない人々であったと想像しなければならない。なぜなら、神話的諸表象は放棄されていたからである。思想は、こうしたたんなる即物的状況のうちで自由であり、自己自身のうちへと引き下がり、すべての素材から自由であり、純粋に自己自身のもとで安らぐ。自由に思惟するとき、つまり、開けた海原を航海して、自分の上にも下にも何もなく、孤独に自分だけで思惟するとき、われわれは純粋に自己自身のもとで安らぐのである。（EL, 98; TEL, 69.『小論理学』一三一頁）

IV　概念の現実性と自由

ここで、私たちはヘーゲルの力説するいくつかの留保条件に手掛かりを求める必要がある。これらが明らかにしているのは、ヘーゲルがこの直観なき概念の「摩擦なき空転」の問題に十分に気づいていたということであり[10]〔3〕、この問題に、概念の現実性ないし客観的妥当性に関する「賦課」による説明ないし「創造説」〔4〕と同様に、終止符を打ったと考えていたということである。それらの留保条件によって、私たちは、自由の領域に関する当初の問いへと、また、いかにして自由の領域を現実性の主張と合致させることができるのかという問いへと立ち返ることになろう。実践哲学そのもの、つまり公然たる自由の哲学において、私たちはよく似た問題に直面する。それは、理性の要求に対する私たちの「現実的」な応答をどう記述するかという問題である。もっとも、それは、ヘーゲルの場合、理性の権威が理性的意志を反抗的な感性に課することを求めるカントの場合とも、理性が、経験的、感覚的な自然と同化して、最大限の満足や幸福を保障するというたんなる道具的役割を引き受けるヒュームの場合とも、記述されることはない。『論理学』の議論が示唆しているのは、理性に対する応答をそれに課することでも「実践的所与」への無反省な従属でもないと理解するべきならば、私たちはまず、控えめに言っても標準的とは言い難いこのヘーゲル流の仕方で、概念と現実性の関係を理解することが何を意味するのかを理解しなければならないだろう、ということである。

上述のカント的な箇所を念頭に置くと、ヘーゲルは、セラーズが言語論の文脈で主張したのと類似の論点を主張しているとみなすことができる。それは、概念の客観的な把握は言語の正確な使用に精通することにほかならない、という主張であり、セラーズの主張をブランダムが敷衍したところによれば、可能な非我のような、客観的内容の意味は、言明、推理、正当化という私たちの実践（いわば、「定立」）の構造と分かち難く結びついている、という主張である。したがって、ブランダムの定式化を受けて言うならば、私たちが個別客体の可能性を理解することは、私たちが単称名辞の使用を理解することと分かちがたく結びついており、そうした言語使用の理解にそなわる機能なのである。また、私たちが可能な事実を理解することは、命題によって言明されうるものを理解することにそなわる機能である。さらに、自然法則に関する私たちの認識は、私たちが反事実的な推理を理解することにそなわる機能である。言明という概念と客体の関係の論理形式が、あるいは諸々の推理の論理形式が、決して経験的実在に対応するものではなく、経験的実在という光なかで形成されるものでも、経験的実在に直面して変化するものでもない、ということを認めるとしよう。すると、私たちはただちに、概念がそれ自身に自分の現実性を与えるという、ヘーゲルの主張に近づくことになる。この点に関するカントの定式の要約を、ヘーゲルは引き合いに出している。

客体とは、カントが言うには、その概念において所与の直観の多様が統一されているものである。

（WL, 2:18; SL, 584.『大論理学』（下）十六頁）

ヘーゲルは、すぐさまこれを自分の思弁的な言葉遣いに置き換える。

客体が概念把握された場合、それが直観や表象のなかでもつ即自的かつ対自的な存在は、定立されたものへと変形される。自我は、思惟することにおいて、それに浸透するのである。(WL, 2:18; SL, 585. 『大論理学』(下) 十六頁)

もっとも、この引用箇所は、カントの文脈で読むと、理性自身がもっている権威の自己充足に関する同じ主張をしているにすぎない。すなわち、理性(特殊な事実ないし法則の意味を理解するこの概念による多様の統一という方法)は、この規範立法的な権威を、より高次の権威にもより低次の権威にも負うことなく、まさしくそれ自身に負うということである。しかし、ヘーゲルが主張している論点は、理論と実践双方の文脈における規範領域の自律性である。この主張のゆえに、ヘーゲルは科学的決定論にも他の形式の決定論にもまったく煩わされることがない。脳についてのいかなる発見も、脳に関する何らかの主張を私が信じるべきかどうかという問題に決して関連しないだろう。進化の社会的次元についてのいかなる発見も、私が自宅の敷地まで張り出している果樹について隣人を訴えるべきかどうかという問題には(もし私が何らかの理由で、それらは関連すべきである、と判断することがなければ)決して関連しないだろう。これは、カントが『人倫の形而上学の基礎づけ』第三部で扱っている、思惟の非因果的な自発性の理論的要請の主張ではなく、むしろ、理由の空間そのものに関する主張、すなわち、この理由の空間にヘーゲル的な意味で「論理的に」関連するのは何でありえて、何でありえないのか、についての主張である。その上さらに、これまで「未整理」と思われていた点を決裁する意図が明らかな箇所がある。その箇所で示されているのは、ヘーゲルが、現実世界の存在を演繹することも、概念的な諸規定を現実世界とは無関係に空虚から紡ぎだすことも、語ってはいないということである。

> したがって、哲学は、その発展を経験諸科学に負いながらも、それら諸科学の内容に、思惟の自由（すなわち、ア・プリオリなもの）の十全なる本質的形式を与えると同時に、（そうした諸科学の内容が現存するとか、経験上の事実であるといった理由で、その内容が認可される代わりに）必然性という正当な認可を与える。その必然性において、事実は、根源的で完全に自立した思惟という活動の再現や模倣になるのである。（EL, 58; TEL, 37.『小論理学』七八―七九頁）

この引用箇所は、目下擁護しているテーゼを、思惟の自由を「ア・プリオリなもの」と同等とみなすことによってうまく要約している。それは、ヘーゲルが規定性の問題を、正当性の哲学的問題、すなわち「権利問題〔法とは何か〕」（*quid iuris*）から切り離していないことを示している。「権利問題」に、直観の純粋形式に訴えることによってでも、賦課の要求へと逆行することによってでもなく、答えうること、これこそが「思惟の自由という本質的な形式」を「内容に与えること」なのである。「概念一般」章によく似た箇所がある。

> しかし、哲学とは諸々の出来事の物語を意味するのではなく、それらにおける真理が何かを認知することである。さらに言うと、認知の土台の上で、物語のなかでは単なる出来事として現れるにすぎないものを、概念把握することなのである。（WL, 2:21; SL, 588.『大論理学』（下）二二一―二二二頁）

少なくともこの引用文が指摘しているのは、私たちは（経験科学の現実の発展や様々な物語に対して候補を提案しながら）規範的地位の決定的な候補の起源を模索するが、そのときにどこを探究するべきか、ということである。私たちは概念という規範的境位についての手掛かりを手に入れている。この権威は確立され、構築されるのであって、発見されるのではない。そして、それが確立されるのは、この権威を否定することが実践的に不可能であることを、時間経過を通じて経験することによってである。その権威を否定しようとすることによって、ひとはそれを前提としていることが示される。規範的コミットメントを引き受けるために、ひとはそれを回避しようとしているのである。これは、『論理学』と同様に抽象的な定式化ではある。だがとにかく、概念がそれ自身に現実性を与えることと自由の領域との間の結びつきを考えるひとつの道筋を示唆している。私たちは、第二章で満足のいく説明が本質的に実践的な問題であると論じたとき、この結びつきの一つのヴァージョンを確認したのである。それは、ヘーゲルの用語では、それ自身を充足する精神である。

また、忘れてはいけないのが、精神はつねに集合的精神性の一形式である、ということである。そこで、以下の所見では、（自我、自己意識という）もう一つの決定的な要因が導入され、描写される。

> 概念（*Begriff*）は、それがそれ自身で自由であるような具体的な現実存在へ発展した場合には、自我、すなわち、純粋な自己意識に他ならない。実際、自我は諸々の概念を、言わば規定的な概念をもつ。しかし、自我は、純粋な概念そのものであり、しかも概念として、現存在へと至った純粋概念なのである。
>
> （…）その構造が、自我の本性ならびに概念の本性を構成する。この二つの契機が、それらの抽象

態においてられると同時に、両者の完全な統一においてられることなしには、一方の概念についても、他方の自我についても、本当のところは把握されえないのである。（WL, 2:17; SL, 583.『大論理学』（下）十四頁、十五頁）

概念が「自由な」構造として理解されるべきであるという考えが意味をなすのは、もっぱらここで導入された諸々の用語によってであるが、それ以上に純粋な自己意識の構造と結びついているからである。第七章で見るように、ヘーゲルは「自我の構造」が必然的に社会の構造であると理解しており、主体の自由を必然的に社会的次元を含むもの、最終的には相互承認という地位の達成を含むものと理解している。概念の構造が自我の構造と同じものであると言うことは、いかなる概念であれ、その規範的権威は、自我が主体＝行為者という地位をもつために必要とする社会的制度、すなわち集合的な自己立法と同類のものであると主張することである。概念的な正当性は、世界を一定の仕方で理解することが証明されることによってではなく、世界が正しい仕方で制度化され維持されることによって保障されるのである。（「正しい仕方」の提示は、第八章と第九章まで待たなければならないが、ヘーゲルの理性性に関する説明のプラグマティックで歴史的な本性はすでにはっきり現れている。）

以上のような方向性は、この問題のヘーゲルによる多くの再定義のなかでも最も見事なものの一つによって示されている。「普遍概念」の議論において「普遍的なものは自由な力である」と主張するとき、ヘーゲルは、彼の実践哲学全体にとって重要な事柄（本書ではとくに第五章で重要となる事柄）を急ぎ足で指摘しているのである。それは、普遍的なものは、そこから分離され、抵抗するものに対する立法権力の行使のようなものとして理解されるべきではない、ということである。概念の「他者」は、そのように概念化されたものとしてのみ、他者としての役割を担いうる。すなわち、集合的に立法されたものの拘束によって以外には、それに対して立法がなされるべきいかなる「自己」も存在しないのである。ここでも、「自己立法」の大いなるパラドックスが呼び起される[5]（私たちがみずからそれに服従させるまで拘束力をもつ法は存在しないという事実は、服従という行為が、あたかも「法に先立つ」行為であるかのように、それ自身無法状態での行為であるということを含意しており、したがって、あたかも規範に先立つ沼地から規範性が生じるかのように、拘束されなければならない無法の原初状態が存在することを含意すると思われるであろう。）そして、今挙げた引用箇所は、ヘーゲルがいかにしてそのパラドックスから免れようと考えているかを、またしてももっぱら比喩的にではあるが、示唆している。しかし、そうした示唆は豊かで興味深いものである。ヘーゲルが言わんとしているのは、この普遍的なものという自由に立法する力は、概念を欠く多様なものの上に、あるいは、自己規定している他の諸主体に向けて、恣意的に、すなわちたんに主観的に行使されるものではない、ということである。普遍的なものと特殊的なものの和解の地点に到達しうるのは、主観性についての疑念や懐疑が、そして、権力から権威を識別することの困難が克服されうる場合なのである。

それ「普遍的なもの」は、それ自身でありながら、みずからの他者に干渉するが、他者に暴力を加えることなく干渉する。反対に、普遍的なものは、みずからの他者のうちで安らぎ、自分自身の元にある。われわれは、普遍的なものを自由な力と呼んだが、それはまた、自由な愛とも、束縛なき浄福とも、呼ぶことができよう。なぜなら、普遍的なものがそれ自身をその他者に差し向けているのは、普遍的なもの自身の自己に差し向けているのであり、その他者のうちで、普遍的なものはそれ自身に還

帰しているからである。[11]（WL, 2:35; SL, 603.『大論理学』（下）四二頁）

V　規範的拘束力の起源

実践哲学において現実性問題は、カントの場合、純粋理性（あるいは純粋実践理性の至高の法則の認知）が、現実に「実践的でありうる」のか、現実に意志を規定しうるのか、という問題である。カントにおいて、この答えは「純粋理性が実際に実践的であることを証示するような事実によって」提示されるとされる（AA, 5:42; CprR, 43.『実践理性批判』一八二頁）。これは、実践的な否認不可能性の主張であると思われるが、カントの考えでは、「健全な常識〔共通感覚〕」（AA, 5:105–106; CprR, 108–109.『実践理性批判』二七五―六頁）に訴えることで確立されうるものである。しかし、この主張は、経験的な利害関心を全く排除して完全な理性的普遍性をもって定式化される、行為の原理を思惟する可能性への訴えを本質的に含んでいる。カントの主張によれば、この可能性を十分に受け容れることこそが、理性の実践的な現実性を確立するのである。実践的ないし一人称の視点から述べるならば、純粋に思惟された実践理性の命令を私が十分に自覚しうることが、私がそうした法則に服従していることを否認することができず、それゆえに私はこの法則に従って行為することができることを立証するのである。したがって、カントの場合、以上のようなことが確立するのは、私が何らかの形而上学的な意味で実際にこうした原因でありうることではなく（理性はこのような問いに答える力をもたない）、私は自分自身がそのようなものであると考えざるをえないことなのである。そうでなければ、私は「いかなる理由もないという理由によって」何かあるものを確立しようとすることになる。それゆえ、この観念を「解明」することこそが、まさに、その観念の現実性を確立するのである（AA, 5:46; CprR, 47.『実践理性批判』一八九頁）。また、カントの最も思弁的な定式では、道徳法則の現実性は、哲学的にも経験的にも確立されえないにもかかわらず、「確固たる仕方でそれ自身で存立している」のである（AA, 5:47; CprR, 48.『実践理性批判』一九〇頁）。カントはここで「概念はそれ自身にそれ自身の現実性を与える」と言ったほうがよかったかもしれない。

カントが『実践理性批判』で述べているのは、まさにほとんどこのことなのである。カントは次のように明記している。自由の諸カテゴリーは「自由な選択という規定に向けられている」のであり、こうした諸概念は、

> 〔客観的実在性という〕意義を得るために直観を待つ必要はない。しかも、このことが成り立つのは、それらの実践的概念が、それらが関係づけられるもの（意志の心情）の現実性をみずから生み出す、という特筆すべき理由によってなのである。（AA, 5:65-66; CprR, 68.『実践理性批判』二一八頁）

この主張は、言うまでもなく、理性がそれ自身の権威をみずから権威づけることと一致しており、また、そうした主張に関する私たちの解釈とも一致する。すなわち、私たちの解釈によれば、悟性、ないしはあらゆる上級認識能力は「諸表象そのものを産出する」能力として理解されるべきなのである（AA, 3:75.『純粋理性批判』（上）一三〇頁）。

ヘーゲルも、カントとは別の言葉で、認識論的に疑わしい伝統的な合理論の諸前提に頼らず、経験から自立した哲学的知識の説明を与えようとしている。これはおそらく、たんなる「概念に関する知識」以上

のもの、すなわち、内容に関するア・プリオリな知識を主張することができるであろう。言い換えれば、概念がこのようなア・プリオリな内容、すなわち、特定の規範的な力をもたなければならないと主張することができるであろう。すでに確認したように、この説明は、次の理論を両方とも含んでいる。一つは、内容一般の可能性についての理論——判断において使用される諸概念や規範的権威への要求が、いかにして首尾よく実在性の一側面を取り上げ、正確に再同一化しうるのか、という問いに関する理論——であり、もうひとつは、特定の普遍的で非経験的な判断の妥当性、つまり、経験において可能である内容はすべて一定の諸条件に適合していなければならないという主張の妥当性のア・プリオリな正当化である。カントの場合と同様、ヘーゲルにおいても、焦点は判断内容の可能性に合わされており、要求されているのは、（非常に拡張され修正されてもいるが、）特定の判断がもっているはずの内容に対する弁明をなしうること、その判断がまさしくそのような内容を有すること、そして、それは私たちの世界との感覚的な接触を表明するものだとか、私たちのたまたま欲するものだとかという主張に、この弁明がまったく依存しないということである。(12) 純粋悟性概念（たとえば因果性）が与えられるならば、私たちはア・プリオリに、この概念の（「われわれ自身にとっての」）経験的内容（ある規則に従う必然的な推移）を規定することができるし、また、（演繹論や原則論の論拠である）この規則に従わない（われわれの）経験の内容は存在しえないと規定することができる。あるいは、次のように主張することもできるであろう。ある概念——唯一普遍的に適用可能な理性の実践的法則——が与えられるならば、理性それ自体の「事実」に訴えることによって、すなわち、その事実の実践的な否認不可能性に訴えることによって、その概念の「現実性」ないし妥当性を確立することができる。また、あらゆる理性的な存在者は（カントの言うように）「事実上」こうした命法によって義務づけられ、拘束されている。

カントの弁明の両側面とも、ヘーゲルの場合と同様に、もちろん論争的である。カントは、理論問題と実践問題を一つの問題の内へと懸命に吸収、同化しようとしている（カントは実践問題も「ア・プリオリな綜合」問題と呼ぶ）が、注釈者たちがその単一化された問題を理解するのは容易ではなかった。しかし、前述の一般的な見地から見ると、カントとヘーゲルは、心と世界、ないしは理性と感性的関心の結びつきの本性をめぐる哲学的問題における決定的転換へのコミットメントを共有していると言いうる。したがって、ヘーゲル哲学の大半をなし、それによって彼の実践哲学が表明されるところの思弁的言語（理念、概念、現実性など）の適切な理解は、この決定的転換の理解に懸かっている。それは、カントおよびヘーゲルにとって、客観性すなわち現実的内容の問題は、観念ないし表象を正確に（明晰判明に）把握し所持することをめぐる問題であることを止めて、最広義の意味における合法性（legality）の問題、つまり、私たちが別様に判断するのを禁止する、その種類の規則によって拘束されているという問題になった、ということである[13]。したがって、客観性の問題は、世界、観念、意味が存在するものについて私たちに何を語らせ、何を語らせないかという問題から、この内的で規範的な拘束の起源の問題、つまり、私たちがどう判断すべきか、どう判断すべきでないかに関する規則に従うことの起源の問題へと転換したのである[14]。その意味で、私たちの事実上の愛着、利害関心、欲望に関するいかなるものも、それ自体では行為に責任があるとはみなされないし、それ自体では行為が生じる理由であるともみなされない、と言うことができる。そのようにみなされうるのは、ただ主体がそうみなす場合だけなのである。そして、行為は、もはや、その問題を蒸し返すことなしに、自然の現れであることはできないのである。

　カントとヘーゲルの観念論の共通性は、両者に相違があるにもかかわらず、以上のような問題への論争的な解答にともにコミットしていることにある。すなわち、判断の基礎をなす規範的拘束の起源は、カントでは、悟性と理性の本性のうちにあり、フィヒテが採用しヘーゲルが継承した方向性では、「自己を制限する」私たち自身の活動、すなわち立法、「定立」、自己拘束といった活動の成果としてあるが、いずれにせよある水準においては「私たちのうちに」なければならない。[15]

この遠大な構想、あるいはそのヴァージョン（たとえば、本章で論争の的になっているヴァージョン）は、ヘーゲルの実践哲学にアプローチするにあたり、注意を払わなければならないものである。彼の実践哲学には二つの決定的な転換点がある。まず（i）精神そのものという一般的観念の地位である。（その観念はいかなる種類の内容をもつと言いうるのか。そうした推定上の内容があると信じるべきなのはなぜか、すなわち、その観念はいかなる種類の妥当性をもつのか、その観念が自然に関するカテゴリーによって説明可能なものではありえないのはなぜか、等々）。次いで（ii）ヘーゲルが、そのような精神的存在の「客観的」な実現と呼ぶもののために、すなわち『法哲学』として知られている「意志の理性的体系」と呼ぶもののために、行なう弁明である。できるだけ広い見地からこのアプローチを評価すると、次のいずれの場合にも、私たちは、およそ形而上学的世界もしくは経験的世界のうちに現存する真理の創造者を探し求めてはいない、ということである。第一に、私たちが、行為としての出来事の範囲設定を正当化するような言い分を探求し始める場合、すなわち、精神という観念の「客観的な妥当性」を正当化し、自由が可能であることを立証しようとする場合、第二に、私たちが、人格は「権利」の明確な諸要件に従っていること、そして、この精神という観念が最終的には、規範（倫理的生活、すなわち人倫）として機能する規定的な種類の内容をもつことを提示しようと試みる場合、そのいずれの場合にもそうなのである。その代わりに私たちが探し求めているのは、まさしく自己立法され自己賦課された規範的拘束でありうるものの起源なのである。カントの場合であれば、すべての可能な経験に具わる否認しえない特徴に訴えて、この主観的必然性の「超越論的」ヴァージョンを確立することが試みられる。あるいは、あのいささか神秘的な「理性の事実」、すなわち、自分に対する自分自身の理性の実践的に否認しえない要求に訴えることであろう。カントとヘーゲルの関係をめぐる話は、たった今素描したカントの戦略に対してヘーゲルが抱いた深い疑問に由来し、また、フィヒテの影響下でヘーゲルが抱いた決意に由来するのである。言い換えれば、自己立法や自己賦課に関するこれらの一般的な主張をいっそう真剣に受け止め、この自己立法の真の規範的境位に関する理論を完成させようというヘーゲルの決意に由来するのである。カントが観念や規範の現実性、すなわち観念の客観性や規範の拘束性を、演繹的に論証することに希望を抱いていたのに対して、ヘーゲルの手続きは、彼の著作や講義のすべてにおいて、発展史的であって、演繹的ではない(ヘーゲルは、カントのように統制的な仕方ではないが、カントと同じくらい真剣に「実践的なものの優位」を受け止めている)[16]。証明の手続きは、概念的に必要な条件や論理的な仮定へ注意を向けることから、自己賦課された規範的権威の先行する試みの不完全さ(『精神現象学』では、このような不完全全さの経験やそうした不完全さの生きられた含意)を提示することへと移行しており、そして、そうした不完全さを克服するために必要な後続の発展や再編成を提示することへと移行している。これらの発展史は、ときには不自然な作為の域にまで達するまで高度に理想化される場合もあるが、後で見るように、これらは、諸々の現実的発展の歴史的な再構築を、不完全さと発展を主張する方法として、提出するのである。

ヘーゲルの企てをこのように考察することによって、私たちは当然、ヨーロッパの哲学、すなわち今日私たちが大陸哲学と呼ぶものにおける、ある決定的でやや不安定な分岐点へと導かれる。その分岐点では、カントの偉大な発想、すなわち、伝統的合理論の権威の崩壊や近代的経験論の納得いかない中途半端さに向き合いながら純粋理性の哲学を再構想する試み、超越論的主観性ないしたんなる「実践的実在性」の観念のような発想が、上述の発展史的な方法、社会的で歴史的な方法において再考されているのである。そこではまた、カントの自己立法する道徳的主体は、実践的に必要とされる観念以上のものとして再考され、歴史的な生活によって活気づけられている。だが、こうして論争が始まる。このようなカントからヘーゲルへの移行がなされうるとすれば、哲学（ならびに規範性という哲学に固有の問題）は実際のところ何であるのか。哲学は、知識に関する社会学や人類学と（また、まさに私たちが事実上規範的に拘束力をもっているとみなしてきたものと）異なる場合、どのように異なるのか[17]。あるいは、哲学は、史的唯物論や偶然的な生活形式や、私たちが素朴に営んでいる生活様式などと、どのように異なるのか。カントによる超越論的演繹や理性の事実といった主張は不明瞭であり、失敗であったとさえ言えるかもしれない。しかし、彼が何をしようとしていたかは十分に明らかであり、カントの考えを鑑みる限りで、彼がなぜそれをしようとしなければならなかったのかも十分に明らかである。では、こうした自己賦課された規則や拘束が「現実性」と衝突せずにいられるのは、それらがこの現実性の可能性を構成していて、この現実性を「それら自身に与えている」と言いうるからである、ということを発展史的説明は立証することができるだろうか。私たちが自分自身をそれへと拘束したもの、しかも、私たちが変えたものに関する〔発展史的な〕物語は、現在の私たちの現実的な規範的コミットメントがどのようなものかについて、私たちに語り尽くすことができるだろうか。いかにして、こうしたことは示されるようになるのだろうか[18]。

VI　自由と精神の現実性

上述の問いは、カントの自己立法の観念を核とする体系的野心という観点からヘーゲルの実践哲学を読解することから得られる諸帰結に関わっている。第二章で見たように、その第一の帰結は、精神とその自然からの自立とを特徴づける正当な方法を含んでいる。ところで、説明や正当化にあたって自然へと訴えることの不十分さは、いったいどの点にあるのか。そうした不十分さの理解が、前節で示したような意味で、精神がそれ自身にみずからの現実性を与える方法を私たちが理解するのに資するのはどのようにしてなのであろうか。

ヘーゲルは、この不十分さを解説するために、いくつかの異なった説明を試みている。彼が『精神現象学』で示そうとしているのは、以下のことである。自然な欲望の充足はどのような外見を呈するのか。同じように欲望を充足しようとする他者との争いにおいて、その欲望充足はどのように経験されるのか。すなわち、このような想像上の「死を賭けた闘争」は、「自然的には」当事者の一方の死によってのみ、自然的ないし動物的な欲望充足が保存されることによってのみ解決されるが、それはどのようにしてなのか。あるいは、こうした闘争は、もっぱら、「他者の欲望への欲望」という新しい種類の欲望の経験、あるいは、異議申し立てに対する権原の主張、そうした権原の承認への要求という経験によって解決されるが、それはどのようにしてなのか。ところで、このような経験の出現を、諸々の自然的性向の現れと理解することはできない。なぜなら、私たちは、このような権原の承認への要求を充たすとみなされるものを制度化しなければならないからである。自然のうちには、それがそうみなされるべきだと私たちが決定することなしに、そうみなされるものは存在しないのである。（したがって、自己立法という中心点が再び現れてくる。）卓越した勇気や強靭さのような自然的事実を上述のような権原の正当な根拠とみなす特別の理由は、このような諸特徴をこの規範的な仕方で考慮する理由がない限り、存在しないのである。そして、ヘーゲルが次に示そうとするのは、理由のやり取りは、結局のところ、相互性を、すなわち真正な権威および普遍的な受容可能性への要求を必要とするということである。ところで、そうしたことは、当初の主奴関係やその顛末においてはありえないことである。（ヘーゲルが記述するパラドックスは、彼の哲学のよく知られた本領を示すものである。そのパラドックスとは、主人は自分が承認しない者によって承認されるが、そのことで「窮地」に陥り、自分の主張する権原を保障する規範を定めることができず、このような規範を欠いた主人であることによって、自分自身の支配を掘り崩す、というものである。）以上のような試みは、後にも様々な形で現れるのだが、そこでヘーゲルは規範的構造を集合的に創造する試みとして構想している。そうした試みにおいて、各人の欲望および偶然的な生活史における個人の特殊性と、こうした欲望充足を得る万人の等しい権原という普遍性との両方を同時に実現することに成功するのである。この試みはその後様々な形をとって提示されるが、そこでは、死を賭けた闘争と同種の一面的な緊張や解決し難い抗争が、発展史的な形式において、すなわち、規範的構造の構築という点で、ますます大きな成功をおさめていくことが立証される。

ヘーゲルは、『エンチュクロペディー』においても、次のように主張している。人類は、複雑さのある段階に達すると、もっぱら自然について説明するためのカテゴリーに頼るだけでは、自分自身を理解することも、自分たちの活動を調整することも、相互に自分自身のことを説明し合うこともできなくなる。

(ちなみに、ここでの自然は、まずは、ヒエラルキーをもった目的論的に一貫した自然であり、次いで、空間と時間のうちに位置づけられ、因果法則に従っている物質であって、どちらの場合でも、かの宿命、不自由、必然性に訴えるものである)。人間は、それに代えて、自然という文脈にはそぐわない実践的な諸理由、正当化、責任に最終的に訴えることによって、相互に自分自身のことを説明し合い、釈明を求め合うということがなければならない。

すなわち、『エンチュクロペディー』でも、こうした自然の限界が根本的に実践的で歴史的な意味においてであるのを私たちは認めることができる。そして、そこでの論点は、このような主張で上述の諸々の問いに答えるのに哲学的には十分であるというものである。有機体の複雑性、とりわけ社会の複雑性がある一定の水準に達すると、理由や根拠として自然を引き合いに出すことは、いかなる主体にとっても適切ではなくなり、実践的に無益なものになる。したがって、『エンチュクロペディー』の最終節では、「それ自身を自然と精神に分割するのは自己を知る理性」であり、それゆえ、それは「理念の両現象への自己分割」であると叙述される。そのさい問題となるのは、実在的で存在論的な区分の把握ではなく、相互のやり取りにおける規範的な特性を制度化ないし構築するための諸々の理由であるはずである。これが意味しているのは、精神は、自分で自分に課した規範であり、自分で自分に対して立法化された領域である、ということである。この領域は、私たちが制度化して維持するものであり、制度化され維持されることによってのみ現存するものである。

以上の意味において、主観的、客観的、絶対的精神の発展の物語は、人類による集合的な歴史上の達成として、人類の能力の成長として理解される。この能力によって、集合的な自己規定（すなわち、自然への依存と訴えの縮小）によって何が求められているのかを理解し、それをこそ自分たちが行っていることをよりよく理解するのだが、こうして、諸々の理由、正当化、規範への訴えによって、一貫性をもって集合的に規制され方向づけられうるものを拡張していくのである。したがって、精神をこのように（すなわち、反二元論、および精神の発展が自己規定的な発展であるという主張を、十分に考慮して）理解するならば、精神とは、非自然的な実体の出現ではなく、まさにただ、自然に状況づけられた存在者の成長する能力を反映するものであり、その能力は規範的で真に自律的な共同の精神性の形式をますます首尾よく達成するのに応じて成長していく。（そのさい、より大きな自由の実現とは、諸々の実践的理由に対する私たちの応答やそれらの提起が必要とするものが何であるかについての理解の深化、実践的な実現、具体化のことであり、より制限された訴えの実践的な挫折によって正当化される訴えの優位性の実現である。）以上のようにヘーゲルを理解すれば、彼が実際に精神の出現について述べていることを、最もよくしかも初めて捉えることができるのであり、精神の発展は自由のよりいっそうの実現を反映する、という彼の主張を正当に評価することができるのである。すでに指摘したように、そうした自由の実現は、理性に対するより良い応答や、理性によるよりよい決定と同じなのである。

『エンチュクロペディー』のいくつかの箇所は、次のことを明らかにしている。精神それ自身は、ヘーゲルからすると、ある独特な種類の歴史的、社会的に達成されたものを表現しているのであり、つまり、自由のたんなる有機的な出現ではなく、むしろ自由の現実的な確立を表現している。これは、本章で提示した概念の現実化についての解釈とぴったりと一致するのである。[19] 私はこうした箇所のなかでも、最も決定的な箇所を以下に詳しく引用する。

もしわれわれが自分の意識の内側でとても馴染みのあるこうした立場から精神を考察するならば、また、もしわれわれが、精神とは何か、と一般的に問うならば、精神が二つの極端のあいだでもつ立場から生じるのは、この問いが、精神はどこから来てどこへと向かうのか、というさらなる問いを含意する、ということである。(…) 精神はその端緒を自然そのもののうちにもつ。(…) 精神がそこへと向かう極は、精神の自由であり、精神の無限性であり、精神が即自かつ対自的に在ることである。これら両極は、精神の二つの側面である。もしわれわれが精神とは何かと問うならば、その直接的な答えは、精神とはこのような運動であり、このように自然から脱け出して、自然から自由になる過程である、というものである。この運動が、精神そのものの存在であり、精神の実体なのである。(PSS, I: 6–7.)

ヘーゲルは、この引用箇所の後で、私たちが以前に確認した逆説的な表現を引き合いに出している。それは、精神は「それ自身の産物」であり、「精神の現実性は、精神がそれ自身をそれが即自的にあるものたらしめる、という事実のなかに存する」という表現である。(PSS, I:6–7.)

Ⅶ　規範性と歴史性

これらの引用箇所やこうしたアプローチの方向性は、おびただしい問題を提起する。しかし、法の概念はそれ自身にみずからの現実性を与えると言うことができると主張することによって、ヘーゲルが何を言わんとしたのかは、少なくとも幾分より明らかになったはずである。先に引用した自己立法に関する諸々の定式がまさに示唆しているのは、このことなのである。自然的な自己理解の諸形式が複雑な行為の調整や理解可能性にとって実践的に不適切になる、という前提のもとでは、諸々の主体は、規範的な拘束や理想を制度化し、様々な仕方でそれらを遵守し、その諸規範に現実的な権威を与えなければならない。そもそも諸々の規範が規範として機能していて現実的であるのは、それらの規範が制度化され遵守されていることによってである。それらの規範的権威は、自然の表現ではなく、むしろ自己規制という自然から自立した諸形式として機能するわけである[20]。いかに逆説的に聞こえようとも、こうした諸観念がそれら自身にみずからの現実性を与えるのである。言い換えれば、それらの諸観念は、それらが規制する規範的な領域を構成するのである。私たちが発見して正当に扱おうとする領域があらかじめ存在するわけではない。それは、私たちが発見して接近しようとする理想的なゲームの規則が存在しないのと同様である。概念は、時間経過を通じて、ある種の自己教育の成果として、それ自身にみずからの現実性を与えるのである[21]。このことがどのように試みられているのか、また、何が成功（現実化）とみなされ、何が失敗とみなされるのか、ということがヘーゲルの著作や講義の主題なのである。

これが、実際、以下の独特の定式のすべてにおいてヘーゲルが扱っている、パラドックスめいたものである。すなわち、「精神はそれ自身の産物である」、「精神はそれ自身の成果である」、「精神の現実性とは、まさしく、精神がそれ自身をそれが即自的にそうであるものたらしめることであるにすぎない」、「精神は、まさしく、精神がそれ自身について知るところのものであるにすぎない」などである。けれども、ここでも、実のところ、この種のパラドクシカルな定式は、上述の構想全体においてみれば、カントの基本的な動向からかけ離れた定式ではない。第二章で『人倫の形而上学の基礎づけ』から引用した決定的に重要なくだりは、ヘーゲルの構想にとって中心的なものであり、私たちが思い起こす価値のあるものである。

それゆえ意志はただたんに法則に服従させられているのではない。そうではなくて意志は、自分自身で立法するものとしてもみなされなければならず、そして、だからこそ真っ先に、（意志が自分自身をその制定者（author）と考えうる）法則に従っているとみなされなければならない、という仕方で法則に服従させられているのである。（AA, 4:431; F, 48.『人倫の形而上学の基礎づけ』六九頁）

私が提示してきたのは、この引用箇所でのカントの考えは、概念はそれ自身にみずからの現実性を与えることができる、というヘーゲルの理念に酷似している、ということである。だが、すでに第三章で見てきたように、カントの場合、そのパラドックスはなおいっそう深刻なものである。拘束力をもつ法の存在に先立って、主体が法則〔法〕を制定し、みずからそれに従うという、考え方はまったく想像し難いものである。主体がすでにある種の法則〔法〕に従っているのでなければ、すなわち、その主体をして自分自身に従うべきであると命ずる法則〔法〕に従っているのでなければ、そうした主体が上述のようなことを行うと想像することはできないであろう。そして、このことはつねに、このような自己服従という観念のパラドックスをよりいっそう明瞭なものにすると思われる。この原点——道徳的な自己関係の論理——からフィヒテやヘーゲルの企てに至る道筋は、たとえ密接不可分であるにせよ、複雑で錯綜している。しかし、ヘーゲルが当初のカントよりいくらか成功していることは明らかであるはずである。なぜなら、ヘーゲルは、上述のような法にとって単一の形式が存在するとは信じておらず、それゆえ、理性的存在者という概念の分析やそれからの演繹によって、私たちが自分自身をまさしくこうした法に従わせなければならない、ということを立証しようともしないからである。私たちがお互いに遵守させ合うのは何か、私たちがこうした規範を変化させるのはいかにしてか、ということに関するヘーゲルの発展史的アプローチ、すなわち遡及的再構成は、先ほど指摘した（規範性対歴史性という）問題を提起する。しかし、そのアプローチは、どのようにして私たちが、集合的に、時間の経過を通じて、拘束力をもった諸紐帯の「自己立法者」になると言われうるのか、という点を、規範の立法の「瞬間」を何ら示唆することなく、カントの場合よりもはるかに明確にする。（第三章で指摘したように、オペラの諸特性は、明らかに、時間経過を通じて集合的にそれ自身によって創造されると言いうる。それらは発見されたのではないし、命令による構成の瞬間もないのである。）

しかし、繰り返し言うならば、自由に関して取りうる道についての基本的想定は、カントとヘーゲルとでは同じであり、それは両人の本質的な意味での近代性を保証する。自然は、道徳的には脱魔術化されている。すなわち、私たちが自分の行為にさいして意欲、欲望、情熱、制限をただたんにもっているということは、私たちが生活をみずから方向づけることに対して何らの関連も示さないのである[22]。私たちだけが（集合的に、時間の経過を通して）自分の生活を方向づける規範に応答しうるのであり、それゆえ、それらの自然的衝動の充足を抑え込むにせよ、それを選びとるにせよ、そのようなことに関する決定に応答しうるのである。しかし、カントの予想に反して、こうした自律的な仕方で自分の生活を理性的に方向づけるという理念そのものは、それだけでは、なすべきことを私たちに教えることも、なぜ私たちがこのような理想に拘束されているのかを私たちに理解させることもない。もし、私たちが、何よりもまず理性的に自己を方向づけることがどういうことなのか、規範をあるがままにただ是認するだけではなく、むしろ私たちが自分自身をこの規範に従わせるのはいかなる意味においてなのかを知る必要があるとすれば、カントの演繹的手続きが大きな成功を約束することはない。

VIII　規範的拘束力の現実化と人倫共同体

自分たちを実践的な諸規範に従わせる場合、規範がたんに可能的であるだけでなく、「現実的」であると言いうるのはいかなる意味においてなのか。すなわち、行為を主導する規定された原理が行為する理由を主体に与えると言いうるのは、どのような条件のもとにおいてなのか。（もちろん、これへの解答は、そのような状況では主体は端的に行為するだろう、といった主張を必ず伴うわけではない。というのも、人々はしばしば、物事をなすためのたいへんよい理由をもちながら行為しないこともあれば、自分自身の現実的な理由に反して行為することもあるからである。）一連の行為が、ある利害関心を、もしくは、先行する「動機づけのセット」のある要素を充たすであろうということが、行為する理由を与えうるであろうことは明らかだが、カント的伝統にとって、このアプローチは重要な諸問題を数歩後退させるだけである。このような利害関心や欲望のセットは、操作、強制、制限された情報の産物であると、あるいは、たんなる偶然の産物であるとさえ私にみえる場合、行為の理由という意味において、それへと訴えられうるものではない。カントとヘーゲルがともに強調しているのは理性の能力であって、この能力が私がたまたま欲し望むものを分類し評価し、当該の理由を私が何事かを行うための実践的理由として真に機能させるのである。

よく知られているように、カントは無条件的に拘束する規範に注意を集中している。彼によれば、その規範をまさに認知することが、主体に行為する理由を与え、その意志を規定し、現実に実践的であることなのである。しかし、カントは、この答えが不完全であることも理解している。なぜなら、主体は、純粋に理性的な存在者として、このような法則を受け取るわけではないからである。法則が私に行為する義務を与えうるとすれば、適切な説明は当該の「私」に関してなされなければならない。というのも、私の感覚的関心、幸福への欲望、偶然的なコミットメントや理想などは、「私」に具わる理性的核心に対して外的なもの、すなわち、たんにそれに付随しているものではないからである。それらは「私」である。カントは、このような現実に即したより詳しい言い分を与えようとして、これらを説明に採り入れるのだが、そうすることで水ぶくれ状態に陥る。カントは、純粋理性が実践的であること（私たちが実践的には純粋理性の規範的権威を否定できないこと）を証明するために理性一般の事実に訴えているにもかかわらず、そのすぐ後で、なすべき通りに行為するために、私たちが感覚的な生物でもある限りもたざるをえない「動機」についても語り続ける。「道徳法則の認知」が現実的であること、つまり、現実に私に理由を提供することは、私の自己愛の満足が阻まれたときに感じる苦痛という複雑な経験を伴っているが、それと同時に、まさにこの苦痛を乗り越えることができるときに抱く自尊という気高い感情も伴っている。さらに、この感覚的満足はそれだけでは、道徳的に適正な仕方で行為する主要な理由を与えるわけではないが、それ（自尊の感情）が提供する動機は、それにもかかわらず、カントによって周縁的なものとして取り扱われることなく、むしろ私たちが提示しているヘーゲルの問い（規範を「現実的」なものにするのは何なのか）への解答に不可欠なものとして取り扱われている。しかも、カントはそこに立ち止まらない。カントによれば、その法則の認知が私に理由を与え、理性的な動機を生み出すのは、私がたんなる道徳的な正しさより以上のものを最終的に達成することを、すなわち、「最高善」、道徳性に相応しい幸福を達成することを、思い描くことができる限りにおいてのみのことである。そのさい私は、こうしたことをその法則の現実性の要因たらしめるために、「実践理性の要請」を、とりわけ、慈悲深く公正な神と不死の魂が存在することを想定しなければならない。しかし、これでもまだ話は終わらない。なぜなら、その法則の実在的な現実性は、さらに、性格についての、および、教育、市民共和国の実現、実効力のある理性宗教の実現についての複雑な理論を必要とするからである。

　道徳的価値に関するカントの厳格な基準と思われるものを考えると、これらの考察すべてがどこに正確に位置するかは、彼の後継者たち、とくにシラーとヘーゲルをひどく困惑させ、不満を掻き立てるものであった。それゆえ、現実性に関するヘーゲルのより充実した説明は、そうした困惑や不満に対する彼自身の応答と見ることができる。もっとも、このような考察はすべて、カントの場合、たんに「補助的」な要因にすぎないように思われる。それらは、私が求められたときに正しいことをなしうるという点で、有用で、動機づけの面で助けになる。あるいは、自己愛に関する私の経験を、自己愛がもつ動機づけの一応の(*prima facie*)[6]力を削減するという仕方で変化させるという点で役に立つ。ただし、それらが役立つのは、道徳生活そのものに必須の部分としてのことではない。ところが、それにもかかわらず、カントは、道徳法則が私たちのような生物に行為するのに十分な理由を提供するためには、こうした諸要素すべてが必要不可欠である、と主張するまで徹底しもするのである。

　『法哲学』におけるヘーゲルのアプローチは、「現実化可能性」に関する以上のような問題を解決する試みとして理解することができる。すなわち、上述のようなカントによる動機づけに関する補助的な考察のすべてに代えて、ヘーゲルが用意したのは、諸個人が教養形成を積んで、まさしく個人として存在するにあたり、人倫的共同体が不可欠で本源的な役割を果たしているという、よりアリストテレス的な考えである。確かに私たちが議論してきたことすべての論拠からすると、カントと同様にヘーゲルの場合も、私は、ある意味で自分がその立法者であって、みずからそれに従う法にのみ従わなければならない。もっとも、カントの場合とは違って、このような法の立法は、選択という逆説的な瞬間にだけ、すなわち、仮想的な個人が、生活方針としての道徳法則に服従するか、自己愛とその充足とを優先するかのいずれかを、みずからを律する最上の原理として選択する、その瞬間にだけ成立するわけではない。こうした規範拘束の形成とそれに対する自己従属は、段階的なものであり、現実には歴史的なものである[23]。その上、この従属の現実性に関連する考察は、二次的なものではないし、動機づけを補助するものに尽きるわけでもない。理性に関する諸々の主張が「現実的」でありうるのは、人倫的な共同生活においてのみである。それは、ヘーゲルが、諸原理そのものが規範的領域をみずから制定し、それを絶対的に構築すると考えているからだけではない。むしろ、そうした社会を形成する諸制度それ自体が理性的である場合にのみ、私はそれらの制度の産物として、他の人々からの要求を、私が行為する理由や行為を差し控える理由として、実際に経験することができるからなのである。(この点は第九章の論題になる。) これは、近代家族の理性性に対する明確な擁護論を必要とする (近代家族では、個々の伴侶が愛という土台の上で互いを選び、家族による養育の終了は、子どもが最終的に独立して、私的な領域から公的な領域へと旅立つことである)。また、私的所有という近代的制度や代議制国家の理性性に対する擁護論も必要となる。そして、これは、個人の責任に関する道徳的諸観念や権原に関する抽象的な権利の諸観念が (法律のような) 社会的諸制度それ自身に反映されているという、正しい認識も必要とする。さらに、それは、自由への諸々の訴えが近代において演じ始めた役割について適切に説明する、擁護可能な歴史的な物語を必要とする。このようなことを展開するのはなかなかの難題ではある。しかし、私たちは、独立の原因として行為しうるような単独で分離された仮想的存在者として、規範的要求に直面しているのではなく、むしろ、歴史的な時間のなかに位置づけられた近代的な主体として、すなわち、他者との、多種多様な社会的、倫理的な諸関係のなかに位置づけられた主体として、規範的要求に直面しているのである。それゆえに、近代の最高の規範である自由の実現の問題への、このようなヘーゲルのアプローチは、それに伴うあらゆる困難にもかかわらず、何よりも優先されなければならない。これこそ、私の示したかったことにほかならない。

次に私は、ヘーゲルが、彼の実践哲学、すなわち『法哲学』において、最も集中的に取り組んだ、基本的な諸問題に関する議論を取り上げる。そこにおける、精神の境位についての以上のような見解の含意、すなわち、理性的な諸規範にそなわる自己権威づけの性格、そして、「現実性」に関する諸々の主張にそなわる含意の解明に取り組むことにする。

原注

(1)『エンチュクロペディー』「小論理学」二三節、とくに二四節の注解を参照。「自由が意味しているのは、君が扱っている〔君とは〕別の事物が第二の自己である、ということである――したがって、君は決して君自身の基盤を放棄することなく、君自身に対して法を与えるのである」(EL, 84; EnL, 39. 強調引用者)。(このように思惟を自己立法として特徴づけることは、本章でのちに与えられる、規範性に関する一般的な特徴づけにとって中心的なものになるであろう)。

(2) この種の批判の見事な主張は、Theunissen (1982) に見出される。私は第七章で、ベルリン時代のヘーゲルに対するトイニッセンの特徴づけに反論する。

(3) 以下の周知の主張を参照されたい。「真理は現実に体系としてのみある。すなわち、実体は本質的に主体である、ということは、絶対者を精神として表象すること――最も崇高な観念にして近代とその宗教に属する観念――において表現される」(PhG, 22; PhS, 14.『精神現象学』(上) 二三頁)。この「絶対者」についての主張に関しては、さらにPippin（1993a）を参照。また、世界史についての講義への導入からの以下の引用箇所も参照。「精神の実体は自由である。われわれがそうしたことから引き出しうるのは、歴史過程における歴史の目的は、主体が自分自身の意識や道徳性に従う自由であり、自分自身の普遍的な諸目的を追求し実行する自由だということである。また、歴史の目的は、主体が無限の価値をもつこと、そして、主体が自分の至高性を意識することを含んでいる。世界史の目的は、各々の個人の自由を通して、実体のうちに実現されるのである」（VdG, 64; LPWH, 55.）。

（4）以下は、最も大胆な箇所の一つである。

自由であること、したがって、自覚的に自由であること、自然なものの直接性の内側にとどまらないことが、精神の本質である。われわれがそこから人間精神と呼ぶものを認めるところの立場に関する説明によると、われわれは、自然と神という両極のあいだの中間地帯にある関係の内側で精神をそなえている。人間として存在する一方が出発点であり、究極目的である他方が絶対的目標である（PSS, I:5–7.）。

（5）ヘーゲルは『法哲学』二六〇節で、他のどこよりも簡潔に、自由の現実化の「主観的」側面と「客観的」側面双方の重要性を要約している。

近代国家の原理は途方もなく強くて深い。なぜなら、この原理は主体性の原理に、人格的特殊性という自足した極が充実することを許しながら、同時に、主体性の原理を実体的統一へと連れ戻し、そうすることで主体性の原理そのもののうちにこの統一を保存しているからである。（RP, 407; PR, 282.『法哲学』（下）二六〇節）

次にヘーゲルは、このように成就されたものを、「特殊性がまだ解き放たれておらず、自由（liberty）ではなく、普遍性に連れ戻されてもいなかった」古代に対照させる。そして、彼は以下のように結ぶ。「両方の契機〔客観的普遍と個人的主体性――引用者の補足〕が十分な程度に現在しているときにのみ、その国家は、明確にされて真に組織された国家とみなされうるのである」（RP, 407; PR, 283.『法哲学』（下）二六〇節）。

（6）この選択肢は、内容や目的のすべてから、『法哲学』二一節への注解においてヘーゲルによって拒否されている。

そこでヘーゲルははっきりと、現存している法の形式、人々が同時に実際に正しいと考えるもの（人々によって自分たちの「再現」（representation）、すなわち表象（*Vorstellung*）と呼ばれるもの）は、概念の真の現実性にかかわらなくともよい、と主張している。彼は、奴隷制に関するローマ法の理解を、法と一致しているとみなされていたものが「現実的には」そうでない、ということの判例として用いる（RP, 33; PR, 26.『法哲学』（上）二節）。ベルリン時代の『エンチュクロペディー』（一八三〇年）の「小論理学」六節で、ヘーゲルは根気よく、きわめて詳細に、もちろん自分は『法哲学』序文の有名な箇所で、（「自分自身を取り囲んでいるもののなかの大部分を、実際には、それがあるべき状態からかけ離れている、とみなせるだけの敏感さをもたない者に対して」EL, 49; EnL, 10.『小論理学』六八頁）、現存する政体の批判に先んずるつもりはなかった、と説明している。ヘーゲルが強調している点は、実践的理性性の主たる観念、私たちが今日「外在的理由」の擁護と呼ぶものを批判すること、そして、「内在主義」のあるヴァージョン、つまり、「もし行為に対する諸理由があるのなら、人々が時折それらの理由のために行為するということがなければならないし、また、人々がそうするならば、それらの理由は人々の行為についての正確な説明を成さなければならない」という主張を守ることである（Williams 1981, p. 102.）。この区別がヘーゲルによる現実性に関する説明に対してもっている意義についてさらに知るには、私の論文「ヘーゲルの倫理的理性主義」を参照されたい（Pippin 1997a, pp. 417-50.）。この議論は、ラーデンによって開かれた問いに対して回答しはじめるものである（Laden 2005）。ヘーゲルによる実践理性に関する理論は、ある意味で、ルソー的な理論であり、もしくは、カント的な理論である。そこにおける実践理性は、意志の諸原理に基づき、それゆえに諸原理が依存するところの社会的事実に基づいているものであって、信念、欲望、選好のような一個人の心理状態から作り上げられているものではない。ただし、ヘーゲルはまた、これらの諸制度に対する私たちの固着が始まり、安定した状態にまで成長するのが何故であり、いかにしてなのか、ということを示そうとしてもいる。そこには、主観的、すなわち心理的な側面を含むような、ヘーゲルの説明にとっての実験的次元がある。そうした所説を開始するための「出発点」が、「承認をめぐる生死を賭けた闘争」である。

（7）ヘーゲルは『法哲学』三節注解で、法に関するいかなる「体系的」な理解も「ある現実の国家によって必要とされているような実定法の法典」とは一切関わりがない、ということを否定することによって、こうした可能なる解釈を拒絶する（RP, 35; PR, 28-9.『法哲学』（上）三節）。

（8）また、後世の者によってそうみなされているところのヘーゲルの現実的立場がどのようなものであれ、それが、他のたいていの哲学とは違って、世界史に影響したことも確かである。人格の「実在的」ないしは「客観的」な自由を準備するという理念は、最終的に「人民の民主共和国」やこのような名称のついた現実を求めるオーウェルのような他の論者たちへと至る扉を開いたのである。こうした遺産は、ヘーゲルに関する長く歪んだ議論を招き、実際、規範理論における大陸での伝統全体、すなわちルソー－カント－フィヒテ－ヘーゲルという伝統に関する適切な評価を歪めてきたのである。

(9) Pippin (1989).

(10) McDowell (1994).

(11) このことは、一冊の本で扱うに値する大きな論題を招き入れる。ディルタイが一九〇五年に、ヘーゲル哲学の発展は愛についての初期の著作のヴァリエーションとして理解されうるのであり、愛はまず生命（*Leben*）の観念へ変形されたのちに、精神（*Geist*）へ変形された、と示唆して以来（Dilthey 1990）、そうした変形がどのようになされ、それが何を意味しているのか、という点についての解釈が、ヘーゲル研究に共通の関心事となった。とくに Harris (1972) と Henrich (1971), p. 27 を参照。

(12) 諸々の概念が機能的に理解されるようになって以来、諸判断がいかなる内容をもっていなければならないかを表明することは、ひとがその概念によって何をなしうるのか、いかにして概念において諸判断を使いこなすことができ、どうすればできないのかに関して表明することによって、表現されうるようになった。そうしたことは、カントによる合理論や経験論に対する攻撃以降、内容という観念がそうなったところのものである。こうしたアプローチの起源は、概念を規則、すなわち「可能なる判断の述語」とみなすカントの機能的な説明なのである。その説明については、Pippin (1981a), chapter Four, pp. 88–123 を参照。

(13) この合法性という考えは、ブランダムによって、多くをもたらされたものである。Brandom (1994).

(14) Pippin (1981a) の第六章「超越論的演繹」、および、Pippin (1989) の第二章「カントとヘーゲルの観念論」を参照。

(15) 観念論の伝統における重要な転換点はフィヒテであり、彼の哲学は理論哲学と実践哲学における規範的諸論点がどのようにして同質化しはじめるか、という点を理解するのに本質的な形態なのである。Pippin (2000c) を参照。

(16) カントは、理性の事実を導入した箇所に「純粋実践理性の諸原理の演繹」という題名を付けたが、すぐに、このような道徳原理の演繹は「空しくみえる」であろうと認めている（AA, 5:47; CprR, 48.『実践理性批判』一九一頁）。したがって、題名にもかかわらず、第二批判でのカントの正当化手続きを「演繹的」と呼ぶのは、まったく正しくない。どちらかといえば、理性の事実への訴えは、超越論的美学における形而上学的な「開陳」（expositions）に、すなわち超越論的美学によって妥当なものとなる開陳により近いのである。

(17) ヘーゲルにとっての「社会学への倫理学の解消」が述べられているWalsh（1969）, p. 11を参照。

(18) ヘーゲルの社会的・政治的な哲学の細部にわたって「現実化」の主張が果たす役割やそれについての論争に関してもっと知りたい場合は、Pippin（1981b）とPippin（1979）を参照。

(19) 理性の社会性という考えそのものについては、テリー・ピンカートの価値ある議論を参照。Pinkard（1994）。

(20) 自然の「否定」としての精神やこのような否定の確立における理性の役割については、Pippin（1999）を参照。

(21)『精神現象学』は、このような自己教育の物語であり、したがって「絶対的なものへの梯子」であると思われる。その主張によると、ヨーロッパの諸文明の集合的で社会的な知的経験、特にそれらの文明の深刻な文化的崩壊や政治的崩壊に関する経験は、人間であることがどういうことなのかについての進歩的な自己教育の一形式として理解されうるのである。言い換えると、私たちは、自分が自由であることを、そして、自由であることが何を意味しているか（この段階的な自己教育の政治的、美学的、宗教的な含意は何か）を学んでいるのであり、このような自己意識のなかで、私たちはまさにそれによって、私たちが「潜在的に」、すなわち「即自的に」そうであるような自由な主体になっていくのである。第八章の後半での議論を参照。

(22) もちろん、こうしたことは、自然という状態が、カントが私たちの「道徳的宿命」と呼ぶものに関連しない、ということを意味しているのではない。争点は、このような宿命と自然の間の関係を包括的に考えるやり方なのである。そして、カントによるそうした争点との苦闘は、最高善の学説から『判断力批判』に至るすべての事柄において明瞭である。

(23) こうしたことがどのように遂行されるか、という点が推測される最良の例が、「精神」について述べる『精神現象学』第六章である。これは、行為者が自分の行動の後方に立ち、それに対する責任を「引き受ける」仕方に関する説明である。争点はその中心に、非難を受けたときに提供されうるような種類の諸理由の境位を含んでいる。それらの境位とは諸々の主体と共同の（引き裂かれ、自己矛盾を抱えた）倫理的生活〔人倫〕の間での、きわめて密接で、ようやく「分離された」ばかりの関係を伴うクレオンとアンチゴネーの争いから、ディドロの

『ラモーの甥』やロマン主義的イロニーという態度といった諸形態における徹底的な自立の主張にまで至るものである。

訳注

〔1〕第三章訳注〔1〕参照。

〔2〕第三章訳注〔5〕参照。

〔3〕「摩擦なき空転」は、J・マクダウェルが『心と世界』においてカント哲学への両義的評価にさいして用いた表現である。彼によると、心の自発性は知覚対象から経験内容を受容するさいに働くものであり、その意味において、感覚を通して与えられる内容を概念能力によって統一する、というカントの理論は肯定することができる。しかし、この自発性を徹底して、概念能力の行使を理性のみに発するものとみなす場合には、外からの「摩擦」のない「空転」に陥るから、回避されなければならない。マクダウェルにとって、このようなカント評価の枠組みが、まだカント哲学に対する共感を抱いていたイエナ時代のヘーゲルへの関心につながっていくことについては、神崎繁「解説――概念的なものの位置」(マクダウェル『心と世界』、勁草書房、二〇一二年、三四七―四〇四頁)参照。

〔4〕「創造説」は、一般に、現在在るものに関して、進化や発達によるものではなく、万能の神の意志によって実現されたものであると主張する立場を意味するが、ここでは、その神学的な論理構造をもって、理念の現実化を説明する立場を示唆していると思われる。

〔5〕「自己立法のパラドックス」は、マクダウェルが『心と世界』で示したカント実践哲学の難点で、理性による自己立法は、その内容の獲得を感性に依存せざるをえないがゆえに、立法すれば他律に陥るが、それを嫌って感性に頼ることを拒否すれば無内容になる、という事態を意味する。その後、T・ピンカートはカント以後のドイツ観念論の歴史を、この問題のヴァリエーションと解決の試みとして整理した。ピピンが本書で取り上げているパラドックスも、後者の枠内に位置づけられるであろう。Cf. Pinkard, T., *German Philosophy 1760–1860. The Legacy of Idealism*, Cambridge University Press 2002.

〔6〕「一応の」という形容は、W・D・ロスの義務倫理学からの援用で、それ以上につよい義務に否定されない限りで、「どうしても、しなければならない」と直覚されるような拘束力をもち、「現実的な義務」になるような、

暫定的な義務に付されるものである。ロス「正しい行為を正しい行為たらしめるところのものは何か」（矢島羊吉他編『現代英米の倫理学』第二巻、福村書店、一九五九年、二六八―三三三頁）参照。

第二部　自由

第五章　意志の自由――心理的次元

I　自由と共同性――ルソーの受容

ヘーゲルの考えでは、自由は因果的な意味での行為者性の中心を成すわけではない。また、偶々欲したものを充足するにあたり外的な制約からただ自由であるわけでも、卓越した種としての人間の本質に順応しそれを実現するわけでも、世界精神の自己実現のための達成手段であるわけでもない。ヘーゲルは人生における価値はすべて自由を適切に現実化することに懸かっているとも考えているから、この自由の問題に対する明快で決定的な答えを出すことはますます難しくなる。そのさい、私の人生に意味を与え、時間経過を通じて変わらずに人生の指導原理となり、「人生を送ること」を真の意味で可能とする価値とは、彼が全面的に受容しているルソーの観点を前提としている。ルソーの観点とは、もしそれが私に対して価値でありえないならば、ヘーゲルの言葉では、もし私にとって善として提示されたものにおいて私自身を認識することができないならば、つまり、私が自由でないならば、何ものも私にとっての本当の価値ではありえない、というものである。また、ヘーゲルが受容したカントの主要な観点は、そのような自己同一性の同定、つまり、疎外されず自由であることは、理性に対するある種の応答を必要とするというものであり、これが問題の核心である。正当化できる理由によってある行為を「請け負う」ことができるとは、いかにして私がその行為を私自身の行為として主張することができるのか、あるいは「それを認める」ことができるのか、という問題なのである[1]。哲学的なレヴェルにおいては、そのような価値の地位（それらが価値であるという主張を根拠づける規範性の理論）は、自己立法の地位である。もっともカントとは反対に、この自己立法的な地位は、ヘーゲルでは、集合的もしくは集団的なものであって、時間経過を通じて継続するが、周期的に襲ってくる根本的な崩壊を免れないとみなされている。それは、規範上の危機が発生し、根本的な価値が参与者への統制力を喪失し始めて、共同の規範における軌道修正が求められる時である。

ヘーゲルの以上の主張はどれを取っても少なくとも一冊分の研究に値する。だが、これらすべてがもう一つの包括的な主張に依存してもいる。それは、規範的心性の集合的に達成された形態としての精神という観念である。そのさい、精神とは、ある社会的共同体において信条と行為のために理由を求めたり与えたりすることによって、積極的に相互に責任を問う仕方にほかならないが、これらの達成事は内的次元と歴史的現象形態との両面をもっている。ちなみに、後者の歴史的現象形態とは、ある形態がもう一つ別の形態を求めたり、ある現象形態がさらなる発展を求めたりというように、発展史的に理解されうる（それゆえに、それは教養形成（*Bildung*）に関する主張となる）。そして、これらのテーゼのすべては、次のような包括的な示唆へと、今の時点ではまだ示唆にすぎないが、導かれる。それは、規範性に関する自由な特性、すなわち自己立法的な特性と整合する仕方で、規範的に応答するとはいかなることなのかをもっともよく捉えているのは、自己と他者との関係性である、というものである（ここで「もっともよく」というのは、私（私たち）の行為や実践を私（私たち）自身のものとして同定できるということがいかなることなのかをもっともよく捉えるという意味であり、因果的な行為者性、両立論、主知主義論よりもよりよく捉えるという意味である）。

ヘーゲルの見解によれば、これらの主張のすべてが反論に耐えうるのは、体系的あるいは全体論的な、すなわち百科全書的な説明の内部においてだけである。これは依然として、ヘーゲルのもっとも野心に富んだ主張である。哲学史的観点からみた場合、西洋哲学史における基本命題はいずれもただ誤っているのでも間違っているのでもないが、それらのすべてが「真理」の部分的な見解にすぎない。彼の主張では、真理そのものは独立の実体的な命題ではなくて、可能なすべての命題をそれらの部分性と相関性という観点から説明するところの総括なのである。この「どれもがそれぞれに正しい」という哲学的コスモポリタニズムには、魅力的なところがある。しかし、どれほど哲学的再構築を繰り返したところで、そのような体系的野望を今日において首尾よく保持しうるということにはなりそうもない。範囲の限定された部分性を洞察したり、二律背反と思われるものの間に予想外の相互連関を洞察したりするというのが、望みうる最良のものである。

これまで私が論じようとしてきたのは、以上の要約はヘーゲルが自分自身の言葉で自由と行為者性について述べていることをもっともよく反映しているということであり、それが主意主義の議論よりは、あるいは伝統的両立論の自然主義との譲歩や妥協よりは、哲学的に期待がもてるということである。しかし今や、規範的権威の一般理論や、そのような規範的主張に応答する存在論的理論にかかずらうよりも、より徹底して各論に耳を傾ける時である。各論と言っても、この自己関係性が含むものに関するものと、自他の関係性がそうであると推定されているものに関するものとがある。自己関係性については、彼の理論のもっとも中身の濃い説明、すなわち『法哲学』の緒論を集中的に取り上げる。自他の関係性については次章で議論するが、『法哲学』で詳述される制度よりも行為者性の社会的次元に焦点が合わされている、同じく内容に富んでいる章句を取り上げる。これが『精神現象学』第五章〔「理性」章〕の議論である。(2) その議論によって私たちは、その核心にある承認された地位の理論とともに、社会性に関するヘーゲルのアクチュアルな理論がもつもっとも広範囲の諸次元へと導かれる。

ところで、少し本筋を外れるが、『法哲学』の基本的な主張を導く思弁的言語は、多くの予想される策略を促すことになった。もっとも予想される策略は、英語圏の注釈書において目立ったやり方であって、そのような思弁的な次元を無視するやり方である。何といっても、著作の緒論および主要な三部において用いられている用語は、すべてがすべて体系哲学専用の用語であるわけではない。最終的なゴールが何であれ、その途上においてヘーゲルが理解可能な哲学的主張をしていることは明らかである。それは正義についても、法、責任、刑罰の本性についても、近代市民社会に特徴的な新しい社会的諸関係についても、近代国家の特徴についても、主権の性質などについても言えることである。『法哲学』のもっとも影響力のある強力な主張のいくつかは、政治的理論の問題に簡略化して議論することができるように、確かに思われる。たとえば、近代国家は、市民社会の行政的拡張として理解することはできず、市民間の明瞭で新しい種類の人倫的結合を前提とする。また、そのような人倫的結合の道具主義的解釈や契約主義的解釈は成功しない。あるいは、この独特の結合は、たとえ形式的ではあっても現実的な主権（立憲君主）において実現されなければならない、といった主張がそうである。また、キリスト教以降の「個人的良心」や道徳的観点と比較して、遥かに充実した社会的人倫というような包括的な主張の場合も、そうである。

ヘーゲル『法哲学』冒頭の体系的な仰々しさには疑問を抱きながらも、ヘーゲルについて歴史的ではなく哲学的な観点から論じることに関心をもった哲学者たちは、広い範囲にわたる有益な注釈書を生み出してきた。ここでは、そのようなアプローチに関する一般的なコメントにとどめるが、それで充分であろう。私が思うに、こうして生み出された最も興味深い帰結は、批判的もしくは否定的なものであった。しかし、伝統的な政治理論家としてかなり厳格に読み解くならば、ヘーゲルは近代の倫理的生活の自由主義的で道徳主義的な概念に対して多くの説得力のある反論を提起することができている。また「近代社会における人間の困難な状況についての鋭い分析[3]」を提供することができている。（たとえば、ルソーとともに、「疎外」の複雑な問題を突き止めることに貢献し、それが自由の理論にとっての問題であるのはなぜなのかを解明した。）より理論的に多くの注釈者を満足させたのは、合理的な利己主義者あるいは道徳的な個人主義者を理論の出発点とすれば、個人に達成感を与える安定した生活に不可欠な社会的、政治的文化を正当化することができないことを、ヘーゲルが示したことである[1]。

しかし、私の提唱してきたことは、もし政治生活それ自体のカテゴリーを変換するヘーゲルの企ての徹底性を評価することがなければ、これらの帰結はもっぱら否定的なものにとどまらざるをえない、ということである。カテゴリーの変換とは、根本的には、私たち自身を自由で理性的な行為者として考えなければならないと同時に、私たちの集合的生活を考えなければならない、というものである。政治的生活において前提とされる基本的な問題の思弁的な再定式化を理解しようとしなければ、自由主義的な個人主義、良心、（特殊な主張に対するアド・ホックな興味深い議論とは対立する）義務に基づく道徳主義に反対するヘーゲルの言い分は完全には擁護することができない。とりわけ、公正で自由な世俗化した近代の社会や立憲体制の可能性への批判がもつ含意を明確にすることができない[4]。（さもなければ、ヘーゲル主義者によって指摘された弱点や不確実性を容認しながらも、権利要求と（あるいは）利己主義を動機とする合理的に構造化された一般的な福祉国家論だけは、たとえ根拠薄弱であっても、私たち近代人が相互に権利を要求するにあたって合理的に当てにすることができると主張することが、自由主義的な理論家に常に開かれていることになる。私たちはまさに、「消極的自由」の不確実性と不十分さとともに生きていくようにならなければならないことになる。）逆にヘーゲル主義的な含意は、個人の自由な精神が近代国家の内部において（そして、その内部においてのみ）実現されるというヘーゲルの主張を、彼が精神的な全体性、つまり、人倫（*Sittlichkeit*）を理解する独特の思弁的な仕方によって、理解し擁護することができるかどうかに、懸かっている。

だが、このことから、ある馴染みのジレンマがもたらされる。緒論を貫くこれらの思弁的な志向に忠実であることからもたらされうるのは、せいぜい内在的な一貫性とか、歴史的な周到さとかであって、哲学的に興味深い帰結というわけではないように思われる。いかにして個人の自由が国家の普遍的秩序のもとで犠牲にされるというよりは実現されるのかを理解するために、あるいは、意志そのものの自由を「否定性の自己関係」として理解するために、もし私たちが概念および概念的規定に関するヘーゲルの思弁的な理論の全面的な理解を本当に必要とするということならば、誰もそこから戻って来て他の人が理解できる言葉をほとんど発することのできないような、危険で神秘的な森に踏み込むように思われる[5]。また、合理的な再構成に取り組むに当たって、余計と思われるものをあまりにも排除して焦点を狭く絞り過ぎるならば、ヘーゲルの見解の全体像とその広範な狙いはみえてこなくなる。ヘーゲルの体系哲学を理性的規範性の理論として取り扱おうとしたこれまでの研究は、切り詰められた素描的なものであった。しかし、今回の私の願望は、『法哲学』において援用されていた用語法から十分な手がかりを得ることである。そうすれば、この著作におけるヘーゲルの最も重要な議論、すなわち、意志の自由についての彼の見解を正しく理解し評価することができる。

II　自己否定と倫理的存在者

緒論の基本的な主張は、自由の本性に関わっている。ヘーゲルによれば、『法哲学』が立証しようとしているのは、ひとたび自由を具体的に、その現実性において（たんにその消極的な形式においてではなく、すなわち、傾向性や欲望に抵抗する能力、感覚的な衝動から距離を取り、それを超える能力、まったく行為しない「無限定の」自由としてではなく――ちなみに、ヘーゲルはこれらの消極的な自由のすべてを真の自由のほのかな影にすぎないと考えた――）理解するならば、なぜ倫理的存在者（*sittliches Wesen*）だけが、すなわち、権利を担い道徳的責任を負う、近代の人倫および国家の構成員だけが、自由でありうるのか、を私たちが理解するようになることである。(6) これまで見てきたように、ヘーゲルは、ひとが行為する自由を所有するのは、どのような社会的政治的条件のもとにおいてなのか、という問いに答えようとしているだけではないと思われる。ヘーゲルの言おうとしているのは、自由の可能性（たんなる「行為する自由」ではなく、「意志の自由」）に必要な社会的政治的な条件があるということである。ヘーゲルは、『法哲学』三三節の結論部にあるように、「即自的かつ対自的に（in and for itself）自由な意志の理念の発展」が「諸段階において」理解されなければならないのはいかにしてなのか、そして、なぜなのかを示そうとする。この諸段階とは、抽象的ないし形式的な法・権利、道徳性、そして最も包括的には人倫の領域という、社会的制度に対応している（RP, 87; PR, 62.『法哲学』（上）三三節）。この発展的説明は、第四章で述べられた戦略に対応するものである。こうして、次のことが示される。規範的権威に対する最小限の権利要求も、それを現実化しようとすれば、当初意図されていたよりも広範な要求、しかし当初から前提とされていたことを示しうる要求（ここでは、社会的により拡張された要求）を、当初のものを首尾一貫して主張しうるためにも、必要とする。すなわち、正当性と権威への要求をする当人の内的観点からという意味で実践的に、必要とするのである。

このいわゆる「自己修正的」ないし「弁証法的」な手続き形式については、神秘的なところは何もない。それは、たとえばホッブズの基本的な議論に似ている。自然状態においては、もっとも切望される目標、つまり、安全、突然の暴力的な死の恐怖からの自由を実現しようと各人が試みれば、現実にはそのような目標にとって最も有害な状況をもたらすことになると想像することができる。すなわち、万人の万人に対する闘争である。そこで当初の目標を合理的に実現するために、直接的に合理的な反応（万人の万人に対する闘争と先制攻撃）を「否定すること」、すなわち、武器を相互に放棄してリヴァイアサンを創り出すことが求められる。この主張が擁護されるのは、展開がこのように理念的に描写されることによってである（自然状態からの脱出（*exeundum e statu naturae*）をこのように発展論的に描くことによって進行する、たいていの論議がそうである）[7]。そして、その要点がヘーゲルの言葉では「自己否定」という独特の用語で言い表される。そのような状態に置かれた人間は、たんに生得的にあるいは本能的に、陰謀を謀り始めたり人殺しを始めたりするわけではない。彼らがそうするのは理由があってのことであり、自分たちが置かれている危険を予測し計算してのことである。彼らは所与の状況を「否定し」、それゆえにまた、この否定を「否定する」。自分たちが生み出した状況を何らかの方法で解消せねばならないが、彼らがそれを成し遂げるのはリヴァイアサンの創造によってなのである。ロックならば、他者が何をするかに関する不確実性を主権者が何をするかに関する不確実性に置き換えただけであるから、リヴァイアサンもまた「自己否定」されねばならないと言うかもしれない。私たちの解決それ自体が、新たな解決を要求しているのである。

私たちはすでに、精神をこのように意志の自由の問題として論じることがもつ含意のいくつかをすでに見てきた。自由意志の本性に関するヘーゲルの説明を理解することができるのは、ただ精神に関する彼の体系的な理解を想起することによってのみなのであり、とりわけ、彼のいわゆる主観的精神と客観的精神との間の関係についての説明を想起することによってのみなのである。これまでに見てきたように、ヘーゲルの説明は「自由意志」を引き合いに出しているからといって、主意主義者でも、リバタリアンでも、非両立論の理論でもない。この立場を理解すれば、〔『法哲学』〕四節から七節までなされた基礎的な主張がさらに明らかになるであろう。そこで提供されているのは、精神的な存在者は倫理的存在者としてのみ自由でありうる、という論議全体のための論理的ないし概念的な基礎なのである(8)。

III　思惟と意志——理論と実践

もしヘーゲルが、精神の基本問題が、物質的であれ非物質的であれ、物ではなく、心の説明能力に関する十全な記述の内部で求められる、自己意識的であって社会的に維持される規範的な地位である、と論じているとすれば、そこにはどのような違いが生み出されるのであろうか。『法哲学』の緒論諸節で導入される四つの基本問題として確認されうるものにとって、それは大きな違いをなすはずである。この四つの基本問題とは、（a）とりわけヘーゲルの意志に関する説明を明らかにする、理論的精神と実践的精神との関係に関する主張、（b）第五節、第六節、第七節における意志の二契機と両者の関係に関する主張、（c）第二三節における自由に関する要約的定義（「自己のもとにあること」としての自由）、そして（d）この著作の議論全体にとってのこの定義の含意である。

自己保存的で内的に合目的的な存在者ではなく全面的に自己規定的な存在者、すなわち精神そのものの領域へとヘーゲルの説明が向かうとき、こうした領域に最も一般的な名称は単純に「規範的」領域ということになる。すなわち、成功することも失敗することもありうる目的をもった試みによって特徴づけられる活動の位階である。ある有機的な存在者は、ある種の有機的全体であったり目的論的な説明を必要としたりすることによってだけではなく、目的がそのような存在者のための理由を与えるがゆえに、それも、何がなされるべきかについて方向を決定すると信じられていることによって、理由を与えるがゆえに、自己を保存するとともに自分で方向を決めるものなのである（そして、それゆえに自然哲学に相応しい領域の外側にある）。（もとより、動物も同様に合理的に行動し、したがって、（動物が危険を察知して逃げるときのように）理由に対して反応することができると言いうる。しかし、動物は厳密な意味で理由そのものに対して応答すると言いうるわけではない。[9]）これらの自己規定的な（あるいは、規範によって自己を規制する）諸活動のあるものは、かろうじてあるいは潜在的にのみ自己規定的である。すなわち、習慣や慣習の作用であり、国民的あるいは民族的な特性であって、とどのつまり、ほとんど本能的なもの（「人間学」でヘーゲルが「魂」（*Seele*）と呼ぶものの属性）である。また、それらのあるものは、自分の対象を悩ましく懐疑する表象に基づく（「現象学」で取り扱われる意識（*Bewußtsein*））。さらに、あるものは、全面的に自己意識的な方法やヘーゲルの用語で言えば究極的には「無限に」自己規定的な方法で、ことがらを正しく把握しようと企てる（「心理学」で取り上げられる本来の意味での精神）。各々の議論における自由の問題は、こうして、自己表象および自己理解のモード次第である、と言うことができる。ヘーゲルにとって関心があるのは、このモードであり、行為におけるその特性であって、そのような諸表象が何かあるものをもたらすどうか、という問題ではない。

第四節への補遺において、動物がなぜ自由に行動することがないのかを説明しようとするとき、ヘーゲルは、魂、形而上学的地位、自発的な行為に関する問題に言及していない。

動物は本能によって行動する。それは内的な何かによって駆り立てられ、それゆえにまた実践的でもある。しかし、動物は意志を持たない。なぜなら、自分が何を欲望しているかということを自分自身に対して表象することがないからである。（RP, 47; PR, 36.『法哲学』（上）四節。強調引用者）

イヌの喉が渇いている場合に自分が水を得ようとしていることをイヌはいかなる意味においても知らないということを、ヘーゲルが言おうとしているようには思われない。しかし、その一方で、動物は目標を可能性として、つまり、追い求めることができるかもしれないしできないかもしれない欲望の対象として、表象することがないことを、ヘーゲルは言おうとしているようにも思われる。あるいは、動物は規範的な基礎について熟慮することもなければ、ある一連の行動が他の行動よりもなぜ優れているのかを理解することもないということを、ヘーゲルは言おうとしているようにも思われる。動物は、可能性の表象に「基づいて」、あるいは、そうした観点から行動することがない[10]。ただし、重要なことは、動物が何か実体的

な点で〔人間と〕異なっているとヘーゲルが主張しているわけではないことである。ヘーゲルは、動物が

「行動する」ことを否定していないし、動物がある意味で実践的な理由に対応していることも否定していない。ただ、そのような対応が「対自的」ではないということなのである。

この主張をヘーゲルがどのように理解しているのかは、四節での説明に注目することによって知ることができる。そこでは、彼が「意志」を何と考えていて、「意志の自由」の問題をどのように理解しているのかに関するもっとも分かりやすい説明が与えられている。彼が「より古い経験心理学」と呼ぶものに典型的な、もっとも広く流布した意志の理解に対してまったく反対であることを、明らかにしている。「より古い経験心理学」の意志に関する理解は、自分が行為すると決心するまでは何も起こらないという主観的な意味に基づいている。そこでは、意志が行為のギアを入れて自分を行為へと駆り立てるものとして理解されている。ヘーゲルが注目するのは、この概念が通常はまた、「別様になすこともできた」という感覚の必然性に訴えることによって、擁護されていることである。この感覚は、「罪、後悔など」の通常の観念を説明するための因果的能力の感覚であって、このような考え方はすべて、私がこの因果的能力を行使しないと「決心し」さえすれば行為は起きなかったであろう、あるいは、その力を別様に行使すると決心しさえすれば行為は別様に起きたであろう、という考え方に基づいているように思われる。

このような考え方に同意できないのは、いかにしてなのか、またなぜなのかを示すために、ヘーゲルは、世界に対する主体の「理論的」態度と、行為者と世界の「実践的」関係との間の関係について、自分の理解の概略を述べなくてはならない。

思惟と意志の区別は、ただ理論的態度と実践的態度との区別である。しかし、その二つは別々の能力

ではない。そうではなくて反対に、意志は思惟の特殊な仕方——自分自身を現存在へと置換する思惟——であって、自分自身に現存在を与えようとする衝動としての思惟である。[11]（RP, 46–47; PR, 35.『法哲学』（上）四節）

ここで鍵となる主張は、「意志は思惟の特殊な仕方である」、そして、その特殊な形態とは「自分自身を現存在へと置換すること」として理解された思惟である、ということである。（思惟の仕方についての後者の注釈が示しているのは、あることが私の意欲とみなされるためには私の意図を意識的に遂行しなければならない（つまり、何らかの記述のもとで行為は意図的なものでなければならない）という分かりきったことを主張しているのではない、ということである。意志は、意識の一形式として思惟にたんに付随するのではない。それは思惟の独特の形式であり、その形式は「現存在へと置換すること」と呼ばれている。問題をこのように定式化する仕方には、私たちはすでに出会っている。つまり行為は、着手されているものへの主体の暫定的な試みの公的な表現（あるいは置換）と理解されるべきなのである。つまり、それは「内面から外面へ」の運動であって、ヘーゲルの行き届いた言い方で言えば、外的な表現を内的なものとの「同一性」を保持する発現として解釈する運動なのである。（このような独特の語り方が、第六章の主題である。）思惟の一形式としての意志の強調は、少なくともヘーゲルが因果的能力の理論からいかに隔たっているかを明らかにする。ヘーゲルは、（自由の問題およびその階梯の問題に関連して）自分の行為への主体の基本的な関係を理解する正しい方法は、何よりもまず把握の問題であり、また経験に基づく理解の問題なのであって、成功裡に実行された能力の経験の問題ではまったくない、と言っているように思われる。理論的思考において私の思惟の対象に対する私の関係は何らかの仕方で「媒介されている」

が、実践的思考の場合には、世界に対する原初的な対抗関係のなかに、私は（「無媒介に」と言わざるを得ないが）「私自身を措定する」ということも、ヘーゲルは強調している。「媒介されている」でもってヘーゲルが意味していることを理解する一つの仕方は、理論的知識は観察や推論に基づくものであるが、私がしようとしているのは何なのか、なぜなのかに関する知識、すなわち、「実践的知識」は観察や推論に基づくものではないことにある。実践的知識の世界に対する「否定的な」関係は、第一義的にはヘーゲルが広く「知性」[12]と呼ぶものの問題であるとしても、理論的知識のそれとはこのように異なった形式のものなのである。私の行為の結果が因果的には私の産物でありえても、そこに私自身を確認するものではないならば、それは基本的に、この同定を成し遂げうる仕方で行為を「考える」ことができず、何がなされたのか、なぜその行為の実行に着手したのかを理解することができない、という事態である。それが私自身のものであると主張するのを妨げるものは、明らかに次のような状況であろう。私はAをしているつもりなのだが、他者は皆私がBをしていると考えている。あるいは、私はXを意図して行為しているつもりなのだが、ことの成り行きに応じて結局成し遂げたことは、Xという私の意図の「置換〔表現〕」であると首尾一貫して理解することができるものではない。なぜなら、私の行為が（私に対してさえも）示しているのは、私が実際には別の目標を求めており、私自身に対して認めることのない意図を持っていたし、持っているということだからである。主観的なものの外的な発現が解釈や表現として理解されるべきであるならば、行為者とその行為から影響を受ける他の人々との双方が、その表現が常に要求することをなさねばならない。つまり、それを解釈し、その意味と価値とを確定せよ、ということである。それが首尾よく規範化され、正当化される限りでのみ、そのような理解はこの（私を行為〔なされたこと〕と結合する）機能を果たすことができる。（行為の説明とは理由を与えることである。あなたが行っていることを私が理解するのは、あなたが何を企てていると考えているかを理解しようとすることによってであり、あなたをそのように行為へと導いてきたであろう理由を理解しようとすることによってである。）それゆえに、次のような強制下の状況、すなわち、なぜ私がまさにこれを行うのかを（たとえば、撃たれることを避けるためにと）正確に理解していると何らかの意味で言いうる状況、したがって、一般的な意味においてそうする「理由がある」（私の行っていることが、たとえ「完全に」私自身の行為ではないにしても、私に降りかかってくることではなくて、私の行為であるとなお厳密な意味で物語る）状況を、ヘーゲルは次のように論じる。すなわち、私はØへの私自身の理由を持っておらず、その理由は私への脅迫者がØへと私を強制する理由であって、それを自ら採用したのでも、それを自分と一体であると考えるのでもない。それゆえに、私はたんにその脅迫者の道具となっている。理由は脅迫者の理由であって、私自身の理由ではない。脅迫者の理由とその強制力とが行為の理由を私に与えることを私が理解しているとしても、それらは（フランクファートの有名な「二階レヴェルの」欲望として）同定しうるような理由ではない[13][2]。さらに、ある行為記述のもとで意識的にある意図を実行しながら、次の事実に気づくという疎外のケースがありうるのである。すなわち、自分の行っていることを進んで行っているわけではない場合に、また、行為や自分の正当化に他者たちから反撥を招く場合に、私が何を行っているのか、まさになぜ私がそれに取り掛かっているのかを、私が実際には理解していないということに意外にも気づくという、疎外のケースである。

それに基づいてある行為が理解され、私とその行為が影響を与える関係者とに対して正当化されるところの、制度的規範が客観的にはその行為を正当化するとはみなすことができないにも関わらず、主観的にその行為を私のものとみなし、行為のうちに私自身を認める可能性も、以上の理解から開かれてくる[14]。規範的な枠組みは、主観的な満足を与えるにせよ、完全に筋が通っているわけではない暫定的な理由を私に与えると言うことができるだけである。そこで、ヘーゲルは、行為を条件づける社会的依存性の本性やヘーゲルの説明が必要とする客観的、制度的な理性性の本性を規定することによって、この問題を解決しなければならない。前者〔社会的依存性の本性〕に対するヘーゲルの回答については、第六章、第七章、第八章で、後者〔客観的、制度的な理性性の本性〕については、第九章で議論する。

そこで、この章での「不自由」一般は、理論的態度と実践的態度との両面に共通でありうる現象として理解される。理論的には、疎遠にみえるもの、知的に理解できないことによって「私に抵抗する」ものに直面するという現象である。この隔たりを「克服すること」は、最初は理解できなかったものを単純に理解できるようにするという問題である。「自我は、世界を知っているとき、世界のなかでわが家にいる。さらに、自我が世界を概念的に把握するときには、なおさらそうである」(RP, 47; PR, 36.『法哲学』(上) 四節)。他方で、実践的態度においては、行為しようとするだけで私は「区別を立てる」ことになり、行為以前の状態を変えようとすることになる。私が世界や他者をあるべきと私が考えるものへと完全には変えることができないとしても、それでも(もし行為が自由であるとみなされうるのならば)その結果を私のものとして経験することができる。なぜならば、それらの結果は「私の精神の痕跡を帯びている」(RP, 47; PR, 36.『法哲学』(上) 四節) と言いうるからである。

ある意味において、これは実践理性と理論理性の穏当な区別立てのよく知られた「適合の方向」のヘーゲル版である。[15]〔3〕ただし「ある意味において」だけである。なぜならば、ヘーゲルの定式化が示唆し始めているように、主体の世界への実践的態度と理論的態度とが共通にもっているものにヘーゲルは関心を抱いているからである。このことは、理論的活動と実践的態度との両方を自由への渇望の発現であり通路でもあるとヘーゲルが考えているという事実が示している。世界のなかで自由に生きることは、世界から疎遠になったとは感じないことであり、世界のなかで「わが家にいる」ことであるとヘーゲルが主張するとき、〔4〕またこれが部分的にでも達成されるのは理解するという形式によってであり、つまり世界を把握することによってであるとヘーゲルが主張するとき、私と私にとって「他者」として現れるものとの間には本当は差異がないとか、あるいは私たちは両方とも、言わば大文字の世界精神の現れであるとかというようなことを理解するようになりうる、というようなことを示唆しているわけではない。既に述べたように、西洋合理主義の始まりである、存在するすべてのものは原理的には知的に理解可能であるという前提に、ヘーゲルは共鳴している。(これはしかし、明らかに途方もない主張であり、それに則って理解するべき方法に応じて、たとえば、宗教とか詩とかに応じて、多くの直接的な含意を含んでいる。明らかなのは、概念的に理解可能なものに外的な限界があるとヘーゲルは考えていないことである。つまり、その限界を超えて「語りえないもの」を言い表したり指し示したりするには、超概念的な方法、すなわち信仰があるだけであるというような、限界があるとヘーゲルは考えていない。)ここには、知的理解可能性の充分に納得のいく形式とみなされるものについて言うべき多くのことが残されている。確かに、ヘーゲルは、自然科学的説明のような重要な「諸契機」を排除しているわけではない。だが、むしろ、その自然科学的説明と、理解を可能にする実践や活動を包括的な視点から説明するのに不可欠な他のモードとの間の一貫性や両立性を説明することに意を尽くしているのである。こうして、実践理性の優位というカントのテーゼをヘーゲル流に翻案する。

　意志は「思惟の特殊な仕方」として理解されるべきであるとヘーゲルは主張するだけでなく、「理論的なものは本質的に実践的なものに含まれる」とか「意志は理論的なものをそれ自身のうちに含む」とかと主張する。さらに、

同様に、意志なしに理論的にふるまうことも、思惟することもできない。というのは、私たちは思惟することによって必然的に活動的であるからである。思惟されたものの内容は、たしかに、存在するという形式をとるが、この存在は媒介されたものであって、私たちの活動によって定立されたものなのである。(RP, 48; PR, 36.『法哲学』(上) 四節)

IV 自由と主知主義

私の解釈では、実践的なものの優位というこの主張は、思惟による規範的自己規制、すなわち、規範領域の自律性、還元不可能性を強調することに関係する。カントに由来し、フィヒテによって徹底されたこの主張のヘーゲル流の翻案には、しかし、この両人の自己定立とか自己原因とかの言い回しが認められない。というのも、ヘーゲルはそうした初発の契機を否定するからである。その代わり、精神を、そのつどすでに時間のうちで「自己実現しつつあるもの」とみなし、ある時代においてすでに権威の確立している習慣や作法をつねに当てにし、それによって方向づけられるという仕方で、自己を権威づけ、自己立法しつつあるものとみなしている。(これが、ヘーゲルの観念論が、「主体」の「実体」に対する優位にではなく、精神にとって確固たる参照枠となっているもの〔実体〕との等根源性、精神によって達成された実体性に立脚する理由である。また、諸主体がそのような権威の基盤を受け入れ、自己意識化し、そして「それを現実化する」という要件を不可避なものとする理由である。) 実践的なものの優位という、このヘーゲルの考えは、ドイツ観念論の最深のテーマに関わっている。「行為」の「存在」に対する優位は、そのままドイツ観念論の伝統およびそれに関するヨーロッパの注釈者に共通している。[16] もっとも、〔ヘーゲル哲学においては最終的に〕実践的なものは理論的なものの内部に取り込まれる。ただし、この文脈において私たちが次の点にだけは注意を払う必要がある。まず、その取り込みはこの自己立法というテーマに関わるのであって、（アドルノのような批評家によってヘーゲルに帰せられる、世界創造の形而上学にも、世界を飲み込む絶対的主観性にも関わらない。）また同様に、この取り込みは、ヘーゲルが実践的なものの理論的なものや思考への依存に関心をもっているのと同様に、知への「渇望」（*Drang*）（自由の問題にヘーゲルが結びつけたいと考えている重要な意味）の重要性にも関心をもっているという事実を照らし出す。このことが改めて、いかにしてヘーゲルが意志の「問題」を因果的能力の問題から解釈と和解という課題へとシフトさせようとしているかを明らかにする。

この理論的態度と実践的態度との連結のより大掛かりな叙述は、『エンチュクロペディー』の第四四三節の精神に関する議論において与えられている。そこでの説明が明らかにしているのは、客観的存在者と自分のものにされたものとを理論的ならびに実践的なコンテクストの両方において連結することがヘーゲルにとっていかに重要であるか、ということである。ヘーゲルの言おうとしているのは、典型的な弁証法的円環である。実際に、私たちは理論的態度においては、客観的なものを主観的なものにしようとしており、実践的態度においては、主観的なものを客観的なものにしようとしている。その結果、精神の真の実現である自由は、媒介された主観‐客観という適切な関係を必要とする。後に見るように、この媒介された主客関係は二重の「客観性」を含む。つまり、制度的な実現と相互主体的な和解の両形式を当然のことながら含むのである。（両者はともに実践領域では当該の客観性とみなされている。）そして、ヘーゲルの議論を貫いて、和解（すなわち、媒介された同一性）の形式が可能であると言いうるのは、精神の産物が

「理性の諸規定」に基づいて産み出されるからである。さらに、理性の諸規定という定式が、この試みにおいて成功とみなされるものの非比喩的な理解方法や、理性の詳細な役割を求めるからである。（補遺において、「精神の両様式は理性の形式である」と指摘している（PSS, 3:92–97.『精神哲学』三二五頁）。

こうして、これらの所見によって示唆される一般的な方向性は少なくとも、自由の主知主義的な観念と呼びうるもののように思われる。それは、ソクラテスの場合、あるいは一風変わってはいるが、スピノザの場合と同様である。両者にとっても、自由は一種の知ないし自己意識として理解されている。つまり、私自身が何を、なぜ行っているかを理解していることが、私が自由かどうかの問題の鍵なのである。ソクラテスやストア学派の考察では、真に自由な人間はたんに善を知る者である。たとえ実際に鎖につながれていようとも、あなたが善を知っているならば、あなたは自由である。たとえ全能の暴君であっても、善を知らなければ、自由ではない。奴隷の最悪の形態は無知である、等々。そのような条件下で可能な行為の問題（そのような考慮が行為する理由とみなされうるかどうか、もしそうみなされうるとすれば、いかにしてなのか）は、問題にならないとされる。というのも、ひとはすべて不可避的に善もしくは自分自身の幸福を欲するからであり、それを（本当に）知ることはそれを求めることだからである。不自由な人々は客観的な人間的善について無知な人々であるというにすぎない。それを知る人々は、人間的善の実現に伴う幸福のために、自分の（そして万人に通じる）欲望を満足させようと行為せざるをえないのである。

しかし、ヘーゲルは、『エンチュクロペディー』の第四八二節において、このような自由の主知主義的な概念をはっきりと排除している。だから、それはこの節の当を得た注釈たりえない。さらに困惑させられることに、ヘーゲルは自由のキリスト教的な理解を賞揚している。少なくとも、ヘーゲル流に解釈されたキリスト教の主要な見解（ただし、それは奇妙なことにアウグスティヌスの問題とも、主意主義において理解される意志とも関係がない）を賞揚している。これは、以前に引用した一節である。

> ギリシア人やローマ人、プラトンやアリストテレス、そしてストア学派の人々ですらも、それ（自由の理念）をもっていなかった。反対に彼らは、（たとえば、アテナイの市民やスパルタの市民であるといった）生まれによってのみ、あるいは、性格の強さや教育もしくは哲学によってのみ、人間は現実的に自由であると考えていた（したがって、賢者はたとえ奴隷であっても鎖につながれていても自由である）。この自由の理念は、キリスト教を通じて世界に現れた。キリスト教によれば、個人そのものが、神の愛の対象であり目的であることによって、無限の価値をもち、精神として神そのものとの絶対的な関係のうちに生き、神的精神を自分のうちに住まわせるように定められている。すなわち、人間は暗黙のうちに〔自体的に〕最高の自由へと定められている。（EPG, 302; PM, 239–240.『精神哲学』四一三―四一四頁）

この考察によれば、ひとは、善に対して正しい関係にあるだけでも、善についての知を所有しているだけでも、自由ではない。行為は、私が行為する気になっているかどうかという問題なのである。そして、これが必要としているのは、私が人間として人間的善への一般的欲望によってその気になることではなくて、何らかの認識がどんな行為理由を与えるにせよ、それは私にとっての理由でなければならず、たんに一般的に「万人にとっての」理由であってはならないということである。これが意味することの一つは、行為に移すことが可能にみえる思慮は、もしそれが私に行為する気にさせるとすれば、私が送っている特定の生活の構成部分として意味をなさなければならない、ということである。ひとは社会の中で生き、一定の仕方で育て上げられる。だから、ひとが万人にとっての客観的な善とみなしたいと思うことが、社会的世界の洗練された構造の中でその役割を演じるようになるということは、もちろんありうる。しかし、それは証明され、確立されていなければならないのである。

ヘーゲルの説明のこの次元を強調するとき、いささか私たちは反主知主義者やヒュームの立場に傾斜しているようにもみえる。その立場では、ひとの欲望という還元不可能な単一性、私にとっての善という唯一性が、理性をたまたま私のもっている特定の情念の奴隷にするであろう。そして、あらゆる行為が究極的には、反省以前の、反省によって接近できない動機、おそらく、快への特別の期待と苦痛の忌避によって動機づけられる。しかし例によって、理論的精神と実践的精神というカテゴリーは、きわめて暫定的で柔軟性があるから、そのような強固な対立を許さないことを強調して、この固定的な二元論もヘーゲルは拒否する。緒論全体の主旨は、自由とは、必要〔欲望〕を首尾よく充足する戦略としても、私の生活とその善への関係についてのたんなる知的な理解としても、うまく理解することができない、ということである。

すなわち、ただ欲望に襲われて、それを充足することだけを追求するという描像は、善の純粋な観想とそのような観想のみによって行為へと必然的かつ不可避的に動かされるという描像と同様に、間違っている。後者が歪められているのは、上述の引用箇所が強調しているように、その描像が、善の追求者としての私個人にとっても、ある時代の共同体に有効な、善の歴史的に特殊な形態にとっても、間違っているからである。こうして、知覚された善の私や私の特定の生活への必然的な関係について、私は何らかの所見をもつことができなければならない。(ヘーゲルがいくつかの箇所で示唆しているように、「媒介」という関係づけがなければ、そのような考慮がもつ動機づけの力が説明のつかないものとなろう。)前者が歪められているのは、主知主義者が部分的に正しいからである。つまり、私は単純に、満足を求める偶然的な欲望の集合ではない。私は、そのような欲望の上位にあって、それらを評価し、序列化し、どれが満たすに値するかを選択することができる。しかし、この評価がどれほど強いものであっても、私たちは（万人の客観的尺度の参照による欲望の序列化という）主知主義の立場に連れ戻されることはない。[17][5] なぜなら、評価は、それが私を動機づけるものならば、古典的な意味における客観主義の立場にも、非人称的な立場にも立ちえないからである。評価は、知覚された客観的善が、その時その場で、いかにしてまたなぜ、私にとって善であり、私によって選ばれるのか、ということを正当に取り扱わなければならない。

V　自由の心理的要素

以上の考えは、自由な生活の目標は全体として自己充足的な生活として理解されるべきであるという緒論を貫くヘーゲルの主張と結びついている。その自己充足的な生活では、外的な何ものも、つまり私ではない何ものも私の行為を規定することがない。（私の行為を私は私のものと認めることができるのは、この意味においてである。）これは、自由の問題が外的な原因ではなくて自己原因の問題（スピノザの立場）であるとヘーゲルが言おうとしているかのように聞こえるかもしれない。しかし、再度想起しなければならないのは、精神や自由の問題を因果関係の問題として取り扱うことを、ヘーゲルが明確に排除していることである。ヘーゲルの説明によれば、あるものは、取り上げられ理解される仕方によって「自分の一部になる」のである。また、私の振る舞いを動機づける内的に因果的な諸要因は、私が誰なのかの全般的な理解に資することがなければ、内的であるというだけでの理由で私の一部であるわけではない(後述する『法哲学』一二三節での主張を参照[18])。

こうして、私が生み出したわけではない外的な偶然性や影響力に私が多様な仕方で対応しているとしても、また、その影響力の意味ないし意義が「それなしでは私が私ではありえない」と私が理解しうる制度的社会的な実践一般を特徴づけるとしても、私はこの本を自由に書いていると言いうるし、その結果生み出された作品は本当に私のものであるだろう。これでもってすでに言い当てられているが、それはまったく高度で抽象的な基準であるようにみえる。もしこれらの実践が「理性的」であり、「理性的」であると理解されるならば、もし私が私自身を大勢のなかの別個のひとりとみなすとともに、事実上(私を例外視することなく、つまり、不合理な特別扱いをすることなく)「大勢のなかの一人」とみなすならば、これが自由である(それゆえに、私は自由に行為するのである)と、ヘーゲルは主張している。もとより、この理解ないし日常的経験の形式は、私が私自身や社会に関して抱く様々な見解がいつでもどこでも理論的で論証的である必要がないのと同様に、完全に理論的でも論証的でもある必要はない。

第五節では、自分の欲望との関係における主体の自立性について、ヘーゲルは次のように特徴づけている。

純粋な無規定性、あるいは「自我の」純粋な自己反省の境位においては、あらゆる制限も解消しているし、自然によって、諸々の必要、欲望、衝動によって直接に現存しているどんな内容も、他の何らかの形で与えられ規定されているようなどんな内容も解消している。それは絶対的な抽象や普遍性の制限なき無限性であり、自分自身の純粋な思惟である。(RP, 49; PR, 37.『法哲学』(上)五節)

しかし、ヘーゲルはすぐさま次の警告を発する。すなわち、傾向性の影響から免れた強力な自立能力のようなものとして描写される抽象的な自由意志の像は、そのような孤立したあり方においては、行為に関する歪められた描像を表すことになる。「制限なき無限性」が企てられる場合、それ自体が、純粋意志の孤立した行為として、動機づけのないままに起るわけではない。この抽象的な意図が遂行される場合、私たちが手に入れるものといえば、抽象的、否定的であり、全面破壊的ですらある、純粋自由の強制だけであろう。つまり、テロルの自由、あるいは「破壊の狂乱」だけであろう。そこでなされるのは、何ものによっても「規定されることがない」ための苦闘にほかならないであろう。様々な傾向性の行使が一時的に停止される仕方は、完全な自己権威づけや自己規定のためにヘーゲルがよく使用する用語である、「無限性」として言及されるものを明らかにする。しかし、その一方で、それは部分的な描像を与えるにすぎない。というのも、熟慮による一時的停止はそれ自体、つねに有限な立場を同様に表しているからであり、制度にも歴史にも拘束されたものであり、この最初の描像が示しているような抽象的で完全なものではないからである。(これから見るように、ヘーゲルは、公共的な行為が何らかの定式化された意図「から流出する」、すなわち、その意図の時間経過を通じての展開である、と理解している。また、意図の反省的な定式それ自体が気質や評価基準の展開である、と理解している。そのさい、気質や評価基準それ自体は、一般に遵守されている規範の個人の精神における表現である。)

ところで、自由の理念は、善、完全性、道徳法則に関する見解に基づいて、たんに傾向性から距離を取って行為することではない。自由の理念も、私の傾向性をしばらく停止するとともにそれを取り上げ行使しようとする、具体的な仕方という見地から理解される。

このように自分自身を規定されたものとして定立することを通じて、「自我」は現存在一般のなかへと歩み入るのである。——これが「自我」の有限性あるいは特殊化という絶対的な契機である。(RP, 52; PR, 39.『法哲学』(上) 六節)

この「取り上げて充足する仕方」は、〔傾向性の一時的停止という〕第一の契機の重要性を考慮するならば、たんに戦略的に合理的であるだけではない。それは傾向性や欲望それ自体についての、ある種の反省である(制度に拘束され、「具体的に倫理的である」この種の反省がヘーゲル『法哲学』の中心問題である)。具体的な自己規定をもたらす反省に関してヘーゲルは、「意志を自然的に規定している衝動、欲望、傾向性」はすべて(理性の名のもとに「放棄される」のではなく)「理性の形式」が与えられなければならない、と主張する。また、衝動や傾向性に理性の形式を与えれば、それらの欲望や傾向性は最終的に「私のもの」になるとも主張する。そして、この理性化のプロセスは、第十五節への補遺では、「人倫一般の概念と一致して」行為することを意味するとも言われる。(「理性的なものを私が意志する時、私は特殊な個人として行為するのではなくて、人倫一般の概念と一致して行為する。倫理的行為において、私は私自身の正当さを立証するのではなくて、何が問題の核心であるのか (die Sache) を立証する」(RP, 67; PR, 49.『法哲学』(上) 十五節)。)

これが強調すべき重要なところである。私の動機となる傾向性の内容に理性の形式を与えることによって真の主体となるという考えが「客観的精神」に関わる問題にとって意味するのは、推定上客観的で合理的な価値基準に合わせて目標や意図を個人的に保持することでも、目標や意図を普遍化可能な法則としてテストすることでも、私の本性や本質を反省的に実現することでもない。それが意味するのは、その充足の仕方が同時にその人の「倫理的生活〔人倫〕」を反映するような構造ないし形式に関する反省であって、熟慮それ自体はつねに「倫理的存在者」として行われ、他者を適切な仕方で考慮に入れる、ということである。だから、「人倫一般の概念と一致して」ということなのである。さらに、熟慮自体の観念、つまり、欲望や傾向性の発動を反省のもとで一時的に停止するという契機は、倫理的存在者の場合には事情が異なる、ということである。たとえば、なされるべきことに関する哲学と認められるものに主体がぎこちなく着手し始めるかのような、日常生活における何らかの中断をそれは含むわけではない。自分の欲望に理性の形式を与えようとする試みにおける倫理的規範の表現にも、熟慮された意図の時間経過を通じての展開にも、中断はない。

ところで、ヘーゲルは、傾向性に「理性の形式」を与えるさいに、「倫理的存在者」というその人の地位を直接引き合いに出しているが、これは、充分な説明がないまま、ヘーゲルが主題を「傾向性などに特別な種類の理性の形式を与えること」に変換したということを示している。明らかに、結果的に生じる行為に理性の形式を与えうる多くの方法がある。どの傾向性に基づいて行為するべきかに関するあらゆる思慮のなかで、熟慮の末にひとが満足するのは、他よりも惹かれるように思われる最初の思慮であるかもしれない。あるいは、そうした思慮を可能な限り余すところなく吟味して、優先順位をつけようと懸命に試み、そして最も惹かれるものに従って行為するひともいるかもしれない。あるいは、傾向性の最大多数が満足することを許すような方針を定式化することを懸命に試みるひともいるかもしれない、などである。人倫形式の導入は、たんに『法哲学』の特殊な主題に関わっているだけではなく、個人の利益、快、長期的幸福等々の考慮よりも優先する理性の形式に関わるように思われる。倫理的存在者として理性的に推論することは、人倫において何らかの仕方で方向を決定するものとして与えられたり受け容れられたりすることのできる理性的思慮を行うことである。進むべきはどの道かを理解することは、何をなすべきかを理性的に推論するにあたって人倫の優位の論拠を理解することを必要とする（これが本書の第七章、第八章の主題である）。

やがて見るように、この主張が向かっているのは次のような立場である。すなわち、この立場では、その行使が自由とみなされる立法能力ならびに執行能力は、（a）本源的であるわけでもなければ、事実問題もしくは形而上学的な意味において、ある種の実体そのものの属性であるわけでもない。そうではなくて、（b）ある社会共同体の内部において時間経過を通じて発展してきた主体間の社会的相互行為や相互的コミットメントの結果であり、内面化である。なぜヘーゲルがこのように確信しているのかの理由は、まずフィヒテの一七六六年の『自然法の基礎』で展開された多くのテーマを早い時期にヘーゲルが受容したという経緯に求められる。その後の経緯は主として、次の根本的な考えに関係している。すなわち、自分の欲望充足にあたり、他者からたんに物理的に妨害されるだけではなく、他者から「異議を申し立てられる」場合、フィヒテの表現では、「促される」場合、自分自身の欲望や利害関心に対して異なった関係を展開するようになる、という考えである。その場合、他者は土地の一区画への道をただ遮るのではなく、それへの私の暗黙の要求を拒否するのである。このような異議申し立ては、自分の行為に対する自分自身の関係を、欲望をたんに行為に移すことから要求へと変える、と言われる。というのも、欲望をみずから追求することは、方向を転じて、今やこの社会状況のなかでは他者への請求や要求でもあるとみなされなければならないからである。それは、当人自身の側でも、他者の権限の暗黙ではあるが現実的な拒否であって、たんなる妨害ではない。フィヒテの場合、これが最終的には相互に受け容れられた強制状態（国家）へと至る。それは、ホッブズに準じる認識であって、各自が同様な状況でその普遍的妥当性を受容することなしには、安全な使用権を要求することができない（すなわち、異議申し立て後は、そのような規範的要求をすることができない）というものである。これが、フィヒテの説明にある、相互に否定的な自由の制限を正当化する。（これが、この章と第六章の論題をあえて区別する多くの理由のひとつである。しかも、自由の心理的な要素と社会的な要素との区別を説明するのに必要なことである。）そして、私が提唱しようとしているように、ヘーゲルの場合は、権利擁護の問題をはるかに超えて、すべての規範的要求を承認の相互性の要求や企てとみなすのである。しかし、ヘーゲルの直観的洞察はフィヒテの場合を徹底する。すなわち、フィヒテの場合はすべてが他者の意志との妥協であるようにみえ、私の自由は他者の意志に部分的に服従するようにみえる。したがって、社会的な異議申し立てや応答から切り離されたところに、個人の自由意志がありうるかのような、誤った前提のもとにあるようにみえる。けれども、後者〔社会的な異議申し立てや応答〕は自由な行為者自体の根源的な条件であって、それなしでは、私の私自身の行為への関係も私によるその実行も自由であるとは考えることのできない社会関係なのである。したがって、それは、そこで自立が損なわれるのではなく達成される依存の形式なのである。[19] 以上が、ヘーゲルの社会哲学の基本的な主張である。他者は、一見したところでは（*prima facie*）別様にもなすことができるという自由の制限や制約のようにみえるが、究極的には制約ではない。適切な制度的文脈では、他者の要求を認知することは、自己認知と自己実現の形式にほかならないのである。何をなすべきかを反省するにあたり他者を考慮に入れることが「エイリアン」との妥協ではないのは、私自身の利害の特殊性を考慮に入れることがそうではないのと同様である。なぜそうなのか、これがヘーゲルのいわゆる「承認の理論」（本書第七章）の中心問題であり、この和解のための正しい条件をなす制度形態が、ヘーゲルの「人倫」の理論を構成する（本書第九章）。

ここでヘーゲルが意図していることは、第七節への補遺にあるお気に入りの例の一つにおいて与えられている。「自分の制限、すなわちこの他のもののうちにあって、自分自身のもとにある自我」という自由の完全な理解について注釈するところで、ヘーゲルが説明しているのは、

しかし、私たちはこの自由を情念（*Empfindung*）という形式においてすでに持っている。それはたとえば友情や愛情という情念の形式である。ここにおいては私たちは一面的に私たちのうちにあるのではなく、他者への関係において進んで私たち自身を制限する。しかもこの制限のなかにおいて私たち自身を私たち自身として知るのである。この規定のなかで、人間は規定されているとは感じないものである。反対に、他者を他者としてみなすことによってのみ、自分の自己認識に達する。このようにして自由は、規定されていないことにも規定されていることにもあるのではなく、同時に両者である。（RP, 57; PR, 42.『法哲学』（上）七節）

VI　自然的・社会的依存と自立

以上のことすべてから、第六章から第九章のテーマである、社会性という主題が提起される。そして、私は倫理的存在者としてのみ熟慮すると言いうることから、具体的で制度的な関係が他人を考慮に入れる「正しい」方法の問題に答える、その仕方が提起される。だが、喫緊の問題として迫っているようにみえるものに、まだ取り組んでいるわけではない。ヘーゲルは倫理的省察の多くを人倫的コミュニティの規範

の「内部で」議論したいと考えているから、(a) そのような規範の批判は説明するのがより難しいようにみえる。(b)それに応じて、さらに一般的に、次の疑問が生じる。すなわち、ある時代にある共同体にとって理性的に重要であると考えられるものと、事実上理性的に重要であるものとを、ヘーゲルが区別するとすれば、いかにして区別するのか。

これが、第二三節での主張に要約される理論において求められているものである。

この自由においてのみ、意志は完全にそれ自身のもとにある。なぜなら意志はそれ自身の他には何ものにも関連をもたないからである。それゆえにそれ自身の何か他のものへの依存のあらゆる関係性は除去される。この意志は真であり、むしろ真理それ自体である。なぜならばその規定性はその現存在であることの中にあり、言い換えればそれ自身に対立する何かとして、その概念のなかでそれがあるものであるからである。つまり、純粋概念は自分自身の直観を自分の目的と実在性としてもつのである。」(RP, 74; PR, 54.『法哲学』(上)二三節)

この箇所を読み解く鍵は、「完全にそれ自身のもとにある意志」をヘーゲルがいかに広く理解しているかにある。意志は具体的に意志する倫理的存在者の行為者性として理解されている。そして、〔倫理的存在者としての〕思慮が主体の制限としてではなく主体の現実化の諸局面として理解される限りでのみ、人間の依存状態と思われるものの多様な形態が、今や意志を規定すると理解される。(意欲とは意図の現実化である。しかし、試みないし企ての表明は、世界への身体的関与の独特の仕方での活動のもう一つ別の記述であって、第二章でヘーゲルに帰された二重の局面を想起させる。)[20]「主体が真にそれであるところのものとして」の、すなわち「真理それ自体として」の意志のうちで、主体はその実践や行為を自分自身と同一化することができる。この意味において、「それ自身でない」ものとの関係を、その熟慮とも行為とも無関係なものとして「無視する」ことができる。もっと具体的に言うと、そのような主体は、さもなければ個人の自己充足に対する抑制として現れるかもしれないもの、すなわち、家族の構成員の要求、国による課題、ビジネス上の競争相手が押し付けてくる制約、国家が戦争のために市民に課す要求を、事実上「自分自身以外の何ものでもないもの」として、真の自己充足の諸局面として、理解すると言いうるであろう。このようなことが生じうるのは、この結びつきの特性による。だが、この結びつきは至る所で言及されてはいるが、しかしなお、緒論では〔それ自身は〕ほとんど説明されないままの説明装置である。それはつまり、これらの諸関係が倫理的に理性的な形式をもっているという事実である。

これはまだ、不鮮明で信じられないほど圧縮された主張である。そして、その主張を取り扱うのは第六章から第九章の仕事である。しかし、行為者と行為者が直面する世界に関するこの主張の、標準的ではなく明らかにヘーゲル的な本性を強調することは重要である。ヘーゲルが言おうとしていることは、以前に述べたことと連続している。精神が自然に依存すること——どのような精神も、つねに身体において具体化するのであり、自然的身体の活動ないしエネルゲイア〔現実態〕であること——は、自立という達成された形式と全く矛盾しない。そこでは、私たち自然的存在者や私たちの周りの自然的存在者の地位が、私たちの行うことに自動的もしくは必然的に規範的関係をもつわけではないし、達成された精神性のそのような形式としての私たちにとっては、まったく重要ではないのである。私たちの規範的な熟慮という点から言えば、自然的ならびに社会的な依存性は、もし私たちがそれらを重要であるとみなす理由がなければ、重要とならない。『精神現象学』の感覚的確信の章には、これに関する有名な場面がある。そこでヘーゲルは、感覚のたんなる対象にもともと具わっている「無にひとしいこと」を強調して、彼に対してあるもの〔対象〕を冗談めかしている。「動物ですら、そのような知恵から締め出されていない」（直面する自然的対象が規範的に「無にひとしい」という知恵から締め出されていない）し、動物は「その知恵に深く手ほどきを受けているということを見せる」、とヘーゲルは主張する。

動物は、あたかもそれらがもともとある存在をもっていたかのように、感性に訴える物を前にして何もしないでただ立っているのではない。そうではなくて、それらの実在性の望みを断って、それらの無にひとしいことを確信したのであって、無造作に襲い、食べ尽くす」（PhG, 69; PhS, 65.『精神現象学』（上）一〇七頁）

もちろん、右の記述が意味しているのは、感性に訴える客観的対象は真実には実在しないということでも、有機的存在者は明白に自然的な意味においてそうした対象に依存しないということでも、ありえない（そうした対象がなかったら有機的存在者は飢えてしまう）。実際のところ、そのような現存在や事実上の依存が真実でなければ、ヘーゲルがここで述べていることは意味をなさなくなる。ヘーゲルは明らかに依存と自立について完全に異なった意味について語っているのである。そこで、ヘーゲルが言おうとしている意味を解明することが、私たちの次の仕事になる。

Ⅶ 「行為者性」と「理性の形式」――相互承認と遡及的正当化

こうして、自由に関するヘーゲルの立場は、主意主義者でも、主知主義者でも、反主知主義者（欲望に基づく行為理由しか認めない立場）でもない。それでは、どんな立場であると私たちは受け止めたらよいのか。精神的存在者をヘーゲルが理解する仕方によれば、行為が自由な行為とみなされるのは、それがある一定の方法で着手され、一定の思慮と動機づけの理由に照らして実行される場合である。これらの思慮が、偶然的でしばしば葛藤を引き起こしかねない傾向性に、理性の形式を与えるとされる。一連の行為において、偶然的な傾向性も利害関心も欲望も超え、その上位に立ってこれを評価するといっても、人倫の歴史的に達成された形態を超えたり、その外側に立ったりするわけではない。また、そのような反省がたんに戦略的に欲望充足に関わるわけでもない。それは、自分を自分自身と同一のものとみなすことができるという問題であって、自分を規定された個人の選択方針と同一化することができ、理性の形式が与えられ「純化された」と認定される私の傾向性と同一化することができるという問題なのである。これが、いかにして私が本当にそれらの行為の主体になりうるのか、そして、行為の責任を（通常の比喩以上の意味で）取りうるのか、という問題なのである。（その結論は、私の特殊な主観的な傾向性にとって、抑圧でも犠牲でもなく、理性の形式とみなされるだろうが、このことが、個人的に動機づけるとともに倫理的に一貫した現実的な意志の描写とみなされるものである。）

この最後の責任を取るという問題は、本書の第六章から第九章の主題も導き入れるような最終的見解へと駆り立てる。ヘーゲルが行為者に帰しうる自由の階梯を規定するにあたっての主要な問題が、行使された因果的能力の程度にではなく、ある時代の、ある社会共同体において提起され、受容されたり拒絶されたりしうる正当化の種類と質に依存していることを想起されたい。そのさい、ひとが行為の責任を取り、それを自分自身のものとして請け負うと言いうる、質や程度を規定するのは後者である。もっとも一般的な言い方をすれば、この問題は、何が自然や運命、あるいは、ほかの種類の不可避なものに割り当てられるのか、そして、何が行為者性一般、特に個人に正当に割り当てられうるのか、という問題において歴史的に明らかである。神託や兆しのような文脈では、自然それ自体が行為者であって、行為しコミュニケーションをすると理解されるかもしれない。他の文脈では、人間生活の多くは意味の表現とみなされるのではなく、自然的循環の不可避な発現とか因果的に不可避なものとみなされるかもしれない。それに対して責任を取ったり割り当てたりしうるものと責任の引き受けと割り当てから除外しうるものとの間に、そのような仕方で線を引くことは、様々なヴァリエーションを可能にするし、また明らかに私たちにおいてなお論争の的である（裁判における精神障害の弁護、薬物療法、そして、社会行動の進化論的説明をめぐる論争の場合と同様に）。

ヘーゲルが提起しているのは、いかにしてそのような線引きがなされるのか、もしくは、いかにして過去に繰り返された線引きの発展史的に一貫した仕方を理解することができるのかについての、歴史的ではあるが相対主義的ではない説明である。たとえば『精神現象学』（第六章〔「精神」章〕）でのヘーゲルの説明はそうした試みの最も重要な例である。私はここでそれを用いて、ヘーゲルが『法哲学』において抽象的な観念を緒論から本論へと仕上げる仕方に味付けをしようと思う。まずは、ここで以前に用いた例に戻る。「精神」章の冒頭では、自然と精神の区別が作り出され産み出されたものであることが突き止められる。そして、特異な言葉遣いで、いかにして人間存在のある局面を精神という地位「たらしめ」うるのかを描写する。それは埋葬の儀式の事例である。死者が自然の単なる一部になることを許さない義務を、ヘーゲルは家族に割り当てる。死者が「直接的に自然的になった存在」として放置されることは許されない。それは「意識のなすこと」ではないから、それによって「意識の権利」が断言されうるような「なされたもの」であることが要求されなければならない（PhG, 244; PhS, 270.『精神現象学』（下）七四四頁）。ヘーゲルは、引き続きこのような言葉遣いで、人々の現存在を、対象それ自体の属性に依存するものではなく、私たちが着手し、変形し、他者にもそうするように求めた結果生み出されたものたらしめる。起きてしまったこと、ここでは死あるいは死者の地位を「仕事（…）意志されたもの」（PhG, 250; PhS, 278.『精神現象学』（下）七四四頁）たらしめねばならない。

アンティゴネーの議論を通じて、特にクレオンとの論争に関する説明において、同じ強い主張が再三繰り返されている。両者は、行為者としての地位を維持するために争い、行為（成功することもあれば失敗することもある企て）の主体となるために争う。そして、その企ての成否は、彼らが行為に取り組み、行為を請け負うことをどのように主張するのか――クレオンが命令を布告して、アンティゴネーがそれに反抗する――、そして、互いの主張にどのように反応するのか、に懸かっている。両者は、言葉と行為によって〔行為者としての〕地位を主張しなければならない。アンティゴネーは、妹のイスメネが提案する実行不可能という思慮（見張りの存在、状況、自分たちの弱さを考慮すると、文字通りまさしく実行不可能なこと――ポリュネイケスの埋葬――についてのきわめて理に適った説明）を受け容れない。アンティゴネーが暗に主張しているように、重要なのは、ひとが何を自分自身に対して要求しているかであり、ひとがどのような種類の承認を求めているかである。市民としてと同様に家族構成員としてのポリュネイケスの地位の問題は、独立の実在問題でも、たんに血縁的事実の問題でもなく、多少意外かもしれないが、埋葬がうまくいくかどうかの問題ですらもない。それはすべて、何がなされることを家族が許すのか、あるいは何が異議が申し立てられることなくなされたり言われたりするのを家族が許すのか、ということに懸かっている。ポリュネイケスがアンティゴネーの兄であるのは、彼への関係が事実関係でも自然的規定でもなくて、人倫的関係であるからである。また、この関係が維持されている限りにおいてのことである。その関係が損なわれると、死体が埋葬されないままで放置されるというぞっとする光景が、ポリュネイケスおよびポリスの「外部」のひとすべてに訪れるものを想像させる。イスメネが不可能でさえあると考えることを、アンティゴネーは「引き受ける」ことを主張する。つまり、アンティゴネーは、不作為を必然として認めるのではなく、自分の不作為とみなそうとする。そして、この姿勢が可能かどうかは、成功の見込みがない場合ですら彼女に行為することを求めているとアンティゴネーが信じる正当性の事由に懸かっている。

こうして、イエナ時代『精神現象学』のこのくだりは、古代ギリシア的人倫の特定の解釈の提示をはるかに超えた重要性をもつ。それはヘーゲルにとって、人間の行為者性がそうしなければ存在することのない行為や関係性を引き受ける、と言われうるあり方の明瞭な諸事例の一つである。また、その企ての成否を決するとヘーゲルの考える、承認のための社会的闘争の継続を示すものでもある。ヘーゲルが提示しようとし続けていることは、この闘争のあり方、この正当性の事由ないし理由の諸制限に関係している。ここでは行為自体の特性が、「歩み出てくる」と叙述され、したがって、積極的に行為を自分自身のものとして引き受けるあり方として叙述されるが(『法哲学』緒論の基本的な主題)、その一方で、ひとがそうするのは、それ自体説明されなければならず、適切に引き受けられなければならない思慮に基づいてなのである。ギリシア人の美しいが崩壊する「人倫」において、ひとは引き受けるというよりもそこに住まう「人倫的権力」への直接的な再参加によってのみ立ち現れる。この役割への直接的な同一化は役割の十分な反省ないし実際に積極的な引き受けを抑圧することになり、その葛藤が調停しようのない悲劇的な衝突を運命づける。（危機状況下の役割への同一化は、そこに住まう容赦ない実践ではなく、守り抜く見解となる。しかし、思慮の正当化のやり取りは、それが進展するにはあまりにも制約された仕方で行われる。）ここから始まるのが、行為を引き受け正当化する様々な仕方（社会歴史的意味における理由）それ自体が自覚的に〔自己意識的に〕理解され肯定される（あるいは理解も肯定もされない）のはいかにしてなのかに関するヘーゲルの説明であって、これはソフォクレスの状況のほとんど正確に対極をなすものに至るまで継続される。ディドロの小説『ラモーの甥』がそれであって、そこでは、可能な正当化と倫理的世界は、すべてが劇場用の仮面にすぎないかのように理解されている。すなわち、自由がその人自身と深く疎外なく同一化する問題ではないかのように、もしくは、そういう問題ではありえないかのように、理解される。しかも、自分が誰でもなく、それゆえ潜在的には誰でもあるという、疎外の完璧で永続的な状態であるかのように、理解される。かつて「自然」であったものが、今やすべてたんなる「教養」（Bildung）である。そして、この種のヒューマニズムの根無し草的で潜在的に革命的な諸側面の出所が、ヘーゲルの望む現象学の論理によって、明かされる。

行為者性の確立と理性的なものとの関連、そして、行為を引き受け請け負うことと承認の相互性との関連は、最終的には、行為者性および責任の可能性に関する、近代の伝統における標準とは相当に異なった描像を私たちに提示する。このことすべての帰結は、行為者性をなすことが、先行の熟慮および選択能力の問題というよりは、遡及的な正当化や理解とか相互承認とかの問題である、ということである。そして、その考えの核心は、とりわけ常識的な直観に反している。すなわち、行為が自分自身のものとなるのは、「後から」、その行為を「振り返り」、それを取り上げるか否かの、その人による処理の仕方（それも、ある時代のある社会において、なされたことを正当化し請け負う方法として一般に利用可能な仕方）によってである。ヘーゲルはこのような説明を喜んで受け入れている、こう私は主張したい。（結局のところ、ミネルヴァのフクロウはただ夕暮れに飛び立つ。）そこで私は、行為者性の社会的本性に関するこのような主張を正当化する、ヘーゲルの最も明確な企てに向かうことにする。

原注

（1）ここで直ちに、こと細かに注意を払って見るべきものを強調しておく必要がある。つまり、ここで要求されていることは、厳密な懐疑論に答えうるという意味において「哲学的に充分な理由がある」という種類のものではない。

（2）第七章において、ヘーゲルは、「初期」あるいはイエナ時代に採っていた立場（とりわけ規範的権威の純粋に間主観的地位に関する主張）を、後の『法哲学』では放棄したという、よく知られた「発展史的」問題を論じる。私が論じるのは、この問題が、主観的・間主観的・客観的（制度的）次元における自由の解明という、ヘーゲルの理論の核心にある問題ではない、ということである。

（3）Allen Wood's "Introduction" to *The Philosophy of Right*（PR, xxvii）からの引用。

（4）私がここで（ヘーゲルの思弁的な企てが失敗であり、大いに見当違いだと）論じているとしても、なおヘーゲルの倫理学に関してどれほど大きな価値があると言いうるかの事例として、Wood（1990）を参照。また、私のレヴュー、Pippin（1993b）も参照。

（5）Ottoman（1982）と Henrich（1982）, p. 444. を参照。

（6）ヘーゲルが倫理的存在者〔*sittliches Wesen*〕と呼ぶものは、Margaret Gilbert 1989 以降「多元的主体〔plural Subject]」と呼ばれているものと多くの点で共通する。Laden（2005）参照。

（7）ヘーゲルが自己意識論において承認のための死を賭した暴力的闘争を中心に据えているので、注釈者は闘争の側面に惹きつけられてきたが、ヘーゲルとホッブズの間には他に非常に重要な連関がいくつかある。二つの問題がもっとも重要である。第一に、ホッブズとの比較によって、近代のリベラリズムにおける主要な系列の重要な前提との共通の結び付きが明らかになる。「自然状態」は実践的には（あるいは、実践的な理解可能性という点では）ありえない。それは弁証法的にそれ自身の克服を要求する。すなわち、問題の解決のために様々な手段を求める。国家という人為的構築物は、人間本性の陶冶ではなく、その克服を表している。（これは、自然状態における人間存在が本性的に善であるか悪であるかとは何のかかわりもない。）第二に、この二人の思想家にとって、人間存在はもともと「自由」であり、人間として義務づけられているわけでも、人間として「罪を負っている」わけでもない。ひとはもともと束縛がなく、したがって、すべての束縛はみずから課したものと理解される。第一の点に関して、中心問題は、集合的な自己陶冶としての教養が、否定する以外に選択肢のない、原初状態もしくは自然状態からどの程度十分に「隔たった」秩序を創造することができるのか、という問題である。もとより、ホッブズはそのような陶冶の可能性について悲観的である。ヘーゲルの考えは、より包容力があるが、市民社会と国家の区別や戦争に関する見解に、その限界がある。Strauss（2006）ではこの方向においてさまざまな議論がなされる。

（8）「主意主義者」によって私は、最も古くはアウグスティヌスやアクィナスと関係がありカントにおいて重要である哲学的観念（パウロの著作において既に著名だが）を、ごく一般的に引き合いに出すつもりである。その観念では、客観的善の知的理解、もしくは幸福を生み出す状況だと信じられているものが、欲望からも、感じられた傾向性からも、快苦あるいは想像された快苦の経験の結果としての嫌悪からも、私たちを合理的な信念に依拠しないで（必ずしもそれと対立するわけではないが）行動したいと思わせる嫌悪からも、区別されている。この区別の中で欲望は理性によって訓練されると言いうるかもしれない。しかし、そのような信念や欲望はそれだけでは人間の行為を十分に説明することはできない。その上さらに、明瞭な能力である意志を引き合いに出す必要がある。さもなければ、パウロの有名な自己非難（「自ら嫌悪するところを行う」）のように、私にとって善であろうものを認識し、私にとって善であるものを欲しながらも行為しない（あるいは、自分にとって悪であるもの、つまり罪を認識し、それを深く嫌悪しながら、しかしどうしてもそれをすることを「選択する」）という状況を私たちは説明できなくなるだろう。おそらく、行うべきであり行いたいと信じることを、また行おうと「意志し」なければならない。熱情に負けたり、単に間違えたりするのではなくて、私が悪を選択する場合でも、アクィナスが「合理的な欲望」と呼んだものを私はもたなければならない。（アクィナス自身が本当のところキリスト教の護教論や特にアウグスティヌスの神義論が必要とする意志の観念をもっていたかどうかという問題、あるいは、彼があまりに主知主義的でギリシア的であり続けたかどうかという問題は、錯綜しているが、Terence Irwin（1992）のきわめて有益な論文において詳細に探究されている。）

（9）これは、まだ未刊の、最近の幾つかの講義の中でJohn McDowellによって使用された定式化である。

（10）このような分節化の祖型は、明らかに『信仰と知』で扱われているカントの分節化である。他のすべての被造物は「法則に従って」行動するが、人間という動物は「法則の概念（あるいは表象）に従って」行動する。

（11）知性と意志とに関連する『エンチュクロペディー』の決定的な個所は、四六八節である。次の有益な注釈を参照。Peperzack（1987a）, pp. 45ff. とPeperzack（1991）. また、次も参照。Inwood（1982）, p. 145.

（12）Anscombe（2000）, §8と§28. を参照。

（13）Frankfurt（1971）.

（14）主観的な次元と客観的な次元との関係性について、またとりわけ、ヘーゲルが熟考しなければならない、そのさまざまな可能性についての有益な議論については、Hardimon（1994）を参照。

（15）アンスコムは厳密にはこれらの術語で定式化しているわけではないにも関わらず（§32参照）、たいていはAnscombe（2000）の研究によると考えられている。

（16）問題をよく議論するために、これらの術語で言い表される。Fischbach（2002）を参照。

（17）チャールズ・テイラーの用語（Taylor 1985c）。

（18）「自我」と「非我」が何なのかを理解する仕方に関して同様の間違いが、フィヒテ解釈ではしばしば見受けられる。Pippin（2006c）参照。

（19）これが、ヘーゲルによる承認の強調の歴史的展開に関する大きな問題を提起する。また、より相互主観的な初期の理論を放棄して、後期にはより一元論的で独話的な理論に向かったという、頻繁に耳にする批判を呼び寄せる。そのような批判的主張が見受けられうるのは、とりわけ、Habermas（1973）と（1987）、Theunissen（1982）、Hösle（1987a）、Honneth（1996）においてである。Williams（1997）は、それらにおいて提示されているのとは異なる理由によるが、発展的な解釈や放棄したという解釈に反対している。またヘーゲルの理論のターニング・ポイントである、一八〇三—四年の精神哲学の断片に関しては、Wildt (1982), pp. 325ff. と Siep (1974a), pp. 155ff. を参照。前後の『精神現象学』自体における承認というテーマの一貫性については、Siep (1998), p. 118参照。

(20) O'Shaughnessy (2003) を参照。

訳注

〔1〕個人主義を理論の出発点とすることが社会的・政治的文化の理論として根拠を欠いた不毛なものであることを示そうとした近年の著名な例が、M・サンデルの「負荷なき自我 (unencumbered selves)」という概念によるJ・ロールズの理論への批判である。Cf. M.J. Sandel, *Liberalism and Limits of Justice*, 2 nd edition, Cambridge University Press 1982, 1998. サンデルもまた、ここでピピンが言及するようなヘーゲルの考え方を肯定的に受け止めた研究者の一人であることは、次のような発言から明らかである。――「私はヘーゲルにはとても、とても深く影響を受けています。というのも、彼は、啓蒙に由来する普遍的な理性への希求を維持しながら、位置付けられたコミュニティ、倫理的なコミュニティの一員として普遍的な理性に関われると積極的に信じていたからです。ですから、この二つの考え方を結びつけたのはヘーゲルの偉大な功績だと私は思っています」(マイケル・サンデル「正義は常に美徳であるか」〔インタヴュー・解説〕小林正弥、『文學界』二〇一一年七月号、文藝春秋社、一七九頁)。

〔2〕H・フランクファートは、自由の核心を他の行為もなしえたという「選択可能性」にではなく、私がなした行為であるという「行為者性」に認め、両立論の立場から決定論と両立しうる行為者性を論じるにあたり、欲求の階層理論を提示している。たとえば、ビールを飲みたい、もしくは、タバコを吸いたいという欲求が「一階の欲求」である。これに対して、ビールを飲みたいという欲求を望ましい欲求として欲する、もしくは、タバコを吸いたいという欲求を望ましくない欲求として欲しない、というのが「二階の欲求」である。フランクファールトにとって、この動物にはない人間独自の「二階の欲求」に従って行為するとき、それが自由意志に従った行為であり、私のなした行為なのである。

〔3〕行為論において信念と欲求をめぐるこの論点を最初に提示したのは「買い物のリスト」を取り上げた

Anscombe（2000）の§32 であった（その初版は一九五七年、第二版は一九六三年）が、この論点を「適合の方向（direction of fit）」という用語で定式化したのは B. Williams, "Deciding to Believe," in *Problem of the Self*, Cambridge University Press, 1973. とされる。G・E・M・アンスコム『インテンション――実践知の考察』（菅豊彦訳、産業図書、一九八四年）、河島一郎「適合の方向と行為者」（『行為論研究』第一号、行為論研究会、二〇一〇年）、参照。

〔4〕 本段落「疎遠になった（estranged）」「わが家にいること（at home）」について。ここには単に近代的な選択の自由とは異なるギリシア的自由概念（これについては、仲手川良雄『歴史の中の自由――ホメロスとホッブズのあいだ』中公新書、一九八六年、参照）、つまり奴隷が故郷から引き離されていた古代ギリシアや古代ユダヤに共通の古代的奴隷制の概念と連関した古代的自由概念がある。つまり自分が自分の主人であるがゆえに選択の自由をもつという近代的自由が忘却しがちな別の古代的自由概念がある。それはユダヤの旧約聖書においてもエクソダスの伝説に込められた自由願望でもある。

〔5〕 Taylor（1985c）においてCh・テイラーは、H・フランクファートの欲求の階層理論をうけて、「弱い評価」と「強い評価」とを区別した。「弱い評価」とは、たとえば、昼食にカツ丼を食べるか、天丼を食べるかというような選択肢の間で自分の感じ方とか偶然的な欲求とかが行う評価である。これに対して、「強い評価」とは、自分の欲求に対する、高貴か下賤か、美徳か悪徳か、洗練か粗野かというような両立不可能な価値の間で行われる自分の生き方と不可分な質的評価である。

第六章　意志の自由——社会的次元

I　行為と意図

私たちが辿り着いたテーマは、ヘーゲルの「行為者性の社会理論」である。行為性に関する通常の理解の仕方からすれば、このテーマが直接提起するのは、社会性がそもそも行為者性の問題と関係すると考えられるのはなぜなのか、という問題である。そこで、この問題に取り掛かるにあたり、これまでの議論を振り返ってみるのもよい考えかもしれない。

すでに繰り返し見たように、この問題を理解する仕方は、数多くある。最も一般的には、自然に発生する出来事と行為を区別するのは（もしあるとすれば）何なのか。（時々次のように問われる。責任ある人間の行うことを動物がすることから区別するものは、もしあるとすれば何なのか。）もっともよくあるアプローチによれば、行為とは個人によって意図的に、ことさらに、ある目的のために行われることである。これは、これから見るように誤解を招きかねないが、ある意図に由来し、それに基づき、それを原因とする行為を言おうとしている。すなわち、ある出来事の多くの可能な記述のなかに、それが意図的であることを表現する真の記述があるとすれば、それが行為なのである。これはただ、なぜあることをしているのかと尋ねられたひとが、その説明のために表現することができるのは意図であって、それはたいてい理由という形をとる[1]、と多くの場合受け止められている、ということである。ひとは、自分が行為しているのはなぜなのかを、自分の肺を患っている原因が何なのかを記述するような仕方では、（極端な場合を除けば）記述しない。その代わり、その人が明らかにすることは、心理的な好き嫌いの感情に対する自分自身の関係である。つまり、時々言われるように、〔自分の心理的な〕傾向性に対するその人の「評価的な」関係である[2]。その人が意図的に行為するとは、その人が何をなすべきかの評価を行い、その決定に基づいて行為している、ということである[3]。（それゆえ、動物は合目的的に行動するが、この肯定的に評価された「目的のために」行為するわけではない[4][1]。）

これまでのところはこれでよい。このアプローチにヘーゲルも賛同する。起こっているのは何なのか、そしてなぜなのかに関する主体の理解と関係なく、内的な領域とも自己関係とも関係なく、行為という出来事を識別することはできないから、これにヘーゲルは賛同する。たとえば、ヘーゲルは、私の行為と、私によって私を原因としてなされたが、私に帰される行為ではなく、それゆえ非意図的になされたこととを区別しているが、この区別をこうした議論において重視している。彼は、この区別を、行為（Handlung）、すなわち純粋な行為と、私によってたんになされたこと（*Tat*）との間の差異と呼んでいる。（私が電灯をつけたが、そうすることによって、夜盗に警告を発した、という身近な例を取り上げよう。私は意図的に電灯をつけたのだから、それは私の行為である。しかし私は近くに夜盗がいたということを知らなかった（あるいは知っていることを合理的に期待することはできなかった）。それゆえに、私が夜盗に警告を発したとしても、それは私によってなされたことであるにすぎない。つまり、私がそれをもたらしたとしても、たんになされたこと（*Tat*）であるにすぎない。これを区別する唯一の方法は、自分がしているのは何なのか、なぜなのかについての主体の見解に訴えることによる。[5]）

次の問題は、意図的にもしくは意図から行為することとは何なのか、である。ひとつの答えは、意図は特別の種類の原因であって、この特別な種類の原因、すなわち、信念や欲望のような心理状態が、行為を特徴づける、というものである。行為は信念や欲望によって独特のかたちで引き起こされる。このように考える哲学者は、通常因果的説明だけが厳密な意味での説明であるとも考えるが、自由はそのような因果性と両立可能であると考える両立論者である。[6] ほかの哲学者もまたユニークな因果性を信じているが、信念や欲望が行為を因果的に引き起こすのではないと主張する。この主張によれば、私は「意志の働き」によって、すなわち、因果的に作用を被るのでなく、作用しうる意志の自発的な働きによって、行為するのである。これが自由意志論者である。すなわち、非両立論者、主意主義者、もしくはリバタリアン〔自由至上主義者〕である。[7]

非常に興味が引かれるのはこの点である。というのも、ヘーゲルはこのような意味において両立論者でもなければ、非両立論者でもないからである。ヘーゲルは内的な状態と外的な行為との間の関係は、自然因果性であれ、〔自由の〕因果性であれ、そもそも因果的なものであるとは考えていない。[8] 別様になしえたかもしれないという区別する上で、主体の態度が決定的に重要であり、当の態度が意図であることに、ヘーゲルは同意する。さらに、意図をもつことは理由をもつという機能を果たし、いずれの説明が説得力をもつかについての問題を提起しうるという機能を果たすことを、ヘーゲルは認める。それゆえに、多くの可能性のなかで最終的になぜそれをすることになったのかを説明する理由がなければならないことも、ヘーゲルは認める。[9] このような仕方での賛否という実践的思慮に関する日常的反省を処理する能力は、行為者性にとって決定的な自己関係であり、ヘーゲルが言うように、ひとを可能な行為に向けたり遠ざけたりすることとして経験される思慮をもつ能力であると同時にそれを「超える」能力である。

こうしてみえてくるテーゼは、この自己関係は社会関係から離れて理解することができないというものである。私の私自身への関係は私の他者への関係によって媒介されている。ここにおける「媒介」とは何を意味するのか。ヘーゲルによるその意味の一つは、かなりの程度明らかである。実践的推論は規範的に拘束された活動である（何を行うべきであるかに関して、人は正しい答えを得たいと思う）。しかも、問題の規範それ自体はたんに「私次第」であるわけではない。規範は既に広く共有された社会的作法（社会常識[10]）を反映しており、この社会的作法（社会常識）が個人の継承した熟慮のための基準として機能している。これに対して、そのように継承されるのでも社会的に媒介されるのでもない（すなわち、反文明化の大波に直面するときですら、どの時代の誰にも絶えず接近可能な）規範が少なくとも一つあるとカントは考えた。それが純粋実践理性そのものの形式であり、それは、たまたま望まれる目的、歴史的に継承されてきた評価規準を捨象し除外して、この形式だけに注意を払うことによって、誰にも接近可能となる。だが、よく知られているように、そのような規範が行為を導き、動機づけることができることをヘーゲルは否定したのである。そして、これと対照的に、実践的推論は常に社会的規範に対応するものであると、ヘーゲルは考えた。つまり、人は「倫理的存在者」（*sittliches Wesen*）として熟慮するのであって、理性的行為者として熟慮するのではない。

第二に、行為者性はすべて、行為を記述することと意図を自己に帰することとを、その前提として要求する。だが、ヘーゲルは、「社会的コンテクストを捨象することができない」以上、行為者自身の記述と、意図を自己に帰することとをたんに暫定的なものとして取り扱わなければならないと、主張する。この点が、ヘーゲルの説明のもっとも特異で独創的な面である。人々が自己記述について（「私たちの間」でそれを行うことが何なのかについて）誤りうるという事実を、ヘーゲルはきわめて重く受け止める。また、コミットメントの十分な意味、見通し、含意についても誤りうるし、無知でありうる。さらに、意図を自分に帰することにおいてさえ誤りうるし、自分自身の意図についても誤りうる。ヘーゲルは自分の立場を定めるにあたり、この事実から多くを得ている。〔自己記述と意図の自己帰属との〕両側面は、当初の無規定性が規定されるに先立って、社会的な対応と媒介の形式に従属していると言うことができる。したがって、たとえば、もし行為がそれとして受け容れられることがなければ、私たちの間ではそれを行っていることにはならないであろう。また、もしあなたが自分自身に帰する行為記述と意図の両方を、他者があなたに帰することができなければ、あなたは自分の意図を首尾よく実行したことにはならない。

ヘーゲルが自己関係を自他関係と結びつけたいと考えているのは、この意味においてである。以下で私が議論したいのは、後者の関心事、すなわち内面‐外面問題である。ヘーゲルの立場には多くの論争的な要素があるので、以下のII節においてまず、ヘーゲルの立場の全体的な輪郭をスケッチするつもりである。次に、残りの諸節において、そのような解釈を裏付けると私の考えるテクストに向かう。

II　社会と時間に埋め込まれた主体

私が自由な行為者として行為することができ、私の行為を私自身のものとして認識することができるための、明白な必要条件は、私自身の心、私自身のいつもの態度、コミットメント、気質、好みなどを私が知ることができなければならず、さまざまな思慮の優劣に関する反省に取り組み、私のコミットメントの程度を査定し、所与の状況下でどの思慮に基づいて行為すべきなのかを理解することなどができなければならない、ということである。排他的でユニークな一人称の熟慮能力や、自己同一的で内面的－心理的な熟慮能力を行使する個人という標準的な主張がしようとしているのは、それをする傾向があるだけのものから主体がある有意な自立性を確保しているにちがいなく、動機づけを与える傾向性と行為との間には因果的な結び付きも自動的な結びつきもない、ということである。もし行為が出来事のなかでも種類を異にするものであるならば、その行為が生じたのはなぜなのかに関する説明は、以上の心理的諸項目および行為者のそれらへの関係に訴えなければならない。また、私が原因で起きた多くのことのなかで、私に責任ありとすることができるものがあるとすれば（すなわち、意図的な行為があるとすれば）、それは、少なくとも当初は分断されている、行為者の「内面的」生活と、公共的にアクセス可能な「外面的」世界におけるこれら〔心理的〕諸項目の現われとに訴えなければならない。

ところで、あらゆる形態の自己知のユニークな特徴は、現代哲学の持続的なテーマとなってきたが、パラドックスやアポリアに陥りやすい、と多くの人々によって受け止められている。この〔パラドックスやアポリアに陥りやすいという〕状況は、ヘーゲルの場合、むしろより顕著になっている。それは、自己知に関する聞き慣れない発言があるからであり、自己知と世界に関する知との不可分性、とりわけ、自己知と他の行為者に関する知および彼らへの関係との不可分性を主張しているからである。きわめてパラドクシカルだと思われるのは、ヘーゲルが行為における「内面」と「外面」の「思弁的同一性」さえも主張していることである。また、後に見るように、主体に関する現代の研究論文において目立つテーマを、ヘーゲルは重要視している。[11]その主旨は、意図の自己帰属は観察に基づくと理解されるべきではない、また心理的諸事項の報告ではないというものである。意図の自己帰属は、決意を表明し、コミットメントを公言することと理解されなければならず、身体の動きの原因として身体とは別個に機能しうる心のエピソードや事項を報告するものではない。私がある意図を表明するとき、自分自身に対してすら、行為するという約束を公言しているのであって、その内容と信用性は、その約束を果たすことを始めるまでは、(私に対してすら)留保されたままである。しかし、(一人称の主張と三人称の主張の非対称性や、アンスコムの「非観察的知識」[12](2)との共同歩調という)このよく知られた地点で、ヘーゲルは方向を変え、独自の道を歩み始める。

第一に、ヘーゲルが、行為の時間性ないし時間的広がりを理解する方法、行為の開始と実現を理解する方法、行為の始まり、終わり、完成を関連させ、適切に組み立てる方法を、再考しようとしていることは、明らかである。[13]すなわち、理性的で自由な行為者がどのようなものかを考察するにあたり、私たちの焦点距離を有効に拡張することを、具体的には、行為者性それ自身の描像のなかに、馴染みの決意し行為する主体から、それに先行する「過去へと」広がり、また「未来へと」広がる文脈と時間の領域を取り込むことを、ヘーゲルは求めている。その結果、行為の展開とその受容・反応が、行為の構成要素、すなわち、何がなされたのか、何が主体の意図であったのかを最終的に決定するものの構成要素であるとみなされる。（究極目的は、決意の「瞬間」とか因果的能力の契機とかの観念がもつ呪縛全体を打破することである。）以上のことから、「理由に基づいて行為する主体」と描写されるものは、より適切には、行為し応答される、社会と時間に埋め込まれた主体とみなされるべきである、と言おうとするならば、それはやや奇妙に聞こえるかもしれない。だが、これがヘーゲルの提案している立場であり、私がよりよく理解したいと考えている立場なのである。『精神現象学』の「精神」章で、行為の本性に関して以前の箇所で確立したとみなしているものを注釈しているが、そのさいヘーゲルの述べている行為の「現実性」の独自の本性は、以下のものである。

この現実性は、あらゆる方向に無限に吹き出す諸状況の多元性である。すなわち、諸状況は、それらの諸条件へと逆戻りし、それらの結び付きへと横向きに進み、そして、その帰結へ向けて前進する。(14)
(PhG, 346; PhS, 389.『精神現象学』(下) 九六二頁)

これはすべてヘーゲルの行為者性の説明に特有のものとよく評される特徴と関連があるが、まだ十分に理解されていないと私は思う。行為は表現を特徴とするものであって、たんに行為者の実行力のユニークな諸結果なのではない。結果として生ずるもののなかに表されたもの（それゆえに、その表されたものを規定する当初の困難や社会的複雑さ）は、ヘーゲルにとって、その結果に至るユニークな因果的経路と推定されるものと同様に重要なのである。行為は、行為者が自分で行っていると考えているものを（時には行為者に対して、たいていは決して直接的にではなく、あいまいで部分的に）開示するとともに、いかなる行為においても解釈上の問題を際立たせる仕方で、行為者自身に対してさえも、そう行為する権利への暗黙の規範的要求を明示するのである。すなわち、なされたのは何なのか、それが正当であるとみえるのはいかにしてなのか。[15] その答えは行為者の心のなかにはない。それは、「創作されたものは何なのか」の答えが、芸術家の心理状態のなかにないのと同様である。ヘーゲルの望む基本設計は、行為の所有者という点で決定的である行為者の因果的能力から、「行為を自分自身のものにする」、すなわち、行為をその人自身のものとして取り戻すことへと、注意を向け換えることである。行為者性の本性は、原因となる能力を理解することにおいてではなく、この取り戻しの本性を理解することにおいて、判明するであろう。[16] ここには、個人と歴史の両方の意味の説明における、有名なヘーゲルの事後的特性が認められる。

この社会的描像は、理由に基づく行為の因果的な理論や主意主義的な理論に対するヘーゲルの批判において大きな役割を演じている。というのも、ヘーゲルの主張では、個人としての行為者が自分の行ったことに対して所有関係や本来的関係をもっているとは言うことができず、行為者は行われた当のことに対して自明で自ずからなる権原をもっているわけではないからである。行為の適切な記述は、熟慮や行為の確立した文脈（これを行うためにこの実践的理由をもつことが、そこにおいて意味をなす文脈）にも依存すれば、また、どのような意図や行為記述が他者によってあなたに帰せられるかにも依存する。そうであれば、行為者自身の意図の表明に切り札的な優先権が与えられうるわけではない。その意図の真の内容は、意志に先立つ多くの条件を含む行為記述への関係によってのみ適切にそれとして同定されうる。それは、暫定的であって、いわば時間と経験を交差する、流動的で不安定なものであらざるをえない。この主張はおそらくもっとも私たちの直観に反するものだが、ヘーゲルは標準的な因果的説明モデルにおいて不可欠な原因という役割を演じる分離した様態として意図を論ずるつもりがない。とはいえ、ある単一主体の先行するユニークな因果的能力として自由を理解しようとすることは誤解を招くというヘーゲルの主張に同意するならば、錯綜した茂みに足を踏み入れるように思われる。

　意図の「真の内容」によって私が言おうとしているのは、ヘーゲルの説明におけるもっとも込み入った要因のことである。この要因についてはすでに指摘済みではあるが、さらに詳しく取り上げよう。ところで、ヘーゲルによる意図の説明は、次の事実に立脚している。すなわち、主体による当人の意図の表現を取り扱う場合、たとえ一人称の権威（first-person authority）がいかに特権的であるかがはっきりしていて[3]も、行為主体はその意図の「所有者」である度合いと、意図のうちに表現されているコミットメントの度合いの両方をなお一層誇張することができることを、認めなければならない。彼らの自己言明は、その表現がたとえ誠実であっても、決意の純粋な表現でありうるのと同様に、意図に関するファンタジーでもありうる。ひとが何をしようと意図しているかに関心があるとき、それを尋ねるもっとも権威ある相手は、実際のところその当人であるかもしれない。しかし、もっとも権威のあることは、つねに当てにすることのできる権威であることを意味しない。実際そうではない場合でも、その意図を実行したと私は心底から主張することができるし、また、私の属する社会共同体における他の誰もが反論する仕方で私の行ったことを記述することもできる。しかし、「個人性を限定する」という第一条件（決意と行為に先行するものであるという点で重要だと言いうる諸要因）は、それだけで物議をかもすものでもある。

　個人の決意に先行するアクチュアルな社会的世界が行為の適切な説明にとって重要だという主張は、ヘーゲルの立場のよく知られている側面である。この主張は、個人的な行為者やその切り離された心理状態の本源性や自己充足性についての私たちの通常の直観に反する、ヘーゲルの存在論に基づいている[17]。また、説明にあたって先行する一連の社会的要因を重視するこの主張は、ヘーゲルが実践理性の客観的次元と主観的次元とを区別しなかったという事実に由来するが、それゆえ、ある時代にある共同体においてある主体があることをする、ないしそれを控える理由と実際にみなされうるのは何なのか、という問題を提起することになった。これは、相対主義的な含意はもたないとは思われるが、すでに言及した歴史的含意はもっている。アンティゴネーにとって行為する理由とみなされうるものは、シェイクスピア劇のコーディーリアにとって行為する理由とみなされるであろうものではありえない。たとえ両者ともに誠実で反省的に洗練されていようとも、そうなのである。[18] 主観的な観点からは、現実に主体にとって正当とみなされる思慮の可能性にも注目することが重要である。この思慮は、私たちがただ引証したり引き合いに出したりするものではなく、私たちが請け負うべきものなのである。思慮がもつ正当化力の度合いは、個々の主体が反省的活動だけによって認可したり発見したりするようなものではないことは、比較的議論の余地がない。したがって、実践的な理由が理由とみなされるには「現実的で」なければならないということは、客観的で歴史的な諸条件に言及することだけには止まらない。それは、思慮はただもっぱら「外的な」理由ではありえず、主体にとって動機を与える「内的な」理由でありえなければならない、[19] ということでもある。ただし、思慮がそのような内的な理由となると言うことができるのは、複雑な社会化のプロセスを介してのみのことである。

実際のところ、ヘーゲルの立場は、これよりもさらに強硬でさえある。その理由はすでに詳しく見てきたところである。すなわち、主体や行為者であることは、ヘーゲルによって、存在論的な問題、すなわち、厳密に哲学的な問題として取り扱われているわけではない。むしろ、たとえば、市民であるとか教授であるとかという、達成された社会的地位として、つまり、相互承認の産物や成果として取り扱われている。[20] これが意味するのは、異なる歴史的共同体はこの社会的地位を異なった仕方で確立するということである。

だから、ヘーゲルにとって、次のような事実は、まったく歴史的な仕方で説明されなければならない。すなわち、古代の著述家がキリスト教の形而上学者が意志と呼ぶものをもっていないように思われるという事実も、十八世紀のイギリス哲学が規範的区別を情念の影響に強く結びつけているという事実も、カントの道徳心理学が行為者を典型的に純粋実践理性の命令に従う能力として描き出しているという事実も、すべてそうなのである。これは、ヘーゲルによれば、そのような地位の帰属が多少とも旨くいったり、多少とも完全であったりする場合であっても、そうなのである。属性的地位のさまざまな要素は、なお克服されるべき内的な両立不可能性や内的に葛藤する理想を伴いうる。近代の行為者性の観念は、心の内面にユニークな因果的能力を具え、存在論的に独特の中心をなす個人に基づいているのだが、後に見るように、この観念の核心には「遂行論的」欠陥があるとヘーゲルは考える。とりわけヘーゲルの探究しているのは、そのような自己理解を維持することができないということの診断法が何であるのかということである。そのような診断法の一部として、ヘーゲルは、外面的でおおっぴらに観察可能な身体の動きを因果的に引き起こす内的な意図とか決意とかという観念の背後にある論理を、提案している。

III 「行為者性」の内と外――「事そのもの」

しかし、以上の、存在論、十分な説明とみなされるもの、そして、実践的理由の客観的次元についての諸考察に加えて、ヘーゲルは行為者性そのものに関する近代に共通の描像への根本的な批判も提示する。そして、それに代えて、私たちが「内-外」関係として理解している、行為者性の独特の論理構造の描写像を提示する。ここで提起されるのが、行為の着手後、行為を時間のうちで他者に対して展開することが、決定の瞬間と推定されるものに先行する諸条件と同様に、行為者性を行為者性たらしめる本質的な次元であるのは、いかにしてなのか、という問題である。この問題についてのもっとも濃い議論は、『精神現象学』の実践理性を扱った第五章の後半にある。（この議論は、その個所だけに限られているわけではない。『エンチュクロペディー』「小論理学」の「内」と「外」の取り扱いでは、ヘーゲルの断言的定式は簡単なものである。「ただ内的なものにすぎないものはそれゆえにただ外的であるにすぎない。そして、ただ外的にすぎないものはただ内的なものであるにすぎない」(EL, 274; EnL, 197.『小論理学』三五九頁)。詳しい説明は『精神現象学』にある。そこでは、行為者性の近代的理解は次の点で事態を歪める誤りを犯していることが論じられる。それは、外的な表明から内的な意図をぎこちなく「分離する」点においてである。また、行為を説明するのに、孤立され分離された意図を先行する原因として参照しようとする点においてである。この章の残りの部分で私が検討したいのはこの点である[21]。

この批判の核心は、内省に拠ることによっても、行為者の心をもっと深く覗き込むことによっても、誠実さを測るテストによっても、現実に主体の意図ないし動機づけの理由が何であったのかを私たちは決定することができない、ということにある。ヘーゲルは「彼らの果実によって、汝は彼らを知ることができる」〔『マタイによる福音書』七章十六節〕を頻繁に引用し、しかも「彼らの果実、もしくは行為〔なされたこと〕によってのみ」と付け加えたが、それももっともであろう。明示され表現されたものとしてのみ、ひとは（それを行った主体自身ですら）、何が意図されたに違いないのかを遡及的に決定することができるのである。もとより、実際に行為した後になってしか、何をしようと意図していたのかを知ることができない、と主張することは、少しばかりパラドクシカルに思われる[22]。しかし、ヘーゲルがこの立場を取っていることは疑う余地がない。その証拠に、次のようなくだりがある。「倫理的な自己意識はこうして、自分が現実に行ったことの発展的な本性を、自分の行為〔なされたこと〕から学ぶ」(PhG, 255; PhS, 283.『精神現象学』(下)七六五頁)。「個体は、自分が行為を通じて自分自身を実在的なものとしてしまうまでは、自分が何であるのかを知ることはできない」[23](PhG, 218; PhS, 240.『精神現象学』(上)四〇三頁)。

あるいは、『エンチュクロペディー』には、さらに踏み込んだ定式がある。

私たちは人間について、すべてはその本質に懸かっているのであって、その行為や行いに懸かっているのではない、と述べることに慣れている。ところでこのことには、人間が何をするかということはその直接性において考察されてはならず、その人の内なるものによって媒介されたものとしてのみ、またその内なるものの現れとしてのみ考察されるべきであるという正しい思想がある。しかしこの思想とともに、その本質とさらに内なるものは、現象へと歩み出ることによって自分自身をそのようなものとして証示するということを見過ごしてはならない。他方において、行為の内容から区別された本質としての内なるものへと人が訴えることには、彼らのたんなる主観性の認証を求めるという意図があるのであって、このようにして即自的かつ対自的に妥当することを回避しようとする意図がある。」(EL, 234; EnL, 164–165.『小論理学』三〇六頁以降)

しかし、すでに述べたように、もっとも濃い議論は『精神現象学』にある。第五章の最後の二節において、主意主義の立場に対する、包括的で内在的で、まったく特異な「現象学的」な批判を企てている。心の中で私がそれを意図するというような行為の私にとっての意味と、行為を正当化するために私が採用する理由との間の関係が、外的で社会的な世界の内部では、主体によって対立関係のうちで経験されるということは、容易に起こりうるが、ヘーゲルは、その様々なあり方を提示しようとしている。また、この対立は、その行為が他者によって解釈されたり抵抗されたりする（何がなされたかに関する行為主体による主張に異議を唱えながら、解釈上の抵抗がなされる）仕方によって高められる。内的な動機と外的な現れとの間の厳格な分離は、抽象的なものであって、ヘーゲルの考えでは最終的には維持することができないが、以上のことはすべてこの分離からもたらされる。そこで引き続き、ヘーゲルは、どうすればこうした対立を解決することができるのかを研究する。こうして、哲学の歴史においてはそれまでまったく企てられることのなかった研究、すなわち、現象学的な書庫として文学および歴史学の諸類型を探求するという、広範な研究に乗り出すのである。

これに関連する議論が始まるのは「観察する理性」の最後のあたりだが、そこでヘーゲルは『現象学』第五章〔「理性」章〕後半の議論を先取りするような主張を導入し始める。彼が追い求めているものの、もっとも明確な早期の兆候は、観相学に関するリヒテンベルクの次のジョークへの同意の後に登場する。つまり、「あなたは正直な人であるように確かに行為しているけれども、あなたは自分自身をそうするように強制しているのであって、心では不正直者であるということが私はあなたの顔から分かる」と言うような人に対する正しい応酬は、「横面を張る」ことだ、というジョークである。ヘーゲルは続ける。

人間の真の存在は、むしろ彼の行為〔なされたこと〕である。この行為において、個体性は現実的である。たんに意図されたものの次の両側面を捨てるのは、行為である。その一側面において、「意図されたもの」は、身体の受動的存在という形式、つまり個体性という形式をもっているが、行為において、むしろ、存在を失う限りでのみ存在するという否定的な本質として自分を示すのである。さらに同じように、行為が捨てるのは、自己意識的な個体性の観点からみて、何が「意図された」のかということの表現不可能性である。」（PhG, 178; PhS, 193–194.『精神現象学』（上）三二二頁）

ヘーゲルが強調している点は、本質とか真理とか真の自己とかへ訴えることによって行為者による行為〔なされたこと〕を特定しようとするすべての企てに共通する点である。もっとも、それがここで強調されるのは、顔の外形とか顔つきとかに表現されるある人の性格とその人が実際に行うこととの対比によってではある。ここでヘーゲルが言おうとしているのは、主観的原因として分離可能と理解された意図、行為の身体的な欲望、情念、傾向性のたんなる生起として理解された意図、観相学的本質として理解された意図といった側面を、現実の行為〔なされたこと〕は「否定し」、超えていく、ということである。また同様に、本当の意図は行為〔なされたこと〕において部分的にしか表現されえないから、それ自体は表現されることのないままである、という見解を「否定し」、超えていくということである。両方の見解とは反対に、「人間個人は、行為〔なされたこと〕がそれであるところのものである」。したがって、その人の「仕事（*Werk*）」とも呼ばれる、ある人の行為〔なされたこと〕が「内的な可能性」と対比されるならば、「たとえ彼がこの点で自分を欺き、自分の行為から顔をそむけて自分自身へと向かい、この内的な意味において、なされたこと（*That*）において彼がそれであるところのものとは別のものであると思い込むとしても、その人の真の現実性とみなされなければならないのは」[24]（PhG, 178-179; PhS, 194.『精神現象学』（上）三二三頁）、その仕事、もしくは行為〔なされたこと〕なのである。

最後に、ヘーゲルは受け容れに熱心だが、多くの難問を投げ掛けるこの立場の意味は、もっとも顕著には「事そのもの」の箇所において示されている。もし行為者が行為に先だってそれとは別に何を意図したのかを完全に決定する方法がないとすれば、また、もし私たちがそのような決定をすることができるのが、ただまったく「行為〔なされたこと〕において」だけであるとすれば、私たちは真の意図を遡及的に行為者に対してさえテストすることになるだけでなく、そのように分離された意図を参照することによってはその行為を完全には特定できないことにもなる。その行為がそれであると私の考えるもの、すなわち、私の考える行為の要点、目的、意味が、直観的に行為者に帰される切り札的な権威をいまではもたない。この説明において、私はその行為の所有者たる権利を行使することもないし、「何がなされたのか」を単独で決定することもできない[25]。この決定は、いわば、ある具体的な社会共同体の内部における論争に左右されるのである。その共同体に参与する人々は、私たちの実践のなかでならば「それ」がどのような種類の行為となるのであろうか、私たちのルールがどのように適用されるのか、を決定しなければならない。こうして、私の意図が「実在的」なのは二重の意味においてである。すなわち、意図は行為〔なされたこと〕の「内《うち》」で外部に露呈しており、行為〔なされたこと〕は本質的に「他者に対して」外部に露呈している。「ひとの考えることを気にしないこと」、「誠実であること」、「評論家が何を言おうとも自分自身を信じていること」などを誇る行為者、つまり、ヘーゲルのいわゆる事そのもの（*die Sache selbst*）（なされたことの内的な本質、内的事実、真の意味）が私の主観的見解によって決定されていると信じる行為者を描写する場合、ヘーゲルは次のように記す。

あることを行い、こうして自分自身を明るみに出すさいに、人々は世間の評判とすべての人々の参加とを排除したいと望む思い上がりを、自分の行為によって、直接的に否定することになる。反対に、現実化は自分自身のものを普遍性の場面において外へと提示することなのである。それによって、自分自身のものは万人の事（*Sache*）になるし、またなるべきなのである。」（PhG, 227; PhS, 251.『精神現象学』（上）四二二頁）

ヘーゲルの記述によれば、そうしたミスター誠実の観点からは、このこと（他人の絡み）は、「注がれたばかりのミルク」にたかる「ハエ」のように、他人のことに忙しくおせっかいを焼いているようにみえるであろう。だが、ヘーゲルはこの見方を拒否して、すべての行為とともに「他者に対してあるものがそれ自身のための主題である」と主張する。換言すれば、あなたはあることをする決心をしたのかどうか、自分が何を決心したと考えているのか、について一人称の権威をもっているかもしれないが、それが、あなたが何を決心したのかという問題に決着をつけるわけではない、ということである。あなたが何をしようと意図したかを公言しても、あなたが本当に決心したかどうか（あるいは、たんに空想にふけっているだけなのかどうか）という問題が未決のままであるし、あなたの実際の関与の程度とか、あなたが実際に何をしようと決断したのかという問題が未決のままである。未来についての実践的な態度（すなわち、意図）は、このような区別を必要とするし、この問題を解決する方法を必要とする。

「精神」章における、道徳的意識、とりわけ、道徳的で主観的な自己確信の議論において、この章で自分が打ち立てたと考えているものをただ想起するために、ヘーゲルは次のように述べる。

行為とは、このようにして、その個人的な内容の対象的な場面への翻訳にすぎないのであって、この場面においてその内容は普遍的であり承認される。そしてまさにそれが承認されているという事実がその行為〔なされたこと〕を実在とするものなのである」(PhG, 345; PhS, 388.『精神現象学』(下) 九五九頁。強調引用者)

こうして、ヘーゲルは事そのものの議論を呼び戻し、「誠実な意識」のナイーブな態度と良心のより反省的な自己確信との差異を見分ける。

(ここで注意したいのは、あたかも心に浮かんだエピソードが後になって「現実に存在するようになる」かのように、行為した後になって何らかの思慮が文字通りその人の意図に「なる」ということも、あたかも後ろ向きの因果関係があるかのように、他者が行為者の意図を現実に存在させるという意味において「決定する」ということも、ヘーゲルは主張していないし、主張する気もないということである。たいていの場合、その人の先行する明確に表明された意図が、他の行為者によってまさにそれとみなされる行為のなかで明らかになり表現される。しかし、これがこのような仕方では起きない可能性(コミットの程度を誇張して公言する可能性、もしくは、社会的に認められない行為記述を独りよがりに主張する可能性)、これにヘーゲルは関心を寄せる。それらは、ほとんど意味のない可能性ではあるが、つねに在るものであることをヘーゲルに示唆し、行為者の言い分に帰すべき特権的な役割がないことを示すのである。[26])

さらに、もし他者がある行為にある行為記述を適用し、かつその他者がその行為と私自身とに私が帰する意図を私に帰することが、意図の遂行を成功させる条件であるとすれば、次のような場合、私たちは何と言うべきであろうか。すなわち、行為記述と意図が乖離する場合、あるいは、ある行為について、社会的に権威のある見方では「テロリストの行為」であるが、それがたとえばアパルトヘイト国家のような著しく不公正な社会であって、多くの行為者たちがその行為を自由の闘士による正統なレジスタンスだとみなしたい場合である。これについて、ヘーゲルの立場から言うべきことが二つある。しかし、どちらも（少なくとも）書物一冊分に相当する大き過ぎるテーマであるから、ここでは簡単に触れることができるだけである。第一に、意図の遂行が成功する条件に関するヘーゲルの描像は、依存と自立との正しい関係を客観的に具体化するようになった社会的依存性を前提としている。すなわち、ヘーゲルの説明は、行為者間の相互的な承認の実現を想定するものである。といっても、主奴の弁証法のヴァージョンの繰り返しではない。（ヘーゲルの考えでは、『エンチュクロペディー』の客観的精神の哲学は、特殊近代的な制度を（たとえ完璧ではないにせよ）紛れもなく「自由の実現」であるとみなす主張を正当化する歴史的な物語を前提としている。）第二に、アパルトヘイトのような場合には、参与者の不平等な立場は、最終的には、時間経過を通じて、支持を失い、危機に陥り、矛盾していて擁護することのできないコミットメントを要求するような規範原理になり果てることを期待することができると、ヘーゲルは論じたいと考えている。そして、アンティゴネーからラモーの甥や美しき魂の例に見られる比類のない人間的苦痛において、狂おしい事態が明らかとなる。この野心的な主張を論証することが『精神現象学』の仕事の一端なのであるが、しかし、私はここではその筋道をたどることはできない。

Ⅳ　意図をめぐる自己欺瞞の暴露

さて今度は、私たちにもう少し馴染みのある主張を取り上げる。それは、私的に所有する規定的な心的内容とみなされると思われるものが、（たとえば、パトナムの水からバージの関節炎へと）[4]外的条件、特に社会的条件を変えるだけで、違った内容を持つということを想像することができる、という主張である。だが、直観的には、その含意は相変わらず奇妙である。この点を、『エンチュクロペディー』と『精神現象学』でヘーゲルが用いる言い回しでもって、次のように言い換えることができる。たとえば、私が詩を書き始めるとする。詩は私の期待通りには展開しない。これは素材が私の詩作や内なる詩に抵抗するためであると私は考えるかもしれない。こうして、結果的に私が獲得するものは「下手な詩」である。ヘーゲルの説明では、これはきわめて誤解を招きやすいい描像である。詩は、あなたの意図、すなわち、ある詩を書こうという決心やそのような詩の構想が、それであると判明したところのものの完璧な表現である。より出来の良い詩を求めることは、別の詩を求めることであり、別のより良いプランの形成と実行を求めることである。もしその詩が首尾よくいかなかったのならば、すべてが失敗したのである。意図した通りのものであることが分かった詩は、まさに出来の悪い詩であることが判明したのであって、出来の良い詩の悪い表現なのではない。ニーチェが常に強調していたように、私たちのエゴは後者の見解に執着している。しかし、前者の方が生じた事態を正確に表現している[27]。

より日常的な会話のような場面でも同様である。映画『波止場』〔訳注＊エリア・カザン監督の一九五四年の映画〕において、マーロン・ブランドが演じる人物が兄に、「俺はいっぱしの男、ライバルであることもできた」と言う。ヘーゲリアンの兄なら、次のように答えたかもしれない。「お前はいっぱしの男なんだよ。つまり、俺の言うことなんかに耳を貸し仕返しのために落ちぶれて、ボクシングの才能を無駄にしちまったいっぱしの男さ。お前が暗にそうであったものに全部はっきりとなっちまったのさ。お前が誰か他の奴でない（でなかった）ことを、お前は後悔するだろうよ。特に、お前が考えた通りの奴でない（でなかった）ことを、ね。だがお前はね、お前がそれである奴になってしまったんだよ」[28]。（もちろん、その兄のこのような発言自体に、「会話の含意」がある。自分自身の役割を言い訳するために、つまり、言い訳として自分自身の善意の意図に訴えるために、実存主義者のレトリックを使っていると疑う人もいるかもしれない。実際の映画の中では、ロッド・スタイガーのキャラクターがまさにこのようなものなのである。）

Xをすることは不可避的にYをすることを要求することを後になって知る場合のように、それを行おうと意図したが事前にはそれが何であるか分からなかった場合、あなたはそれについての諸局面を後になって知ると言われるが、これはかなりありふれたことである。だが、ヘーゲルの強調する暴露（多くは、自己欺瞞の暴露）の意味や驚きはそれ以上のものである。したがって、ヘーゲルはここでただ、行為プランが効果的な手段として計画されていたものに修正を要求する場合を指摘しているのではない。すなわち、基本的な意図は変わらないとか、それが経験による発見や出来事の予想外の展開に応じて再編されるとか言いうる場合を、指摘しているのではない。「私の意図したこと」に関するこの常識的な留保条件に異議を申し立てたいとヘーゲルが考えている証拠はどこにもない。意図したことを実現し露わにするのはおおっぴらになされた行為であるとヘーゲルが言うとき、その身振りや表現がその文脈において何を意味するのかについて無知であったかもしれないという可能性については、未決のままにしている。また、その意図を実現するためには何が必要であるのか、それが意図していたよりもどれほど困難であることが判明したのか、などについて無知であったかもしれないという可能性についても、未決のままにしている。そのような場合、実際に意図したのは、実現されなかったことなのである。ヘーゲルが最も関心を寄せているのは、様々な関連する事実についての無知とか予見できない偶然性とかが、なぜなされたことが最終的には意図されたことではないのかを説明するような場合ではない。私がYを達成しようと意図していると誠実に自分自身に言いきかせているのに、その意図が「空虚」であって、私の意図であるとは現実的にみなすことができないことが判明する場合、これこそがヘーゲルが最も関心を寄せているものなのである。[29]

V　実行されなかった「真の意図」と意志の弱さ

しかし、以上のような問題設定は、（他の大勢の人々の間に）直観に反するとする自然な反応を三つ引き起こす。それらの直観的反応のすべてが示唆しているのは、ヘーゲルの立場は極端であって、行為と責任に関する私たちの直観をあまりにも根底から掘り崩すというものである。もっとも、私たちは、「でも私はそんなつもりではなかった」という言い方にイライラすることが頻繁にあることを認めるのに吝かではない。それは、言い訳をするために行為主体が使う言い逃れであって、心の内なる避難所への逃避である。「君のことを臆病者で愚か者だとは言ったが、正直に言って君を侮辱するつもりはなかった。親友の君のために本当のことを言うつもりだった。そこを分かって欲しい」などの言い訳も、同様である。私は、また、私たちは、意図に言及する記述と切り離してその行為が何なのかを認定することはできないが、そのような意図はしばしば無規定で仮のもので融通無碍であって、行為を実行するや「すぐさま」変化するものである、[30]という哲学的な指摘を受け入れるのに吝かではない。というのも、自分が何をしているのかの感覚も、どんな目標を本当に求めているのかの感覚もすべて変わるし、信念・欲望を原因とする行為の因果モデルも、原因として分離され固定された意図も怪しいものだからである。しかし、私たちは、何らかの仕方で時には現実に起きることから退いて、次のように主張することができると、〔直観的には〕思いたいのである。それは、最終的に何が起きたのか、とりわけ何が起きたと他人が理解したのかを、必ずしもいつも全面的に私にまで遡って追跡することができるわけではない、私が行為〔なされたこと〕のうちで完全に表現されているなどと言うことはできない、そして、「私が本当に意図したこと」は行為の非難に対する妥当な弁明である、などの主張である。ヘーゲルが関心を寄せている場合においてさえ、意図がとりあえず「私の意図」とみなされていても、（まさにヘーゲルが焦点を合わせている意味において）私は実行されない意図をもつことができる、と私たちは言いたいのである。「明日は本当に彼に対して思いやりのある態度を取るつもりだが、そうしないということが分かっている」とまったく正直に言うことができるとすら、私たちは考える。たとえそれがヘーゲルの反対する自己弁明の泣き言に近いものだとしても、そう考える。実行されなかった意図の例は、ある予見できない偶然が介入し、理に適ったかたちで予見することのできなかった仕方で結果を変える場合に、特に関連している。（私が心からある人によいことをしようと意図し、そしてやり始めるのだが、予想外にもそれがその人にひどく害を及ぼす結果になった場合、この「現実」が露わにするのは私の真の意図はその人に害を及ぼすことであった、と私は言わなければならないのだろうか。もちろん、そうではない。これが真であるフロイトの例がありはするが、ここでヘーゲルの必要としていることは、私が行ったことと私ゆえに起きたこととのあいだを区別することだけである。もっとも、その区別によって、意図主義者や主意主義者の説明に対してヘーゲルが提起したいと考えているすべての問題が尽くされるわけではない。また、既に見たように、ヘーゲルは行為となされたこと（*Tat*）との違いを進んで認めている。[31]）したがって、私のもたらしたことが私の意図を露わにしない場合と、私のもたらしたことが行為者によって否定され、何らかの点で回避された意図を露わにする場合とを区別することが、（この区別の説明に十分な紙幅を充てているわけではないが、ヘーゲルにとって）重要なのである。

行為〔なされたこと〕のうちにおいてのみ意図が、露わにされ、証明され、確証されるのは、いかにしてなのか、という問題の定式化は、検証主義の立場（あるものが何であるのかを決定する手段とものそれ自体との一致）を、それに付随する諸問題とともに、示唆していると思われる。この場合、ある人が何をしようと意図していたのか、どんなゴールを目指しているのか、を客観的に立証するための手持ちのまさに最善の手段は、その人が現実に行ったことを見ることである、というのが真実であろう。だが、この手段は、ほかの手段よりはよいが、なおまったく不十分である。それは内的な意図への訴えが何でありうるのかについての唯一の描像を与えるが、同時にそれはとても不明瞭でゆがんだ描像であるかもしれないのである。(32)

そして最後に、今述べたこととは別の最初の区別に戻って、私は実際にも真実にもXを追求しようと意図したが、それが難しすぎること、私の決心が弱いことに気づき、そのXの代りにYを追求したと言うことができることを、私たちは望んでいないだろうか。

ヘーゲルの説明では、あなたはXを追求しているうちにあなたの真の意図が何であったかを発見するが、それは実際にはXを追求することではなく、「困難さAのレヴェルに達するまではXを追求し、次にYに切り換えること」である、と私たちは言わなければならないように思われる。すでに述べたように、私たちは今もなお、純粋な意図、弱い意志、そして揺れ動く決意という考え、それゆえ、自分が本当に行おうと意図したことを行わなかったことを行為者は後悔するという考えを、直観的には維持しようと欲しているように思われる。そして、これは、内的なものと外的な行為〔なされたこと〕との思弁的「同一化」とは両立しないように思われる。

これらヘーゲルの立場に対抗する直観のほとんどは、以上で手短に提起された同じ問題に由来する。つまり、自分自身の見方では、自分がしようと意図したことを自分がしなかった場合をいかに説明するのか、という問題である。このはっきりしない場合についての、私たちの常識的な直観では、私はその行為を意図したが、意志の弱さゆえに、首尾よくそうすることができなかった、というのが正しい説明となる。これに対して、ヘーゲルの説明では、少なくともコミットしていると思っていたほどには、私は実際に行為しようと決心してはいなかったということを私は発見した、ということになる。このような推定上の決心は本物のコミットメントとみなされるには「テストを受け」なければならず、私はそのようなテストに失敗したのである。ヘーゲルの意志の観念は単純に実践理性であって、それゆえに、彼の立場はよりソクラテス的であり、意志の弱さは存在しない。そこにあるのはただ無知、自己欺瞞、そして自己発見だけである。

VI　主体性の権利

ヘーゲルの立場に対抗する直観（偶然性の介入、検証主義者の懸念、意志の弱さへの関心）はすべて、内と外の思弁的「同一性」の主張の意味をヘーゲルがより明確化することができるかどうか、とりわけ、この主張における「内」に関する直観的な意味をヘーゲルが保持することができるかどうか、ということに関わっている。原因としての内的な意図と結果としての外的な行為とを不器用に分離しないということは、しかも前者を後者へと全面的に吸収しないということは、何を意味するのであろうか。（そして、このすべてが、この議論の最初の部分〔「理性」章〕で提案された考察にまで及んでいるわけではない。その考察とは、ヘーゲルが「内」によって意味しているのは、行為するための可能な基盤を孤立した心的状態のうちに位置づけることではない、ということである。行為者にとって突出してくるものを、そのひとが生きている社会的世界の現実性に結び付けることであって、個人の反省的思慮の結果に単純に結びつけることではない、ということである。）〔内と外が〕分離不可能であることについて私たちが見てきたことすべてを考え合わせると、「人間が行うことは、その直接性においてではなく、その内なるものによって媒介されたものとしてのみ、そして、その内なるものの現れとしてしてのみ考えられるべきであるという思想」（EL, 234; EnL, 164.『小論理学』三〇七頁）に忠実であり続けることは何を意味するのだろうか。（そして、ヘーゲルが「意図の権利」と呼ぶもの、つまり、起きたことの限定された範囲のみが私〔の責任〕に帰されるという、私の権利のこの強力な主張は、増幅されうる。というのも、その範囲は本質的に私が行おうと意図するものについての私の主観的理解によって決定されるからである。〔私の主観的理解によって意図とされるものの〕すべてが、たとえ「私の主観的理解」が、時間的に先行しすでに規定されている意図を引き合いに出すことができない場合ですら、行為のために因果的に責任のある状態として捉えられる。）

そこで、〔ヘーゲルの立場に〕対抗する直観そのものに向う前に、『法哲学』の第二部「道徳性」でヘーゲルが最も強調しているのが、まさにことがらのこの主観的側面であることに注意する必要がある。すなわち、すでに述べたように、行為（*Handlung*）とたんになされたこと（*Tat*）とに差異のあることをヘーゲルが最も明確に認めているのがこの箇所においてである。前者が私に帰されうる行為であるのに対して、後者は私ゆえに起きた（私が自発的に行ったかもしれないが、そうと知って行ったのではないかもしれない）何かあるものではあるが、それに対して責任あるいは責め（*Schuld*）を負うものとして私に帰せられえないものである。(RP, 218–219; PR, 145–146.『法哲学』(上) 一一八節を参照) さらにまた、この議論が明らかに示しているのは、計画を実行するなかで、多くの想定外で、真に予測不可能な偶然事が介入して、現実に起きることと私が意図したこととが乖離するかもしれないが、これをヘーゲルが手放しで容認していることである。また、この外的な偶然的出来事が私の本当に意図したことを必然的に表してもいるかのように、私に責任があるとみなすことを、ヘーゲルが欲していないことも明らかである。

すなわち、内面と外面との「思弁的同一性」について、先の引用箇所で見てきたように、ヘーゲルには内的なものを外的なものに合体、吸収させるつもりはない。それは、ヘーゲルの言葉遣いでは、非思弁的な同一性の主張である。[33] すなわち、「人間が行うことはその直接性においてではなくて、その内なるものによって媒介されたものとして、そして、その内なるものの現れとしてのみ考えられるべきである、という正しい思想がここにはある。」より広義には、この主観的な次元は「自分の行為のうちに自分の満足を見出すという主体の権利」(RP, 229; PR, 149.『法哲学』(上) 一二一節) とヘーゲルが呼ぶものである。この原理は、キリスト教の哲学的意義に関する彼の解釈であるから、ヘーゲル哲学において最も重要であるとともに、近代世界に関する彼の理論全体にとっての基礎でもある。したがって、よく知られているように、ギリシア人にとっては「慣習と習慣がそこにおいてその権利が意志され行われる形式であり」(VPG 308; PH, 252.『歴史哲学』(下) 四一頁。訳は引用者により変更)、ギリシア人について「彼らは良心をもっておらず、さらに深く反省することなく自分たちの祖国のために生きるという習慣が彼らの間で支配的な原理であった、と断言することができる」[34] (VPG 309; PH, 253.『歴史哲学』(下) 四二頁。訳は引用者により変更)。そして、それゆえにギリシア人の人倫は、「まだ絶対的に自由ではなく、それ自身によって仕上げられておらず、活気づけられてもいない」(VPG 293; PH 238.『歴史哲学』(下) 二三頁。訳は引用者により変更)。

自分自身が何を行っていると主体が理解しているのか、そのような仕方で行為するべきであるとなぜ主体が考えるのかという、行為のこの次元こそ、ヘーゲルが「権利の概念の規定をなす主体性」と呼ぶものであり、彼のいわゆる道徳性の立場もしくは領域を確立するものである。明らかにヘーゲルは、彼特有の仕方で、（たんなる出来事と対比される）行為のこの要因を公正に取り扱おうと考えている。そして、行為を評価する際のこの（部分的ではあるが、それにもかかわらず決定的な）局面に注意を払うことの規範的な重要性を理解しようと考えている。一定の条件下では、自分が何を行っているかについての主体の見解へ強く注意を向ける道徳的立場は、適切であり、かつ必要である。この条件は、自由な存在者に、すなわち、内面的生活をもち自分自身の主観性の権利をもつ存在者に、ふさわしい尊厳をもって扱われるべき、すべての者のまさに普遍的で広範な権原を含んでいる。（その人が私たちの人倫的共同体）の成員であろうがなかろうが、私たちは自分自身の利益のために誰をも殺してはならないし盗んではならない。自分自身の送るべき人生をその人が決めた通りに送るという、その人のもつ権利を無視する資格が私たちにあるわけがない）。そして、そのもとでこれらの思慮が払われるべき条件は、ある一定の客観的で歴史的な条件を含んでいる。すなわち、共通の人倫的生活やその内部での社会的役割の優先性に対する通常の主張とは対照的に、「歴史的現実が没精神的で方向の定まらない状況に陥る時代には、個人はこの現実から自分の内的な生活へ逃避することが正当化される」（RP, 260, PR, 166–167.『法哲学』（上）一三八節）。もとより、ヘーゲルは明らかに、この文脈とこれらの条件には制限のあることを理解したいと考えている。つまり、正確に記述された行為のこの一面が過度に強調され、まったくそれだけが当てにされるときに、何が起こるのかを理解する、ということである。それが、良心の規則へのヘーゲルの有名な抗議と激しい批判にある。（一〇八節への補遺においてすでにヘーゲルは排他的な道徳性の立場の制限に注目していた[35]（RP, 207;

PR, 137.『法哲学』(上) 一〇八節)。一二一節においてヘーゲルは、「人間の自己意識」と「行為の客観性」との真の同一性を忘れないように注意を喚起している(RP, 229; PR, 150.『法哲学』(上) 一二一節)。そして、一二四節においてヘーゲルは、『精神現象学』の主張を繰り返すとともに、力点を変えている。すなわち、「主体が何であるかは、その主体の行為の系列である」。そして、私たちに直接『精神現象学』を参照するよう指示している(RP, 233; PR, 151.『法哲学』(上) 一二四節)。実際のところ、注意深く読むと、ヘーゲルは第二部「道徳性」を通じて常に読者に、意図の内容は、主観的な態度がどれほど重要で無視しがたいものであっても、公共的な社会において現実に顕現しているものに依存することなしには決定することができない、と考えるように念を押している。)

次に、ヘーゲルは、この不可欠ではあるがなお制限された観点、すなわち行為者性に関する道徳的観点の諸次元の記述に取り掛かる。ところで、「心の中で目的とされるものだけをこの道徳的意志の存在であると認める」限りでのみ、私はある行為が私に帰属する(「責任あり」とみなされる)ことを期待する「道徳的権利」をもっている(RP, 214; PR, 141.『法哲学』(上) 一一四節。訳は引用者により一部修正)。引き続き、ヘーゲルは、目的と責任、意図と福祉、そして善と良心の関係を分析する。(この特殊な密林に分け入って、ヘーゲルの思索を辿る余裕はない。しかし、もし真正な行為と私によってたんになされたこととの区別に着目しなければ、ヘーゲルの立場は容易に誤解されうる。強要された行為は私自身の行為とみなされるべきではないことを、私たちはみな知っている。たとえ私が人為的にそれを産み出したとしても、それは自発的になされたのでも、意図的になされたのでもない。もし極端に抑圧的な社会で生活しているとすれば、私たちは行為者の責任の度合いを減少させることも、行為者の表向きの行為は彼の真実の「内的な」コミットメントを反映していないことを容認することもできる。なぜなら、その公共的な世界は客観的に彼のそうした真正な表現を許さない世界であるからである。しかしながら、ヘーゲルの説明では、そのような表現の機会を阻まれた行為者は、自分のコミットメントや意図が何であるのかに関する主観的に「確実な」見解の「真相」を知ることができないかもしれない、ということも言わなければならない。私たちの多くがそうであるように、当人は自分自身がそうだと思っている潜在的英雄で本当にあるのかどうか、についてどっちつかずの状態において生きなければならない。その時、私たちの直観はこの点に関して動揺しうる。まず、直接的な強制の存在。これは、明らかに言い訳となる。次に、ひどい抑圧状態と処罰の恐れの存在。これは、明らかに責任の度合いを減少させる。さらに、たんなる社会的不安の存在。最後に、表明された意図と行為の不一致が、外的要因によって意図が表現を阻まれるのではなく、表明されたものがたんに憧れからくる空想であることの証拠とみなされなければならないとき、誠実さをやむなく犠牲にすることが何であるのかを知ることになる。)

しかし、ヘーゲルの最も重要だが異論の多い主張のひとつにも触れておかなければならない。それは、「抽象法」と「道徳性」に対する「人倫」の優越性の問題である。それは明らかに〔これまでの議論とは〕独立の議論であるからである。私はそのいくつかの局面を第九章で取り扱う。ところで、私が強調しようとしてきたことは、『法哲学』での道徳性の取り扱いには、行為を理解するにあたり「内」を「外」から「分離すること」は不可能であるという点に関して、『精神現象学』の立場との対立を示唆するものは何もない、ということである。確かに「道徳性」の部は、「ヘーゲルの行為者性理論」の独立した議論として用いることはできない[36]。もしそうすれば、ヘーゲルの立場は誤解されることになるだろう。確かにヘーゲルは、出来事やそれを引き起こすにあたっての当人の因果的な役割だけに基づいて行為や意図をある人に帰することが、「権利に対応」しないことを認めている。知る権利、「主観性の満足」という権利などに関する道徳的主張が、受け容れられなくてはならない。これは、「内的なものによる媒介」のもとで行為記述と帰責とを規定するということを意味する。だが、『精神現象学』と『法哲学』との間に対立関係はない。なぜなら、いずれにおいてもヘーゲルは二つの別個の問題を明確に区別しているからである。すなわち、第一は、なされたのは何なのか、責任があるのは誰なのか、そしてどの程度なのかを最終的に決定する際に、意図の表現（そして、行為者による行為記述）はどのような役割を果たすべきなのか、という問題であり、第二は、そのような意図の内容を私たちはいかにして決定することができるのか、という問題である。第二の問題は、これとかあれとかを行うことが私たちのコミュニティでは何を意味するかを知るという解釈学的な仕事を必要とするばかりか、現実になされたことと、公言にもかかわらず行為によって表現された本当の意図との関係を理解する方法も必要とする。これらの問題は明らかに容易な仕事ではなく、多くの誤った取り扱いを受けやすい。

以上の議論に誤りがなければ、行為における主体の現前というようなものは、ヘーゲルの立場全体を把握するために慎重に理解されなければならない、ということになる。明らかに、これについて『法哲学』では、時間経過を通じて目的を志向する活動を持続すること、障害、難題、不測の事態などに適切だと考えられる仕方で対応することは、規範に拘束された活動、あるいは規則に従う活動として取り扱われている。個人は独我論的な仕方で諸規範を考慮して意図を形成するのではなく、意図の形成にあたり様々な社会的な慣行や作法などによって明らかに制約されている。ある意図が首尾よく遂行される場合、あなた自身が抱いていると考える意図が他者によってあなたに帰されるということが必然的に伴っているはずである。[37]また、行為記述における意図の役割を考えれば、あなたが行ったことが何であるかについての他者との合意によって、その意図があなたに帰されるということが必然的に伴っているはずである。そして、この基準は、意図の遂行が時間経過を通じて展開されるから、共有された理解や規範的な適宜性への感受性を意識的に持続させることを前提としている。たとえば、あるミーティングであなたは発言したいことを知らせようと思って、手を挙げる。しかし、その社会では、手を挙げることがそのひとの祖先と心を通わせ、一人でいることを望むことを表現するとすれば、あなたは何も知らせたことにもならないし、知らせるという意図を実現したと言うこともできない。（意図が行為のなかで表現されうる主観的な決心であるとすれば、その表現を実現することが何であるのかを想像し、自己欺瞞的な空想のなかで自分自身がそうしたと思うことができるにもかかわらず、あなたはその文脈における行為のなかで表現されえないものを首尾よく意図することはできない。あなたはナポレオンになることを意図することができない。あなたは三フィートの空中に浮遊することを意図することも、自分が本当に意図したことを妨げたと重力を責めることもできない[38]。）そして、主観性の権利についてのこれらの箇所が示しているように、あなたはさらに祖先との霊的交流を「現実に」実証したと言うこともできない。（その仕草がその文脈でそれを意味することを、あなたは知らなかった。）そこで、ヘーゲルは彼の内‐外の弁証法が作動することを望むのである。

つまり、ある人に当人の行為として適切に帰すことができるのは何なのかを評価する上で、意図がきわめて重要であるという常識的な立場を、ヘーゲルは擁護する。また、意図とは、ある一定の仕方で行為するならばどのような結果が生じるか、についての信念であり、願望でありうるという見解に、そしておそらくは、何が生じるべきかについての欲望から独立の信念でありうるという見解にさえ、ヘーゲルは異存がない。だが、作り話、空想、日常生活の願望充足の内部では、私たちは、実際に何を信じて何を望んでいるのか、たいていは知っていないし、行為するように迫られるまで、知ろうとはしないであろう。

VII　意図せざる結果と意図の暫定性——偶然性の介入と後悔

さて、主体に関するこの基本問題の究明の最後の企てとして、〔ヘーゲルの立場に〕対抗する諸々の直観に向かうことにする。まず第一に、ヘーゲル自身が注目しているのは「偶然性の介入」問題である。それは、まったく思いがけず予知できない仕方で介入してきたものは意図されたものの部分ではありえなかったのだから、その行為は私を反映してもいなければ表現してもいない、という道理にかなった言い訳に示されている。最終的に起きたことは、「私が意図したもの」ではない。「運（*Glück*）が、質のよくない目的と間違って選ばれた手段に味方したり反対したりして、決定する」[39]（PhG, 222; PhS, 245.『精神現象学』（上）四一一頁）と、ヘーゲルは記している。そして引き続き、私によって「起きていること」と私の行為であるとなお言いうることとの『法哲学』における区別を彼が先取りしていることを、明らかにしている。私がボールを投げる。すると猛烈な突風でいきなりボールが内側に曲がり、あなたの頭に当たってあなたが死ぬ。その場合、私が始めた行為の結果としてあなたが死んだとしても、私はあなたを殺したのではない。起きていることは、いかなる意味においても私の「仕事」とか表現とかはみなされえないし、行為（*Handlung*）でも、なされたこと（*Tat*）でもない。しかし、私に起きたこととみなされうるし、もちろんより重要な意味で、あなたに起きたこととみなされうる。私とのつながり、つまり「仕事」という性質は消滅する。同様のことが、単純な見込み違いの場合にも言える。彼女は彼を優しくたたくつもりだったのだが、うっかり強くたたいてしまった。しかしその時、それ（うっかり起きること）はもはや私がしたことの言い訳（あなたの死に関して、私は何もしなかった）として機能しない。私に責任のある「仕事」や行為がなかったのは、私がボールを投げたときに雷があなたに落ちた場合にそれがなかったのと同じことなのである。[40]

そして、これらの偶然事のいくつかが予想でき、予見できるならば、行為と私とを結びつける方法がなおありうることになる。[41] 私は黒板に完璧な円を描きたいと思っていた（つねに思っている）が、物理的な有限性という制限が私の意図を実現することを阻んだ、と私は言うことができる。しかし、たとえば「物理学」に関する最小限の知識があったとしても、いったいいかにして、あなたは実際にその意図を表明し、それに基づいて行為することができたであろうか。行為〔なされたこと〕と世界に関する事実が示しているのは、あなたは自分に可能な最良の円を描こうとただ意図することだけはできた、ということである。[42] 自分のコントロールを超えた結果を、あなたは意図することはできない。あなたはアメリカ文学を一変させる小説を書こうと意図することはできる。そして、驚いたことに、それが起きるかもしれない。しかし、その出来事はあなたによってなされたことであるとは言えない。あなたが行ったことは、小説を書くことであった。（言い訳において私は、自分の意図が制限されていたことを指摘して、自分の関与をなるべく小さくしようとする。また、自分の行った範囲を、請け合われているよりも多くの出来事を取り込むために、広げることもできる。したがって、行為が表わしているのは何なのか、真の意図を遡及的に決定することができるのはいかにしてなのか、また、何がそれに帰されてよいかの範囲を定めることができるのはいかにしてなのか、これに答えるのは時として困難である。そのような問題を解決する方法論はない。しかし、ヘーゲルは明らかに、少なくとも内面の問題を解決するにあたって目を向けるべき最良の場所は、行為者が他の何に向けて行うかである、と考えている。）

さらに、再度ヘーゲルは、行為者による意図の当初の表明のたんに暫定的でしかないという性格、行為者は「自分が現実に行ったことの展開された本性を行為〔なされたこと〕から知ら」なければならないという事実を主張する。予知されない偶然事を容認し、しかも、行為のなかで現実に表現されているものと意図とが同一であり続ける可能性を主張することが逆説的に思われるのは、分離され、あらかじめ明確に規定され、因果的に有効であるという意図の解釈にのみ基づくからである。「私が真に意図したもの」は、つねにきわめて暫定的で、一時的な影響を受けやすい仕方でのみ定式化することができる。その内容は、「行為の内なる意図」と呼ばれるものにおいて展開するから、[43] 時間経過を通じた経験の推移のなかでのみ規定され、明確になる。そして、「私が行おうと意図したもの」は、「その行為および意図の内容の明確化にあたって不可避的な不確定さを基準とするそれ」であることが判明する。これが、暫定的な定式に代わる具体的もしくは現実的な意図であり、それは行為〔なされたこと〕のうちで十分に表現され続ける。何度も見てきたように、ヘーゲルは個人によって表明される意図や決心が行為とみなされるものにとっての必要条件であることを否定していない。また、それに関する主観的な「解釈」がすべてそのまま行動そのものであるとも主張していない。ヘーゲルが異議を唱えるのは、意図にとっての事前に規定された内容の可能性である。したがって、ヘーゲルが主張しているのは、現実の行為〔なされたこと〕の役割であり、内容を最終的に確定するにあたっての社会的依存性のある形式なのである。

暫定性や時間的展開に関するこの同じ論点が、検証主義の懸念も不適切なものにする。意図は「それを暴露するための最良の手段」が露わにすることのできるものとは違っているかもしれないという、検証主義の懸念が意味をなすのは、分離され、もともと明確に規定された意図が「発見」されるべきものとしてある場合に限られる。したがって、それが現実的で観察可能なかたちで現れるという言い方は不正確で誤解を招きかねない。ところが、何らかの方法によって見出されるのを待っている隠された意図などといったものはないのである。

けれども、この最後の論点が大きな問題を提起する。「行為における内と外との分離不可能性」に関するヘーゲルの主要な論点は、認識論的でもあり、形而上学的でもあるようにみえる。何をすることにあなたは本当のところ関与したのかを規定する唯一の方法は、行為そのものの「テスト」である。実際にあなたが何をしたのかという問題を解決する唯一の方法は、そのような記述がどれも社会と時代の慣習に依存していることを認知していることを必要とする。もしあなたが自分自身に帰する行為と意図を他人があなたに帰することがなければ、あなたは意図を遂行することに失敗したのである。しかも、この根底にはより大きな形而上学的な問題もある。意図の内容に関する問題も、意図が行為者にとって行為する理由として機能しうるかどうかという問題も、ヘーゲルの説明では、関連する存在論的装置や説明装置として、時間的にも社会的にも拡張された、はるかに大きな「領域」を必要とするのである。そして、コミットメントの内容は、ただ行為のなかで展開するものとしてのみ、また他者によって取り上げられるものとしてのみ、それがそれであるところのものになるという事実、これが先ほど言及したばかりの認識論的な描像の必要とするものなのである。

そして最後に、罪責感としての行為者の後悔という観念であるが、これを批判主義によって提唱される形式において保持する特別の理由はない。私がもともと意図していたのとは違う正しい結果は、私の本当の意図が、既知のAであれBであれCであれ、実はØ［空集合］であったという意想外の展開によってではなく、決心の弱さという観念によってもっともよく説明されるという主張も、コミットメントの程度は公言されたほどではなかったという主張も受け容れる特別の理由はない。したがって、私は自分が考えていたような人物ではなかったという失望、行為〔なされたこと〕の「内で」最終的に表現されたものに対する一種の悲哀は、別様にもなすことができたのにという主張よりは、よりよい説明であるのは当然である。実際、ヘーゲルの後悔は、私が別様になすという選択肢を現実にはもち合わせていなかったということに依るものである。少なくともそうした反事実的な選択肢は、彼の見方によれば、私は私ではなかったかもしれないという可能性を考えるようなものである。それは、架空の、概して見当違いの思弁であり、たんなる思考実験にすぎない。（換言すれば、あなたは、嘘をついていなかったのに嘘であることが判明するような仕方で、自分の意図を宣言することができる、というわけである。）

暫定的に表明された意図が行為者を現実に動機づける意図ではなかったことが判明したと言うか、それとも、表明された意図は行為者の意図であったが、その人はそれを実行するにはあまりにも〔意志が〕弱すぎたと言うか。この両者がそれほど大きな違いをなすかどうか、現時点では疑わしいと思われるかもしれない。だが、ヘーゲルにとってそれは重大である。なぜなら、それぞれが人間の心的態度のきわめて異なった観念を前提としているからである。前者のケースでは、意図は行為におけるその実現から分離できないが、それは私たちの信念が真理に対する敏感さによるのでないならば定式化できないのと同様である。（『精神現象学』におけるヘーゲルの用語は、確信と真理との結びつきと不可分性についてのものである。）これを、リチャード・モランは信念にとっての「透明性条件」と呼んだ。[44][5] まさにその条件によって、何を信じたらいいのかを思い描く際に、私は何が真理であるのかを思い描こうとする。私の信念が何であるのかを報告する際に、私は何が客観的に真であると考えるのかを報告しているのであって、心の諸項目のカタログを報告しているのではない。意図を表現する際に、私はどんな行為を生じさせようとしているのかを表現している。もしそれが、偶然性の介入の場合と同様に、生じなければ、それが私の意図ではなかったことが、すなわち、私が生じさせようと本当に思っていたものではなかったことが判明したのである。この点を見極めるためにはさらに多くの紙幅を必要としようが、とにかく、ヘーゲルの立場はムーアのパラドックスのヴァリエーションである。[6]「外では雨が降っているが、私はそれを信じない」と言うのが不可能であるのと同じ意味において、「今日は彼に礼儀正しく接するつもりだが、私は自分自身がそうすることができないことを知っている」と言うことは不可能なのである。

要するにヘーゲルは、ある限られた意味において反例とみなされうるものの効力を認める用意があるが、内的な拠り所への言い訳めいた様々な訴えには依然として反対したいと考えている。意志の弱さや本当に存在するが表現されない内的内容についての私たちの直観はヘーゲルの立場の受容の強力な障壁であるが、ヘーゲルの立場とも同一歩調をとる常識的な直観があることは注目に値する。「私はXをしようと意図した。だから、私がXだと思ったことをした。他の皆が何を考えているのか、それをYとみなしたとか、Zの価値を与えたとかは知ったことではない」。こんなセリフを耳にするとき、私たちは反発して、容易に「ヘーゲリアン」になりうる。これは、ヘンリー・ジェイムズの『鳩の翼』におけるケイト・クロイに似たケースである。ケイトは、自分自身と自分のボーイフレンドに対して、自分たちが行っているのは「お金を巻き上げるために女相続人を騙す」ことではなくて、「臨終を迎えるなかで彼女が愛を経験するのを援助する」ことである、と主張する。そして、自分たちは「誰も傷つける意図はない」と主張する。ヘーゲルはきわめて明確なやり方で、こうした主張を「彼らが実際に行ったこと」の可能な説明としては無効にしようとしている。[45]

私たちは、ひとの行うことの意味は時間経過を通じて変化しうる一方で、これ〔ひとの行うこと〕が行為者にその人の行為として正しく帰せられるものに必然的に対応したり、機能的に関係したりするわけではない、ということも容易に認める。トルーマン大統領が二度目の原子爆弾を長崎に投下したことの意味は、後の観点によって変わり続ける。だが、トルーマンが行ったことには、当人の主観的な解釈によって立てられた確固たる狙い、その当時において妥当な行為記述、そして合理的に予見可能なものがあった。そして、次のような発言を耳にすると、私たちはヘーゲリアンになりがちである。すなわち、「私は、混み合った劇場のなかで火事だと大声で叫ぶことでみんなを悪気なく驚かせるために、冗談を言おうとしただけだ。愚かな人々がパニックになって将棋倒しになって死んだのは、私の過ちではない」というような発言が、それである。ヘーゲルは、きわめて明確に、このような発言を「本当に意図し、行ったこと」に関する可能な説明としては無効なものとしようとしている。

最後に、ヘーゲル流の言い訳があると思われる。それは、「Xを行うにあたり私が何を本当に意図したのかを、私は知らなかったし、知ることができなかった。だから、あなたは私個人に責任を負わせることも、その行為を私に帰することもできない」、というものである。これはソフィスト的な詭弁であるが、これで重要なことを繰り返すよい機会が与えられる。すでに何度も確認したように、ヘーゲルは、なされるべきは何であるのか、そしてなぜであるのかについての主体の「解釈」を、行為〔なされたこと〕を行為者に帰するにあたっての決定的な要因としては、取り除きたいと考えているわけではない。（これが「父親殺し」をオイディプスに帰することに対する、ヘーゲルの反対理由である）。したがって、行為〔なされたこと〕とみなしうるものには、どれにも主観的次元、すなわち意図が必ずある。だがしかし、ヘーゲルは、その意図の内容が固定されており、事前に明確に規定されるという主張に対しては異を唱える。当初の〔意図の〕定式化はどれも、否応なく暫定的なものである。たいていの場合、行為は意図されたものとして実行されるのであって、そこに何の問題もない。行為はある記述のもとでは意図的である。そして、その場合、「意図的」が意味するのは、主体がそのような仕方で行為する理由があると考えていて、その理由に照らして行為するということである。ところで、行為記述、それと一致する意図、行為のプランなどが時間経過を通じて展開せざるをえない状況を、ヘーゲルは、暫定的に意図したことをあなたが本当に行うかどうかに関して頻繁になされる「テスト」であると言っている。これらのケースでは、本当の意図がなお依然としてある。それは行為〔なされたこと〕のうちに唯一完全に現われるが、それが表わされるときには、意図(すなわち、まさに行為を構成する幾つかの次元であって、起きることのすべてではない)が、行為が行為者に帰せられるにあたり決定的な役割を演じるのである。それから、行為者が事前に意識的に意図する通りに行為することに確信がもてないという事実は、ヘーゲルにとって帰属可能性の問題を左右することはない。行為者の臆病な自己欺瞞は言い訳としては機能しえないし、ヘーゲルは無意識の意図については語っていない。現実の行為がありさえすれば、早かれ遅かれ、それは、行為者の意図が何であったのかを、そして、それによって行為者に何が帰されうるのかを、暴露するのである(46)。

Ⅷ　主体性の持続

さて、終りにも近づいたところで、きわめて簡単にではあるが、一つの基本問題に立ち返る。それは、ヘーゲルの説明における「主体性の持続」についての正しい表現方法である。これまで見てきた客観的精神の主体的な諸次元は、個人的信念の現われでありうるとしても、直ちに意識的な精査に応じられるものではない。それらは、深い暗黙のうちにあり、習慣的であって、疑いようのないものでありうるし、たいていはそうである。だが、まったく疑いようのないものであるわけではない。コミットメントにおける、そのような主体性のもっとも明白な現われは、これまでの規範によっては解決不可能な規範的実践の内部での、これまでの作法やそれへの挑戦の現実に差し迫った破綻をヘーゲルが論じる段になって登場する。したがって、アンティゴネーは、妹の行う役割をただ意識せずに「実行（act out）」しているわけではない。その役割がポリスの人倫的生活と統合されなければならなくなると、彼女はこの基盤において挑戦を受けるが、そのとき、アンティゴネーの妹としての存在は、イスメネの慎重さやクレオンの敵対という、他の可能な見方に対抗して持ち堪える一つの「見方」にならなければならない。妹として行わなければならないことを絶対に確信しながら、クレオンの敵対とイスメネの躊躇いに当惑しつつ、「信念に基づいて」のみ行為するという、困惑したアンティゴネーを想像することは容易であろう。しかしこの困惑は、アンティゴネーによる自分の役割の狂信的とも言える主張に必ず伴うものではない。それゆえ、これらの役割が、コミットメントとして性格を帯びて、規範としての取り扱いを要求することができるのは、このような危機と破綻の瞬間においてなのである。これは、主体がソクラテスの自立性のようなものを常に手に入れることができることも、着手していないのに責任があると言いうるような仕方で、「反省的な裏付け」の形式が常に用意されていることも意味しない。主観的なものと客観的なものとは、ヘーゲルにおいて、それよりもはるかに緊密に結びつけられている。そして、主体性の次元の出現もそれ自体本質的に客観的で歴史的な現象であると言うことも、十分に正当なのである。（周知のように、ヘーゲルはソクラテスその人をギリシアのポリスにおける客観的危機の現れであると論じている。）

そこで問題なのは、外的状況、役割、そして出来事が人々の行ったことについての理由を用意することの確認ではもはやなく、「否定」という現象がいかに作用すると考えられるかについてのヘーゲルの理解である。だが、その前に、以上のような不平不満の〔歴史的〕経験の類型的で物語的な、ヘーゲルによる説明にある、多くの他の事例を考察する必要があろう。それには何よりもまず、以上の問いを念頭に置いて『精神現象学』を再読し、いくつかの主張を理解する必要があろう。ヘーゲルのそれらの主張は、もっとも影響力があり、もっとも重要なものである。歴史（なされたこと、およびなされたことにおいて表現されているもの）は、たんに例証として役立つだけでなく、人間の自己知という点で本質的である。支配体制の諸原理とか、その憲政上の諸原理とかはコミットメントの暫定的な表現であるにすぎず、そこでの現実的なコミットメントは現実になされたことのうちで表現される（ここに「イデオロギー批判」の端緒がある）。見方によっては謎めいているがよく引用されるヘーゲルの主張、すなわち、人間が行うことや作りだすことはそれが終ったときにのみ理解することができる、哲学は登場するのが遅すぎる、ミネルヴァのフクロウは黄昏時にのみ飛び立つ、などである。こうして、次の問いが立てられる。ヘーゲルが、意図の倫理学も結果の倫理学も両方とも一面的で不十分なものであると考えたのはなぜなのか。(47) また、自分がたまたま誰であるかを表明せざるをえないことも、自分が誰であろうと自発的に意欲し始めることも、いずれも必要としない自由の概念を擁護することを、ヘーゲルはいかにして提案するのか。

IX 「本当の自分」とは

ヘーゲル独特の立場に対する考えうる反論はほとんど際限がないものであるが、最後に一つ補足しておくことが適切である。ヘーゲルにとって、その人自身の心的態度〔心術〕の可能性とその態度を公然と表現する能力との間には、結びつきがあることを私は論じてきた。そのさい、能力とは、自分の言動に対する他人の受け止め方、反応の仕方を理解し、それに則って応答することのできる能力を意味する。また、心的態度〔心術〕と一致し、そこから出てくる行為する能力、それゆえに、そのような心的態度や行為に責任を負いうる能力を意味する。後者は当人の制御を超えた状況の動きによって生み出される可能性であり、たいていの場合それは機会を捉えるという問題である。この社会的な応答と協調の本性に関しては相当な量の詳しい説明を必要とするが、第七章と第八章では、ヘーゲルの承認理論に絡めて、その詳細を提供することになる。

こうして、自分自身の心を知ることは、「自分自身の心をもつ」ことだということが判明する。この自分自身の心をもつことは、それはそれで、他者から歪曲されざるをえないが、他者の要求や解釈に無関心でもなければ服従的でもない仕方で守られなければならない。それは、また、ひとが表現し行動に表し、世界の中で首尾よく「実現する」ことができるはずの心的態度の形式を意味する。しかし、これに対して次のように問うひとがいるかもしれない。これは、「自分自身の」コミットメント、評価、態度、そして選好をその人が「一人称的に」抱いているとは言うことができないことを、それに基づいて行為したり明言したりする意図をその人がもち合わせていないことを意味するのか、と。

このような疑問に対して適切に答えるには、どのような典型例であれ、その文脈状況の記述に対してきわめて敏感でなければならない。あまりにも多くの要因が絡んでいるので、この結びつきに関するどのような一般的な理論も可能ではないかもしれない。しかし、一般例においては、この種の秘密が強要されれば、主体は自己自身から疎外されていると感じることになる。自分自身のどんな選好も態度も表現し行動に表すことが許されず、そうする機会が認められなければ、それを強要するのが自分自身であれ、他者であれ、その人は自分自身の人生を傍観者的な態度でしか見られないことになる。つまり、ただ自分自身の歴史を観察するだけのことになる。しかし依然として、言動が一致していながらも、行為者の一人称的もしくは秘密の態度が明らかに（自分自身にとって、自分自身の心において）〔それとは〕異なっている場合、そこには確かに偽善の例が示されている、と言い張る人がいるかもしれない。しかし、要点は、行為者の記述が首尾一貫したものであるためには、心的態度と一致した何らかの表現、社会的応答、そして行為が、世界のうちに存在しなければならない、ということなのである。（もっとも、すべての表現や行為がそうでなければならない、というわけではない）。ある人をまだ心から信頼しているわけではないのに、人は他者への信頼を表現することができるし、信頼に基づくようにみえるものを行為のうちで表すこともできる。しかし、本当は信頼していない他者に自分の運命を委ねることは、実際に支離滅裂と言えるほどに、パラドクシカルであろう。いや、はっきり言うと、この事実は、偽善が暴かれうるところの状況に対して責任があるのは何なのか、それを疑う人々がしばしばそうした「テスト」を立案しようとするのはなぜなのか、という問題なのである。

ところで、これは、ある人の表現と行為は当人が本当に自分の心的態度や評価などであると考えるものから乖離しうることを否定しない。しかし、その場合、ここで言うべきことはただ次のことだけである。〔本当の自分などという〕何かあるものが旨くいかなくなってしまい、意味をなさなくなり、それは最終的に辻褄を合せるために「無意識」という仮定をおそらく必要とするということである。そして、その場合何かあるものは意味をなさないであろうということの容認、これこそここで必要とされるすべてだということである。

原注

（1） Anscombe（2000）, §5. を参照。

（2） Taylor（1985c）と Frankfurt（1988）を参照。

（3） この評価は明示される必要はないし、行為の停止と静かな熟慮との周期的な挿入を伴う必要もない。評価は、習慣化しうるし、無反省化しうる。そして、明示的に「ことさら」考慮されることなく、世界、自分の過去などに反応して、日常的に起こりうる。自分の傾向性に基づくたんなる行為、行為経過の日常的な「同一化」ないし最終的な肯定ではなくて、自分の心の内部でのこのような日常的な「分離」、つまり反省する能力が、ヘーゲルにとって、第五章で示唆されたように、まったく重要である。たった今始まったばかりの目標と遠く離れた未来の目標とへの推定上のコミットメントを伴う「計画」としての意図に関する説明については、Bratman（1987）を参照。

（4） このような描像は、明らかに程度〔の違い〕を認める。ひとは、目的に関するあいまいな感覚から、また、その目的を追求することの適宜性と望ましさに関する一層あいまいな感覚から、行為を始めることもできる。ひとが行っている（追い求めている）のは何なのか、またなぜなのかについて、自己意識的に明瞭になるにつれて、その意味も同様に変化しうる。Cf. Taylor（1985b）, pp. 83-4. テイラーは、自己透明性をあいまいにする表現の「媒体」の問題を強調している。しかし、媒体はヘーゲルにおいては時間のうちで拡張される。さらに、複雑に社会的なものであって、時間経過を通じて社会的な緊張、瓦解、（きわめて比喩的に理解された）ある種の相互行為的な「交渉」に敏感に反応する。しかし、テイラーはこのことに注目していない。

（5） この区別がなされるのは、ヘーゲルの経歴における後期である。いずれにせよ、イエナ時代の『精神現象学』よりも後である（RP, 217, 219; PR, 144, 146.『法哲学』（上）一一七節、一一八節を参照）。しかし、『法哲学』においてさえ、行為（*Handlung*）となされたこと（*Tat*）の区別をしながらも、それを厳密には考察していないし、正確に行為であるものに言及するのに、*Handlung* も *Tat* も両方とも用いている。私はこの不正確さという点でヘーゲルに従う。したがって、「行為（action）」か、それとも「なされたこと（deed）」かの使い分けは組織立っていない。ただ必要に応じて、後者は、たんに「私によって引き起こされたこと」の輪郭を描いている。

（6） ここでその明らかな具体例は、Davidson（1980a）である。

（7） Kane（1998）を参照。

（8）第二章で論議したように、明らかにヘーゲルはある意味で両立論者である。というのも、自由の可能性は自然の法則からの免除を必要とするとは考えていないからである。

（9）ある人があることを行ったのはなぜなのかを最もよく説明する理由があることは、しかしヘーゲルにとって、理由は原因でなければならないことを示すわけではない。それゆえに、その行為がなされたのはなぜなのかを因果的に説明することができる「その」理由を区別することが現象学的には不可能に近いという事実によって、ヘーゲルが悩まされることはない。

（10）そのような作法が拒否される時でさえ、これは真である。人間の社会化の長いプロセスから想像できないほど隔離された者だけが、その逸脱を、そのような作法への反抗とみなすことを避けることができるかもしれない。

（11）再度、この源泉はAnscombe（2000）であり、「内面的なもの」の孤立した領域への新ウィトゲンシュタイン学派の疑念である（§8と§28、参照）。特に次を参照。「このすべてが相重なって、もし私たちが人間の意図を知りたいと思うならば、それは彼の心の内容に関心をもつことであり、それをこそ私たちは取り調べなければならないと私達に考えさせようとする。そしてそれゆえに、もしも私たちが意図が何であるかを理解しようと望むならば、それが純粋に心の領域の中にあるような何かを探索しなければならないということになる。行為における意図の問題やそれが生じるあり方がさらに興味深い疑問を呈するにもかかわらず、身体的に生じるもの、すなわち人間が現実におこなうものは、私たちの探求において私たちが考慮する必要のある一番最後のものである、と考えることになるのである。しかるに、これこそが一番最初のものであると私は言いたい」（p. 9）。

（12）Anscombe（2000）, pp. 13–15.

（13）私は、この次元がアンスコムには欠けていると言おうとしているのではない。時間的に拡がった一系列の部分である意図的な行為において、彼女が〝A－D〟系列と呼んでいるものについては、§26を見よ。しかしヘーゲルはこの拡がりを別のやり方で説明する。

（14）引用箇所の進行に応じて、明らかになるのは次のことである。すなわち、行為者は、真に行為主体であるために、これら多様な次元をすべて考慮に入れなければならない、そして、行為者がそれらのすべてに責任を負うことができる、とヘーゲルが考えているわけではない。しかし、この拡がりの認識、とりわけ「対他的にあるもの」という次元は、行為する意識の必要な「契機」であることを、ヘーゲルは主張する。

（15）行為に関してヘーゲルを「表現主義者」と理解する解釈は、チャールズ・テイラーの著書（Taylor 1975）と先

駆的な論文 “Hegel’s Philosophy of Mind”（Taylor 1985b）に多くを負う。だが、テイラーは自分の解釈をヘーゲルの「世界精神」に結びつけ、人間の行為を世界精神の自己表現のための達成手段とみなしている（Taylor 1985b, pp. 83, 87）。Pippin（1980）では、この解釈に異議を唱えておいた。また、本章および第七章から第九章において明らかになるように、行為の社会性に関しては、テイラーとはまったく解釈を異にする。もっとも重要な点は、テイラーの議論のどこにおいても、行為を自分のものとして「取り戻す」可能性を理性性、正統性、規範性と関連づけていないことである。理性性、正統性、規範性すべてがヘーゲルの場合には決定的に重要である。テイラーは問題を解釈学的問題として取り扱うが、ヘーゲルのテキストに適合しない制限された方法である、と私は思う。

（16）行為者となされたこととの関係は、足と蹴られたサッカーボールとの関係のようなものではない。意図的な行為者は、（デイヴィドソン流に）足がボールを動かす原因となるような仕方で、身体的な動きの原因となるのではない。むしろ、芸術家のいささか暫定的で不確定な「プラン」をモデルとすべきである。それは、時間経過とともに、芸術作品が形を成すのに応じて、展開していく。

（17）さらに、これとその政治的含意については第八章を参照。

（18）合理性に対して客観的次元があるということは、その思慮の内容が「十分に」熟慮された合理性と対立するにもかかわらず、ある思慮が行為者の熟慮においてある役割を果たしているかもしれない、ということを意味する。ある時代のある社会において諸個人にとって正当なものであった思慮は、歴史的変化の後には、その役割を終えるかもしれない。したがって、ヘーゲルの見方では、ひとは客観的変化の結果として、ますます行為者になると言うことができる。他者や諸個人に理由として流通する思慮は、行為者を構成する特性なのである。

（19）他で議論したように、内在的な理由の現実性の強調（と可能的な行為理由としての理想的な理由の排除）の意味は、実践的な理由の可能性の条件としていわゆる「内在主義」的制約をヘーゲルが受容したということである。（バーナード・ウィリアムスの簡潔な定式化では、「もし行為の理由があるとすれば、人々がそれらの理由のために行為することがあるということである。そしてもし彼らがそうするとすれば、彼らの理由は行為の正確な説明において重要な役割を演じなければならない」［Williams 1981, p. 102］。）

（20）それが問題点の多くを要約し明瞭にしてくれるという理由で、ここで容易にロバート・ブランダムの「意味論的外在主義」という術語に行き着く。

(21) 「動機」、「〜によって心を動かされる」、「行為へと動く」などという言葉のパラドクシカルな含意に関する、Burk (1969) の興味深いが顧みられることのない議論を参照せよ。特に「当人が感動することによって心を動かされ」ることに関する p. 40 を参照。

(22) しかしここで、Hare (1952) と Davidson (1980b) を比較せよ。また、Cavell (1976) が以下の現象に注意を向けているのはまったく正しい。ある人が私がそのつもりであったことを解釈するが、私はその解釈の仕方に満足していない。しかし、その人がそれを別の新しいかたちで提示してくれた今になって（そして今になって初めて）、「そうだ、それが私がそのつもりであったことであり、私が意図していたことなのだ」と言うことができるまでは、「自分だけでは」明確な選択肢を持っているわけではない。「例えば、それでも、現在の暴露も未来の暴露も以前の意図が何であったのかを示すことができないと思われるかもしれない」(Cavell 1976, p. 233) というカヴェルの論評を参照。カヴェルはこの直観に反するとの議論は反論しうると考えているが、私もそうである。それが Pippin (2000a) で示そうと試みたことである。

(23) この遡及性のテーマと、行為者に関連する全領域ないし全文脈を視野に収める方法としての『精神現象学』における文学作品への訴えとの関連については、Speight (2001) のさまざまな議論を参照。

(24) たとえそれが意図的で意志的であっても、ひとは「その人の存在」を表現しないような行為〔なされたこと〕を演じうることを、ヘーゲルはこの箇所で認めている。しかしヘーゲルの重点は、その行為が「現実的」かどうかにある。「行為の特性を決めるものはまさに、行動が持続する現実的な存在かどうかである」というヘーゲルの問いは実際のところ、控えめに言っても、一般的な問いではない。ヘーゲルは（生じたと空想されたり、噂されたりなどというのではなく）行為が現実になされたかどうかを問題にしているのではない。それが私の表現とみなされるのか、それとも、翻案にあたってのたんなる「想像上の演技」のようなもの、すなわち、「それ自体まったく何者でもなく、ただ過ぎ去りゆくだけ（*das in sich nichtig vergeht*）」の「私念された仕事（*gemeintes Werk*）」にすぎないとみなされるのか、これを問題にしているのである。重要なのは、公言したことの誠実性ではなく、他に何を行うのか（その行為は持続するのか）が、行為の査定の基準であることである。引き続きヘーゲルに言わせれば、これが次のような種類の意図や微妙なケースに入るとの分析は、たんなる私念という怠惰さ（*Müssiggange der Meinung*）がすることであるに違いない。それは、個人みずからが自分の現実性に関する特別の意図を自力で創り出しうるかのように、現実の人間、すなわち彼の行為が、「つもりだった」だけという言い方によって、再び言い逃れられうるような、その種類の意図や微妙なケースである（PhG, p. 179; PhS, p. 194）。また、PR, §124 を参照。

（25）Cf.「行為における人間の意図は〔夢ほど〕私的で内面的なものではないから、ひとが意図が何であったのかを発言する場合に、何を夢見たのかを発言する場合ほどに絶対的な権威をもつわけではない。」（Anscombe 2000, p. 36）

（26）それゆえ、意図の遡及的創作が問題なのではない。Laitinen（2004）は、それが私の論じていることの含意であると誤って示唆している。

（27）私が言っているのは、ニーチェ（1988）における十三節と「稲妻閃光」の比喩の議論である〔訳注7を参照〕。私はこの点に関するヘーゲルとニーチェの間の類似性を示そうと試みている（Pippin 2005d）。ヘーゲルの芸術／表現の例への訴えについては、『エンチュクロペディー』の一四〇節、参照（EL, 274; Enl, 197.『小論理学』三四九頁以降）。そこでの表現は、行為を説明しかつ判断するために主体の意図に不適切に依存することをもっとも強く戒めている。

（28）芸術における意図主義の誤謬（私が記述している意図主義的な行為論に類似の立場とその誤謬）を議論し裏付けるなかで、スタンリー・カヴェルは、次のように記す。「この『意図されたもの』と『そこにあるもの』との二者択一性こそ、まさに問われているものである。意図が芸術の対象の有効な原因ではないのは、それが人間の行為の対象の有効な原因でないのと同様である。両方の場合ともに、それが為されたことを理解する方法であり、起きていることを記述する方法なのである」（Cavell 1976, p. 230）。

（29）映画『道（*La Strada*）』の事例およびフェリーニがアテナイの王女ピロメラをめぐるギリシア神話の仄めかしを「意図し」たと言いうるかどうかに関して、Cavell（1976）, p. 230 を参照。

（30）Searle（2001）が、古典的な主意主義の、ここでスケッチされた説明の代案を提出している。中毒のような異常なケースを除いて、私の欲望が私の行うことの原因とは言いえないことを多様な仕方で示すことによって、因果的もしくは「標準的な」経験主義のモデルに対して効果的に反論する。私が行為をもたらすのであって、欲望や先行姿勢がもたらすのではない。しかしサールがこれを取り上げるのは、そのような決意の因果的な行為者は彼がいたるところで「ギャップ」と呼ぶものを必要とすることを言うためである。傾向性や欲望などとXをする意図の形成との間にはギャップがある。意図を形成し終えることとそれを実行し始めることとの間には「ギャップ」がある。（私は真面目に意図を形成しうるが、なお行為し始めることを躊躇する。私はある独立した意味において行為しようと「決意」して着手しなければならない。）そして、ヘーゲルの説明にとってもっとも重要なことは、行為の着手と目標を達成しようとの継続的な企てとの間には絶えずギャップがあらざるをえない、そして、その企ての進行を通じて継続する「決意」が存在しなければならない、とサールが主張していることである。謎めいたギャップに対する欲望の因果的効果に関して不適切な三人称的な視点を離れることから、私たちが何を獲得するのか、私には分からない。両立論者が常に愚痴をこぼす、このギャップこそ、行為の説明を、そして行為の私との結び付きの経験を曖昧にするのである。サールの説明は明らかに、意志の弱さの現象への深い関与によって方向付けられている。そして彼が、その可能性を擁護するために必要な前提が、どのような「ギャップ」であるのかを論証したのは正しい。しかしここで擁護された観点から言えば、その論証は結局はいわゆる「意志の弱さ」という現象に引き下げられる。

(31) しかし、ヘーゲルの観点では、おそらくは愚かさや情報の制限のゆえに、私が現実にその人を助けることをしなかったとしても、やはり私たちは、あなたの意図が何である（であった）のか、友人を助けるために何が必要であるのかをあなたが理解するべきだとすれば、あなたがするであろうことは何なのか、を私たちはまだ知らないと言わなければならない。

(32) Anscombe, (2000), p. 8 を参照

(33) フォルスターが、『精神現象学』のこの箇所において、ヘーゲルがヘルダーに負うものについて正しく言及しているにもかかわらず、ここで与えられる理由により、また前述の引用に照らしても、行為に関するヘーゲルの立場を「物理主義」とか「行動主義」とかと特徴づけるとき、彼はあまりに行き過ぎている。Forster (1998), pp. 97, 335-8 を参照。

(34) 『法哲学』の一四七節へのヘーゲルの手書きの注記も参照。そこでもヘーゲルは、（驚くべきことに、たとえばオレステスのような人物を考慮して）「ギリシア人は良心をもっていなかった」と言う（VPR, 2; 553）。

(35) 「自己規定は道徳性においては、何であるかがまだ到来することができない純粋な不安定性と活動性として考えられなければならない。人倫的なものにおいて初めて意志は意志の概念と同一であり、この概念だけを自分の内容としてもつ」（RP, 207; PR, 137.『法哲学』（上）一〇八節）。

(36) これが Quante（1993）と意見が異なる点である。

(37) ここでの「首尾よく（successful）」でもって私は、さまざまな出来事が現実に起きたということよりは、何が起きるべきなのかとか何が意図されたのかとかについての個人の「見方」と対応し調和するものとしてそれを個人が解釈することができることを意味している。もしこの記述や帰属が、行為が認知されて応答される仕方とひどく食い違っているならば、私たちは統合失調症とよく似た疎外に接近しているのである。

(38) 再び、これはヘーゲルの立場の困惑させる側面である。ひとは、自分がナポレオンになるという意図を立て、それに基づいて行動しているとみなすことはできる。しかし、その人は、その意図を実現するために何もすることができなかったので、現実にそれを意図したことは不可能である。

(39) 『法哲学』の一二〇節補遺を参照。「外的な現存在において行為は偶然的な結果を含む」（RP, 226; PR, 148–149.『法哲学』（上）一二〇節）。さらに一一九節補遺における諺からのヘーゲルによる引用を参照。つまり、「石が投げた手から離れる時、石は悪魔のものである」（RP, 225; PR, 148.『法哲学』（上）一一九節）。

(40) 『法哲学』の一一八節を参照。ヘーゲルがここで次の二点をともに明らかにしている。行為はいったん外化されると「それとは違ったものと結び付ける外的な力に晒されれ、遠く離れたよそよそしい結果へと送り込まれる」。また、この区別によって、私の行為と、私が厳密に因果的に責任を負うものとの同一化は必要とされなくなる。その代わりに、ヘーゲルは、行為が「外的な現存在へと」「変換され」、「移動され」、「置換され」、「翻訳される」ことを議論している（RP, 218; PR, 145.『法哲学』（上）一一八節）。『精神現象学』の同じテーマの議論において、この可能性が、一方の「意志すること」と他方の「達成すること」との間に再び「アンチテーゼ」を設定するようにみえることを、ヘーゲルは認めている。このアンチテーゼは、ヘーゲルが克服しようとしてきたものにほかならない（PhG, 222; PhS, 245.『精神現象学』（上）四一一頁）。それにもかかわらず、「行為の統一性と必然性とがやはり現にある」と付け加えている（PhG, 222; PhS, 245.『精神現象学』（上）四一一頁）。「行為者性の必然性」でもってヘーゲルが再確認しようとしているのは、行為として完了した行為は、そこに偶然性が認められるにせよ、少なくとも部分的にはなお「私」を表現すると言いうる、ということである。ヘーゲル自身によるこの主張の説明は、控えめに言ってもひどく不明瞭である。仕事そのものは（私の仕事としては）これら想定外の偶然事の圧力のもとで「消失する」と言いうる。しかし、この「消失」それ自身は「現実的であり、その仕事と密接に結びつけられていて、仕事とともに消失する。つまり、否定的なものそのものは、それがその否定であるところの肯定的なものとともに死滅する」とヘーゲルは断言する（PhG, 222; PhS, 245.『精神現象学』

（上）四一二頁）。この主張は、次の段落での、「意識と行為の統一」の再確認を正当化するものと考えられる（PhG, 222; PhS, 245.『精神現象学』（上）四一二頁）。想定外の偶然事の介入という諸事例において、（当初の記述のもとでの）行為という範疇全体が怪しくなり、その結果、行為に関する資格要件の問題もまた「消失した」と、ヘーゲルは言おうとしている。私はそう考える。「ボールが頭を打つ」とか「ボールがあなたをひどく叩く」とかの行為はないのである。

（41）「予見可能性」は、『法哲学』の一一八節補遺における、この問題の取り扱いにおいて役割を演じている（RP, 222; PR, 146.『法哲学』（上）一一八節）。

（42）どんなに正直な抗議を耳にしようとも、生み出されるものは、描こうと意図するにあたって受け容れられていなければならなかった留保条件を明らかにしないだろうか。（「正直なところ、監督、カーブのボールがあんなふうにすっぽ抜けることを、私は意図しなかった。」）

（43）Searle O'Shaughnessy（1991）and（2003）, Searle（2001）, pp. 44–5, and Hornsby on "Acting and Trying to Act," in Hornsby（1980）, pp. 33–45 を参照。

（44）Moran（2001）。

（45）しかし、ヘーゲルの言っていることは、この意味での純粋な悲劇が繰り返されることを掘り崩すことを意図しているわけではない。私のせいで起きたことが私の当初の理解を凌駕するとしても、それを認めなければならない場合が時にはある。しかし、より詳細な悲劇に関する議論でのヘーゲルの立場は、バーナード・ウィリアムズの提唱する立場とは区別されなければならない。ウィリアムズの立場は、それを「拒み」自分によるものと認めないことは、ある意味まったく「非人間的」であろう、というものである。ヘーゲルから見れば、また、ヘーゲルによるソフォクレス『オイディプス王』批評を見れば、これはいかなる意味においても主観性によって媒介されることのない、余りにも堕落した主張である。Cf. Williams（1994）。そして、それは、カヴェルが提唱する悲劇的責任と同じ意味ではない。それは、その作品が意味していると結果的に判明するもののすべてに、すなわち、作品のすべてに芸術家が責任を負うというものである。「それは恐ろしい責任である。それを担うに必要な才能、辛抱強さ、直向きさをもっている人はほとんどいない。しかし、その意味するところをよく理解することを拒まないことまで担わされるとしたら、それはなお恐ろしいことである」（Cavell 1976, p. 237）。歴史的な生活形態における多様な差異が、それを帰するのが理に適っていると思われるのは何なのか、単純に不可避的であると思われるのは何なのかに影響するが、その影響の仕方にヘーゲルの見方はより敏感である。ウィリアムズとカヴェルはこの問題を論述するにあたり、歴史的影響を十分に考慮していない。さらに、Hösle（1984）における洗練された議論を参照せよ。

（46）すでに注記したように、嘘をつくことなく、自分の意図を誤って報告し、間違って表明することがありうる。しかし、結局のところ、行為は、「私の」何が行為のうちにあるのか、そして、何が帰されうるのかを明らかにする。行為者が承知の上で意志的にではあるが、意図的にではなく行為する場合がある。（Anscombe 1971, pp. 37ff. のポンプの事例におけるように、いわば私は行為にあたり他人によって使用される手段の一部であって、私自身がそのように妨害なしに使われることを承知の上で許しているけれども、その行為に署名をしたとは言えないという場合である。）これはヘーゲルにとって面倒な問題を起こす。アイヒマンの事例、すなわち「私はただ命令に従っただけだ」というような事例がある。しかし、「知っている」という側面が自発的参与が署名をしたとみなされるのに十分な水準に達しているならば（アイヒマンの場合）、（私の考えでは）ヘーゲルは、これらの事例のほとんどを意図的なものとみなすであろう。しかし、これらは難しいケースである。

（47）RP, 218–219; PR, 145–146.『法哲学』（上）一一八節。Bennett（1995）も参照。

訳注

〔1〕本書第五章の訳注〔5〕を参照。

〔2〕意志が原因となって身体的動きが生じるのが意志行為であるという、伝統的な行為論と袂を分かち、意図的行為を意図の記述依存性および「観察によらない知識」から考察した代表的な論者が、エリザベス・アンスコムである。

たとえば、私が木の板を鋸で挽いているとき「なぜ鋸でキーキー音をたてて隣人を悩ませるのか」と尋ねられ、「私はそのようなことをしていると知らなかった」と答える。とすると、そこには、自分の行為をある記述のもとでは知っていても、別の記述のもとでは知らないという事態が生じているわけである。しかも、自分の行為の意図については、それがいかなる意図であるか観察によらないで知っている。それは、ことさらに観察するまでもなく、自分の現在の姿勢や四肢の状態をわきまえているのと同じである。このようにして、アンスコムは行為の概念を刷新しようとしたが、原因としての意志を破棄せんとするその議論は、その後の行為論に大きなインパクトを与えた。

〔3〕自分の欲望や意図などの心の状態の表現は、他人の心の状態を知る場合に必要と思われるその他人の言動などに準ずる証拠を、必ずしも必要としないとも考えられうる。このような自分の心の状態の表現をめぐる一人称の特別の様相は、一人称権威とか一人称特権（first-person authority）と呼ばれている。これは、本章Ⅶ節に登場するウィトゲンシュタインが指摘した「ムーアのパラドックス」に始まる研究史のなかで登場したリチャード・モランの「透明性条件」などの議論と関連して論じられている。本章訳注〔5〕〔6〕も参照。

〔4〕「パトナムの水」は、本章の原注（20）にも登場する「意味論的外在主義」に関わり、言葉の意味が頭の中だけにあるとする内在主義（internalism）をヒラリー・パトナムが批判するために提案した「双子地球」という思考実験に登場するものである。すなわち、地球の「水（H_2O）」とは物質構成が違う〈水（XyZ）〉が川や海を流れているという点だけが異なって、他はすべてが全く同じである双子地球という惑星があると仮定する。この場合、双子地球人と地球人とが使う言葉と頭の中は同じであっても、双子地球人が〈水〉と呼ぶものと地球人が「水」と呼ぶものとは指示する意味が異なることになる。これが内在主義を非難する「意味論的外在主義」の思考実験である。

「パトナムの水」とヘーゲル『精神現象学』とから出発したタイラー・バージの「関節炎」の話は、次のような思考実験である。関節炎で腿に痛みが生じることはないから、関節炎で腿が痛いと言う患者がいるとすれば、それは偽ということになる。しかし、この患者が別の言語共同体、たとえば関節炎という言葉が腿の炎症を含む名称であるような言語共同体の中にいるとすれば、結果は異なることになり、心的内容は言語共同体によって規定される言語の意味に依存することが示唆され、「社会的存在」というアリストテレス的、そしてヘーゲル的人間本性の重要性が指摘されるに至る。

〔5〕「Pである（たとえば外は雨が降っている）と私は信じている」という私の信念が表明されるとき、「Pである」という外界の状況の問題と私の信念の問題とは別個の問題である。仮りに他人が「Pである」ことを信じない場合は、雨粒が落ちてきているか、地面が濡れているか、などの根拠を挙げて、他人とともに熟慮的な（deliberative）合理的活動に入らなければならず、つまり外界の状況と他人の信念との関係は、証拠に基づく経験的なものとなる。しかし外界と私の信念との関係は、そうした活動を必要とせず、直接的で必然的なものとなる。ここに「透明性」という概念が成立するが、ここで外界の問題と自己の問題という二つが連関していることを説

明するという課題をモランは「透明性条件」として論じた。こうして、いわば一人称特権における透明性条件という問題圏が成立した。

〔6〕 G・E・ムーアは「私は先週の火曜日に映画を見に行ったが、私がそうしたと私は信じていない」という言明を取り上げ、その不条理を指摘したが、これを「ムーアのパラドックス」と呼んだのはウィトゲンシュタインである。同じくウィトゲンシュタインによって「哲学という蜂の巣を突ついた」とも言われる、このムーアの「発見」は、オースティンとサールの言語行為論にとっても重大な意義をもったとされる。ピピンは、モランの透明性条件から「ムーアのパラドックス」へと遡ることによって、一人称特権の問題を浮き彫りにして、そこからヘーゲル実践哲学の位置を明らかにしていく。

〔7〕 ニーチェ『道徳の系譜』第一論文「『善と悪』、『よい（優良）とわるい（劣悪）』」十三節（『ニーチェ全集』十一巻、信太正三訳、ちくま学芸文庫、一九九三年、四〇五頁）、参照。

第三部　社会性

第七章　ヘーゲルにおける社会性——承認された地位

I　ヘーゲル承認論をめぐって

私が本章で擁護しようと考えている主張は、ヘーゲルの「承認理論」は彼の哲学体系のなかのある特殊な問題への答えを意図しているというものである。特殊な問題とは、自由の本性の問題であり、自由の可能性の問題にほかならない(1)。

私がこれから展開しようとするこの主張には異論が唱えられるだろうが、それには三つの理由が考えられる。第一は、精神衛生に関する広く行き渡った（おそらく科学的にも支持される）考え方によって、様々な承認という態度を望ましいもの、よいものとして論じるのが当然だと思われるようになったこと、また、そうした精神的な意味での豊かさの達成に失敗することは、私たちの政治制度についての何らかの是正要求を伴う、社会的悪（social harm）として論じるのが当然だと思われるようになったことによる。アクセル・ホネットが（明らかにヘーゲルに触発されて）描いたように、もし承認を愛、尊敬、敬意の関係と考えるならば、私たちは、不承認という社会的善の欠如態を社会的悪として、何らかの仕方で是正されるべきものとして論じようとしていることになる。(1)(2) ヘーゲルの承認論を人間の自由の実現の枢要な要素に関する理論として取り扱うことが、このような心理学的なアプローチと合致するのは、愛され、尊敬され、敬意を払われることが自由な生活に不可欠な構成要素である場合に限られるであろう。しかしながら、私は両方のアプローチが一致するとは考えないし、ヘーゲルがそう考えたとも思わない。ヘーゲルにとっての問題の核心は、月並みな意味における心理学的な問題ではない。ましてや、第一義的に心理学的な悪の問題であるわけではない。(3) 第二に、解釈上の問題として私が望むのは、人倫ないし倫理的共同体に関するヘーゲルの円熟した理論(『エンチュクロペディー』や、もっとも馴染み深い『法哲学』に関する講義において、「客観的精神」の説明という仕方で公表された理論)を、初期の承認論、すなわちイエナ時代の承認論の放棄としてではなく、それの展開として論じたい、ということである。(4) 広く受容されている見解によれば、ヘーゲルが当初関心を抱いたのは、社会制度のみならずおそらくは実践上のあらゆる規範性の本性と権威を、主体相互間の基本的な接触とその相互主体的な結びつきの「実現」とによって説明することだったのだが、彼は後になって、相互主体性に関するこのような見解を放棄し、むしろ、人間が社会的、政治的に現存することは、壮大な形而上学的過程の顕現、絶対的な主体それ自身の顕現として、あるいは、神的な精神が自己意識へ到達することとして、もっともよく理解され、弁護されると信じていた、とされる。(5) だが、この解釈に基づくならば、人間の社会性の本質をめぐって競合する近代諸理論の一つとされてきたもの、すなわち、マキアヴェリやホッブズに対抗する有力な理論が、むしろ保守的な有機体の理論になり下がってしまう。マキアヴェリとホッブズは、人々が依存と権威との結びつきに思い至るのはいかにしてなのか、また、なぜなのかを理解しようと試みたが、それに対抗して、本源的な依存を、恐怖、権力、安全の問題にではなく、承認、地位、敬意、連帯の問題に絡めて説明するとされてきたヘーゲルの理論が、有機体の理論になり下がってしまうのである。この有機体理論に即すならば、諸個人は「真に実在する」人倫的実体それ自身が時間のうちで顕現するときのたんなる属性であることになり、相互主体的な経験にはもはやいかなる中心的な役割も与えられないことになる。私が思うに、こうした解釈は、人倫の円熟した理論の独特の基盤に十分に注意を払っておらず、したがって、精神（*Geist*）に関するヘーゲルの理論と、その立場が正当化する自由に関するきわめて特異な説明とに対して、十分な注意を払っていない。私が示したいのは、この説明を視野に収めるならば、どのようにして人倫論が、承認の成功に関する説明であるのか、すなわち、ある種の理性的な認知を基礎とする相互性の説明であるのかを理解するのが、はるかに容易になるということである。

　第三に、私の主張に異論が寄せられる理由は、冒頭に述べた提案を擁護することが次の主張を必然的に含む、という点にある。すなわち、（戦後のヘーゲル研究においてはしばしばそう理解されてきたように、）承認論は何よりもまず自己意識に関する包括的な超越論的理論、それも、（あたかもどんな自己関係の内容も他者たちからそうみなされる様式の内在化であるし、また、そうでなければならないかのような）あらゆる自己関係の可能性に関する包括的な超越論的理論であると理解されるべきではない。また、承認論は第一義的に自我ないし社会のアイデンティティの形成についての発生論であるわけではなく、そのまま諸々の制度や社会正義に関する規範理論であるわけではない[6]。なるほど、ヘーゲルによれば、（承認し、承認されるという）社会関係の一定の形式は「真の個人性が可能であるための条件」であると言うことができる。しかし、この主張の成否はすべて「真の」（ないし「具体的な」）個人性（*Einzelheit*）という言葉の含意に懸かっている。そして、ヘーゲルにおけるこの個人性の問題は、反省以前における自己との親密なあり方、自己知、唯一無二の実存たること、個人のアイデンティティ、心の健康などといった問題と混同されるべきではない。ヘーゲルにとって真の個人とは自由な主体であり、承認関係は複雑な仕方でこの自由な主体が可能となる諸条件として機能するのである。

もし以上の解釈が妥当だと思われることが明らかになれば、ここで問題となっている主要な哲学上の問いは、以前に示した単純なものとなる。すなわち、なぜヘーゲルは主体がひとりだけでは自由でありえないと考えるのか、という問いである。（これは、〔個人の〕自由を首尾よく行使し保護するための協同関係の諸条件に関する実践的な問題とはまったく別個の問題である。）この問いをより具体的に表せば、次のような問いとなる。なぜヘーゲルは、他者によってある一定の仕方で承認されない限り主体は自由でありえないと考えるのか、そして、何がその承認に必要とされるのか。誰か他人が私に気づき、私を認め、私を支援し、私との連帯を表明することがあろうがなかろうが、それと関係なく私が自由であることはありえないのか。一人格としてのひとの地位は、ある種の事実、もしくは（認められる、尊敬されるなどという）何らかの仕方で適切に考慮されるべき客観的な能力なのではないのか。また、主体が一人格としての地位を得るのは承認によってであると提唱することは、あらゆる事柄を後退させることにならないのか。

II　ヘーゲルの「自由」概念——その四つの特質

自由が問題となる場合、すでに見てきたように、ヘーゲルの自由の理解にはいくつかの非常に一般的な特質がある。私たちはそれらすべてを視野に収める必要がある。以前の論述を要約すれば、四つの特質がある。

第一に、ヘーゲルは自由の本性に関して、主意主義の立場を採らない。ヘーゲルは多くの面ではキリスト教哲学者であるにもかかわらず、自由の問題となると、彼が共感を示しているのは、キリスト教以前の哲学者（アリストテレス）か、非キリスト教哲学者（スピノザ）である。ヘーゲルは自由であることを、先行する因果的条件から何らかの仕方で独立の意志作用によって行為を開始する、因果的能力を個人がもつことだとは解さない(7)。むしろ、ヘーゲルの理解では、自由はある種の自己関係や他者への関係を意味する。すなわち、自由が成り立つのは、ある種の自己配慮や相互関係の状態にあることによる。そのような状態は活動的なものであり、諸々の行動や実践を含む。しかし、その状態が自由であると解されるのは、それが何らかの仕方で引き受けられることによってであって、特別の因果的諸条件をもつことによってではない。（標準となる定式は次のとおりである。「したがって、精神は純粋に自己自身のもとにあり、それゆえ、精神は自由である。なぜなら、自由とは他なるもののうちにあって自分自身のもとにあることだからである。」（EL, 84.『小論理学』一一二頁））

個人の責任や罪責をめぐる近代的な制度は、「別様になすこともできた」という「特別な因果性」を主張する主意主義と密接に結びついていると思われる。しかし、ヘーゲルが提示するのは自由の理論には一般的に不可欠のものであって、それは彼の提起する様態論、もしくは疎外なき様態の理論によってこそよりよく実現される。もし、自由の問題が、私の行為や企てが私自身のものでありうる仕方で、私によってそのように経験されうる仕方で充たされなければならない諸条件に関するとすれば、私たちはある困難に直面する。すなわち、行為と私との結合を確立する方法は、私が先行する依存状態、社会、自然の大きな重荷から免れえて、純粋に意志する個人の作用によってある行動が起こるのを決定しうるという条件下でのみ成立することになる。（ともかく、ここで議論のために私の考えを提示しておく。ヒュームの用語で「無関心の自由」（liberty of indifference）と呼ばれるもの、このようなものはありそうもない。また、人間の行為者性についての、ほとんどまったくと言っていいほどありそうもないこの描像は、それにもかかわらず私たちが実践的な必要から仮構せざるをえず、他者に責任を問うさいに避けようのないものである、と言ってもほとんど無駄である。）では、一体どのようにして主意主義とは異なる仕方でこの結合を確立するのか。行為や企てがどのような仕方で私と結びつくならば、それらが私自身のものとみなされ、それによって自由の事例となるのか。いったん主意主義を放棄し、しかも両立論に対する近代の通例の懸念（別の自由の形式が擁護されているというよりは、まったく自由が擁護されていないのではないか、という懸念）を深刻に受け止めるならば、こうした問いは決して容易には答えられない。ヘーゲルによる解決は、先に述べた自他関係の形式、すなわち承認関係のうちにあると推測される。この関係のうちにあることによって、私は自分自身の行為への正しい関係を達成したのであり、その結果、一般的条件が充たされるのである。

第二に、このような状態は、様々な仕方で、特に様々な階梯に応じて具体化されると言われうるが、その状態が最大限に、もっとも十全に表現されるには、さらに進んだ条件が必要となる。その条件をヘーゲルは明白な仕方で強調しているが、通例の解釈では見落とされがちである(8)。この十全な状態は理性的な自他関係と定義される。この状態が、自由であり、理性の産物であるとみなされ、偶然的欲求ないし外的強制によって駆り立てられ、引き寄せられることとか、そのような駆り立てや引き寄せにたんに戦略的に対応することとかとみなされないのは、それが理性的、普遍的であるからである(9)。

第三の点は、歴史的経緯に関する簡単な注解である。すでに判明し始めているが、以上の主張が向かっているのは次の立場である。この立場では、立法能力や執行能力の行使が自由とみなされようとも、そのような能力は、（a）本源的であるわけでもなければ、事実問題もしくは形而上学的な意味において、ある種の実体がもつ属性であるわけでもない。むしろ、（b）ある社会共同体のうちで時間経過を通じて発展してきたところの、諸々の主体間の社会的相互行為や相互的コミットメントによって構成されたものである。前述のように、ヘーゲルがこの立場を信じて採る理由を物語るには、何よりも、フィヒテが一七九六年の『自然法の基礎』のなかで展開した多くのテーマを若きヘーゲルが受容したことが必要となる。その長い物語が主に関係しているのは根っことなる次のような考えである。すなわち、私が自分自身の欲望や利害関心に対するこれまでとは異なる関係を展開するようになるのは、私が欲望を充たすのを他者からたんに物理的に妨げられる場合ではなく、他者から「異議を申し立てられる」場合、フィヒテの表現によれば、「促される」場合である。その場合、他者は土地の一区画への道を遮るのではなく、それへの私の暗黙の要求を退けるのである。この種の異議申し立てによって、自分の行為への自分自身の関係は、たんに欲望を実行に移すことから、要求に変わると言われうる。というのも、自分の欲望の自分自身による追求は、この社会状況のなかでは今や、他者への要求ともみなされざるをえないからである。他者への要求は、私の側でもまた、他者が権原をもつことの拒否であって、たんなる妨害であるわけではない。以上の所見からフィヒテが引き出す結論はドラマティックである。

> 個人性の概念は一つの交互概念である。この概念がある理性的存在者において可能であるのは、この概念が他の理性的存在者によって完遂されたものとして措定される限りにおいてである。（…）〔個人性の概念は〕けっして私の概念ではなく、むしろ、私の概念でありかつ彼の概念であり、彼の概念で

ありかつ私の概念である。それは、そこにおいて二つの意識が一つのものに一体化されているような、共通の概念である。（G, 47; FNR, 45.『自然法の基礎』六五頁）

そしてさらには、「人間（…）は、人々の間でのみ一人の人間となる」（G, 37; FNR, 39.『自然法の基礎』五四頁）。

フィヒテにおいて、それは最終的には相互に受容した強制の状態〔国家〕へと至る。それはある意味でホッブズ主義の実現である。すなわち、先に述べたようなある物件への安全な使用権への要求をなしうるのは（つまり、私が他者からの異議申し立ての後になさなければならない規範的な要求をなしうるのは）、同じ状況下ではその要求が各人に普遍的に妥当することを認めることによってであるということになる。そして、フィヒテの説明では、このことが自由を相互に「否定的に」制限し合うことを正当化する。これから見るように、ヘーゲルの場合は、こうした権利の確保という論点よりもはるか先まで進んでおり、あらゆる規範的な要求は承認の相互性に関する諸々の要求や企てを前提とするとみなされている。とはいえ、ヘーゲルの直観的な洞察は首尾一貫してフィヒテに従っている。すなわち、この否定的制限が現存する他者の意志に戦略的に妥協することのように、したがって、他者の意志へと私の自由を部分的に従属させることのようにみえるとすれば、それは社会における異議申し立てや応答とは別個に個人の自由な意志といったものが存在しうるという誤った想定のもとにおいてのみである。むしろ、社会における異議申し立てや応答こそ自由な行為者それ自身の本来的な条件である。それは一つの社会関係であり、それによってはじめて自分が自分自身の行為へと関係することが自由だとみなされうる。したがって、それはまた依存形式であり、この依存形式において自立が達成されることはあっても、損なわれることはない。

いささか意外なことではあるが、この方向性は、カントが〔『人倫の形而上学』の〕「法論」において提示しているものとも似ている。カントが提示しているのは次のことである。すなわち、自然状態を容認し難いものとするのは、個々人が「私のもの」を「あなたのもの」からしっかり守ることができないという事実ではなく（またそれゆえ、国家を正当化するための議論は、協調的ないし戦略的に相互行為の問題を解決するという提案に基づいているわけではなく）、そうした自然状態においては、私のものとあなたのものとの間のたんなる暫定的な区別以上にはいかなるものも確立する方法がないという事実である。カントの主張では、このことが意味するのは、相互に叡知的な関係（叡知的な所有）を確立しうる能力を事実上もつ諸人格が、あたかもこの能力が存在しないかのように行為しており、私のものとあなたのものとの区別を確立するたんなる偶然的な力の権威を事実上容認している、ということである。(10) 以上のカントの議論は、私のものとあなたのもの、すなわち、まさしく自由な個々人の間の境界を達成された社会的境位とみなさなければならないと論ずることと同じであるわけではない。だが、こうした議論形式は、フィヒテからの引用箇所と同様に、ヘーゲルの説明の方向性を示唆している。

最後に第四に、ヘーゲルは自由に関する因果的説明や因果的能力による説明という考えを退けてはいるが、自由に関する客観的理論や社会理論における関係そのものまでも否定していると考えるべきではない、ということである。もちろん、自分がなそうとすることやなすべきことに関する私個人の見解、私が抱く意図や理由と、実際の行為との間には、ある関係があるに違いない。誰にとっても明白なように、ヘーゲルにとってもまた明白なのは、私がなすべき事柄に対して、あるいは他者からの要求によって私がなすように導かれるはずの事柄に関して、私が様々な反省的な態度をとりうるということである。また、私はそうした見解に従って行為することもあれば、それに従わずに行為することもあることも明白である。しかしながら、こうした関係がヘーゲルの理論においても重要であり、保持されているとはいえ、彼にとっては、この関係は因果的なものではなく、表現的なものなのである。行為（*Handlung*）の定義づけは単純に、「主観的な意志の表現（ないしは「外化」）」（*Äusserungen des subjektiven Willes*）である。この定義のもっとも頻繁に認められる例は、第六章において重要視された、芸術家と彼の芸術作品との間の「置換」ないし表現の関係である。これは〔『精神現象学』の「理性」章Cで叙述されたものだが〕、行為の基準になるものとして、後の箇所〔「精神」章の良心論〕でも以下のように引き合いに出されている。

したがって、行為（*Thun*）とはただ、自分の個別的な内容を対象的な場面のうちへと置換すること（*Uebersetzung*）であるにすぎないが、この場面においては、内容は普遍的であり承認されている。そして、まさしく内容が承認されることこそ、その行為（*Handlung*）が現実になる所以なのである。

（PhG, 345; PhS, 388.『精神現象学』（下）九五四頁）

ある意味では、もちろん、芸術家は彫像が創造される原因である。だが、彫像を「彼のもの」とするのは、それが彼自身と彼の芸術上の意図を十全に表現するからである。そして、まさに彫像が表現する「彼のもの」を「本当に彼のもの」にするのは、私たち〔鑑賞者〕が主に何を期待しているかに懸かっており、またそれは理性にも関わっており、したがって、ある相互性の確立にも関わっている。(11)

したがって、一人の個人として可能な選択に直面している私と結果的に選び取られた選択とを結びつけうると想定されるものは、ここでも他の多くの合理主義理論や反省理論においてと同様、決定のさいの実践理性に求められる。そうした条件のもとでは、なされたことは真に私を表現していると言いうるし、私がそうあろうと決意したことを表現していると言いうる。しかし、そうした条件を充たすことは、その理性が実際に一つの原因（それなしでは行為が生じなかっただろうところの因果的に有効な条件）として機能することを意味することはないし、またそれは、主体がある中立的な道具を行使するかのように、ある能力を行使する、といったことを意味することもない。すでに見てきたように、なされたことが私のものだとみなされうるのは、それが私の意志を表現している場合であり、それらが理性的に引き受けられた場合であるが、この後者の状態こそ、ヘーゲルがもっとも頻繁に（客観的精神の文脈のなかで）、承認しかつ承認される社会状態のうちにあることだと叙述するところの状態である。この状態は、私の自分自身への関係において本質的であり、それ自体が理性の産物とみなされ、したがって自由とみなされるのである。とはいえ、この最後の主張こそ、理解するのが困難なものであり、たんに曖昧に理解される場合においてさえ、異議を招きかねないものなのである。

III　達成された様態としての自由

ヘーゲルが、自由であること（「他なるもののうちにあって自分自身のもとにあること」）とは「達成された様態」である、という理論を提起していることを、もう一度考えてみたい。私たちはいかなる様態について語っているのだろうか。

それはもちろん第一に、ある精神の様態のことである。以下に示す『エンチュクロペディー』における精神の定義は、きわめて圧縮されたかたちにおいてではあるが、私たちに必要なすべてのものを伝えている。すなわち、この定義には、客観的精神の理論において何らかの仕方で承認されていることが自由の達成のために本質的であるとみなされるのはいかにしてなのかを、（最終的に）理解しうるために必要なすべてが示されている。その結果、私が擁護しようと試みている主題をふたたび定式化することになる。

> それゆえ、精神の形式的な本質は自由である。すなわち、自己同一性としての概念の絶対的な否定性である。精神はこの形式的規定ゆえに、あらゆる外面的なものを、そして自分自身の外面性、自分の規定されたあり方さえも捨象することができる。精神は自分の個別的直接性を否定するという、無限の痛みを耐え忍ぶことができる。すなわち、精神はこの否定性において自己を肯定的に維持し、そして対自存在として同一であることができる。この可能性が精神の抽象的な、自己の内で対自的にある普遍性である。（EPG, 25–26.『精神哲学』二五八頁）

ここで論じられている様態が意味するのは、第一には、自分自身の「個別的直接性」に対する一定の否定的関係、すなわち、自然から与えられたものや直接的な衝動に対して、それらを行為の決定要因として、たんに自動的に反応することのない様式である。もっとも、この否定的な自己関係は、（まるで別の非物質的実体のようなものであって）偶然的な生物的自己ではないことを単純に意味するわけではない。他方、この様態には肯定的な自己同一性もまた含まれている。それは積極的に自己を規定することであって、たんに自然的な傾向性に従って行為することのない能力であるわけではない。ここで述べられているのは、この様態が達成されるのは精神における「普遍性」を通じてであり、この様態は、自由の実現において評価基準となる要素として私たちがすでに言及してきたところの理性たる資格を備えているということである。ヘーゲルがいくつかの機会に異なる仕方で明記しているように、「理性が精神の実体的な本性を成しているのであり、それゆえ理性は精神の本質を成している真理や理念をたんに別の仕方で表現したものにほかならない」(PSS, I: 89.『精神哲学』四九—五〇頁)。

後に見るように、この〔理性という〕普遍的な観点を達成するという問題こそ、私たちを承認という論点、すなわち、自分が理由の与え手や応答者とみなされること、また他者をそうした者とみなすことという論点へと連れ戻すのである。なぜなら、ヘーゲルは、——自分自身を自分の行為〔なしたこと〕のうちに見い出しうること、自分を自分の行為〔なしたこと〕と同定しうることという——上に記した自由の条件の最高にして究極の充足を、いささかカント的な仕方で論じているからである。すなわち、ヘーゲルもまた、実践上の理性的決定は、私自身の利害関心が充足される場合であっても、行為〔なされたこと〕の内容を私自身のものとして回復し、本来の種類の自立を成立させる、と主張しているのである。他の多くの哲学者たちと同様、ヘーゲルにも当てはまることは、一つの行為とは端的に言って、その理由を尋ねうる出来事だということ、そして、そうした理由の性質や性格によって決定されるのは、どの程度私が規定されていたかというよりはむしろ、どの程度私が自由に行為したかという度合いである。[12]『法哲学』十五節の補遺にあるように、

私のものであるこの事柄は、特殊な内容であり、それゆえに私とは相容れない。したがってそれは、私とは切り離されているのであって、たんに可能性としてのみ私のものであるにすぎないのだが、まさしく同様に、私もただこの特殊な内容と一体となりうる可能性であるにすぎない。(…)内容が私の意志の本性によってではなく、偶然によって私のものであると規定されていること、このことがま

さしく恣意に本来的に具わっていることなのである。したがって私はこの内容に依存しているのであり、これこそ恣意のうちにある矛盾なのである。（…）私が理性的なことを意欲する場合、私はある特殊な個人としてではなく、人倫一般の諸々の概念にしたがって行為する。ある倫理的行為において、私は、自分自身ではなく、事柄それ自体を妥当させるのである。（RP, 67; PR, 49.『法哲学』（上）十五節）

ヘーゲル自身が繰り返し主張しているように、近代の社会形態は、正当な理由として提起され受け入れられた権威ある諸々の思慮からなるが、「心情」ないし「実定的な権威」によって（あるいは、それに加えて、利害の偶然的な一致として）支持されるだけでは、いかなる正統な存続理由ももたない。つまり、たとえば国家や民族レヴェルでの相互承認の形式が、あるいは信頼や連帯意識という心理的な満足の形式が、現に事実としてある場合であっても、そうした社会的事実としてだけでは、正統な存続理由をもたないのである。むしろ、これらの形態は「自由な思惟に対して正当化され」なければならず、近代生活の「内容」は「理性の形式」をもつことが示されなければならない。私たちの様々な衝動は、「直接的な自然的規定性という形式」から「解放され」、「意志規定の理性的な体系となら」なければならない。私たちは「陶冶され」、「自己規定的な普遍性」という観点から自分自身を見るようにならなければならない。そして、「特殊な個人」として意志するのではなく、「理性的で高貴な道」を追い求めなければならない（RP, 68, 71-72, 67; PR, 50, 52, 49.『法哲学』（上）十五節、十七〜二〇節）。個々人の「使命」は「普遍的な生活」を送ることである(13)（RP, 399; PR, 276.『法哲学』（下）二五八節）。普遍的な生活を送ること、理性の形式のうちで行為することこそ、自由に生活を送ることだとみなされうるものであって、偶然に獲得した衝動や欲望に反応し対処することが、自由な生活を送ることなのではない。また、ヘーゲルは「理性の形式を獲得している」ことで何を意味しているかを注釈しようとするとき、人間本性についての経験知に基づくある種の実践上の智恵、道具的合理性、普遍化可能性という形式的な基準、宇宙的精神がもつ合理的構造に関する何らかの知、といったもののいずれにも訴えていない。ヘーゲルが述べているのは、「人倫の諸観念と一致した」生活だけが、彼が自由だとみなすところの、自然の「否定」や「自己規定的な普遍性」を獲得していることになるだろう、ということである。私が思うに、こうした社会性への言及が示しているのは、承認の問題、つまり、社会的互酬性、真実の相互性の形式の獲得という問題が円熟した理論のうちで継続的な役割を果たしていることである。

ところで、以上の考察が意味するのは、ヘーゲルが確かに次の事態が成立する余地を残しているということである。それはたとえば、たとえ真実の承認が達成されていなくとも、誰もが事実上様々な承認の身振りを与えたり受け取ったりしており、主観的には満足している、といった事態である。ヘーゲルの説明は、イケへイモーとライティネンが(承認を与える者を正当な承認の与え手として認めない相手に対しては、誰一人としてうまく承認を与えることはできないと)特徴づけているように、「対話的」である[14]。とはいえ、ヘーゲルの説明がここで問題となっている相互性を、心理学的な観点よりはむしろ制度的な観点から取り扱っていることは明らかである[15]。

以上のような仕方で定式化されることによって、精神の特異性(すなわち自由)について、その実現には様々な階梯〔度合い〕(自然からの距離と自立を獲得する階梯〔度合い〕)があると言うことができる。また、それには、社会生活ないし客観的精神を特徴づける否定性および「肯定的な普遍性」とヘーゲルが呼ぶものへと最終的に私たちを導いていくある事実があり、さらに、自然の直接的な現れを(犠牲にするというよりはむしろ)変容させる様々な様式や、そうした自然への否定的関係を確立する様々な様式が生じるところの諸領域、すなわち家族、労働、法律、政治といった領域がある。原初的な自然衝動から距離を取ることの達成度、そのような可能な態度をとるさいの自己構成的な反応の範囲、すなわちたんに自然条件や心理状態だけによって規定されているわけではない範囲、こうしたものが、ヘーゲルが提示する漸進的もしくは発展史的な説明のための基礎となる。自然は「克服される」(*überwunden*)。そして、精神とは自然の直接性を克服することである。したがって、精神は「自然の成果ではなく、実際には自分自身の成果なのである」。

こうして、精神に関するヘーゲルの立場は、ある特定の自然有機体は自分自身と他者を、行為の「規定」である規範や要求に従わせるようになることができる、という主張を擁護するものとなる。この規範や要求は、非物質的な能力の表現ではないが、かといって直接的に自然的、因果的な帰結としても説明されえないものである。第二章から見てきたように、慣習、しきたり、社会化された感情の習性など(ヘーゲルが「人間学」と呼ぶところのもの)は、最初の低い段階におけるそうした達成の現れである。なぜ低い段階かといえば、諸主体は自分たちがいまだに主として自然の直接性に従属していると考えている(そしてもちろん、実際にもそのとおりである)からである。とはいえ他面で、そう考えている限りで、彼らはそのことを自覚しはじめており、それゆえ、自分たちを潜在的には自己規定的なものとして、(規範的な意味における)「主体」として理解しはじめているのである。精神的存在者であることとは、人間という特定の動物の歴史的な達成なのであり、非物質的ないし神的な実体の顕現ではないのである。

IV　自由と相互承認

これらヘーゲルの主張は確かに、過激で一風変わっている。しかし、少なくとも、「自由である」ことは、本質であれ、属性であれ、実体であれ、いずれの意味にせよ、因果的な能力としてではなく、『エンチュクロペディー』でのあらゆる定式を通じて、達成として論じられていることは明らかである。「自由である」とは、心的かつ社会的な存在者（intra-psychic and social being）の次のような様態の集合的な達成なのである。その様態では、主体は、自然的気質の代わりに、諸々の規範に基づいて自分の行いを拘束すること、とりわけ、相互に約束を交わすことができるようになる。（ヘーゲルの定式を通じて、顕現すること、有機的な成長、実体の現われよりもはるかに目立っている言葉は、達成、産物、形成すること、とりわけ措定することである。）この達成ということから、私たちは、何がなされるべきかのある種の思慮が実際に広く行き渡っていると言うことができる。諸々の理由が、行為に権原や正当性を与えるものとして、差し出されたり受け容れられたりするが、それらの理由はすべて、拘束力のある集合的な権威をもっており、また、不可避で直接的な必然性という自然領域として経験されるもの（すなわち、自然的力関係だけの規範なき状態）からの自立の歴史的階梯を携えている。(16)

つまり、心的かつ社会的な存在者たちは、時間経過を通じて行いを規制し認可し指令する規則、原則、法律に集合的に従いうるようになり、みずから訓練して、拘束や求められる共通目標を数々の仕方（教育、芸術実践、宗教儀礼、制裁措置）で相互に守らせうるようになる。この説明には超自然主義も「叡知主

義」もなく、それはまったく非二元論的である。(17)

問題のこの連鎖は今や決定的な地点に到達した。その連鎖とは、自由が因果的能力でなくある種の様態であり、この様態が自然の否定、自然からの自立の達成であり、この達成を可能とするものが理性的な自他関係である、というものである。(この手短な要約では曖昧で抽象的ではあるが)哲学的コミットメントをこう掛け合わせると、ヘーゲル評価における核心的な問題が立ち上がってくる。すなわち、集合的に達成される自立についての段階的に媒介された描像のなかで、真実の自立や集合的な自己規定と最終的にみなされる(それゆえ、私たちが探し求めている自己同一〔精神の自己知〕と最終的にみなされる)のは何なのか。換言すれば、間接的であれ直接的であれ「自然に依存する」ことのない規範による拘束とみなされるのは何なのか。また、そうみなされうるのはなぜなのか。この問いこそヘーゲルの主張を歴史相対主義から区別するが、それは明らかに、承認の成功とみなされるものをヘーゲルが説明しうるのかどうか、という問いに結びついている。

以上の主張でヘーゲルが言おうとすることを理解するのは、ことのほか難しい。というのも、ヘーゲルは『法哲学』において、以下で示す選択肢をすべて退けることで、このような問いに答える余地がまったくないまでに抜き差しならぬ羽目に陥っているようにみえるからである。よく知られているように、ヘーゲルは、カント主義者たちに抗して、自己規定と内在的動機づけに関する、それ自体でア・プリオリに定義される実践理性の単一の形式的規則があるという望みを捨て去る。この規則は、「大勢のなかの一人」であるように、そして、自分を特殊化する自然への依存に縛られることなく、自己規定的かつ自律的であるように、自分の行為を規定する仕方を私たちに教示するとされる。しかしながら、ヘーゲルは、「理性的な行為者として」行為することのうちで、いかにしてひとが自分自身の具体的で個人的な自由を経験しうるようになるのかを示そうというカント式の企てを放棄する。というのも、カントの場合、理性的な行為者があまりにも形式的に定義されるからである。それゆえ、ヘーゲルにとっては、（同じ道徳法則によって等しく拘束されたものとして相互に承認し合うという）承認の相互性に関する法的な観念は使用できない[18]。（十五節への補遺や他の多くの箇所で）すでに見てきたように、ヘーゲルはこのような規範的構造に関する戦略的で功利主義的な考えも同様に退けている。功利主義によれば、私は（あるいは「私たち」は）、満たされるべき選好や利害関心を決定しなければならない（もし私が自由であるべきならば、選好は確定済みのものではありえない）。また、私が合理的に行為しているならば、同様に目的を設定し、それを追求する他者たちを、内的な反省において、同等に権利をもつ行為者として考慮に入れるに違いない。さて、ここにきて、〔ヘーゲルが以上の選択肢を退けるは〕「いかにして」なのかという問いが残る。さしあたり、（道徳的に平等で、各自がもっぱら大勢のなかの一人とみなされるという意味で）誰もが同じように規範に従うという、合理的利己主義モデル、契約論モデル、遵法主義モデルをヘーゲルが退けていること、またそれがなぜなのかということ、これは十分に明白である。また、相互的な尊重の達成、相互行為における具体的、現実的、規範的な平等の達成が、真の自己規定の達成であり、それゆえ自由の様態である、とヘーゲルが考えるのはなぜなのかということ、これも十分に明白である。（それは、社会的ないしプラグマティックな意味で、理性的だからである）。ここから明らかとなるのは、ヘーゲルの倫理思想が基本的に不可避的で拘束力のある人間の依存形式に訴えようとするものであることである。この依存形式は、適切な仕方で（規範として）認められると、それ自体が集合的な自立形式を達成するための手段となる。けれども、以上のことはまだ、次の問いへの答えを与えてはいない。すなわち、自分自身を大勢のなかの一人とみなし（承認し）、また他者たちからもそのようにみなされる（承認される）こと（とりわけ、大勢のなかの一人とみなされながらも、かけがえのない存在であり続けるような仕方で承認されること）、このような一般的な規範理想だと本当にみなされるのは何なのか。さらには、この規範理想が拘束力のあるものとして経験されるようになるのは、いかなる条件のもとにおいてなのか。言い換えれば、私が自分の行為者性を表現しうること、そして最終的には、正当な承認の与え手だと承認する他者たちから私自身が承認されることを認めることによって、私自身を自分の行為や諸制度のうちに認め経験しうること、このことの規準として、このような規範理想が経験されるようになるのは、いかなる条件のもとにおいてなのか。

今こそ、自由（そして行為者性）に関するヘーゲルの『エンチュクロペディー』での立場がどれほど徹底して反実体論的で歴史的であったかが、想起されるべきである。非二元論的で自己立法的な精神に関する説明を徹底するからこそ、ヘーゲルはこれらの問いに非カント的で、非道具主義的な仕方で答えるのであり、これほどまでに決定的な仕方で承認関係に訴えるのである。これまでに何度も見てきたように、ヘーゲルの主張は、理性的な行為者であることは属性や生得能力の観点からは分析することができない、むしろ、そのこと自体がある種の集合的な社会構成態であり、ある達成された様態だということである。それは、ヘーゲルが、そのような達成ないし理性性の本質条件を、社会的かつ歴史的な観点から、次の諸様式、すなわち、自分の行為が他者の別様にもなしうる行為に影響を及ぼす、そのような諸個人が、そこにおいて自分自身を相互に正当化し合おうとする諸様式とみなしているからである。[19] たとえば、理性的な行為者という観念は、「自然言語の話し手であること」とどこか似たように機能する。この場合、声を発することが言葉を話しているとみなされるのは、一つの言語共同体の内部においてのみである。この言語共同体が、話し手はそのように声を発することで様々な作法や権限へとコミットしている、とみなすのである。あるいは、もっと単純な例を挙げると、あるひとが哲学教授であるのは、そうであるとみなされることによってのみであり、哲学教授という役割を成り立たせる規範と合致する限りにおいてのみである。そして、そのような規範が存在するのは、ただ人為による社会的な構成物としてのみである。理性的な行為者であるという私たちにとってきわめて重要なことが、今述べた事例と同様の人為的に構成された地位〔資格〕でありうると唱えるのは、奇妙に聞こえるかもしれない。それよりは「理性的な行為者」を「羽のない二足動物」とか「女性であること」とかに〔自然上の分類に従って〕クラス分けするほうが、はるかに直観的に分かりやすいように思われる。だが、私が主張しているのは、前者の見解こそヘーゲルの立場だということである。[20] すでに引用した箇所は、私が思うに、きわめて明快である。すなわち、「ある成果」としてのみ、ある集合的に達成された精神性のある要素としてのみ、言い換えれば、一定の仕方でそのような自由な個人であるとみなされる場合にのみ、あるひとは自由な個人なのである。（第八章と第九章で見ていくように、「そのようなひととみなされる」ことは結局、社会的役割や理性的制度についての物語を必要とする。）精神に関するヘーゲルの説明において、この自由な個人という観念は、社会規範として構成され、保持されることで、規範的な拘束力をもつものとして機能する。それゆえ、それは形而上学的な種類のものでも自然的な種類のものでもないのである。

イエナ時代の『精神現象学』の読者ならば分かるとおり、自然から「自己を解放する」集合的な企てにおいて問題となるのは、どの行為にも本来具わっている他者に対する相互的な要求と影響において、首尾一貫し、権威づけられた相互性の形式を達成することである。（『精神現象学』でも、第四章〔「自己意識」章〕から第五章〔「理性」章〕への移行にあるように、この問題の解決には理性へのある種の訴えが必要であると想定されている。）すでに言及したように、この『精神現象学』における説明では、ひとは自分の自然的欲望の主体に「なる」とさえ言うことができるのであり、諸々の欲望が自分のものとして現れうるのは、欲望充足の権原に対する他者からの異議申し立ての結果としてのみのことである。ここでもまた、自由な理性的行為者であることは、そのような行為者として承認されることに存するのであり、そのような行為者として承認されるのは、他者による承認が自由に与えられる場合に限られる。また逆に、このことが実際上意味をなすのは、私が他者を自由な個人として承認する場合、すなわち、他者を、戦略的な観点ではなく規範的な観点のもとで、呼びかけられるべき相手として承認する場合に限られる。

ここから、『精神現象学』における人倫のレヴェル（古代ギリシアの人倫）では決して決着のつかない、はるかに長い物語が始まる。しかし、当面の問題はより導入的なものである。いったんヘーゲルにおける精神に関する反二元論と規範の自己立法的性格に関する説明とが容認され、形式主義的な回答に対するヘーゲルの批判も受容されると、そのとき「理性的な規範とみなされること」に残っているのは、そうみなされること以外には何もない。すなわち、ある社会において理性的な規範として有効に流通すること、何が起きているのか、何が何に勝っているのか、何を公的に訴えることができないのかを決定する権威を獲得すること以外には何もない[21]。ひとが実践的に理性的な仕方で行為しているのはいつなのかを立証するためにも、本性的能力の現実化（理性的動物としての本性的潜在力の顕在化）というアリストテレスの基準も、また、真に理性的な自己決定という形式的な基準も、いずれも採らないとすれば、唯一残されたのが次の基準であることが判明する。それは、あるひとが行為者であるのは、行為者として承認され、応答される点においてだといういうものである。そして、あるひとが行為者としてそのように承認されうるのは、お互いを行為者とみなす実践のなかでそれへと訴えられる規範が、その共同体の内部で正当化として現実に機能しうる場合であり、正当化として差し出され受け容れられうる（承認されうる）場合なのである。

そして、『精神現象学』の後の章〔「精神」章〕でヘーゲルが語り始めるのは、まさにこの基準に沿ってである。人格性の議論は道徳的人格において最高点に達するが、それに先立って論述された人格の諸観念についてヘーゲルが要約している箇所がある。そこでヘーゲルは第一に、法的人格を構成するのは「他者によって承認されること」（PhG, 341; PhS, 384.『精神現象学』（下）九五一頁）であると言う。もっとも、この承認の地位はたんに形式的で「空虚なもの」（ただ法律の前で大勢のなかの一人とみなされること）にすぎない。第二に考察される境位、すなわち「教養を積んだ自己」（中世後期における貴族的な高貴さの崇拝者）は、自力で普遍的な境位（高貴な奉公という理想）を創り出すと言われる。それは法的人格とは対照的に、（持つこともあれば、持たないこともあり、）努力して手に入れなければならないもの、努力目標となるものと言われる。だが、ヘーゲルはこの普遍的ないし「純粋に精神的な本質」を叙述する段になると、純粋な奉公という理想の達成、すなわちその実現とみなされるであろうものがある種の社会的事実ででもあるかのように、それは「承認された様態」（*Anerkanntseyn*）（PhG, 341; PhS, 384.『精神現象学』（下）九五二頁）でもあると言うのである。

『精神現象学』よりもいっそう体系的な観点から、ヘーゲルは『エンチュクロペディー』の「精神哲学」で次のことを明らかにしている。それは、客観的精神の立脚点、すなわち『法哲学』の立脚点が、承認の相互性がすでに達成されていることを前提としていること、また、この相互性の達成が、真の社会性に不可欠な自由の段階を「客観的に」確立することである。（つまり、ヘーゲルが明らかにしているのは、彼がモノローグ的な理論のために自由の相互主体的理論を放棄したなどということは断じてないということである。）

自己意識のこの普遍的な再現——自分を自分の客体性のなかで自分と同一な主体性として自覚しており、そのため、自分が普遍的なものだと自覚している概念——、これが、家族、祖国、国家といったあらゆる精神性の実体、ならびに愛、友情、尊重、名誉、名声といったあらゆる徳の実体についての意識の形式である。(EPG, 226; PM, 176.『精神哲学』三〇七—三〇八頁)

さらに、

精神の概念によってもたらされた承認のための闘争の成果は、陶冶する普遍的な自己意識であり、この自己意識の領域における第三のレヴェルである。(…)したがってこの段階においては、相互に関係しあっている自己意識的な諸主体が、自分たちの不等な特殊的個別性を廃棄することによって、自分たちの実在的な普遍性の意識へと、自分たちすべてに帰属する自由の意識へと高まり、そのことによって自分たちが明確に相互に同一であることの直観へと高まったのである。(…)奴隷が自由になる場合にのみ、主人もまた完全に自由になるのである。(EPG, 226; PM, 176.『精神哲学』三〇八頁)

〔以上を踏まえつつ『精神現象学』の良心論へと話を移すと、〕道徳的な自己確信は私的な良心に信頼を寄せる一方で、承認の問題や承認への依存に関しては無関心であるから、この立場はプラグマティックな意味において、さらには「実存的な意味において」、維持し難いものとなる。ヘーゲルの記述によれば、道徳的な良心にとって「その対他的なあり方」は、たんに「即自的な」(ないしおそらくは「潜在的な」)ものにとどまっている。それゆえ、この良心はいかなる行為〔なされたこと〕の現実とも緊張状態にあるのだが、行為の現実は「他者から承認される」場合に「永続する現実」(PhG, 344; PhS, 388.『精神現象学』(下) 九五九頁) をもつと言われる。ヘーゲルは要約して、次のように述べる。

道徳的な自己意識は他者から承認されるという契機を具えておらず、実際に現存在する純粋意識であるという契機を具えていないから、結果として、道徳的な自己意識は行為せず、何一つ現実化しないのである。(PhG, 341; PhS, 384.『精神現象学』(下) 九五九頁)

ヘーゲルはさらに、第五章C〔「理性」章C〕で提示された行為についての基本的定義を今一度私たちに思い起こさせている。

したがって、行為とはただ自分の個別的な内容を対象的な場面のうちへと置換することであるにすぎないが、この場面においては内容は普遍的であり承認されている。そして、まさしく内容が承認されることこそ、なされたことが現実になる所以なのである。(PhG, 341; PhS, 384.『精神現象学』(下) 九五九頁)

ヘーゲルは自分の主張する「普遍的な自己意識」を、なすべき義務に従ってなしたというどの行為者の主張にも暗に含まれる目標であると注解しようとするさいに、それを「承認されている様態、したがってまた現実」と注解している。

純粋な道徳的良心の姿勢が崩壊に至る全体像を与えるさいにも、ヘーゲルは、現存在する行為それ自体の現実を構成するのは何であるのかについて、同様の主張をしており、それを次のように繰り返している。

自己が自己として現存在のうちへと歩み入るのであり、自己を確信した精神がそうした精神として他者たちに対して現存在するのである。(…)存在し続ける場面とは普遍的な自己意識である。この場面のうちへと歩み入るのは行為の結果ではありえない。行為の結果はこの場面のうちでは長続きはせず、何らの存続性をも獲得しない。したがって、承認され、現実性を獲得するのは、自己意識だけなのである。(PhG, 351; PhS, 395.『精神現象学』(下)九七二―九七三頁)

実際、ヘーゲルの議論では、行為する自己が行為する自己だと言われうるのは、ただ、自己自身との同一性(自己確信、内的な自己理解)が、自己自身からの分離と一緒に考えられる場合にかぎられる。すなわち、自己との同一性が、なされたことの意味規定においては自己が他者に依存していることの認知と一緒に考えられる場合にかぎられるのである。すなわち、

それ〔言葉〕は自分自身を自分自身から分離する自己である。この自己は純粋な「自我＝自我」として自分自身に対して客体的となる。しかもこの客体性において、自分自身をこの自己として保持すると同時に、また直接的に他の諸々の自己と一体となる。そして、彼らの自己意識である。この自己はまさに他者たちが聴き取るとおりに自己を聴き取るのであり、そして聴き取ることはまさしく一個の自己となった現存在なのである(PhG, 351; PhS, 395.『精神現象学』(下)九七三頁)

もちろん、以上の解釈はすべて、あまりにも歴史主義的、構成主義的、かつ潜在的には相対主義的であって、史実上のヘーゲルを公正に扱っていないように思われる（とりわけ「成功した正当化」とみなされるもの自体がまた一つの規範であり、ただ規範として承認される限りでのみ規範として機能するからである）。したがって、私たちはすぐさま次のことを心に留めておく必要がある。すなわち、ヘーゲルは、行為者として行為する（＝自分をそのような行為主体とみなすように他者たちに訴える）という企てもしくは想定が成功しうるためには、それ以前に充たし終えていなければならない諸条件があると考えており、この諸条件についての精巧でかつ論争的な見解を抱いているということである。われわれが相互に言葉を取り交わすことができるのはある規範的な要求に基づいてのことである。だが、この要求は私たちの想定に反して、そうした規範的な訴えとして機能しないことがありうる。ひとが自由に行為するのは、ある権原への要求（ある規範）に基づいて行為する場合においてであるが、そうした要求は異議を唱えられ、不成功に終わるということがありうる。そのさいヘーゲルの考えでは、そうした企てや、部分的な解決や成功に内在する論理のようなものを、何らかの仕方で再構成することができる。（『精神現象学』で提示された発展史的な説明では、それ以前のイエナ時代の説明と同様に、闘争、ならびに規範的な権原要求とみなされるものに対する現実の異議申し立てが、中心的な役割を果たす。闘争は、そうした異議申し立ての結果生じる諸規範が自己立法的な性格をもつことの論証においても、またより妥当な解決へ向けての継続的な展開という理想化された物語においても、中心的な役割を演じるのである。[22]）

上述のように、一見したところ、ここでの論理はまったく単純なものである。すなわち、私が首尾よく一人の行為者とみなされ、諸々の権原や認可に基づいて行為していると承認されうるのは、ただ私が他者をそのような者として承認し、権原への同等な要求に依拠する他者に対して応答する場合に限られる（そうでなければ私は他者が私を承認していることを承認しえないことになる)、つまりは、承認の相互性が可能である場合に限られる、というものである。それにもかかわらず、何がこうした論理の達成を構成するのか、なぜこの相互性を要求するかなりの数の人々はその達成に失敗した(たとえば、ギリシアのポリス、フランス革命の諸帰結、契約論的観点、道徳的観点)とみなされなければならないのか、といった問題は、決して手短に述べることができる事柄ではない。

諸々の事態が複雑に絡み合っているのは、ヘーゲルがそうした承認の相互性の導出に関するカント的な演繹モデル(あるいはロールズの構成主義のような合理性のあらゆる形式的モデル)を退けつつ、彼が弁証法モデルを、もう少し控え目に表現すれば、発展史モデルを主張するからである。(この点に関しては第八章と第十章でさらに考察する。)これをよりはっきりさせると、ヘーゲルの承認論は実践的な理性性に関する徹底して「自己内完結(boot-strapping)」(内在的に自己決定し、自己正当化する)方式の理論であることが判明する。そして、その帰結の一部は、『法哲学』で擁護されている諸々の社会規範の肯定であると考えられる。

『法哲学』におけるこの論述の諸相へと向かう前に、『精神現象学』におけるヘーゲルの承認の問題の論じ方は心理学的なものではない、という主張に立ち戻っておきたい。それには二つの意味がある。[23] 第一は、ヘーゲルが読者の注意を個々人の側での心的態度の内容に関する問題には向けていないことである。このことは、『精神現象学』の「自己意識」章においても、「事そのもの」の説明においても、また、行為者性の社会的諸条件について論じ、そうした社会性からすれば諸規範に関する良心に基づく見解には諸制限があることについて論じる上述の箇所においても、さらにはまた『法哲学』のどの箇所においても、同様である。仮にそれが問題である場合には、心的態度が真に満足のいく承認を可能にするとみなされうるように（尊敬や尊重の身振りによって誰かが尊敬され尊重されるようになったと言われうるように）、心的態度の正しい内容を規定することが問題だということになりかねない。しかしながら、問題は、何が心理学的に満足のいくものなのか、ということではないと思われる。主人と奴隷がある種の実存的な窮地に陥る場合を考えてみよう。一方の主人には奴隷によって特権的な地位が与えられるのだが、主人は奴隷のことをそうした特権的地位を認める資格のある人間だとは考えていない。他方の奴隷は自分のことを承認していない他者を承認している。この場合のジレンマとは、こうした客観的な社会状況においては相手に規範的な観点から振る舞ういかなる様式も双方が見出すことができない、ということである。すなわち、このような社会背景では正当化しうる理由を交換し合うことが決してできず、したがって何がなされたのかについての規定は暫定的で不確定なままにとどまる。このことはより強い行為者にとってさえ当てはまるし、ことによると、より強い行為者にとってこそ当てはまると言える。とはいえ、ヘーゲルの観点からすれば、双方はともに、この制約ゆえに自由の実現を許さない諸条件のもとで、自由になろうと努力している。したがって、双方は潜在的には相互承認の形式を求めて努力していると言いうるのである。（行為することとは自分がなしたことをあれかこれかとして提示することである。それゆえ、そのように行為する者は誰であれ、なされたことがあれかこれかのどちらなのかという問題に対して無関心であることはできない。だから相互承認に対する暗黙の切望を双方に帰することができるのである。）ヘーゲルが第一に注意を向けているのが労働の社会機構の問題だということは、この文脈に適っている。労働はこの窮地を脱する企てを繰り広げることができる適切な舞台である。ヘーゲルが関心をもつのは、誰が誰にいかなることをいかなる根拠に基づいて命ずるようになるのか、また、そうした権威的な自己主張が実際に繰り広げられると言いうるのはいかにしてなのか、という問題である。そして、ヘーゲルが次に向かうのは、心理学的な充実のための戦略ではなく、不平等な状況を正当なものとして容認するための普遍的な根拠を理解しようという、まったく一般的な試みであり、それがすなわちストア主義、懐疑主義、不幸な意識である。私は以上のことがヘーゲルの一貫した関心についての証拠をなすと考える。つまり、彼の一貫した関心は、実践理性が「自己立法的な」規範にのみ従うと理解され、またそのことは社会プラグマティックで、かつ歴史的な一つの物語を必要とすることが理解されるならば、理性は自由を確立ないし達成するにあたっていかなる役割を果たさなければならないのか、という点にあるのである。もちろん、そこには主観的な次元の問題もないわけではないが、ここで私たちが辿ってきた道筋を主に方向づけているると思われるのは、自由の達成の問題であり、自由と理性性との結びつきの問題であり、次いで、諸々の実践的理由に関する社会的ないし社会プラグマティックな思慮がもつ意味合いの問題、とりわけ、自己立法的な規範性の想定のもとにおいて、そうした観念にとって何が帰結するのかという問題である。

第二に、ヘーゲルによる問題の設定が意味するのは、諸個人の側で様々な承認の身振りを「与えたり受け取ったりする」という言葉は諸々の論点を個別化するが、それは誤りであるということである。すなわち、もし先に提示したアプローチが解釈の上でも哲学的な意味でも正しい方向に進んでいるならば、家族のなかでの、市民社会の構成員間での、国家の公民間での適正な承認関係は、個々人が適切な意味で同意に達し、正しい態度によって承認の身振りを与えたり受け取ったりすることの帰結としてよりも、むしろ実現された制度的な諸規範が顕在化されたものとして、よりよく理解される。このことから私たちの関心が向かうのは、ヘーゲルが制度の理性性と言うさいの本意は何なのか、そうした地位〔境位〕が達成されるというヘーゲルの言い分は近代性に関する野心的な理論にどれほど依拠しており、したがってまた、そうした主張の発展史的な仕方での正当化の要求にどれほど依拠しているのか、といった問題である。だが、これはまさしくヘーゲルの方向性によって自ずと私たちが導かれるはずのものである。[24]

ここで論述されたように、この制度への方向づけとその諸前提には他にも多くの意味合いがある。その一つは、このような行為者性の社会条件に関する分析の形式から自然に生じる問いは、それが自然なものであるにせよ、誤解させるものとなりうる、ということである。そうした問いは、ライティネンによって次のように簡潔な仕方で提起されている。「承認とは何らかのあらかじめ存在しているものに応答するということなのか、それとも承認は(たとえばある地位を認めることによって)その対象をもたらすのだろうか」。[25]この問いに対して、ライティネンは一つの理に適った解決を提示している(ちなみにホネットはその骨子を受け容れている)。[26]その解決に従えば、諸々の人格は、十全な主体性のためのあらかじめ存在する潜在力をもっていると言われなければならず、それゆえに、この主体性が十全に「現実化する」ためには、承認と客観的な承認の地位とが必要なのである。

しかしながら、私たちがこれまで見てきたことはすべて、あたかも人格の本質を構成する諸要素が存在し、それらが実現されるのを待っているかのように、あらかじめ存在する潜在力を切り離す、このような傾向とは相容れない。すなわち、精神それ自身の地位の諸相に関するヘーゲルの見解、精神は「それ自身の産物」であるという彼の主張、諸々の規範の自己立法的な地位に関する彼の見解、これらすべてがこのような描像に反するのである。私たちは行為者性が何に存するかを知るまでは、いかなる潜在力が行為者性、すなわち自由で理性的な人格の地位に関わっているのかについて、答えることはできない。また、ヘーゲルは行為者が何に存するかという問いを、形而上学的ないし実体論的な問いとみなしてはいない。(それゆえ、「別様になすこともできた」という誰もがそう想像しうるほどに強固な能力、人間がそのような完全に自発的な能力を所持していることが仮に立証しうるとしても、それだけをもって「自由な生活を送る」ための条件が充たされうると考える理由はないのである。）要するに、精神が自分を自分自身の産物とする過程の基底をなすものは何もないのであり、したがってまた、その過程の基底をなすことによって、私たちが真の承認の進展を単なる見せかけの誤った達成から識別するのに資するものは何もないのである。私たちは、ある歴史的展開が進歩的なものであるかどうかを保証するための、先行する独立の方法を何ももたない。だから、私たちが試みることができるのは、ある歴史的展開がそれ以前の生活形式が取り組んでいた事柄に対するより優れた解決となっているということを示すことだけである。上述したように、ヘーゲルが次のように述べたいと考えていることは間違いない。すなわち、意図の暫定性や行動の内容の無規定性そのものが、行為を首尾よく実現することにとって、正当化のやり取りの諸形式を可変的だが自前の規範生活の諸形式と調和させることにとって、不可避で内在的なテロス（*telos*）を示唆しているとも言いうる、と。しかし、このテロスは、あらかじめ確定済みだがまだ実現されていない潜在力といったものではない。客観的だがまだ実現されていない潜在力や人間本性へと訴えることなく、そのような不可避なテロスを説明するという、ひどく厄介な仕事を為し遂げるのは、ここでもまた、行為の論理（主観的な意図、実際の試み、行為の結果に認められる意図は、時間経過を通じて展開し、他者が抗議したり追認したりする解釈に不可避的に従属するものとなること）なのである。(27)

以上の方向に傾く立場に対する懸念、すなわち、ライティネンの問いへの私自身の回答のように、人格性（あるいは成功した行為者性、すなわち規定された行為において意図が首尾よく実現すること）は承認の実践によって生じると考える立場に対する懸念は、まさしく自己立法に対する懸念なのである。すなわち、この立場は規範的なものが規範的ではなかったものから出てきたものとするようにみえる、という懸念であり、さらに、この立場は〔人格性ないし行為者性といった〕地位を確立する企てがいかなるときに成功し、いかなるときに失敗すると言えるのかを立証する方法をもたず、したがって進歩的変化を同定する方法ももたない、という懸念でもある。だが、前者の懸念は、社会における規範的地位の構成に関するいかなる描像も自己構成的であるがゆえに潜在的には恣意的とならざるをえない、と決めてかかっているようにみえる。そして、この決めつけが疑問を投げ掛けるのである。これに対し、私たちが、そのような規範的地位の問題に、規定され構造化されたあり方において、直面することが不可避であることを示す唯一の方法は、この不可避性について何らかの弁明を与えようと試みることだけである。そしてこれこそ、ヘーゲルが『精神現象学』の承認をめぐる戦いの物語以降の箇所で試みていたことであって、それを初めから度外視するなどというわけにはいかないのである。後者の懸念もまた疑問を投げ掛けるのだが、それは、人間に特有な基礎能力群とその十全な実現という理想とに言及することが、進歩的展開のいかなる説明にとっても必要不可欠な条件だと決めてかかっているからである。[28] だが、これは以下の可能性をまったく無視している。すなわち、いかなる規範的実践もその実現のための諸条件を前提としていることが示されうるのだが、その規範的実践は何らかの理想化された観点からではなく、それ自身の〔内在的な〕観点から説明されうるということ、さらにはそうすることで何らかの発展的な進歩を立証することができるということである。[29]

V　承認の成功形態としての人倫的制度

人倫（*Sittlichkeit*）について与えられる説明に先立って〔「抽象法」「道徳性」の部において〕、ヘーゲルは以下のことを示したと考えている。すなわち、自由な主体であることは規範や自由の「現実化」（*Verwirklichung*）であると理解されなければならず、それは、他者を自由な主体として承認し、他者から自由な主体だと承認されるという「現実性」において成り立つ。けれども、自由な主体であることのすべてが、商品を生産し、獲得し、交換する、平等の権原をもつ権利の担い手として相互に承認しあうことのうちでのみ成り立ちうるわけではない。また、道徳的な責任主体は、各々の幸福の追求を相互に尊重する権原、ならびに個人の意図や責任という観点から行動を査定する権原をもつが、自由な主体であることは、そうした道徳的主体という同等の地位をもつものとして相互に承認しあうことのうちで（のみ）成り立ちうるわけでもない。これがヘーゲルが示したと考えていることである。

これにはいくつかの理由があるが、その多くは、そうした相互性の規範のために要求される普遍性の形式的地位とみなされているものに関係している。ヘーゲルは、『法哲学』における彼の主張の多くの基礎を、（自由意志の本性の直接的分析、自己規定の現象学、あるいは社会の破綻や歴史的変化の説明とは対立するような）非常に抽象的な論理学の言語に置いている。そのため、ひとによっては、承認の相互性や互酬性に関するこれまでの考察が近代の人倫の理性性に関する円熟した理論と関連している、ということに懐疑的になることがあってもおかしくはない。そして実のところ、これら抽象法や道徳性の場合において、ヘーゲルが特に示そうとしているのは次のことである。すなわち、当の規範は、その適用条件とともに、それが行為者にとっての理由とみなされることができたり、できなかったりする諸様式とともに考察されるのだが、結局はたんなる特殊性からの抽象、一般化であるか、あるいは良心へのきわめて形式的な訴えに基づいているか、そのいずれかである。それゆえ、そうした規範への依存によっては、自由が必要とするような仕方で、特殊性が適切に変形され、規制されることはありえない、ということである。一方における普遍性への訴えと他方における特殊的な諸要求の間には、いかなる解決もない。抽象法が実現されるのは不法によるツケを報復的に調停することによってであり、道徳性が実現されるのは悪それ自体（特殊なものが良心において最高の優位性をもつこと）によってである。したがって、これら両者が実現されるのは、抑圧された特殊性の返還としてか、そうした特殊性が普遍化されて表明されることとしてかであって、特殊性を止揚し、「克服すること」によってではないのである。

しかし、ヘーゲルはまた、これらの規範の自己立法的な性格を説明する上で、いかなる要素が考察されなければならないか、を段階的に示してもいる。その場合、諸規範は集合的な自己規制や自己規定を達成する企てとみなされており、自然による規定や道徳的な現実への洞察とはみなされていない。もし諸規範がそうした企ての範囲内でそのように措定されるものとみなされるべきであるならば、いかなる訴えもそれによって立法化されるであろうところの、諸々の条件、アポリア、ジレンマもまた、考察されなければならない。このようにより広い仕方で人倫全体に訴えることがなければ、また、これらの規範を人倫共同体のなかで、また人倫共同体によって措定されたものとして理解することがなければ、権利の担い手として、ならびに責任を有する道徳的個人、あらゆる意味で道徳的に対等な者として、相互に承認しあうようになる地位というのは、曖昧なものにみえてしまうだろう。その場合、道徳的動機づけの問題のいかなる解決もないことになるだろうし、また、規範それ自体が危ういほどに不安定で、どうにでも解釈しうるものとなるだろう。なぜなら、私たちはただたんに権利の担い手であったり、道徳的な個人であったりするわけではないからである。私たちがそうした地位を獲得するのは、そのように承認されることのうちにおいてである。それゆえ、自然権や叡知的な地位へのどんな訴えも、私たちの地位をそれほど向上させない。ある諸条件のうちで、ある自己理解が与えられ、一定の社会生活の形式によって促される場合にのみ、権利の担い手や道徳的個人として相互に承認しあうようになることが、人々の倫理的生活において果たすべき一定の役割をもちうるのである。（自由な生活を送ろうとする企ては、倫理的な相互性ないし普遍性の形式を実現することによって、自然から解放されることと理解される。）それゆえ、私たちに必要なのはこれらの先立つ諸条件の説明であり、そうした諸観念が近代性のうちで有する、私たちに対するある特殊な要求の説明なのである。

けれども、人倫の「優位」という考えやこの種のヘーゲル流の応答は、『法哲学』の背後に推定される保守的で実体論的な形而上学へと、今やすっかり私たちを連れ戻すことになると、いまだに多くの人々にはみえるようである。その形而上学は先立つ背景ないし全体であるから、そのうちでは、理性を実現するものと本当にみなされるために私が語ってきたすべての構成物や措定物は、単なる事後的な諸現象だということになる。また、そこでは、諸々の主体が自分たちを一定の諸規範に拘束することは、絶対精神が時間のうちで必然的に展開する自己関係の顕現にすぎないことになる。[30] もし一定の諸規範が何らかの「先行する人倫的実体」にとって相応しいものとされる場合（また、そうした規範が「先行する人倫的実体」の範囲内で、弱められた意味において自己立法的なものと叙述されうる場合）、私たちはある反省以前の実体論的立場の要求へと立ち返ることになろうし、それゆえまた、私が受け容れ同意せざるをえない任務を果たすことが、正しいとされる生活を送ることであり、したがって自由な生活を送ることでもあるとする、そうした社会倫理へと立ち返ることになろう。

ヘーゲルは人倫の諸制度を、何らかの理念化された合理的構成の産物として論じているわけではなく、むしろ、より遵法主義的でかつ形式合理主義的な諸制度に先立ち、それらの基礎になるものとして論じている（ヘーゲルがそうした諸制度を制限することがあるとしても、拒絶することはないのは確かである）。

しかしながら、彼はそうした人倫を叙述するさいに、その倫理的な諸制度が規範的・理性的・承認的な性格をもつことを放棄するわけではないし、また、そうした制度によって私たちに課される要求を、理性の諸要求から引き離したりすることはない[31]。（私が思うに、これらの二つの論点の混同は諸々のヘーゲルに関する説明において非常にありふれたものとなっている。すなわち、ヘーゲルが合理論的な構成主義のいかなる方法論的形式の可能性をも拒絶しているということが、諸々の規範を自己立法的に捉える見解の拡張や変更であるとみなされるのではなく、むしろ、その拒絶という事実によって人倫的実体論のための論拠となるとみなされるのである。けれども、私が主張しようとしているのは、規範を自己立法的に捉える見解の拡張と変更こそ、合理論的な構成主義の拒絶が意味するものであるということである。）

たとえば、緒論の七節の補遺には家族の倫理的地位が挿話的にはじめて紹介されているが、ヘーゲルはそこですでに、何が自分にとって問題なのかをきわめて明白にしている。以下で引用する箇所は、次のような論理的観念についての注解として与えられたものである。「自我は（…）第一に純粋な活動」、「それ自身のもとにある普遍的なもの」であり、同様に第二の契機として「他なるもの〔他者〕として」ある、そして「第三の契機」は「自我は自分の制限のなかにありながら、すなわち、この他なるもの〔他者〕のなかにありながら自分自身のもとにある」。

だが、われわれはこのような自由をすでに、感情の形式において、たとえば友情や愛においてもっている。友情や愛においては、私たちは一面的に自分のうちにあるのではなくて、ある他者への関係においてすすんで自分を制限するのだが、この制限のなかで自分を自己自身として知っている。規定されているのに、人間は自分が規定されているとは感じないのである。それどころか、彼が自覚〔自己

感情〕をもつのは、他者を他者とみなすことによってのみである。（RP, 57, PR, 42.『法哲学』（上）七節）

したがって、たとえば家族は一つの倫理的な（倫理的な拘束力をもち、規範的に規制された）制度であって、第一義的には自然の制度ではないのだが、その理由は、家族に関する何らかの「実体的な」もの、内在的なものにあるわけではなく、家族にとって必要な相互依存を積極的に承認し、また、いかなる自立を達成する上でも必要なそうした相互依存の役割を積極的に承認することにあるのである。（「自分たち自身を制限する」とか、他のあらゆる動作動詞に注意してほしい。）この場合の承認の形式が理性的であるのは、規則という意味合い、すなわち、形式的・適法的・戦略的な意味合いにおいてではない。むしろ、承認の形式はここでは、主体がはじめて当の主体となりうるような依存の実現として論じられており、また、各々の利益の制限が同時にそれらの拡張、変容となるような形式として論じられている。こうしたことすべてが、〔家族という〕一つの倫理的関係を確立するための基礎を形成するのである。(32)

同じ種類の説明は市民社会に関する議論のなかでもなしうる。そこでもまた、人倫的実体性への訴えはまったくない。倫理的実体性への訴えが、自由にとっての基準となる諸々の依存形式に対する訴えとして注解されることはなく、また、自由として承認され、そう承認されたものとしてのみ拘束力をもつ依存の諸形式に対する訴えとして注解されることもないのである。一九二節にあるように、

欲求と手段とは、現実に存在するものとしては、対他存在となる。欲求と手段の満足は他者の欲求と労働によって制約されており、この制約は自他において相互的であるからである。欲求および手段の一性質となるところの抽象化はまた、諸個人の間の相互関係の一規定にもなる。承認されていること

（*Anerkanntsein*）という特質としてのこの普遍性が、個別化され抽象化された欲求や手段や満足の様式を、具体的・社会的な欲求や手段や満足の様式にするところの契機なのである。（RP, 349; PR, 229.『法哲学』（下）一九二節。強調引用者）

さらに、ヘーゲルは初期の洞察に対して忠実ではないと信じる批評家たちから非難の的となってきた、彼の国家論においてさえ、たったいま略述した解釈の要素すべてをふたたび持ち出すような仕方で、国家は「具体的自由の現実性」だと言われる。しかも、この具体的自由は次の事実のうちにあると言われる。

人格の個別性とその特殊的利益とが十全に発展し、そうした利益の権利がそれ自体として独立に（家族および市民社会の体系において）承認されるとともに、またそれらが一面では、それら自体を通じて普遍的なものの利益へと一致しなければならず、また他方では、みずから意識的かつ意欲的に、この普遍的利益をまさしく自分自身の実体的精神として承認し、そしてこの普遍的利益を自分の究極目的として積極的に追求しなければならない。（RP, 406–407; PR, 282.『法哲学』（下）二六〇節。強調引用者）

この箇所では少なくとも、ヘーゲルの自由論において必要不可欠なものがはっきりと表されてはいるものの、いまだ、近代の様々な制度の正統性に関する詳細な主張が擁護されているわけではない。だが、その目標は以下のようになるだろう。（i）ひとが自由な主体でありうるのは、ただそのような主体として承認される場合にかぎられること、（ii）このことに関連するのは、大勢のなかの一人として具体的に承認され、現にそのようにみなされることであること、（iii）そうした承認の具体的で媒介された本性が、近代生活においては、次のことを意味するに違いないこと。すなわち、〔家族においては〕一個の人格として、愛される資格をもつかけがえのない個人として愛されること（あるいは愛されうること）であって、氏族や家族集団の一員として、あるいは家族内奴隷として愛されることではない。また〔市民社会においては〕、欲求充足のための理性的な体系のなかで、職務をもち、権利を有し、個人的かつ道徳的に責任を有する、重要な一員として尊重されることであり、さらには〔国家においては〕、一人の公民として尊重されることである。その公民の「身分」上の地位やその具体的なあり方が尊重され、代表されるのは、法治国家のなかにおいてである。このような自由な主体として首尾よく承認される場合においてこそ（この場合、「首尾よく」（successfully）という語は相互的な正当化の成功形態を達成することと関係する）、ひとはそのような自由な主体であることができるのであり、そのことによって、自分の生活をみずからが規定した生活だと、それゆえ自分本来の生活だとみなすことができるようになるのである。(33)

原注

（1）私は終始一貫してヘーゲルの「承認理論」を、今日私たちがそれを理論と呼ぶであろう意味合いにおいて言及する。しかし、ヘーゲルの思弁的立場、ならびに概念的な内容は根本的に相互依存的な関係にあるという彼の主張から見れば、諸々の主題をこのように切り離すことは、それが基本的には無害なものであるとしても、少しばかり誤解を招くことになる。Siep（1979）, p. 301 を参照。ジープの以下の解釈も正しい。すなわち、ヘーゲルは、具体的には「反省」論において、全般的には「本質論」において、承認の構成的機能というラディカルな理論（そこでは、行為者という関係項それ自体もまた究極的には関係的である）に内在する関係主義的な主張によって、論理学上の重大な諸問題を解明し、解決したと自認していた、ということである。

（2）Honneth（1996）を参照。

（3） これは問題そのものに判断を下しているわけではない。そうした心理学上の悪はありうるだろうし、それは社会的な不正だとみなされるだろう。

（4） また、事態をこのような仕方で見ると、イエナ時代の理論とそれ以後の理論を、本来の相互主体性の理論とその放棄としてではなく、一つの理論のそれぞれ異なる力点をもった構成要素として区別することが可能となる。第一は、自由の発生的条件と自由の構造的条件との間の区別である（これは『法哲学』五七節注解（RP, 123-125; PR, 86-88.『法哲学』（上）五七節）にあるように、ヘーゲル自身による論点の理解だと思われるものに符合する）。そして、第二は、ヘーゲルが、初期段階では、相互承認に必要なものを提示し、探究しているのに対し、後期の議論では次の結論を下しているように思われる。すなわち、そこにおいて私たちが相互に理性的に承認し合い、承認の諸関係が理性的に根拠づけられているところの人倫の諸形式が、自由な個人性の達成条件を充たし、したがってまた、彼がイエナ時代に取り組んだ問題群への回答を与える、という結論である。

この発展の諸段階に関する比較的標準的な見解は、以下のとおりである。（1）（a）一八〇二年の「自然法」論文では、自然法の伝統において「経験論的な」ヴァージョン（ホッブズ、ロック）と「形式論的な」ヴァージョン（カント、フィヒテ）というかたちで想定されている、「個人」の観念が批判される。これに対して、これに必然的に先行する社会性の形態が、支持されるというよりもむしろ主には想定される。（b）社会性はアリストテレス的な意味での「自然的なもの」として論じられる。（発展論的な論点はここではさらに、先行する「自然的諸形式」から離れ、社会性の倫理的かついっそう自己意識的な形式の発展として論じられる。）（c）生命を危険に晒すことが、自由を構成する自立性のための指標として、強く強調される。共同体の内部では同様のことが、勇敢さや自発的な犠牲の観念のうちに認められる。（d）所有や交換関係が古典的な文脈よりも好意的に論じられる。（2）その直後に書かれた一八〇二年の『人倫の体系』では、フィヒテの影響とホッブズに対する根底からの異議によって、次のアプローチが取られることになる。そこでは、承認をめぐる社会闘争とは、とりわけ犯罪の意味を説明し、また承認という観点から理解された社会闘争の解決の試みを導くものなのだが、真の倫理的全体を説明するにあたり、これが以前の自然的発展への依拠に取って代わる（ホネットは同書において、「コミュニケーション的な相互行為」が精神の中心的契機として社会性の自然的諸形式に置き換えられた、とさえ言っている。Honneth（1996）の第二章の議論を参照。また、Riedel（1984）, pp. 76-194 における「ヘーゲルの自然法理論批判」と対照されたい。）次に（3）決定的な転換点をなすのは（Wildt（1982）, pp. 325ff., Siep（1974 a), pp. 155ff., Honneth (1996) によれば)、一八〇三・四年の精神哲学草稿においてである。そこでは円熟期の理論の始まりがみて取れる。精神（したがってまた社会性）は今や明白に、自然の「他者」であるとされ、精神の「発展」とみなされるものはすべて、自己形成、自己教育の過程であり、「非自然的な」過程であると説明される。

(5) こうした主張のヴァージョンは、とりわけ、Habermas (1973) および (1987)、Theunissen (1982)、Hösle (1987a)、Honneth (1996) において見いだせる。Williams (1997) も私と同様に、こうした発展ないし放棄を主張する解釈に反対しているが、そこで持ち出される理由は本章で提示する理由とは異なっている。

(6) したがって、たとえばヘンリッヒとハーバーマスとの間でなされた、自己意識的な主体性は「本源的」か非本源的かをめぐる論争は、問題自体は重要かつ興味深いものであるにせよ、ヘーゲルの理論に真に不可欠なものには関わっていない。私が主張したいのは、こうした論争における混乱は「承認理論」に不可欠なものが不明瞭であることに由来しており、この点をもっと明瞭にしないならば、そうした論争を評価するのは非常に困難である、ということである。ヘンリッヒとハーバーマスの論争とそれに関連した問題群についての非常に貴重な要約と分析は、Dews (1995) を参照。

私の主張に対する批判の手短な例を一つ挙げてみよう。マンフレッド・フランクは、彼が「ア・プリオリな相互主体主義」と呼ぶものに対する攻撃の一環として、その「理論」では、次に挙げるすべてが相互主体性に依存する二次的なものである、と断定している。すなわち、主体、自己関係、自己関連、自己意識、（カント的な道徳的意味における）人格、自己、エゴ、といったものである。もし主体性のこれらの次元すべてが一緒くたに問題にされるならば、そうした相互主体性の理論を拒む理由は何もないことになる。というのも、おそらく、その理論は首尾一貫したことを何も主張することができないからである、というものである。Frank (1991) を参照。本章における私のテーマは、自由の実現における共同の精神性の優位というヘーゲルのテーゼから、彼が主体性の還元主義的な主張を擁護しようと欲していたと推論することを、正当化することができない、ということである。そうした社会性は何に対して先行するとみなされているのか、それはなぜなのかを理解するならば、マンフレッド・フランクのような疑念は解消するにちがいない。

(7) 自由であることは、そのような能力を所持することとは関わらないし、それどころか、いかなる種類の因果性ともまったく関わりがない。（ヘーゲルにおける自然-精神関係のカテゴリー的な諸問題については Wolff

(1992) を参照。) また、同様に価値ある議論としては Quante (1997) を参照。

(8) Marquard (1973), pp. 37ff. によって正しくも「隷属の哲学」(Unterwerfungsphilosophie) と称される、リッターやイルティングのような解説者たちによる、影響力のある新アリストテレス主義的な説明がそれである。こうした解釈に対抗する動向、すなわち、ヘーゲルが道徳的自律の観念を(一種の理性性として)拡張し、よりよい仕方で支持しようとしていたことを示そうとする試みは、主にはディーター・ヘンリッヒの諸論文に発しており、また Wildt (1982), pp. 28ff. の模範的な様式において拡張されている。

(9) そのような様態のあることが、どれほど価値があり、素晴らしいものだとしても、なぜそれが自由であるとみなされなければならないのかに関しては、自明な理由があるわけではない。したがって、ヘーゲルはその様態が真実に自由だということを示さなければならないのであり、彼はそうしようと試みているわけだが、それは、私が自由に行為したのは私が自分の活動や企てを「同定する」ことができる場合、私が自分の活動と企てを私のものと経験し、経験しうる場合においてである、という私たちの感覚に乗じることによってである。

(10) Pippin (2006), pp. 437–440 を参照。

(11) テイラーが指摘しているように、この表現主義モデルにおいては、芸術家は作品を表現しようと行為している最中においてさえ何らかの意図を発見するかもしれず、あるいはそれを行為の最中に変更するに及ぶかもしれない。これは、理由が原因として機能するという見方においては不可能なことである。Taylor (1985a), pp. 77–96 を参照。またここでも、Quante (1997) と対比されたい。

(12) もっとも有名なのはここでも Anscombe (2000) である。自由の階梯〔度合い〕という論点は強調すべき重要なものである。一般的な意味では、そもそもある理由に基づいて行為することができるということが、行為を自由なものとして成立させるが、それは、少なくとも「不自由ではない」という意味においてである。次に、個人に道徳的責任を負わせるには、自己理解や意図的な態度という、わずかばかり高次の階梯が必要である。しかしながら、自由の「十全な」実現は「真に普遍的な観点」の達成に関わっており、そのために必要となるのが、その理由が社会のうちで普遍的な理由と受け止められること、そのような理由として現実に広く浸透することである。

(13) PSS, I :6–7をも参照。

(14) Ikäheimo and Laitinen (2007), pp. 37–39 を参照。

(15) たとえば、承認されることの本性と地位を説明している次の箇所を参照。「愛と友情においてはこれ(他者に自由だとみなされること、および他者を自由とみなすこと)は感情のレヴェル以上のものである。しかし市民社会では私は一個の抽象的人格とみなされ、私の主体的な特殊性については顧慮されない」(BPhG, p. 175; LPS, p. 194)。また EPG, §432Z (『精神哲学』三〇〇—三〇三頁) をも参照。その箇所でヘーゲルは、市民社会と国家においては「戦士たちが獲得を目指して争いあった承認がすでに存在している」と主張する。一方には制度における承認の具体化があり、他方には承認への心理的欲求があるのだが(ひとによってはこの欲求に基づいて不承認の道徳的害悪を訴えるかもしれない)、これらの差異は、アクセル・ホネットが私に対して寄せた抗議に関連している。すなわち、私の説明は承認のあらゆる形式を制度的形式という一つのものに「還元している」という抗議である。私が思うに、これは二つの異なる問題であって、還元という問題ではない。私は、承認に関するホネットの多様な、基本的には心理学的な諸観念が、ここで示した意味での行為者性の諸条件であること、また、ヘーゲルが相互承認の政治的説明を意図したのはまさしくこの行為者性の諸条件という問題に答えるためなのだということ、このことをホネットが論証することができるとは思わない。以上のことは、私が設定した以外の問題や解答がいっさいないと言おうとするものではない。Honneth (2007), pp. 351-2 を参照。

(16) したがって、アレン・ウッドが示したような見解——「したがって、ヘーゲルの倫理思想はむしろアリストテレス的な倫理的自然主義の一種を表していることが判明する」——は、間違いではないのだが、いささか誤解を招くものである。とりわけ、「自然主義」というカテゴリーを使用し、「〔理性の現実化へと向かう〕現存するものの本質的傾向」に訴えている点で誤解を生みやすい(Wood (1990), p. 12)。(アリストテレス主義的な構想とヘーゲルとの大きな違いについての簡潔かつ最良の要約としては、Wolff (1992) に編集されている論拠を参照。)ウッドは、ヘーゲルの自由の説明においてカントとフィヒテが果たしている役割を強調するために、またこの自然主義を「歴史化されたもの」と解釈するために、ヘーゲルの理論を通常の目的論的な諸理論から注意深く区別している(もっとも彼は依然として、しばしば自由を人間にとって本質的な目標ないし目的のようなものとして言及している)。しかし、ウッドが叙述する自由の「様態」は、人間の本質や人倫的実体性といったものに関するある種の知識のようにみえてしまうことが多い(Wood (1990), pp. 32, 51, 70, 83, 204 を参照)。こうしたウッドの見解においては、(a) それはいかなる種類の知識なのかが不明瞭なままであり(とりわけ「歴史化された普遍主義」といった表現がなされる場合〔こうした語句によって私たちは弁証法をめぐるあらゆる難問へと一直線に送り返されてしまうわけだが、ウッドはそれらを無視しようとしている〕）、（b）ヘーゲルは相互主体性の理論を「放棄した」のではないかという危惧を、トイニッセン、ハーバーマス、ヘスレー、ホネットなどに生じさせたように、広く生じさせることになり、（c）知識の要求の役割と権威についての、あるいはそれどころか、ある政治文化のなかでヘーゲル的な学問がもつ役割と権威についての、不穏な政治的問題を生じさせることになる。

（17）これら主張に従えば、ヘーゲルが自由の実現であるとみなしたがっている問題の「国家」はロマン主義的・有機体的な全体の部分である、ということはまったくありそうもないことになる。自然からの自立の強調、さらには、人間の心性ないし精神性はそれ自身の成果、それ自身の産物であり、人間の精神性は「それがそうあるとおりにみずからを形成した」という過激で逆説的な主張は、そうした方向に向かっているものにはみえない。ここでの発展が自然からの「自己解放」として叙述されるならば、自己実現は自然の潜在力の発展ではありえない。また、諸々の主体が自分の自然本性を実現することのうちでそれへと「溶け込む」とされる自然的全体といったものは存在しない。こうした言葉遣いは、何らかの実体の偶有性に関するものではなく、時間のうちで集合的に形成されたある種の精神的ないし人為的な実体性に関するもの、各々がもつ自然や自然それ自体への「否定的」関係を最終的に可能にするある種の集合的な達成事に関するものであり、そしてまた、ヘーゲルが自由ないし真の自立だとみなしたがるところの他の事柄に関するものなのである。

（18）前者はカントに対する「形式主義」批判を構成する。後者は「厳格主義」批判を構成しており、また、とりわけ内面主義の問題をめぐる近代の議論に関連している。

（19）こうした思考様式は他の多くの現代的な文脈のなかでも生じてきているので、ヘーゲルの論じ方の特異性がまず強調されなければならない。他者が別様になしうることに影響を及ぼす私の行為ないしコミットメントは、誰であれその影響を受ける者に対して正当化されなければならない、という議論は、何といっても近代のあらゆる合理的平等主義に認めうる原理である。それゆえ、たとえばロールズが基礎構造と呼ぶものへの私のコミットメントは、彼の格差原理に基づくものでなければならない。つまり、基礎構造から帰結する配分の不平等が公正であるのは、その配分のもとでもっとも厳しい境遇にある人間でも、別のあらゆる代替策のもとで最も厳しい境遇にある当事者よりはましであるような場合においてである。（あるいは、ネーゲルのヴァージョンでは、私たちが選ぶべき配分の計画案というのは、それの選択がもっとも受け容れがたい人間にとってもっとも受け容れられるものでなくてはならない。あるいは、スキャンロンのヴァージョンでは、私たちが配分の基礎を置くべき原理とは、そうした原理を求めている誰しもが拒絶できないような原理でなくてはならない。ハーバーマスの言う、理想的発話状況への暗々裏のコミットメントも、同類の提案である。）

しかしながら、ヘーゲルの観点からすれば、これらの原理が役に立つのはただ、何らかの内容について、ひどい境遇やもっともひどい境遇にある人間を代表する者にとって、何が「容認可能」であり、何がそうでないのか、私たちが考慮しうる限りにおいてである。諸々の善の量を測る尺度ないしは選好の充足を測る指標に依拠するだけでは、誘導尋問や論点先取であるか（境遇がよいとか悪いとかみなされるものに関する視点を何が正当化するのか）、それとも、空虚である。そして、相互的な正当化問題を、たいていは相容れない仕方において充足可能な、たんなる形式的な要件に止め置くのである。

以上のことからたんに次のことが帰結するわけではない。すなわち、私たちが多様な利害関心をもっており、私たちが抱く正当化の諸々の標準や請求が相容れず、通約不可能であることがありがちなのは明らかであるがゆえに、私たちは論理的な抽象へと「レヴェルを上げ」、一人はみんなのために、みんなは一人のためにという正当化を支持しなければならない、ということを帰結するわけではない。そのような内容の希薄な正当化（少なくとも私たちはみな生きており、私たちの目標のいくつかは叶えることができる、といった主張に帰結するもの）でさえ、正当化可能性の普遍的基準として想定されえない。というのも、それはあまりに内容が乏しく、論争の対象にすらならないからである。

（20）ここでの対抗的な直観は、「語用論的パラドックス」と呼ばれうるであろうものの一局面である。それによれば、問題が行為における相互の協調や行為の過程に対する相互の和解に関わる場合、そうした相互性の達成に関する説明項として「有効に働くもの」を指し示したいと願うべきではない。なぜなら、それは「有効に働くもの」が現に有効に働くのはなぜなのかを説明する理性の基準への訴えという、パラドクシカルな訴えとならざるをえないからである。ヘーゲルはこうした語用論的パラドックスの定式化を退けるというよりは、むしろ、こうした形式的な地位がここでは役に立たないことを指摘している。何が等しく適用可能な規則とみなされるのか、何が平等そのものに関連する次元とみなされるのか、こうした問いは、まさしくそれ自体がさらなる論争の主題であり、承認をめぐる闘争なのである。これは私たちを歴史主義や歴史相対主義にコミットさせるものではない。なぜなら、ヘーゲルの考えでは、相互性の企てが前進的に改善されるという主張を正当化する、そのような実践の発展について語るべきことがあるからである。私はこの戦略を第八章で議論する。

(21) もちろん、第一に、多くの社会状況においては、諸々の規範間の相剋や根深い意見対立がある。しかし、ヘーゲルの立場に従えば、そもそも相剋が存在し、相剋関係における同意が存在しうるのは、社会の堅固さの内部においてである以上、私たちはまず、いかなる規範的共通性がそうした社会の堅固さを可能にするのかに焦点を合わせるべきである。そうしてから、ヘーゲルは、相剋の根拠や意義についての説明を提出するのである。第二に、「理由に基づいて行為する」とは何かについての十全な物語は非常に長くなるが、それを、あたかも近代の社会生活がある種のディベート社会であるかのように、自分の理由を言明し、擁護しうることと混同するべきではない。Brandom (1994)、「規制主義」(regulism) に関する第一章を参照。

(22) Pippin (1989)、第七章の私の考察を参照。この戦略が続けて示しているのは、フィヒテからの強い影響、とりわけ、自由な自己意識的主体が発展するさいに「促し」(*Aufforderungen*) が果たす役割の、フィヒテの考えからの影響である。

(23) 明白だと願うが、私が言いたいのは、ここでの論点が人間の心理に何ら関わりがないということではなく、この問いに答えることは第一義的には心理学上の健康や幸福には関わっていない、ということだけである。

(24) 私が主張しようとしているのは、軽蔑ないし社会的な「無視」の形式という意味での不承認が害悪ではない、ということではない。もっとも、私は(国家によるいかなる行為も不可避的に刑罰や強制力といった制裁となること、ならびにそうした強制と承認の達成とは両立しえないことを考慮する限りで)、そうした害悪に対する制度的な解決、適切な政治的解決が可能かどうか、ということに関しては疑念を抱いている。私がここで主張しているのはただ、ヘーゲルの関心はむしろ成功した行為者性の諸条件に関するものだということであり、そうした関心は彼にとって第一義的には制度の次元をもつものだということだけである。

(25) Laitinen (2002), p. 463 を参照。

(26) Honneth (2002), p. 510 を参照。

(27) ヘーゲルは「主観的精神の哲学」の冒頭部で、精神という主題を、彼が「人間知」(*Menschenerkenntnis*) と呼ぶもの、すなわち人間本性に関するある種の常識的な知恵から、区別している。また、彼はその節の補遺で、人間に関する真の知識、人間精神の知識とは精神の概念を「それの生きた発展と実現とのなかで」知ることだと主張している (EPG, p. 9 (§377 and 377A.『精神哲学』一二―一三頁))。

(28) 言うまでもないが、創造や変革を生み出す諸能力といった、人間のあらゆる潜在力が実現されなければならないということではない。もしそれらは実現されるべきで、私たちはそうした潜在力のどれが価値をもつかを知る必要があるというのなら、私たちはただちにヘーゲルの非常に単純な核心点へと立ち戻る。すなわち、そうした問題は、古代ギリシア人、中世の騎士、ルター派の牧師、フランス革命家、その各々にとって異なる観を呈するに違いないということである。

(29) Markell (2007) には、ミードとの関連からのこの点に関する優れた議論がある。またそこでは、この論点そのものとミードとがホネットとの関連からも論じられている。とりわけ、pp. 130-2 のフレデリック・ダグラスに関する例を参照。

(30) これは基本的にはハーバーマスが抱いている懸念であり、また、トイニッセンの懸念でもある。こうした懸念は筋違いのものであるわけではない。ヘーゲルの後の言及、すなわち『法の哲学』一四五節における「人倫的な威力」(*die sittliche Mächte*) や諸個人の生活の「偶有性」についての言及、一四五節注解における実体論的な言葉の使用、あるいは一五二節の「個人の我意は、自立性を主張し、人倫的実体に反対した私的な良心とともに、消えうせてしまった」(RP, 294, 303; PR, 190, 195-196.『法哲学』(下) 一四五節、一五二節) とする彼の議論を参照。また Ilting (1963-4) を参照。

(31) また、『エンチュクロペディー』の四三〇節以降、四九〇節、四九七節以降、五二七節および五四七節 (EPG: 219ff., 10:307, 10:309 ff., 10:322-323, 10:346.『精神哲学』二九七―二九八、四二三、四二七、四四六―四四七、五三八―五三九頁) における言及、ならびに Siep (1979), p. 302 を参照。

(32) 家族の自然的次元と倫理的次元との間の関係に関してさらに理解を深めるためには、ブラウアー (2007) の優れた研究を参照。

(33) 最後に傍注を一つ。批判者たちはときおり、近代市民がドイツのスパルタ人になり、絶えず「全体の善」を自分の深奥の個人的目的として取り入れることを、ヘーゲルが期待しているかのように、記述している。しかしながら、ヘーゲルの説明には、「全体の善」はまったく存在しないのである。驚くべきことに、ヘーゲルの叙述する倫理的生活 [人倫] は、まったく近代的な現象であり、言ってみれば、倫理に関するまったく形式的な、非常に薄い粥のようなものである (プラトンの『国家』よりもむしろ、オークショットの「市民的アソシエーション」に近い)。そして、このように倫理的生活に関する規定が非常に限られていることが、部分的には、多様な個人性の「無限な」価値の保証を保証するものとなる。というのも、ヘーゲルはそのような諸前提から自由な個人の生活の内実に関する結論をほとんど引き出さないからである。事実、個人の自由に関するヘーゲルの理論の一部が保証するのは、私たちはそうした実質的な意味合いを引き出すべきではないし、そもそも引き出すこともできない、ということである。つまり、ヘーゲルの倫理学には実質的な徳に関するいかなる理論もなく、自由で理性的な生活を送るために誰しもが熱望するような心術ないし気質の状態に関する説明もまったくないということ、この事実に注意し、それを真摯に受け取るべきだということである。決定的な論点はあくまでも、ある種の自己関係を可能にするところの社会関係や社会的依存の諸形式である。事実、この論点はあまりにも決定的なので、個人はすべてを規定する有機的全体のうちに飲み込まれてしまう、といったヘーゲル批判とは対極に立つ多くの論者でさえも、ヘーゲルは承認と連帯の相互主体的経験が最重要となるような初期の共同体論を放棄したと批判するとともに、それに代えて人間同士の第一義的な関係を個人同士の関係ではなく制度と個人の関係とするような抽象的な制度モデルを採用したと主張する。こうした考えにも一理ある。しかし、それもまたヘーゲルの近代主義を証言するものだとみなしてよい。

訳注

〔1〕 ホネットは『承認をめぐる闘争』において、G・H・ミードの自我論などを援用しつつ、『精神現象学』以前のヘーゲルの相互承認論を社会心理学的に再構成している。同書のホネットの主張によれば、人々の肯定的な自己関係を可能にする人倫の形式的条件には、特別な他者との「愛」、第三者との「法的関係」、共同体における「連帯」という三つの次元があり、ひとは愛によって自己信頼を、法的関係によって自己尊重を、連帯によって肯定的な自己価値を得るとされる。アクセル・ホネット『承認をめぐる闘争――社会的コンフリクトの道徳的文法』山本啓ほか訳、法政大学出版局、二〇〇三年、参照。

また、ホネットは後年、『自由であることの苦しみ』において、今度はヘーゲルの『法哲学』を「時代診断の病理学」というコンセプトから読み説いている。ホネットは同書において、「コミュニケーション的自由」を可能にする人倫の構成的機能を主張する一方で、近代の形式的法や道徳性という不十分な個人的自由の規定は、生活世界では「無規定性の苦しみ」、「社会的悪」として反映されると述べている。アクセル・ホネット『自由であることの苦しみ――ヘーゲル『法哲学』の再生』島崎隆ほか訳、未來社、二〇〇九年、参照。

第八章　承認と政治

承認という依存性——政治的主張

I　近代の二つの伝統——個人主義と相互主体性論

ヘーゲルの承認論は、主体性に関する特異な社会理論（自立的でかつ依存的な「私」であるとはどういうことかについての説明）をもたらし、それとともに、自由に関する社会理論（「私」が行為の主体、行為者であるために必要だと言われる社会的諸関係の形式についての説明）をもたらす。私がこれまで主張してきたのは、まずはヘーゲルの理論の射程ともくろみの全貌を考慮に入れることが必要であり、その上ではじめてヘーゲルの理論が具体的な社会・政治理論にとってもつ意義を正しく理解することができる、ということだった。本章と第九章ではともかく、こうしたより具体的な問題を詳述していくことにしたい。

い。そのさい、私は、ヘーゲルにおける自由を論じる上で非常によく取り上げられる対照を用いることにしたい。

国家に関する近代自由主義のヴァージョンのほとんどが依拠しているのは、人間の個人性の本性とその個人性の規範に関連する含意についての、哲学的野心に充ちた理論である。これと対照をなすのが、相互主体的な諸関係が究極のものと推定され、個人性は派生的で二次的な地位であるとする理論であるが、この理論は現実にそうでなくとも反自由主義的でありうるとみなされがちである。そして、一般には有機体論だと思われているヘーゲルの国家論が、典型例としてよく引き合いに出される。こちらの論争の主要舞台は、チャールズ・テイラーやアクセル・ホネットといった、新ヘーゲル主義者の主張であった。彼らの主張は、自由で合理的な個人という自由主義の主要な考え方は、それが可能となり、理性的に十全となり、経験的に確証されうるためには、政治的条件とも大いに関連する社会的条件に、すなわち相互承認に依拠している、というものである。この問題の争点は、人間の依存に関するヘーゲルの見解であり、どうすればこの依存の条件を首尾よく認知することになるのかという問題である。私たちが見てきたように、要はこの依存を、人間という動物に特有な社会心理学の見地から見るのか、それとも、どんな行為の試みにも内在する規範的な相互性という理想の見地から見るのか、という問題である。

ヘーゲルの政治的立場を視野に収めるためには、それと対照をなす、国家に関する自由主義の諸々のヴァージョンから成る景観を、かなりの高度から全般的に見渡すことが必要となる。だがこれは容易ではない。というのも、自由主義的な政治理論の諸々のヴァージョンはますます多様になってきているからである。自由主義のなかには自律の立場、価値中立の立場、懐疑主義の立場、相対主義の立場、リバタリアニズム、福祉主義の立場があり、また最近では、自由主義をとる価値多元主義の立場がある。とはいえ、相変わらぬ事実は、一連の誰もが認めうる基本的なコミットメントが西欧の自由民主主義の伝統を特徴づけていることであり、また、そうしたコミットメントやその実践的拡張の理論的な正当化には主要な二つの種類があることである。この二つの種類に共通する方向性は、先に述べた人間個人を傑出したもの、ある意味で理論的に究極のものとする(社会における諸々の制度や実践は諸個人の態度やコミットメントに依存しているのであり、「逆もまた然り」は意味をなさない)ことと、各人は個人として価値が同等である(個人の生活はそれぞれ相対的な価値ではなく究極的な価値を有する)こととに関わっている。こうしたコミットメントが要求するのは、(「被治者の同意」に対して)説明責任をもつ限定的政府、法のもとでの平等、行政の透明性、憲法による諸権利の保護であり、とりわけほとんどの自由主義の立場にあっては、重要で広範な所有権の保護であると理解されている。このような政治生活の概念を支持するために進められる理論的考察は、個人の存在論的な優位性と平等な倫理的地位が前提とされている限りで、政治協定は合理的であると主張することになるのだが、それには異なる二方式がある。

一方の議論が依拠するのは、プラグマティックな、つまり広い意味で帰結主義的な推論形式である。これはきわめて基本的な経験的事実だとみなされるものや、権力についての一定の協定がもたらすきわめて直接的な帰結だとみなされるものに照らして方向づけられている。その一つでは、自由主義的な政治協定のもとでは誰もが大いに裕福になるだろうと論じられる。すなわち、私たちはいっそう繁栄し、さらなる安全を手にし、どんな目的もうまく達成することができ、さらにおそらく文化的にも進歩しやすくなるだろう、というのである。(J・S・ミルはこのグループのチャンピオンである。)あるいは、やや野心を抑えた控え目な議論もある。社会状態以前がどのようなものであっても、そこですでに達成されているものを保持し、発展させるためには、裁定者ないし統治者を指名することはプラグマティックな意味で理に適っている。その場合、その裁定者ないし統治者はその臣民とは信託の関係にあり、臣民同士が紛争する場合にはそれを解決するのに十分な権力をもつが（ロック）、その職務を遂行し損なう場合にはその依頼人である臣民に対して弁明責任を負うものとされる。あるいは、極限的な想定を用いて次のように論じられる。すなわち、圧倒的な力をもつ「リヴァイアサン」という主権者が命令を押し付けることがなければ、みな著しく悲惨な生活に陥ることを少なくとも私たちは承知している（ホッブズ）、と。以上の見解によれば、どんな人間も、いかなる目的であれ、その目的を達成するために実践的に必要なことを欲したり意欲したりすることなしに、何かを欲したり意欲したりするとは考えられない。したがってまた、私たちの企ての成功に対する一般的な利害関心によって、暗黙であれ明示的であれ、協定への合意、つまり国家や市民的秩序への合意がもたらされることが示されうる。このように、政治生活を一般的な利害関心に基づいて構想するとなると、政治の問題とは合理的な協力の問題だということになる。そして、推論の合理的選択のモデルが洗練され、一般的に普及することで、近年この問題には新しい息吹が感じられる。おそらく、この種の自由主義の擁護者で近年もっとも影響力があるのはデヴィッド・ゴーティエである。

他方には、本源的な道徳的権原や権利に関する堅固な理論があるが、これが引き合いに出されるのは、法成立以前の状況、すなわち自然状態がいかなるものであれ、それが道徳的には受け容れがたいことを正当化するためである。あるいは、逆に言えば、私たちが自然状態を脱し、市民的秩序を創出する義務をもつという主張を正当化するためである。強制力を国家が独占することが正当であるのは、こうした道徳的権原の要求――権利の要求――が正当であるからである。この場合、基本的な論拠は次のことにある。何かを欲したり意欲したりすると想定されうる者は誰であれ、それを追求する権原をもつ（すなわち、各人は干渉されないという推定上の権利をもつ）ことを暗黙のうちに要求している。また、この権原の要求をもつことを他者たちに対しては拒むというのは矛盾である。さらに、そのような平等な権利の要求が保障されうる状況が実現しうるのは、ただ私たちが自分の立場で決定をする権利を放棄し、法の規則に従う場合だけである。以上のような（基本的な権原を国家が保護するがゆえに）理性的な意志が強制力を行使する国家の権威の起源であるという訴えは、ルソーやカントの〔『人倫の形而上学』の〕「法論」の立場に端を発しているとされることが多い。この訴えはフランス革命やその人権宣言のレトリックにもっとも顕著に表れており、また、ジョン・ロールズ、ロナルド・ドゥオーキン、オットフリート・ヘッフェ、ユルゲン・ハーバーマスといった現代の人々の理論においても、非常に異なる仕方においてではあるが、主要な構成要素となっている。

これら二つのカテゴリーはもちろん理念型として捉えたものである。いくつかの立場では、戦略的な推論と規範的な推論の、少なからぬ重なりや混合がある。（ロックとロールズの場合がもっとも顕著である。）けれども、上述の区別は、私たちが近代のもう一方の伝統を同定するためには十分に信頼のできるものである。もう一方の伝統とは、それがまさしく対案であるという理由のために、（あまりにも軽率に）非自由主義的、反自由主義的（あるいは反個人主義的）であるとみなされがちである。このもう一方の伝統によって提起された問題には、個人が究極のものであり、本源的な地位であるとする考えへの批判が含まれている。また、この問題には、この個人の究極性が、諸人格間の依存と自立の本源的関係の論理という、より複雑な観点から否定される場合に、政治学にとって帰結する諸々の含意が含まれている。その含意の一つは、国家の強制力の正統性は、戦略的な意味においてであれ、より広い意味においてであれ、成熟した人格ならば意欲するだろう事柄に訴えることによっては、すなわちその人格が合理的にコミットしていると論じられる事柄に訴えることによっては、全面的に擁護することができないだろうというもののであるが、これは明らかである。そこで主張されているのは、この合理的な個人という像は「切り抜かれた」像であるということ、私たちは恣意的にフレームから先行する本源的な相互主体的関係を取り除いたということである。この相互主体的関係は、およそ個人の意志が現実に存在し、行使されうるために必要不可欠なものである以上[1]、諸個人にとって合理的な交渉の通常の主題とはなりえない。もしこのような歪められた像、切り抜かれた像に影響されるならば、反省的認証が事前になされるにせよ、事後になされるにせよ、私たちは他者への関係はすべて意志決定や同意の結果であるという誤った結論を下すことになるだろう。また私たちは、政治生活や政治的権限に関する理論のうちで、他者との結びつきは意志的決断以前のものであり、不可避的かつ必要不可欠なものであると正しく認めることができないだろう（この他者との結びつきは選択の事柄として私たちが受け取ったり拒絶したりできる種類のものではないことを認めそこなうだろう）。アクセル・ホネットが指摘しているように、自己完結的な（boot-strapping）主体、完全に自己限定的かつ自己規定的な主体という原子論的な理想は、ヘーゲルないしは弁証法の立場から見れば、様々な社会病理を生み出すに違いない[2]。つまり私が言いたいのは、私たちはおそらくは実現されえないし、行為を導くものですらありえない自己規定や自己制定者（self-authorship）という規範を、（たんに私たちの政治生活においてだけではなく、包括的な意味において）一つの理想として受け容れていることになるだろうということである。その規範は形式的で、抽象的で、空虚なものにとどまるであろうし、もしそれを実現しようとする企てがうまくいかない場合には、私たちはその規範の権威を繰り返し傷つけることとなり、ヘーゲルが『精神現象学』で論じたように、「ずらかし」や「欺瞞」や「美しい魂」といった様々な方策を生み出すことになるだろう。私たちは、ホネットの見事な表現を使えば、「無規定性に苦しむ」ことになるだろう。

それと対照的に、究極のものを相互主体的な関係のうちに求める、それとは異なる新たな主張は、その対案となる政治的反省の基礎を形成するだろう。そして、この関係のもっとも重要な側面をなすのは、多くの場合、本源的かつ不可避的な社会的依存の形式である。この主張によれば、私たちが他者に対する歪んだ、病理的でさえある関係へと行き着き、さらに自分自身に対してもそのような関係に行き着くのは、自己への信頼という幻想のうちでこの本源的な相互主体的関係を無視したり、拒絶したりすることによるのである。[3]（この反論が示唆するのは、この本源的な関係の否認によって、そのような病理が経験的事実として生じてくるということではなく、それ自身に不誠実な社会的・政治的生活の形式というのは、まさしくそれが不誠実であるがゆえに、非合理で擁護しえないものであるということである。この不誠実さが社会の不安定さという形式を生みだすことを提示するのは、はるかに困難な主張である。）これから見ていくように、そのもっとも大がかりな弁証法的主張によれば、本源的な依存関係を認め、その見地から行為することが、真の自立、真の「自己実現」、あるいは「現実化された」「具体的」自由を達成するための必要条件なのである（ヘーゲルは概して、このような自由を人間の最高の善、人間であることの実現と呼んでいる）。そして、予期されるとおり、この考えは十九世紀のヨーロッパ思想におけるもっとも高貴ではあるが、もっとも誤用された観念の一つへと行き着く。本源的な依存の要求によって導かれる告発は、限られた人々だけが自由で他の大多数の人間が不自由な場合に、その不公正さや不正義に対してなされる告発以上に、いっそうラディカルなものである。その考えが示すのは、他者が自由でない限りは、正しくは私が自由（「現実的に」自由でかつ自己規定的な行為者）であると言うことはできないということであり、私の自由は他者の自由に依存するということ、自由は相互的であるということである。[4]（第七章で提示された主張においては、自由な行為者——現実的な、首尾よく行為する者——であることとは、他者からそのような者として承認されることに基づき、また、この他者による承認それ自体も同様に、彼らが自由な承認の与え手として承認されることに基づくと言われている。）そのようなわけで、この種の依存の本性を理解すること、すなわち、他者から承認されることに避けがたく依存していることの本性を理解すること、ここから主権者の権威がもつ権力やその制限に関するあらゆる反省が導かれなくてはならない。

こちらの伝統もまた、ルソーの『社会契約論』と結びついている。（ルソーは近代の社会理論と政治理論における選択肢をほとんどすべて表現し、擁護しようとしたかのようにみえる。）近代における社会的依存が隷属状態をもたらすことを激しく糾弾し、かつまた新たな人為的な依存形式を創出することに賛同したのは、ルソーその人であった。ここでの依存形式の創出とは、集合的な依存を創出すること、つまりは市民を創りだすことであり、よく知られているように、自然的自由を市民的自由に取り換えることである。だが、こうした思想的伝統がもっとも顕著に示されるのは、フィヒテの一七九六年の『自然法の基礎』であり、また、言うまでもないことだが、ヘーゲルのイエナ時代の著作、『精神現象学』であり、ヘーゲル左派の伝統においてである。ヘーゲル左派が触発されたのは、「承認をめぐる死を賭した戦い」や主奴の弁証法における内在的な逆説といった、強く心を捉える論説である。この伝統に対して、現代においてそれに共鳴する者もいる。この種の主張のもっともよく知られたものは、ロールズの仕事に対する「コミュニタリアン」からの様々な反論（たとえば、サンデル）であり、いくつかの新アリストテレス主義の仕事（マッキンタイアー）であるが、もっとも成功し、またヘーゲルからの影響が顕著な省察は、チャールズ・テイラーとアクセル・ホネットの最近の仕事のうちに見出すことができる。(5)

II　承認への依存

以上の議論――自由主義思想の陣営と、それに対抗する陣営、すなわち、権利の担い手としての自己規定的で自立した個人の存在を認めるが、個人が理論的な究極原理であることは否定する陣営――によって、私がこれから提起したいヘーゲルの論点のためのコンテクストが用意される。もっとも、テーマそれ自体は無秩序に拡散しており、ほとんど対処しえないほどである。というのも、このテーマはすぐにでも社会心理学、発達心理学、近代性の諸理論、哲学的人間学へと溢れ出ていくからである。しかし、事柄の核心が明らかに関わっているのは、すでに何度か議論した二つの論点をいかに理解するべきかである。第一は、他者への依存という本源的関係に関する基本的な主張（私たちはいかなる種類の依存を論じているのか、この依存はいかなる仕方で自立への諸要求に関わっているのか、この依存をいかなる仕方で認めることが適切なのか）であり、第二は、いかなる意味において私たちはそうした理解から政治的な含意（私がとりわけ念頭に置いているのは、暴力を国家が独占的に使用することに関する含意）を引き出すべきであるのかという問題である。私が主張したいと思うのは、第七章での主張を継続することである。つまり、ヘーゲルは自由が可能であるためにはある種の本源的な依存性――承認への依存――が必要であると論じているが、こうしたヘーゲルの議論は、人間的欲求についての発達心理学や社会心理学に由来する主張を基礎としているわけではない。ヘーゲルの議論はまぎれもなく哲学的な主張であり、個人性に関する私たちの理解の仕方を転換させるものである。それは個人性を究極の所与とみなすことから、個人性をある種の達成、規範的地位とみなすことへと、私たちの理解を転換させるものである。それゆえ、個人性は、経験的な意味であれ、形而上学的な意味であれ、事実とはみなされない。このように、ヘーゲルが私たちを一つのイメージから解放し、問題の異なる見方を提示したいと考えていたことが分かれば、この承認への依存の妥当性を理解することももっと容易なものになるだろう。これに比べて、第二の論点——個人性概念の転換から引き出される政治的含意——に関するヘーゲルの立場については、理解しにくい点がある。

以上の主張——相互主体性を究極のものとして要求すること——が、概して問題の核心である。なぜなら、それが古典的な自由主義理論の何らかのヴァージョンを擁護する者からの次のような反論を免れないことは、明白だからである。それは、依存や相互主体的な結びつきとみなされるものはどれも、たとえそれらが本源的で不可避であることが正しいとしても、成熟した政治的反省とは関連がない、というものである。「私」は自分が現にそうである具体的な「私」になったのであり、そこに至る過程や現在でさえ様々な文脈で他者に依存しているとしても、それにかかわらず、そうした「私」は今や成熟した行為者として、そうした他者へのコミットメントや帰属や依存から反省によって完全に切り離すことができる。帰属や依存が私にとって価値あるものとみなされうるのは、ただ、私たちが以前に考察したところの、私による「反省的認証」のテストに合格する場合であり、また、そうした係わり合いから「距離をとる」ことができ、そのように帰属するべきかどうかを決める場合だけである。そして、こうした主張の基礎となっているのは、私にとって価値をもちうるのは私自身が達成したものだ、という見解である。この種の思想によれば、達成されたものがそのような価値をもつためには、それが私に起因するものでなければならず、私の意志や主導権や才能の結果として経験されるものでなければならない。したがって、私と他者とが市民的な存在者としてお互いに対してする要求は、各々が自分の意志を行使する活動領域をもつのに必要であることが示されうる要求へと制限されなければならない。自由主義者であるとは、この意味で「あなたからの」賛同や承認を要求しないことであり、広い意味ではあなたからの援助さえ求めないことである。人生のある時点で他者への依存を放棄すること、他者からの承認や賛同を、また援助を要求することなく行為しうるということ、これが成熟した責任ある個人の役割を引き受けることであり、つまりは成長することなのである——こうサッチャー支持の自由主義者がしびれを切らして主張するのを想像できるだろう。このような立場をとる人々にとっては、他者へのコミットメントは、いわんや、私の地位や価値はそれが他者に（たんに干渉されないことではなく）実際に認められることに依存するといった主張は、いずれも「集団の考えでは」といった社会への順応主義の手口であり、また最終的には、そのような本源的に必然的な依存だと想定されるものを名目にして、個人の自由をまったく不当に制限することになるのである。

おそらく、このような自由主義者の支持する不干渉の一つの現われは冷淡な無関心さであろう。それは、たとえばラルフ・エリスンの『見えない人間』[1]が苦しむような、屈辱的な無視をもたらすものである。しかし、たとえこうした事態が不正だと考えられた場合でも、私たちの想定するサッチャー支持者が認めるのは、ただ、そうした事態が道徳的には不正であり、慈悲の心や道徳的な思いやりが不足しているという点にとどまる。彼は、あたかも人の目にさらされる権利といったものが侵害されたかのように、それが政治的に是正しうる不正だとは認めないだろう。また、人々が適応しており、すでに営まれている社会の諸々の実践、制度、規範への信頼がなければ、自己決定や自己実現といった理想が決定的に実現されることはなく、さらに言えば、いかなる理想もまったく充足されえない、ということを示すだけでは十分ではない。それを立証したとしても、それが意味するのは、私たちが哲学的に見て暮らし向きが悪いこと、つまり、避け難く、反省的に見て救い難いものとして経験される偶然的な社会状況に閉塞していること、

「人倫」というヘーゲル的な解放ではなく、「世人」というハイデガー的な牢獄であること、ただそれだけである。個人の無規定性への批判が有効であるためには、明らかに、近代に特有な制度の理性性に関する説明が必要となる。また、これらの規範を私たちが受け容れ具体化するさいの主観的要素を正当に取り扱うための方法が必要となり、私たちがどのようにそれらの規範を自分たちのものにしたのかに関する説明が必要となる。しかし、この説明は、反省的認証という個人主義モデルに再び立ち戻るものでも、事実としての習慣性に甘んずるものでもない。

承認の政治学の擁護者によるこの問題への返答は、このような依存を究極のものとする（社会存在論的な）議論に傾いている。すなわち、その依存を認めることが根本的に何を意味するのかの説明に加えて、その依存が私たちの政治理論において不可欠だと認めることの規範的な必要性（そのように認めることが合理的だという主張を成り立たせる必要条件）の議論に傾いている。したがって、それが依拠するのは、上述の依存からの分離や反省的認証は不可能であるばかりか、危険な空想であり、それはすでに言及した病理的な無規定性へと導くものだという主張である。もっとも、このような主張が確証されうる場合であっても、この不可避的な依存に関わる政治的含意を引き出すにあたっては注意深くならなければならない。というのも、不承認から生じる「社会的悪」という言葉が示唆するのは、結局のところ、一つの帰結主義的な推論形式であり、社会の様々な善の軽重についての議論であって、敬意や自己価値（および、それらが依存するところの社会的承認）はこれまで認められてきたより以上に重いという主張を伴っているからである。（私たちは最終的にはそうした社会的悪を禁ずる国家の強制力の使用について語っているのだから、非常に強力な論拠によって、その侵害はたんなる不運でも、道徳的に非難されるものでもなく、法的救済手続きに従わなければならず、ある意味では共通善の構成要素であるということを示す必要がある。）

「社会的悪」という言葉は「本源的な依存性」の要求の幅を広げることを示唆するであろうが、それは上述した自由主義の経験論的な推論形式と調和し、それを補填するものとなるであろう。しかも、問題の不正が道徳的侵害である場合、究極性や否認不可能性という言葉遣いも、それが権原の要求に基づくことを示唆している。この道徳的侵害一般については、カントが、他人を手段として使用すること、他人の「比類なき」価値に尊敬を与えないことを否定することによって反論している。かくして「承認される権利」へのこのような要求が含意するのは、まさしく他方の側の方向性であり、権利を基盤とする上述の自由主義と調和し、それを補填する方向性である。それゆえ、私たちがふたたび直面する問題は、他者に対する要求が、強制的な執行を必要とする権原であって、他者を尊敬するべきであるという道徳的な意味での要求ではないことを示すことである。

III　承認された地位としての「行為者性」

それでは、他者に対するどのような種類の要求が承認への要求なのか。また、もしそのような要求があるならば、その政治的次元とはどのようなものなのか。

ヘーゲルの立場を理解するためには、自由主義の政治学と承認の政治学との違いは何か、という根本問題からあらためて出発する必要がある。さしあたり、後者は政治に関する次のような考え方を表明している。それは、正当性や正義へのあらゆる要求を、主権を有する合理的な諸個人の利害関心や権利要求に結びつけたり、また、彼らが所持するもの、合理的に意欲するであろうもの、意欲するはずのものに結びつけたりはしない、という考え方である。そして、このように考える理由は、自立した個人が意志を働かせる以前の、先行する依存についての主張にあるが、これを主張するには、その不認知が不正とみなされるような、政治的な認知に関する形式が必要となる。私たちが自立／依存の関係についての基本問題を提出することができるとすれば、それは、第七章でカントの「法論」が表示したスケッチによって周知となった仕方においてである。つまり、この基本問題は、あなたのものではなく私のものだと私が正当に要求しうるものに関わっており、この区別を可能とするような諸々の条件に関わっている。すなわち、私が擁護しようとするヘーゲルの主張を立証することを試みうるのはカントの論拠を想起することによってであり、カントが提示した典型的に自由主義的な論拠でさえ、ヘーゲルが思い描くものが要求する社会的次元をまさに必要とすることを銘記することによってである。私たちは、カントを念頭に置きつつ、きわめて原初的な段階から出発しなければならないが、それは、近代の政治的反省の基本的な出発点をなす、私のもの、あなたのもの、私たちのものという所有権の要求が、経験的な社会的世界から直接読み取りうる事実に依拠することがないことを銘記することによってである。この出発点は規範的な地位の成立に関わっている。すなわち、（いったん、私が経験的に保持し、保護しうるものを何らかの仕方で越えていくさいには）「私のもの」という言葉によって私たちが意図するのはある規範への訴えである。つまり、正当に私のものであるところのものに訴えるのである。このとき、私たちはいかなる経験的事実も指し示してはいない。（カントが「法論」のなかで言及しているように、叡知的存在者、つまり諸々の理由に対して応答する存在者は、彼らが物理的に保持し、守りうるものの所有のうちに制限されてはいない。叡知的存在者は他者との理性的関係を確立しうるのであり、それによって、叡知的ないし「仮想的な《ヌーメナル》」所有を達成しうるのである。この能力を何らかの仕方で実現することがなく、あたかもこの能力をもっていないかのように行為するとすれば、それは叡知的存在者の理性的本性とは一致しない。）そして、私たちのもともとの論議が「個人性の究極性」に関するものであるなら、この論議は、そうした「私のもの」をめぐる規範的要求の基礎に関わるものとならなければならないだろう。したがって、一人の人間個人としての私の個別性の問題は、DNAテストによって解決しうるような種類のものではない。むしろ、この問題は、あなたや他の誰かからの干渉を私が正当に排除しうる（推定上の）範囲に関わっているのである。私のものとあなたのものとの間の境界線が（ある意味では、あなたと私のあいだの境界線までもが）設定されなければならない。また、それは事実的な境界線としてではなく、規範的な境界線として理解されなければならない。これは第一義的には所有についての懸念であるように思われるが、ルソーの『第二論文（人間不平等起源論）』のなかで初めて表明された依存の心理学についての懸念を考慮に入れるならば、問題ははるかに広範に及ぶことになる。私たちが（分業ゆえに、また文明化した生活と何らかの可能な自己充足との間の隔たりが大きくなっているがゆえに）どれほど物質的に依存的となっているか、とりわけ人間の成長の長い過程においてどれほど依存的であるか、このことを考慮に入れるならば、自分が設定する目的や支持する見解において何を重視しているにせよ、また、正当に自分のものとして何を保護するにせよ、それらはおそらく、私たちが気づきはじめているように、依存とそれが強いる従順についての反省を余儀なくさせることだろう。このことは、たとえその依存が私たち自身の慣れ親しんだ自己であるかのように感じられるとしても、そうなのである。ルソーは次のような主張をするまでに及ぶ。

> 未開人は自分自身のなかで生きている。これに対し、社会人はつねに自分の外にあり、他の人々の意見のなかでしか生きることができない。そして、いわば彼は自分自身の存在の感情を他人の判断のみ

から引き出しているのである。(6)

したがって、今や判明しているのは、第一にここで示された基本的な問題——そのあらゆる意味において、私のものの規範的な地位の問題——は、自由をめぐる問題であるらしいということである。自由はこの場合、私自身の行為のうちに自分自身を見い出し、行為を社会的必然性の威力としてではなく私の意志の産物として、一言でいうと私のものとして経験する能力として、広義に理解される。第二に、疎外なき自由という観念が意味するのは、行為を、私がもっとも価値があると考えるものの反映として、何であれ私が善だと考えるものの真の表現として、すなわち、正当にかつ本源的に私のものであるものの現れとして、理解することである。もし私が、行為〔なされたこと〕を私の意志の産物として経験しうるが、同時にまた、なされるべきことやなされるべきではないことについての私自身の考えを侵害するものとみなしうる場合、そのとき、私は別の意味で私自身の行為から疎外されているのである。この、行為を私の意志の産物として経験するという条件を充たすことによって、規定された行為者、自由な存在者（その「現実性」）としての実践的な成功が果たされる。だがその一方で、価値があると私自身が意識的に考えるものと、正当かつ本源的に私のコミットメントだと事実上みなされるものとの間には、明らかに違いがあることを認めているわけである。このような逆説的な意味において、私は自分自身をこの表現的な意味において自由だとみなす一方で、偽りなく価値があると自分が考えるものから疎外されることがありうるのである。

以上の論述によって、この問題に関するヘーゲルの主張の全体だと考えられるものを暫定的に要約する機会が与えられる。なぜなら、『精神現象学』におけるヘーゲルの立場によれば、行為者としてのこの成功は、次の三つの条件を必要とするからである。すなわち、他者が、(i)私がみずからに帰する社会的地位やアイデンティティ(また上述の例では、財産)を所持していることを承認すること、(ii)行為〔なされたこと〕が私の訴える行為の記述に属すことを承認すること、(iii)私がみずからに帰する意図に基づいて行為していることを承認すること、この三条件である。一般的に言えば、行為者としての成功に必要なのは、私自身がもっていると考えている意図やコミットメントを、私が現にもっていると他者が考えていること、したがってまた、私自身がそう行為していると考えていることを、私が現にそう行為していると他者が考えていることである。[7]まさしくカントの場合と同様に、私が社会以前において私のものと考えるものは、ただ暫定的な意味でのみ私のものとみなされうる。ただ私のものとして承認される場合にのみ、それは現に私のものである。したがって、これには承認する者も承認される者も等しく手に入れうる条件が絡まざるをえない。すなわち、すでに何度か見てきたように、「理解される」権原〔権利〕と、その理解を切望するプラグマティックな必要性との両方が絡んでいる。だが、これもまた何度か見てきたように、私たちは、何かあることを行っている理由を尋ねるさい、誰かあるひとが誠実に口に出す言葉をただ理解するだけでは、そのひとの意図を本当には理解することができない。仮に誰かあるひとが「俺はあいつを殺そうとしている、だから俺はあいつを食べてしまうかもしれないし、天使たちが現れるのを妨げてしまうかもしれない」と言うとしよう。私たちは彼の言うことが分かるからといって、彼を理解しているわけではない。彼が告白する意図は私たちにとって意味をなすものでなければならない。これは、私たちがある仕方で行為者の身になり、なぜ世界は彼にとってそのようにみえているのかを理解することを意味している。[8]そのためには共通の精神性〔心的態度〕が必要となるが、この共通性を達成するという問題は、他の多くの事柄のなかにあるにせよ、何よりも政治的な問題なのである。この事例とは対照的に、私は騎士であり、騎士道に適った行為をしていると主張することもできる。だが、もし私が生活している世間がそのような地位も行動も承認しえないとすれば、その場合私は騎士の滑稽なものまねをしていることになり、ドン・キホーテになってしまう。ここで、これまでのすべてを取りまとめて述べることにする。ヘーゲルの最終的な主張とは、行為者性の理念型（すなわち、ヘーゲルがよく言う「現実的な」行為者性）のこれら三条件が充たされうるのは、諸個人が一つの倫理的生活形態（すなわち、人倫）への参与者として、そして最終的には、承認の諸関係が真に相互的でありうる人倫の一定の歴史的形態への参与者として理解される場合に限られる、というものである。そこでは、承認する者たち自身が現実に自由であり、相互主体的な承認関係は相互的な仕方で支えられている。この問題は（「ヘーゲルの国家理論」にあるように）政治的な問題であるが、その説明は生活全体の形態を明らかにすることから独立して与えられることはない。これが意味するのは、ヘーゲルの説明は政治的な行為へのプロレゴメナ〔序論〕としては役立ちえないということである。(9)（この問題に関しては本書第九章でさらに展開する。）

ところで、以上の論述では一度に多くのことを述べたから、読者に過大な忍耐を強いることになった。それでもなお、今提示した様々な問題の根底には核心的かつ基本的な問題があることを見て取ることができるのではないかと思う。つまり、明白なのは、ヘーゲルは現実的な個人性という基本的な観念を一つの達成事として、すなわち複雑かつ相互主体的でダイナミックな達成の成果として論じているのであって、（ヘーゲルが「特殊性」と呼ぶ）たんなる生物的な唯一性という事態、ないしは何らかの叡知的な地位として論じているのではない、ということである。ヘーゲルの説明において、真の個人とは自分の行為やコミットメントとの関係が疎外されていない行為者のことある。（より正確に言えば、真の個人とは「現実的な」行為者である。また、繰返し見てきたように、そうした地位にはいくつもの段階やレヴェルがあると考えられているように思われる。）また、社会的依存についてのヘーゲルの議論を駆り立てているのは、行為者としての地位は一つの社会的地位であって、それ以外のものではありえないという主張であり、また社会的地位が存在するのは、ある共同体の構成員によってそれが存在するとみなされることによってであるという主張であるが、このことも明らかである。つまり、聖職者、騎士、政治家、市民といったものは自然に属するものではないのである。ある人がこうした類のものとして存在するのは、誰もが相互に利用しうる共同体の諸規則に基づいて、そのような者とみなされるからである。そして、ヘーゲルの提言がラディカルである所以は、生活の具体的な主体、自由な存在者であることも、私たちはこれと同じ仕方で取り扱っていると示唆している点にある。個人であることがすでにある複雑な仕方で承認されていることを前提としているというのは、この意味においてである。

ここで以上の核心点をヘーゲルが定式化している箇所を挙げておこう。一八二五年の『精神哲学』においてヘーゲルはこう書いている。

私たちが権利や人倫や愛について語るとき、私たちが知っているのは、私たちが他者を承認する場合には、私は彼らの完全な個人的自立性を承認しているということである。私たちが同様に知っているのは、私が他者を承認する場合、私たちは苦しむのでなく、むしろ私は自由だとみなされるようになるということである。私たちが知っているのは、他者が権利を有する時には、私もまた権利を有するということ、すなわち私の権利は本質的に他者の権利のうちに含まれているということである。すなわち、私たちが知っているのは、私は自由な人格であり、このことは本質的に、他者もまた諸々の権利をもった人格であることと同様である。善意や愛においては、私の人格性が傷つけられたり、破壊されたりすることはない（…）正義に基づいた諸関係において、私が知っているのは、私が他者の所有物を尊重する場合、その尊重によって私が損害を受けることがないだけではなく、権利のうちには私自身の権利も含まれているということである。というのも、私は他者の所有物へのあらゆる要求を放棄しているからである。（BPhG, 78–79）

承認という依存性――「発展史的な」論証

IV　精神の「発展史的な」物語

これまでの論述すべてはまだ、依存や依存の承認に関する主張に懐疑的な自由主義者に対する十全な応答とはなっていない。まさしくこれまで述べたような仕方で私たちが依存的であると、なぜ考えなければならないのか。個人性、つまり個人的主体であることはこうした仕方で（社会的承認に依存する一つの規範的地位として）理解されなければならないと、また、私たちがみずからの生活の個人的主体となりうるためには諸々の社会的条件と政治的条件とを要すると、なぜ考えなければならないのか。特に、これらの要求を「精神であるとは何か」に関する哲学的な要求であると、すなわち独立した規範的権威を伴う要求であると、なぜ捉えなければならないのか。とりわけ、そうしたアプローチがあまりにプログラム的で、議論の余地が大いにあるようにみえる場合に、なぜそう捉えなければならないのか。

私が何度か述べてきたように、これらの〔依存に関する〕主張には、体系的な論証に加えて（これについては本書第四章のなかで簡略的に提示した）、「現象学的な」論証、つまり「発展史的な」論証がある。この現象学的な論証は、簡潔な要約が困難な、独特な物語形式をとった発展史的論理を伴っている。すでに論じてきたように、この物語は『精神現象学』第四章〔「自己意識」章〕における、自己意識という社会的概念の導入部から始まる。具体的に言えば、その最初のセクションの主題の導入部、すなわち「自己意識の自立性と非自立性」という、有名な闘争と主人-奴隷のセクションから始まる。また、すでに主張してきたように、この物語は「理性」章の全体に及んでいる。「理性」章の大半で叙述されるのは、入手可能な抽象的・形式的な地位、どこでもないところからの眺め[2]、合理的観点といったものに訴えることで、社会闘争の混乱を避けようとする企てが、実際のところ何であるのかということである。ここでの物語とは、そうした境位に住まうことに様々な仕方で破綻〔失敗〕するという物語である。そしてヘーゲルが続いて叙述するのは、「精神」章の（ギリシアの人倫についての）最初のセクションにおける、美化された社会的現実への（ヘーゲルの物語における）回帰といったものである。だが次にこの章で続くのは、否定の道（*via negativa*）であり、つまりは西洋の文化的・政治的歴史を社会性の破綻の歴史として説明することである。すなわち、「自己疎外的な精神」、「恐怖政治」、「ずらかし」、「欺瞞」、「美しい魂」などの仕方で、西洋の歴史を、不承認、自足や依存についてのナイーブな思い込み等々として説明することである。（したがってヘーゲルが論じるのは、個人の自足という西洋近代の幻想のもっとも有力な二つの形式、すなわち啓蒙（人間の自然をも含む自然の支配）と個人の真正さというロマン主義的な諸観念とである。）精神の物語が、承認共同体の古代ギリシアにおける形態の一面性から、近代の道徳主義という正反対の一面性へと至る、一つの経験的な道筋を提示することを意図していることは明らかである。前者は個人的な良心の要求を適切に説明することができない社会統合の段階にとどまっているのに対し、後者は、私的な良心の呼び声を信頼しすぎるため、自分の行ったことを他者たちの判断に従わせるような仕方で行為することを嫌がるか、あるいは、あらゆる行動の現実は必然的に悪（自己愛による堕落）であるという辛らつな判断を下す頑なな態度に執着するのである。これら後半のものはすべて、規範的・理性的な自足についての近代の幻想の範型として論じられている。そして、それらによって、近代的な想像力によるこうした幻想への執着を打破するものは何なのか、という問いが提起されることは明らかである。私たちはこの物語には説得力があると考えざるをえないし、この物語は社会的依存やそれを正しく認知することについての上述の主張を擁護するものであると考えざるをえない。

　私は、この場でこの物語を包括的に概観しようなどというつもりはない。けれども、私は、今しがた提示した問い、つまり、なぜ承認の必要性についての諸々の主張のいずれをも信じなければならないのかという問いに答えるに際して、一つの重大な要素をなすと思われるものを抜き出してみようと思う。

V　精神の発展の動力源としての自己否定

　今私たちの前にある問題に関しては、ちょうどよい概略的な説明がある。それは、概略的であるという点によって、ここで提示した解釈の実質を要約的に表現していると思う。

精神がその中心に至ろうと努力するとき、精神は自分自身の自由を完成しようと努力しているのである。そしてこの精神の努力は精神の本性の基礎をなしている。精神が存在すると述べることには、さしあたり、精神が完成した存在者であることが含意されているかのように思えるかもしれない。ところが逆に、精神は本来的に活動的であり、活動性は精神の本質なのである。というのも、精神は自分自身の産物であり、したがって、精神は自分自身の始まりであるとともに終わりでもあるからである。精神の自由は静態的な存在のうちにあるのではなく、自由を破壊する恐れのあるすべてのものを絶えず否定することのうちにあるのである。精神の仕事は自分自身を作り出すことであり、自分を自分自身の目標とすることであり、自分自身についての知を獲得することである。このようにして、精神は対自的に現存在するのである。（VdG, 55; LPWH, 48）

ここで書かれていることはどのように生じるのか。ヘーゲルがもっとも頻繁に用いる定式化にしたがえば、精神のあらゆる発展を前へと駆り立てる動力源は「否定」だと言われる。より正確に言えば、ある種の自己否定だと言われる。第四章〔「理性」章〕で言及される社会性の破綻の歴史は、みずからが招いた破綻である。つまり、自然的意識は自らの手による「暴力」に苦しむと言われるのである。そのイメージは、ある主体がある観点、世界観、自己理解、実践といったものを具体化するというものであるが、それはその主体が（明らかに不可避的、必然的に）自分自身の最奥の原理やコミットメントに対する不満を生み出すような仕方で生じる。西洋精神の発展の物語は、自分自身に対する不満を絶え間なくみずから誘発するという物語なのである。ただし、こうした不服はそれが何であれ、物語の主体であれば誰に対しても生じるといえるようなものではない。というのも、この不服はみずからが招いたものだからである。（「序文」においてヘーゲルは、この書物のほぼ全体を一つの定式に圧縮しつつ、「自己に対する他者となること*Sichanderswerdens*を自己自身と媒介すること」について言及しており、また彼がたびたびそうするように、真の人間の主体性を「純粋にして単純な否定性」（PhG, 18; PhS, 10.『精神現象学』（上）十七頁）と定義している。）これら二つの観念、すなわち精神が発展史的なかたちをとるという本性とこの自己否定的な性質は、『エンチュクロペディー』において、「自分自身の産物」という非常に逆説的だがたびたび用いられる精神の特徴づけにおいて結び合わされている。そして、この精神の特徴づけは「絶対者は（…）本質的に成果である」（PhG, 19; PhS, 11.『精神現象学』（上）十七―十八頁）という主張の基礎をなすものである。

ヘーゲルがはっきりと述べているように、この自己に対する敵対は、私たちが今日、批判的な反省として理解しているものと同等のものではない。批判的な反省とはすなわち、吟味していない諸々の思い込みを吟味し、何ごとも自明のことだとは考えず、自分自身で考え、他者の導きに盲目的に追従しない、といった企てのことであり、一般的に言えば、自分がコミットしている規範や原理を反省的に擁護しうるかどうかを調べようとする企てのことである。なぜこうした批判的な反省とは異なるのかと言うと、ヘーゲルが「緒論」のなかで手短に論じているように、こうした企てはすべて、まさしくそれが説くところに反するという罪を犯さざるをえないからである。つまり、そうした反省の特定の企てはいずれも、そもそもそれが前進するためには、まだ反省されていないものを標準や基準として取り入れざるをえないのである。それゆえ、私がとりわけ強調したいことは、どんな場合にせよ、『精神現象学』において進行していることとはこうした批判的な反省に基づく物語ではなく、第一義的には、ある生活や文化のなかで事柄の吟味がソクラテス流に拡張されていくといった教育の物語であるわけではないと、ヘーゲルが述べていることである。「緒論」のもっとも関連する箇所でヘーゲルがさしあたり明記しているのは、この書物のなかで扱われる懐疑は通常の懐疑の観念とは一致しないということである。ヘーゲルはこの通常の懐疑を「真理だとみなされるあれこれを揺すぶること」（PhG, 56; PhS, 50.『精神現象学』（上）八一頁）と呼んでいる。これに代えて、ヘーゲルは「徹底的な懐疑主義」を論じ、自分自身の道を喪失する経験について論じる。その喪失はたいへん深刻なものなので「自己喪失」（PhG, 56.『精神現象学』（上）八一頁）を必然的に伴うと言われる。なお、ヘーゲルがこれらすべてと明確に対比させているのは、カントが啓蒙の実践的なモットーを定義するために用いた言葉、すなわち「敢えて賢かれ（*separe aude*）」という言葉である。この懐疑の観念の相違は、（ルートヴィッヒ・ジープのような）注釈者たちにとっては、「経験」（*Erfahrung*）の意味合いの相違に対応している。[10] 経験の批判的・反省的な意味が示すのは、「経験」に基づいて誤った信念を正し、たとえ真理ではないにせよ、少なくともよりよく根拠づけられた信念にそれをたんに置き換えることにすぎない。これに対し、ヘーゲルが喚起しているように思われる経験のよりドラマティックな意味合いは、意識の完全な転覆ないしは転向により近い。それは、私たちがある宗教的な経験や深い政治的転換だとみなすところの変化である。ヘーゲルが前者よりも後者の種類の経験を考えていたことは間違いないと思われる。しかし、ここに問題がある。後者の経験というのはまさしく、いかなる「論理《ロゴス》」も説明も受けつけないと確実に考えられるような経験である。こうした経験が私たちに生じるのは、多種多様な理由からであるようにみえる。したがって、私たちが実際にこうした経験をみずから引き起こすと考えたり、まさしく合目的的な集合的活動の一環として、この意味での経験の学が可能であり、この種の経験の「論理《ロジック》」が可能であると考えたりするのは、たいへん直観に反しているようにみえるのである。[11]

　したがって、精神（承認されている自己性）の問題は（反省的な個人や自己原因的な行為者とは対照的な）社会性の地位の問題を提起する。それは、「生ける」、「運動する」、「流動的な」概念や、自己否定という明らかにヘーゲル的な観念のための、発展史的な論理ないしは理性的発展の形式の本性の問題である。最後の問題は、以下のような他の問いに対するもっともよい窓口になることだろう。すなわち、なぜヘーゲルはここで、現象学的発展の本性を叙述するために、「絶望」へと至るような、みずからが招く懐疑の一段階を引き合いに出すのか。また、この懐疑がもし、私の信念は正しくないかもしれないといった懐疑や、私は諸々の規範的要求をなす権原を本当に持っているのだろうか、といった懐疑ではないのだとしたら、それはいかなる種類の懐疑、絶望なのか。これらの問いを別の強烈なイメージによって表現してみよう。そのイメージとは、ヘーゲルが『精神現象学』のもっと後の箇所で、精神が直面する問題を叙述するために用いるものである（また、ヘーゲルはこのイメージを『美学講義』の冒頭において概略的に繰り返している）。すなわち、精神や人間の現存在それ自身さえもが「傷」を負っているようだと述べることは、いかなる意味なのか、という問いである。この傷とは、（i）みずから招いたものであり、（ii）精神が自分で癒すことができ、また、いっそう驚くべきことには、（iii）それが癒されたさいには、どんな傷痕も残さないものである（PhG, 360; PhS, 407.『精神現象学』（下）九九四頁）。ウィトゲンシュタイン主義者たちは時々、ある「像」によって「つかまえられる」とか「捕らえられる」といったことを語る。[3] ヘーゲルが提起しているように思われるのは、精神の「像」や形態がその制御力を失い、忠誠を命じなくなり、何らか仕方で破綻することとは、何を意味するのか、という問いである。これらの問題はすべて、ある意味で、たんなる社会学的説明や歴史学的説明に対してではなく、哲学的説明に対して開かれている。実際、ヘーゲルは、そうした過程を哲学的に理解することはまさしくこの喪失経験を「癒す」こと、「いかなる傷痕も残らない」ほどうまくその喪失を癒すことだと考えているようにみえる。だが、哲学的に理解するためにはもちろん、これらの問いのうちでまさしくもっとも重大な問いに答えることが必要となる。すなわち、絶対知を獲得するとはいかなることなのか、また絶対知が現存在そのものの傷を傷痕も残らないほどに癒すと言いうるのはいかにしてなのか、という問いである。

VI 『精神現象学』における可能的な経験モデルと現実的経験

今提起した問題に着手する前に、はじめに断っておかなければならない解釈上の問題が一つある。「自己喪失」ないし「絶望」といった私が引用してきた言葉はたいへんドラマティックであり、それは、おそらくギリシア悲劇やフランス革命にはっきり表れているような、ある「精神の形態」における何らかの実生活上の実存的な失敗、すなわち「社会性の破綻」を表示しているようにみえる。この破綻から始めて、社会性の実現に必要なものが示唆されうるのである。しかしながら、『精神現象学』のなかには、そうした破綻の観念を含んでいるようにはみえない移行も数多くある。この点で思い浮かぶのが、最初の三章〔感覚的確信、知覚、悟性〕であり、また、第五章〔「理性」章〕における多くの移行である。絶望、死に直面したり否定的なものに滞留したりすること、宗教的な転向、これらはどれも、知覚による識別が悟性の活動的な働きを要することの理解とか、人相学が自己論駁的であることの理解とかとは、関連がないようにみえる。

私がここで提案したいのは、ヘーゲルは『精神現象学』で提起された二つの異なる問いを念頭に置いていたに違いない、ということである。すなわち、なぜ精神は現象学的に理解されなければならないのかという問いと、精神を現象学的に理解するとはいかなることかという問い、すなわち第六章〔「精神」章〕

から始まる、歴史的現実にいっそう結びついているようにみえるアプローチとである。この二つの問いは、両方とも理解するべきであるとすれば、別々に提出されなければならない。言い換えれば、認識し行為する主体性の可能なモデルの問題と、自己解消的（*sich-auflösende*）だが「現実的な」経験、十全な意味における経験との間には相違があるのである。認識し行為する主体性という地位の候補と推定されるものは、可能的な経験の主体についてのまったく断片的、部分的で、歪んだ「形態」であるがゆえに、現実には経験のモデルとして成り立つことができない。他方、歴史的な「精神の形態」による経験は、今や経験の十全な主体とみなされる複合体において理解されるが、この主体はみずからの自足状態を掘り崩すことが示されうる。ただし、この区別、可能的な経験のモデルが成り立たないことと、自分のコミットメントをやり遂げ、実現することができないことを現実に経験する主体との区別は、厳格な区別というわけではない。正直なところ、このテキストのいくつかの箇所では、ヘーゲルがこれら二つの可能性をどのように整理しているのかは明確ではない。ある箇所では、精神的生活と諸々の概念の流動性に訴えることはまさしく、認識論や自由の理論におけるある立場を、それを代弁する「登場人物」が行きつ戻りつ、論を張ることで、やや無理な仕方で「人格化すること」であるようにみえる。他の箇所では、フランス革命やラモーの甥の説明におけるように、様々な実存的な論理に訴えているようにみえるし、あるいは、前のものとは異なる種類の不充足や破綻〔失敗〕を提示することに訴えているようにみえる。またある箇所では、主人による支配の逆説のように、これら両方の戦略が働いているようにみえる。この逆説は概念的であるとともに（強制された承認は承認ではない）、よりよい表現がないのでこう表現するとすれば、実存的でもある（自分が承認しない相手によって承認される際の不充足といったものがある）。[12]

しかしながら、これは形式的には、ヘーゲルにとって疎遠な論証のモデルではまったくない。『法哲学』

において、抽象法と道徳性は、ありありと経験される段階ではなく、人倫であると判明するものを部分的に代替している。規範的な精神のこうした制約された推定上の形式が破綻せざるをえないのは、あたかも人倫に先立ち、人倫から独立しているかのようにそれらの形式を考えようという企ては破綻を運命づけられているからである。以前に言及したように、ヘーゲルはこうした企てとは対照的に、「道徳性」の部の終わりでこう述べている。

法・権利〔抽象法〕の領域と道徳性の領域とは独立して現存するわけにはいかないのであって、人倫的なものを支えとし基礎として具えていなければならない。(RP, 291; PR, 186.『法哲学』(上)一四一節)

家族や近代市民社会における経験は、理性的な生活形態における個体性と普遍性との関係の豊かで生きた意義を現実において形成すると言われうるが、先行する法・権利や道徳性の段階は、そうした仕方で現実において教育的・形成的であるとは言われえない。ヘーゲルは、一九〇節において、「人格」や「主体」という抽象物と人倫の具体的な諸相との間の諸々の違いを説明するさいに、次のように述べるまでに及んでいる。すなわち、この説明が順当にいくのは、人倫の説明や社会性の独特な形式——諸々の欲求のある種の関係性——においてのみであり、また、それによって「人間」という権利の担い手と見られる存在に言及することがはじめて可能にさえなるのである、と(RP, 348; PR, 228.『法哲学』(下)一九〇節)。そして、以上のことが意味していると思われるのは、まさしく、法・権利や道徳性というたんなる推定上(*ver-meintlich*)の関係は、それだけで考慮される限りでは、十全な人間の諸関係だとは言われえないということとである。

きわめて似通ったことが、『精神現象学』の第六章、「精神」章のきわめて重要な第三段落において論じられている。

> 精神は自分自身を支える絶対的な実在的本質である。これまでのすべての意識形態はこの精神からの抽象による形態である。それらがあるのは、精神が自分を分解し、自分の諸契機を区別し、しかも各々のもとに足をとどめることによっている。こうした諸契機の各々を孤立させることは、精神自身を前提としており、また精神において成り立つことである。言い換えれば、孤立されたものが存在するのは、ただ具体的な実在である精神のうちにおいてのみである。(PhG, 239; PhS, 264.『精神現象学』(下)七三三頁)

私たちは依然として、いかにして精神は「自分自身を支える」ことができるのかを知る必要があるし、また同時に、まさしくそのことによって、精神がいかにして自己否定的であり、「自傷的である」ことができるのかを知る必要がある。しかし、当面重要なことは、ヘーゲルがいかにして次のような区別をしているのかに注意することである。すなわち、抽象的にはあたかも別々の経験のモデルでありうるかのようにみなされながらも、実際には精神の切り離しえない契機であることが判明するものの分析と、ヘーゲルがそう表現し続けている、精神による自分自身の現実的な経験との間の区別である。実践理性を個人的主体の能力として切り離す仕方で考察する試みがまったく不可能であることを説明している箇所のまさに結論部分において、ヘーゲルは問題の核心を次のように表現している。

最後に、精神が有する理性が、実在する理性として精神によって直観されるとき、言い換えると、精神のうちで現実的である理性、精神の世界である理性として直観されるとき、精神はその真理においてある。すなわち、精神は現実的実在をもつ倫理的本質として存在する。(PhG, 239; PhS, 265.『精神現象学』(下)七三四頁)

理性を有する主体から自己を理性として見る主体への移行——これはこれまでとは異なる非常に奇妙な定式である。とはいえ、このテキストの転換点についての他の多くの定式(一例を挙げれば、精神を可能とする諸々の構成要素的な条件から、現実的な精神による自己を知り自己を実現する諸々の企てへの転換)においてと同様、カギとなる表現はみな、「現実性」、「現実的」、「現実化」に関係している。こうした区別に関する強調は、「宗教」章の冒頭におけるきわめて重大なメタ現象学的な言及でも繰り返される。ヘーゲルは「宗教」章において、時間のなかで生起すると現象学的に表象されるべきものと、そうでないものとの区別立てをしている。ほぼ上述の区別立てをなしている箇所で、ヘーゲルが非常に明瞭に述べているのは、意識、自己意識、理性という諸契機の精神のうちでの「現前」や、精神が宗教において自分固有の意義をみずからに表象することは、「時間のなかに現れると表象されてはならない」(PhG, 365; PhS, 413.『精神現象学』(下)一〇〇七頁)ということである。時間のなかに現れると表象することは経験の諸要素や経験の可能性を考察する一つの方法にすぎず、この方法は、きわめて重要かつ不可欠なものであったとしても、あくまでも予備的なものだとヘーゲルは論じている。したがって、このように切り離しえない諸契機をそれぞれ分離して考察する方法は、「精神の全体性」を表象することからは区別されるのである。

ただ精神の全体性のみが時間のうちにあるのであり、ただ精神の全体性の「諸形態」であるような「諸形態」のみが時間的な継起において現れてくる。というのも、この全体的なもののみが真の現実性をもつのであり、したがって「他なるもの」に対して純粋に自由であるという形式を持つからであるが、この形式は時間としてみずからを表現するのである。(PhG, 365; PhS, 413.『精神現象学』(下)一〇〇七頁)

この興味深いが非常に圧縮された一節では、(精神の可能なモデルとは対照をなす)現実的精神、時間性、自由といった主題が結び合わされている。したがって、この一節は、ヘーゲルが時間における精神の自己実現を自由の現われだと考えるのはいかにしてなのか、またそれはなぜなのか、を理解する手がかりを与えてくれる。だが、さしあたり重要なのは以下のことである。すなわち、精神の全体性、精神としての精神のみが時間のうちにあるのであり、それゆえ、精神の全体性はそのようなものとして学ばれなければならないが、これまでのところ私たちがそうしてこなかったとするならば、私たちはいまだ精神をその現実性において学ぶことを始めてはこなかった、ということである。結局のところ、この箇所に至ってようやく私たちは、現実に経験する主体としての精神が何であるのかを視野に収めることができるようになるのである。第六章〔「精神」章〕の主題でさえ、なお制限された論述である。なぜなら、ヘーゲルが「宗教」章の冒頭で述べているように、精神はいまだ自分を精神としては知らず、したがって精神の(究極的で)絶対的な境位の表象である宗教についても、それを生活〔生命〕の独特な経験上の構成要素の一つとして表象するからである。このことがきわめて明白かつ決定的な仕方で確証されるのは、ヘーゲルが〔「精神」章の冒頭部で〕それ以前の議論と比較しつつ、『精神現象学』がこれ以後何を問題にするかを叙述するにあたり、次のように述べるさいにおいてである。

しかし、これらの形態が先行の諸形態から区別されるのは、これらが実在する精神であり、語の厳密な意味における諸々の現実性であって、たんなる意識の諸形態であるのではなく、世界の諸形態であることによってである。(PhG, 240; PhS, 265.『精神現象学』(下)七三五頁)

敷衍すれば、私たちは、『精神現象学』が何であるかについて、まさしくヘーゲルがたびたび述べているように、導入ないしはむしろ予備学のなかを進んでいるのである。厳密に言えば、『精神現象学』の大部分では私たちはいまだ精神を学んではおらず、精神を理解するには至っていない。つまり、私たちが理解しつつあるのは、自己知の様相がいかなるものでなければならないのかということであり、はっきり言えば、私たちに判明しつつあるのは、自己知が歴史的なものでなければならないこと、精神はもっぱら現実のなかで自己を形成するものであるということである。ただ歴史的なものとしてのみ、意識には「自由な現実性の形式」が与えられ、それゆえまた、意識は精神として理解されうるのである。すなわち、「ただ絶対精神として自分に対して対象である精神だけが、自己を自由な現実性であると意識すると同時に、この現実性においても自己を意識するものであり続けるのである」(PhG, 365; PhS, 412.『精神現象学』(下)一〇〇六頁)。かくして、精神が絶対精神としての自分を対象とすることが理解できたならば、次のことを示唆したとしても、それはおそらくさほど時期尚早ではないだろう。すなわち、精神をその現実性において理解することの必然性を実現することが、絶対知の獲得に関わっているのである、と。

しかし、それがいささか時期尚早であることも確かである。おまけに、私たちはみずからが招いた傷の問題へと立ち返る必要がある。ヘーゲルにとって人間の主体性は時間経過を通じて自己を形成するものと理解されなければならないこと、そうした形成や再形成の核心にあるのは、自己理解を一般に支える諸々の社会形態であり、社会的権威の獲得や喪失の変遷を遂げる諸々の変転であること、こうした考えはいわゆるヘーゲル左派的な解釈にはお馴染みの諸側面である。しかしながら、ヘーゲルの立場の二つの側面のせいで、彼の基本的な考えが現代において多くの共鳴者を得ることが妨げられてきた。すなわち、その側面とは、この自己形成にはその根底に確固とした目的論的な方向性がある、という考えであり（この考えは今日では素朴にみえる）、また、この自己形成はある目標ないしテロスを有しており、それは何らかの意味で、西洋近代において達成され始めている、という考えである。以上は、これまでとは異なる仕方で、次のことをふたたび述べるものにすぎない。すなわち、ヘーゲルは諸々の概念の流動性や精神的生活を明示するものとして経験に訴えようとするさいに、今日ではほとんど誰しもが完全に非‐ロゴス〔不合理〕だとみなすもの、すなわち、ある特定の文化の歴史的生活や、そこでの権威ある規範をめぐる様々な内輪の論争といった、原則なき放埒な偶然性、そうしたものを持ち出している、と述べているのである。哲学はそうしたことすべてを主題となしうるし、事実そうしなければならない、という考えは、現代的な選択肢とはみなされないのである。

Ⅶ　経験による概念内容の実現

これらの疑念をも考慮に入れつつ、私たちがふたたび立ち返るのは、「みずからの手による暴力に苦しむこと」、「否定的なものに滞留すること（*verweilen*）」、そして、みずからが招いた傷という問題である。これらは、理性的でありそれゆえに自由を実現するとヘーゲルが考える発展を、ある仕方で前方へと駆り立てる動力源である。終始一貫して訴えてきた「経験の論理」をヘーゲルが最終的に明らかにしようと試みるのは、絶対知に関する最終章においてである。その論理が必要とするのは、認識や行為の様々な規範の経験に対するテストだけのようにもみえる。すなわち、独立の検証ツールの類、否定しうるかどうかの検証に晒すこと、あるいは、自己確信の変更を強いる経験的な尺度といったテストである。しかし、ヘーゲルがこの章でより詳しく説明しはじめるのは、このようなテストは進行してきたことを検証する方法としてはあまりにも単純すぎるということである。むしろ、自己の概念の「外化」（この「外化」でヘーゲルが言おうとしているのは、初発のたんなる主観的確信の「否定」でもある）は内面から駆り立てられるものであり、その経験は独立の検証ツールや外部からのテストとしてではなく、自己理解ないしは概念的な内容それ自体の規定性を確定し、実現し、「充実する」のに資するものとして機能するのである[13]。経験による明示化は概念内容の「事例」であるわけではない。むしろ、経験の次元が概念内容を作り出すのである[14]。ヘーゲルが指摘するように、美しい魂や純粋義務の厳格な道徳主義の誤りはまさしく、それ自身を外にある公共世界と対立させることにある。その場合、公共世界は他者の解釈や意味づけに左右されているが、主体はそうした解釈や意味づけを制御できず、したがって「自分のもの」として承認することを止める。ヘーゲルは、そのような態度の放棄が意味することの説明を試みる箇所で、明らかに『精神現象学』全体においてもっとも重要な運動だとみなしていることを叙述しはじめる。ヘーゲルのこの説明の出だしの言葉はきわめて重要なので、すべてを引用する。

> この概念が自己の実現に反対して頑なにふるまう限りは、それは一面的な形態であって、われわれはそれが靄となって消えてゆくのを見た。しかしまた、この一面的な形態が積極的に自己を外化し、先へと進んでいくこともわれわれは見た。この自己の実現を通じて、この対象なき自己意識は、概念が内容を得て充実することに反対して概念の限定性に固着するのをやめる。そのとき、この自己意識は普遍性という形式を獲得する。そして、この自己意識に残っているのはその真の概念、すなわち自己の実現を獲得した概念である。それは、みずからの真理における概念、すなわち自分の外化との統一における概念である。（PhG, 426; PhS, 483.『精神現象学』（下）一一四六頁）

この箇所で提出されているのは、私たちが見てきたように、ヘーゲルの哲学研究のなかで原則となりうる定式であって、とりわけ、概念はその「現実性」において理解される必要があるという主張であり、そのように概念内容を理解することが真の理解であり、概念とその現実性との一致と定義される理念の把握なのであるという主張である。また、それは『精神現象学』全体の主張を明確なかたちで示している。すなわち、諸々の概念はそれらの「精神的な生命」のうちで理解されなければならず、したがってまた、つねに「自己運動しているもの」として理解されなければならない、また同様にして、この「生きた」内容の観念は、内容を構成する不可避的な自己外化の成果なのであり、あらかじめ規定された内容を外在的な経験によるテストに委ねることではない、という主張である。

Ⅷ　行為における自己喪失

これまでの論述は次のような問題の再定式化であって、主としてその問題についての警告として役立つようにみえる。すなわち、「自由」、「正義」、「説明」、「美しい」、「敬虔な」等々の「濃い」概念の内容と権威の両方を正しく理解するためには、歴史的変化に対するどれだけの注意が、またどのような種類の注意が必要とされなければならないのか、という問題である。だが、先述の「絶対知」章の箇所の次の段落において、ヘーゲルは問題の明晰化へ向けて大きな一歩を踏み出している。そこでヘーゲルが私たちに語り、またこの枢要な章を通じて何度も繰り返しているのは、自己を外化し、その結果自己を実現し、外界との再統合を果たすという論理の典型的な事例とは、いまや私たちの古くからの馴染みである「行為する自己確信的精神」(PhG, 426; PhS, 484.『精神現象学』一一四六―一一四七頁) である、ということである。私が示唆したいのは、ヘーゲルがここで訴えているのは行為についてのもっとも重要な二つの議論、すなわち、『精神現象学』第五章(「理性」章)Cの「即自的かつ対自的に実在的だと自覚している個人性」(この箇所の重点は、個人性は「即自的かつ対自的に実在的」ではありえないことを示すことにある)と、『精神現象学』第六章(「精神」章)C「自己を確信した精神、道徳性」(この箇所の重点はさらに、主体はたんなる自分のついての自己確信的な観念を一貫して維持することができないことを示すことにある)とである、ということである。これら二つの箇所でヘーゲルが試みているのは、行為と出来事との区別や個人と行為との関係に関する、西洋近代の伝統における標準的な理解だとされるものについての現象学である。そして、ヘーゲルはそれらの限界を暴露するわけだが、そのやり方は最終的に絶対知の問題に非常に関連するものである。

すでに見てきたように、ヘーゲルが『精神現象学』の当該セクションの双方のなかで試みているのは、諸々の標準的な近代の立場の厳密な制約を現象学的に提示することである。つまり、ある行為のいくつかの別々の因果的な諸相を調べるのではなく、むしろ、行為を主体の意図の表現として考察し、しかもその表現が広範な時間経過を通じて徐々に展開し、変化することを考察することを提案している。さらには、行為が規定されるのは、テリー・ピンカートが「社会空間」と呼ぶもののなかでの、拡張された衝突や反作用においてのみであり、バラバラな出来事の因果的帰結においてではないと捉えることを提案している。[15] すなわち、本書の第六章で議論した諸々の論点を呼び戻すことで、ヘーゲルは、ある行為の規定性を確定し、なされたことが何であったのかを規定する正しい方法とは、主体があらかじめ表明した意図へともっぱら考察を向けることにある、という立場を否定するのである。そうした推定上の意図というのは、たとえ現実の意図だと理解されうる場合においても、行為におけるその表現から時間的に切り離しえない。そうした主観的な表明や理由づけというのは行為の経過において変化する。ひとは誰であれ、現実的な意図や動機について誤ることがありうる。この公共的な社会空間のなかで行為〔なされたこと〕のうちに表現されたものとしてのみ、ひとが何にコミットしているのかが明らかになり、また時としてそれがなぜであるのかが明らかになるのである。ヘーゲルはこう主張することによって、多大な成果を我がものにしようとしている。だが、私たちは再度、明らかな事実、すなわち、ヘーゲルの立場は私たちの直観に反していることに目を留めなくてはならない。この立場が意味するのは、主体が、自分が行ったことが何であり、行為のうちで抱いていた自分の関心が何であったのかを、ヘーゲルが述べるように、ただ「行為〔なされたこと〕から知る」ことができるだけである、ということである。またこの立場が含意するのは、行為〔なされたこと〕は社会における評価に深く依存するということである。なぜなら、社会における評価は、何が実際になされたのかを明確に決定するのに資するとされるからである。しかしながら、私たちの文脈においては、こうした立場によって直観的により明瞭になることがある。すなわち、ヘーゲルがこの立場にきわめて頻繁に言及するのは、なぜ概念とその「現実化」、「実現」との間には厳格な乖離がないのか、なぜ概念的内容を把握するには、ある規範の「流動性」や「生きた精神性」へと、すなわち私が『精神現象学』の核心的立場であるとしたものへと注意を払う必要があるのか、こういった問題を説明するやり方としてなのだが、それがなぜなのかがより明らかとなる。ヘーゲルが『精神現象学』の当該セクションで示す見解によれば、公共空間で公的に競われる行動は、強度の時間的流動性と他者たちによる流用や解釈にさらされており、また、当人が従事していることに関する当人自身の意味合いは、他者たちによって大いに変更されうるのであるが、ある意図を現実的にもつとは、その意図をそうした公共空間で公的に競われる行動のうちに表現するために戦うことなのである。

以上のことが意味するは、ヘーゲルの用語を用いれば、自分の自己理解の純粋さと確実性（したがってまた安全性）とを「犠牲にする」ことであり、自分自身を他者たちからの反応や異議申し立てや挑戦にさらすことである。もしひとが主観的確信という内面の砦にとどまり、形式的に説明できる事柄のみに執着するつもりならば、その当人の自己理解は疑わしいままにとどまらざるをえないだろう。私は自分がそうしていると考えるものに実際にコミットしているのかどうかという問い、いかなる自己イメージであれ、それが現実性をもつのかどうかという問い、あるいは、規範的妥当性についてのあらゆる主張が現実性をもつのかどうかという問い、これらは留保されたままとなるだろう。なぜなら、それらの決意、意図ない

し コミットメントは、真正だとみなされうると同程度に、幻想だともみなされうるからである。行為が自己否定だと理解されなければならないのは、この意味においてである。行為とは、なされたことの本性と意味を完全に所持しているという主体の思い上がりの否定であり、したがってまた、そうした〔なされたことの本性と意味を所持する〕権威を他者と共有することであり、プラトンやカントのような伝統的な意味における非歴史的でア・プリオリな学問分野としての哲学を犠牲に供することである。これらすべてのことは、まさしくヘーゲルが示した意味において、「絶望の道」のようにみえるし、「自己喪失」(PhG, 56; PhS, 49.『精神現象学』(上)八一頁)のようにみえる。[16] けれども、ヘーゲルのキリスト教的イメージの他の多くの事例と同様、〔ここでも〕経験的な教養が示しうるのは、この誤った自立と支配力を喪失することによってこそ、ひとは真の自立を獲得できるということである。すなわち、『法哲学』において、「他なるもの〔他者〕のなかで(…)自己のもとに」(RP, 57; PR, 42.『法哲学』(上)七節)ある、と言及されるような自立を獲得できるのである。[17]

IX 行為と規範性

以下にあるのは、ヘーゲルが「絶対知」章において何度か使用している類の言い回しである。彼はこう述べている。

行為のこの運動を介して、精神は、自己意識であるところの知の純粋な普遍性として、また知の単純な統一であるところの自己意識として、現れ出てきているのである。精神が現にそこに存在するという仕方で存在するのは、ただ行為を介してのみであり、すなわち、自分の実在を思想にまで高めるとき、そのことによって絶対的な対立へと高めるとき、そしてこの対立自体のうちで、また対立を介して、この対立から還帰するときである。（PhG, 427; PhS, 485.『精神現象学』（下）一一四九頁）

行為の本性に関するヘーゲルの説明のなかで強調されていること、彼が和解の経験および和解の必要性を知ること（すなわち絶対知）の論理的形式にとって範例となると考えていること、そうしたことについて、彼は次のような仕方で叙述している。

〔各々の意識は、他方の意識に対立して登場したさいの規定態の自立性を、他方に対して断念する。〕この断念は、即自的には始まりを成していた概念の一面性を放棄したことと同じことである。しかし今や、この断念は意識みずからがなす放棄なのであり、またこのさい意識が放棄する概念のほうもそれ自身の概念なのである。（PhG, 426–427; Phs, 487.『精神現象学』（下）一一四八頁）

したがってまた、

即自的なものの無媒介性を運動へともたらすこと、（…）あるいは逆に言えば、（即自的なものを内的なものとみなすならば）はじめはたんに内的だったものを実現し、顕わにすること、すなわち、それを精神の自己確信として主張することである。（PhG, 429; PhS, 487.『精神現象学』（下）一一五四頁）

こうした文脈のなかで、ヘーゲルは、彼が用いる犠牲のメタファーへと立ち戻り、いかにして対立する双方——形式的普遍性と豊かな生ける内容との対立、あるいは主観的意図が行為の本質であると純粋に自己確信的に表明することと、他者が当人〔行為者〕に帰せる責任の意味と範囲との対立、あるいは純粋義務と、あまりにも人間的な感覚的動機との不可避的な関連性との対立——が他方に対して「死ぬ」(*sterben*)と言われうるかについて言及する。ヘーゲルが立ち返りつづける範例的な描像とは、次のように行為する主体である。その主体は、みずからが主観的に表明した意図が決定的な役割を果たしたということを非常に頑固に主張し、さらに、何がなされたのか、行為はどの範囲までを含むべきなのかを規定する内容を決定する個人の権威を強く主張するので、彼にとって意図から行為への実際の移行によって経験されるのは、悲しむべきことに、そうした純粋性が制限され、侵害されることなのである。意図を遂行することは、表現することであるのと同様に、侵害されることでもある。この侵害が、「経験上の」窮地へと導き、「心情の法則」や「自負の錯乱」、「精神的な動物の国と欺瞞、あるいは事そのもの」、「美しい魂、悪」といった、様々な実存的な病理を生み出すことが明らかになる。偶然的な動機や情動の充足を動力源とした自己観念であれ、純粋に自己立法的な叡知的主体であれ、この幻想世界のどちらの側も、「現実には」みずからの自己観念に従って行為することができない。したがって、これら双方はヘーゲルが示す和解や「犠牲」の契機をもたないので、ある種、生きながらにして死ぬことになるのである。

　したがって、当初の主観的な自己確信の観点からすれば、行為は自己否定のようにみえる、つまり、行為〔なされたこと〕のうちに自分自身を見出す条件であると思われ、それゆえ自由の条件であると思われたところの、行為〔なされたこと〕の純粋性と〔それが「私のもの」であるという〕排他的な所有権とが、行為〔なされたこと〕そのものによって侵害されるようにみえるのである。しかし、ヘーゲルはそうした

〔誤った〕自己理解によって持ち込まれた巨大な重荷を解明しようとし、次の主張を経験的に妥当なものたらしめようとする。すなわち、（「道徳性」における「頑なな心胸が砕けること」[18]（PhG, 360; PhS, 407.『精神現象学』（下）九九四頁）におけるように、）そうした強情な態度は徐々にそうした重荷のもとで「砕ける」だろう、そして最終的には、主体は自分固有の純粋な主観性の否定を主観性の真の実現として理解するようになるだろう、という主張である。ただし、付言しておくと、ここで述べた重荷というのは、たんに諸々のコミットメントが論理的に相容れないといった事柄であるわけではないし、そうした事柄が主要なことであるわけでもない。また、この「砕けること」というのも、そうした相容れない事柄をたんに概念の上で解決することではない。重荷や砕けることをそうした仕方で捉えることは、『精神現象学』が砕こうとしている一面性の把持を永続させてしまうことになるだろう。

　私が思うに、ヘーゲルは正当にも、『精神現象学』の中心をなす運動に光を投じるためには、以上のような仕方で行為の分析に依拠することが役立つと考えている。もしこのことを心にとどめておくならば、次のような箇所はより明瞭になるだろう。ヘーゲルは、「自我」の自己知の内容について解説するさいに、次のように言及している。

> 内容が概念把握されるのは、ただ「自我」が自分の他在のうちにおいて自分自身のもとにとどまる場合においてのみである。もっと明確に述べるならば、この内容とはまさに今しがた言われた運動以外の何ものでもない。なぜなら、この内容というのは、自分自身の自己を遍歴するところの精神だからであり、しかも精神として対自的に遍歴するところの精神だからであるのだが、それは精神がその対象性においても概念の形態を具えているからである。（PhG, 428; PhS, 486.『精神現象学』（下）一一五二

頁）

だが、ヘーゲルが以上のように行為の説明に訴えていることによって、一つの問いが浮上する。ヘーゲルはなぜ、行為についての説明が、概念性（とその発展）それ自体に関する『精神現象学』の説明に、それほど重要な関連性をもつと考えたのだろうか。この問いは大きな論題である。けれども、私が示してきたのは、ヘーゲルが概念性の問題を一般的に、規範性の問題として論じているということである。この領域では、今の問題は単純に次のことを意味する。すなわち、問題は、現象を理解可能なものに変えるには何がなされるべきなのか、行為はいかなる仕方で正当化されるべきなのか（何が信じられるべきなのか、何がなされるべきなのか、とも言いうる）ということであって、脳はいかにして情報を処理するのか、何が現実に人間を動機づけるのか、ということではない。最近の注解者（ブランダム）は正当にも、ヘーゲルにとって「精神的なものの領域」は「規範的な秩序」であると述べている。また、今やよく知られ、正しく認められていることは、近代に中心となる二元論を、自然と自由、ないしは唯物論と非唯物論についての形而上学的な問題だとは考えずに、自然的なものと規範的なものについての、換言すれば、セラーズが最初に定式化したような原因の空間と理由の空間についての、「論理的」ないしカテゴリー的な問題として考えたこと、このことがヘーゲルを突如世間の表舞台へと、とりわけ英語圏の現代的な場面へと、衝撃的な仕方で連れ戻したのである[19]。同様に確かなのは、ヘーゲルが諸々の概念ないし規範を機能的に考えていたことであるが、それは諸々の可能な判断の述語としてのカント的な言葉遣いにおいてである。またその上で、ヘーゲルはカントのはるか先へと進むのであるが、それは、概念的・規範的な内容のあらゆる可能な把握を、規範を鋭敏に察知し、それを判断する言語共同体の内部での、実際の使用へと結びつけることにおいてである。つまり、ヘーゲルの基本的なカテゴリーの理論は、規範性（世界を理解可能なものとするための、また正しく行為するための諸規範）に関する一理論ではあるものの、それは形式的で指令的な（prescriptive）理論ではない。[4] 概念的な内容は実際の使用によって確定されると理解されており、したがって「当為と存在〔～べき／～ある〕」との裂け目は存在しない。もっとも、この点を強調することは、ふたたび発展史に関するヘーゲルの諸々の主張の重要性に光を当てることになる。それはさておき、私たちもまた見てきたように、こうした解釈の方向性は最終的には次のことを要求する。すなわち、規範的な拘束や理想がもつ権威は、その本性において自己立法的だということ、（精神は自己自身の産物だという）ヘーゲルの自作の言葉は哲学的人間学への入り口ではなく、そうした権威の本性に関する説明の端緒であり、カントの『人倫の形而上学の基礎づけ』における有名な主張を、すなわち、私たちが服従する法則、私たちがみずからを服従させる法則がいかなるものであれ、私たちはそうした法則の制定者でなくてはならない、という主張を、反響するものだということである。こうした想定によれば、規範的な権威を行使することは一般的に、ある公共空間、社会空間における意図の表現としてよく理解されることになる。そのさい、その表現は、十全に調和した社会的で有意義な文脈が存在する限りにおいて、権威をもつものとして機能するのであり、またその表現は、正しい仕方において、そうした権威に対する起こりうる異議申し立てに応答するものとして機能するのである。[20]

X　小括

私はこれまで以下のことを主張してきた。すなわち、ヘーゲルによる規範の説明は反形式主義的であり、かつ機能的である。概念的・規範的な内容を理解しうるのは、ただ、権利要求をしたり行為を正当化したりする実際の歴史的・社会的実践を理解することによってのみである。ヘーゲルがとりわけ関心を抱いていたのは、「自己否定」や自壊の事例として理解されるところの、諸々の規範的妥当性の失墜や崩壊である。ヘーゲルは正当にも、行為の論理を概念と現実化との一般関係を理解するために役立つ範例としている。

以上の概括的な像を視野に収めることで、ヘーゲルはそうした歴史的・社会的実践の発展史的、進歩的性格をどのように理解しているのか、という問題が、多少なりともより明瞭に理解できるようになる。明らかに、彼が主張したいと考えているのは次のことである。すなわち、諸々の制度が「承認という仕方で」あらゆる構成員の平等な地位を客観的に具現化すればするほど、また、私たちがそうした地位の権威に関して、啓示、伝統、道徳的直観といったような、外在的で独立していると想定されるような無媒介の保証者に訴えようとすることがなくなればなくなるほど、私たちは自分を相手に対してよりよく正当化するようになる、ということである。

しかし、そうした実践が進歩的であるにちがいないと主張するための方法論的な様式、ないしはア・プリオリな様式というのはまったく存在しない。（ひとはよくこう問いただす。「いかにしてヘーゲルはこれらの発展が進歩的であると分かるのか」、と。それに対する答えは、ヘーゲルであれ、他の誰であれ、歴史的変化が進歩的であるにちがいないことは示しえない、というものである。）私たちが、実践が進歩的であると主張しうるのはただ、ある実践、その実践の破綻、その破綻のあとでの共同体による回復が、今述べた観点で理解できるということ、このことを私たちが示せる場合だけである。いったん私たちがいわば何を探求すべきかを知るならば、ギリシア悲劇、宗教と啓蒙との争い、ジャコバン派の政治、内面性についてのロマン主義的な観念、近代の道徳主義、これらについてのヘーゲルの説明はすべて、こうした発展史的なアプローチの説得力のある事例になると思われる。

むろん、以上の略図的な要約は非常に多くのことを仮定している。実際、これは非常に論争的である。すなわち、非理性性の形態はこうした仕方で理解される限りである種の苦しみとして経験されうるものであり、この苦しみは共同体の規範の歴史における権威の変転や権威の喪失を説明しうるほどに決定的であるとする考えは、多くの異論を招きかねないものである。というのも、人間は非理性性や無規定性といった重荷とされるものを背負いながらでも非常に長いあいだ暮らしていくことができる、という経験的な証拠は、あまりにも強力だからである。(21)

もっとも、発展史的なアプローチを採るとはいえ、ヘーゲルは自分の説明が予言的であるとは主張していない。彼の説明は明らかに回顧的で再構成的な種類の目的論である。そして、その説明が論評のためにターゲットとするのは現実的な諸契機だけである。それらの契機においては、規範的内容だと推定されるものとその外化との間の抽象的な対立が修正されることが、そうした対立の二元論には従属しない仕方において、経験されるようになる。そして、こうした現実的契機が精神の自己知に関する説明全体のなかでいかなる意義をもつのかが論評されることになる。もちろん、ある種の自己否定や自己外化として理解される規定性の説明を詳細にわたって解明するには、いくつかの研究を、いや疑いなく数冊の本を要することだろう。そうした自己否定や自己外化に即すれば、首尾一貫した社会的文脈や適切な社会からの反応は有意味性にとって必要であることが認められるだけではなく、そうした文脈に本来具わっている論争がある理解可能な形式を有していることが示されうることも認められるのである。さらにはまた、なぜヘーゲルはこうした考え方のほうが、カントの概念と直観の教説、フィヒテにおける非我の自己定立、そうした一切の区別に先立つシェリングの「無差別点」、といったものよりも優れていると考えるのか、という問題を理解するためには、二、三のさらなる研究を要することだろう。

もしも以上のことが妥当であるならば、ヘーゲルが主張しているのは、理想的なコミュニケーションのやり取りへと相互的にコミットすることや、道徳法則への相互的な義務によって要求されるだろうレヴェルよりも、はるかに深い人間の依存性のレヴェルがあるということになる。したがって、個人としての地位の内容はそうした承認という依存性を反映していると考えられるのであるが、とはいえ、たんにそうした地位を表現する言語上の形式がそうした依存性を反映していると考えられるのではない。以上の主張は、個人性を諸々の相互主体的な規定性へと完全に吸収するといったことには何ら関わるものではない。ヘーゲルの政治学は自由主義の根拠を、規定された諸個人のうちに保持しているのである。ヘーゲルはおそらく、個人であるとはいかなることかを再解釈したのである。それは、個人を今やある種の能力の達成として論じることによってであり、具体的には、社会的依存を認める振る舞いと個人による不可避的な自己主張とのなかで生ずる、様々な境界的な問題を首尾よく交渉する能力の達成として個人を論じることによってである。もっとも、ヘーゲルはキリスト教の主観性の原理を近代が達成したことの核心、魂として、絶えず祝福してもいる。ヘーゲルが攻撃を加えるのはただ、主観的な自己充足を、素朴にかつ危険な仕方で誇張しているとみなされるものに対してである。それゆえ、ヘーゲルはこうした個人性の達成を主体間の争いの内部に位置づけているほどである。以上のことすべては、こうした依存の観点からすると行為とはいかなるものなのか、という問いにつながる関心を、まさしく高めることになろう。
この関心に関連する事柄の一つは、ある種の制度的な生活に参与することに関するものであるが、この場合、制度とは、あらゆる制度を指すのではなく、理性的だとみなされうる制度のみを指している。それでは、ヘーゲルはそうした「制度の理性性」ということで何を言わんとしているのだろうか。

原注

（1）もちろん、個人の経験的な現存在が可能であるための条件ではない（むしろ、人間の意志が効力をもつための条件、つまり、意図の実現が可能であるための条件である）。
（2）私が念頭に置いているのは、とりわけ、Honneth（1996）および Honneth（2000）である。
（3）「無規定性の苦しみ」と依存という本源的な相互主体的関係の優位との、二つの主張を合わせて考えるならば、そこから、平等、個人の尊厳、相互の尊敬などの近代の理想に規定的内実を与えるのは、この相互主体的関係にほかならないことが帰結する。（相互に尊敬しあうこととは何であるのか、尊厳を認めることとは何であるのか、等々を私たちが理解するのは、つねにこの依存によってである。）これが、ホネットが Honneth（2000）で認めている帰結である。ところで、この帰結によって次の問いに対して門戸が開かれる。方法論的個人主義に依拠し、「合理的な個人が意欲するであろう事柄」に依拠することを一切排除するとすれば、どのようにして私たちはこの社会的共同体を評価するのか。私はこの問題を以下で論じたいと考えている。
（4）Honneth（2000）, p. 21 参照。
（5）Patten（1999）は、ヘーゲルの社会的依存の理論は、その詳細を勘案するならば、「シヴィック・ヒューマニズム」の立場と呼びうる、と論じる。この見解は正しいと思われるが、それは、近代政治に関わる公的活動が、古典的な共和主義の立場と比較して、比較的実質の乏しいことを認める限りにおいてである。

（6） Rousseau（1986）, p. 199 参照。

（7） そのような主体は「まさに他者が聴き取るように自己を聴き取るのであり、そして、その聴き取ることがまさに一個の自己となった現存在なのである」（PhG, 351; PhS, 395.『精神現象学』（下）九七三頁）。

（8） Anscombe（2000）参照。「動機を与えるとは（…）『行為をこの観点から見よ』と言うことである。動機を指示する説明によって自分自身の行為を説明することとは、その行為をある特定の観点のもとに置くことなのである」（p. 21）。

（9） ヘーゲルの「政治的なもの」の考えについては、Siep（2006）を参照。また、Williams（2005）と彼の「政治的リアリズム」の擁護には、（たいていは意図的ではないが）「ヘーゲル主義」が大いに認められる。

（10） Siep（2000）, pp. 63-64 参照。

（11） これら二つの問題――経験はみずから造ったものであることと、経験が理性的に説明しうることとは結びついている。この結びつきは、カントの近代性であって、理性はみずから造るものだけをもっともよく知っている、理性はただそれ自身だけを知る、という主張であると言いうる。

（12） 批評家は、この点に関して、次のように述べることができる。すなわち、きみが示唆しようとしているように、『精神現象学』が真に始まるのは本当のところ第六章（「精神」章）からだ、とヘーゲルが言いたいと思っていたならば、彼はそう述べることもできたはずである、と。私が応答しようとしているのは、ある意味、それこそまさしく彼の主張していたことだ、ということである。

（13） この問題を十分に議論するには、カントが第一批判で概念と直観とを区別したそのやり方に対するヘーゲルの批判の含意を考慮しなければならない。別の言い方をするならば、私がこの箇所で主張しているのは、ヘーゲルのカント批判の含意とは、概念と直観との厳格な分離可能性の否定である。

（14） これは大ざっぱでもっとも単純化した概略である。ヘーゲルは決して唯名論者ではない。彼は普遍と特殊に関する自分の立場を、アリストテレスの「内在主義」、反‐分離（anti-*chorismos*）の立場とみなしているようにみえる。ただし、それには決定的かつ巨大な主張が付け加わる。すなわち、普遍は「運動し」、時間のうちにあり、変化する。

（15） この点は Pinkard（1994）でなされた議論全体に貫いている。

(16) とりわけ、ヘーゲルの主張する、行為における内と外の間に存在する思弁的同一性について参照。「精神の力はその表現と同じ分だけ大きく、その深さは、精神が展開して拡がり、そのうちで自己を失うのと同じ分だけ深いのである」(PhG, 14; PhS, 6.『精神現象学』(上) 十二頁)。

(17) ここでヘーゲルが心に抱いているのは、旧約・新約「両方の」聖書の主要な出来事に関する「論理学的な」観点と彼がみなすものである。旧約聖書の天地創造の物語が表わしているのは、自分自身を含むだけの神は不十分であり、神は世界の創造のうちで自分自身を「外化する」必要があることである。(ほとんど疑問の余地のないことだが、ヘーゲルはこの「*kenosis*」という言葉のルターによる翻訳語(*entäussern*)を受容している。彼はそこから進んで、その意味として、次のイメージを要求する。すなわち、神は自分とは異なるもののうちに自分自身を空しくし、喪失し、外化せざるをえなかったのだが、それは最終的には神が神であるためである、と。私はここでは、まもなく出版されるテリー・ピンカートの『精神現象学』の翻訳とその読解に従っている。)さらには、新約聖書に出てくる形象はさらにいっそうヘーゲル的である。父なる神は自分自身の子とならなければならなかったのであり、世界へと外化して、子のうちへと〔自分自身のうちへと〕自己を喪失したのであるが、それは和解への道を、つまりは聖霊を準備するためであった。私が主張したいのは、このことのさらに深い核心点は、ここでも究極的には政治的 - 倫理的だということである。すなわち、主人であると同時に下僕であり、彼自身が父であると同時に子でもあるという、キリストの聖像的地位である。もっと後(一八二七―八)の精神哲学の講義では、ヘーゲルの立場が正確に要約されているが、それもこの点が彼の倫理学全体の核心を成すことを証言する。「愛と同様に、あらゆる徳もまたこうした〔自分自身を他者のうちで知る、という〕基礎を持っている(…)しかし、自分の個人性の制約を越えるという、この自己外化の条件のうちで、ひとは自分の実体的な自己意識を獲得する。これが承認されることの条件である」(VG, 174; LPS, 194)。

(18) この表現は、ヘーゲルが「精神の傷は癒えるのであり、いかなる傷痕もとどめることはない」(PhG, 360; PhS, 407.『精神現象学』(下) 九九四頁) と言及しているのと同じ段落にある。

(19) 私はただ、規範性をめぐる議論の今日的な文脈を述べようとしているだけである。この考え方自体はカントによる権利問題と事実問題との区別に由来しており、この区別を哲学史的に十分に論じようとするならば、新カント派のうちのいわゆる「西南ドイツ学派」の人々、とりわけヴィルヘルム・ヴィンデルバント(彼はこの基本的問題に関する自身の観念をロッツェから引き継いでいる)、ハインリッヒ・リッケルト、エミール・ラスクが、この問題に非常に注目したことを考慮に含めるべきであろう。彼らはみな、心理主義と歴史主義からの脅威を回避するためにこの区別を利用したのだが、そのやり方は幾分、今日の議論における「反自然主義」の戦略とも似ている。

(20) 序文では、「理性」とは「合目的的な働き」だと解説されている (PhG, 20; PhS, 12.『精神現象学』(上) 二〇頁)。

(21) ここには、カール・シュミットがきわめて明確に認めている、いっそう大きな論点もある。シュミットは次のように述べている。ヘーゲルにおいては、善と悪との間にはいかなる絶対的な対立もないから、シュミットの主張する「あれかこれか」といった「実存的決断」の余地がまったくない。ヘーゲルによれば、世界史の発展に「外側から」影響を及ぼすものが何もないので、「もし世界史が世界審判であるならば、それは最終審がなく、最終的な確定判決のない訴訟である」。Schmitt (1926), p. 68 参照。シュミットの心をさらに掻き乱すのは、彼がはっきりと見て取っていたように、ヘーゲルが「友と敵」という概念を「相対的な仕方で」、弁証法的な仕方で理解している、ということである。換言すれば (Meier 1998, p. 15 に引用されているように)、啓示宗教、伝統的なキリスト教道徳、千年王国説的な「歴史の終末」の見解、シュミット自身の政治的なものに関する概念、これらすべてがヘーゲルの体系においては無意味となる、ということである。また、同じ章のマイアーの議論、ならびに Meier (1998), n. 15 に引用されているコジェーヴ宛てのシュミットの手紙を参照せよ。

訳注

〔1〕 ラルフ・エリスン (一九一四―一九九四) はアメリカ合衆国の小説家、評論家。『見えない人間』(一九五四年刊) は彼の代表作。同書では、一九二〇―三〇年代のアメリカ社会における過酷な黒人人種差別が描写されている。

〔2〕 「どこでもないところからの眺め」(The View From Nowhere) という表現は、トマス・ネーゲルによる同タイトルの著作からとってきたものである (トマス・ネーゲル『どこでもないところからの眺め』中村昇ほか訳、春秋社、二〇〇九年、参照)。ネーゲルは同書のなかで、特定の個人の経験や関心に拘束されないような、世界の非人称的な捉え方、自然科学が追究しているような客観的知識のことを、「どこでもないところからの眺め」と表現している。この著作のなかではヘーゲルや『精神現象学』のことはまったく取り上げられていないが、ピピンと親しい間柄にあるテリー・ピンカートが自著 *Hegel's Phenomenology: The Sociality of Reason*, Cambridge, 1994 のな

かでたびたびこの表現をネーゲルから援用したことから、ピピンもここでそれを用いたのだろうと思われる。

〔3〕ここで言われるウィトゲンシュタイン主義者たちというのが、具体的には誰を指すのかは定かではないが、ウィトゲンシュタイン自身の言及としては以下を参照。「ひとつの像がわれわれを虜のままにしていた」（ウィトゲンシュタイン『哲学探究』藤本隆志訳、大修館書店、一一五節、一〇一頁、参照）。なお、ホネットは『自由であることの苦しみ』において、この後期ウィトゲンシュタインに見られる、治癒としての哲学という構想を援用しつつ、ヘーゲルの人倫の学説に治癒的機能を見出そうとしている（アクセル・ホネット『自由であることの苦しみ——ヘーゲル『法哲学』の再生』島崎隆ほか訳、未來社、二〇〇九年、参照）。以下でのピピンによる『精神現象学』の読解方法は、精神ないし絶対知の治癒的機能に着目しているという点において、こうしたホネットの方法的態度を若干真似ているように思われる。

〔4〕おそらく、R・M・ヘアの「指令主義」（prescriptivism）の立場が念頭に置かれている。ヘアによれば、道徳的言明はかならず、一定の記述的意味に加えて、行為を指図する指令的意味を含んでおり、それはまた同時に、他の同様な状況においても主張されうるという意味で、普遍化可能（universalizable）でなければならないとされる。

第九章　制度の理性性

「哲学とはいささか孤独なものである」[1]（Hegel, 1807）

Ⅰ　自由と実践的理性性——社会性の優位

「法・権利が関わるのは自由であり」、自由とは「人間のもっとも価値ある、もっとも神聖な所有物である」。ヘーゲルは『法哲学』二一五節の補遺でこう述べている。これまで問題であったのは、〔1〕ヘーゲルはここで述べるような自由が何に存すると考えているのか、またとりわけ、〔2〕自由の地位をこのように「最高の」価値だと認めた場合、行為するとは何を意味するのか、という点にあった。最初の問いに対する簡単な答えは、自由とは理性的な行為者性の形式（ヘーゲル特有の意味における社会的形式）である、というものである。第二の問いに対する簡単な答えは、人間生活のそうした次元を十全に実現するには近代の諸制度への積極的な参与、すなわち近代的な「人倫」における生活が必要である、というものである。これまで終始一貫して見てきたように、これら二つの答えは相互に絡み合っており、結局のところ、切り離しえないものである。

自由それ自体の問題をめぐって、これまで行ってきた解釈は以下のことだった。ヘーゲルは自由な行為者性の表現である行為を、行為者が意図的に行ったこと、意図に基づいて行ったことだとみなしている（否定形を用いて言い換えれば、何が起ころうとしているのか、なぜそれは起こるのかに関して行為者自身の見解を考慮に入れることなくしては、行為という特異な出来事を定義することができない）。また、意図を表明し、実行するとは、私たちの思慮する能力である実践理性が起こるべき事柄に影響を及ぼしている事態を意味する。しかしながら、こうした心理内部の主観性に関する説明が自由な行為の説明として完全なもの、納得のいくものとなるのは、事態のこうした主観的側面が本性上社会に依存していることを適切に理解する場合に限られる。行為者が主観的な見解を表明し、それに基づいて行為するのは社会においてであり、同様にまた、そうした行為者の見解が他者から抗議されたり、受け容れられたり、退けられたりするのも、社会においてである。したがって、自己関係は、ある出来事が行為だとみなされるのに不可欠なものだが、それ自体がすでに他者への関係の現われでもあるのである。

以上の主張によって示されているのは、一つには、熟慮のうちで発揮される実践的理由の本性についての一般的な論点である（この場合、熟慮それ自体は、ある実践や制度への参与と結び付いており、実践的理性性それ自体を立脚点とするかのような独立の評価であるわけではない）。このような諸々の思慮〔実践的理由〕は変化する。それらが諸々の可能な熟慮のうちで役割を果たすのは社会の内部においてであるが、その社会全体の一機能として変化するのである。（アンティゴネーは妹が果たすべき義務が何であるかを、純粋実践理性の要求から「演繹した」わけではない。このことは、コーデリアが娘として果たすべきではないことを「推論によって導き出した」わけではないことと同様である。(2)）しかし、こうした事実から相対主義的な含意が引き出されるわけではない。なぜなら、ヘーゲルによれば、こうした正当化の過程〔実践的理由の変化〕はよりよい方向に向かっていると言いうるからである。（たとえ「内在的な」意味においてのみであるにせよ、「よりよい」事柄はあるのである。）

もう一つには、諸々の理由がこのように特徴づけられるのは、ヘーゲルが実践的推論を一つの能力、つまり個人に具わる基礎能力によるものとしてよりも（一面では実践的推論がそうした能力によるものであることも確かであるが）、むしろ社会実践に参与する様式として論じているからである。つまり、ヘーゲルは、あるひとが行っている事柄の正当化として他者から請求されうると同時に他者へと差し出されうるもの、そうしたものの内在化として実践的推論を論じているのである。しかし、より深いレヴェルでは、ヘーゲルが擁護している依存とは、もっと馴染み深い種類のものである。行為を他の人々がどのように取り上げ、解釈し、反応するかは、行為が現実に何であると言われうるかのどの決定に際しても本質的な要素である。それはまた、どのような意図を正当に行為者に帰することができるのかの行為者自身による判断にとってさえ、そうなのである。

本書の第六章から第八章にかけての課題は、そうした自己関係がある種の他者への関係に深く依存しているという、この主張の本質をより正確に規定することであった。第六章で見たように、これらの関係の主観的次元と社会的次元とは確かに乖離したものとなりうるし、ある深刻な緊張状態に陥ることがありうる。たとえば行為者は自分がもしかしたら他者にまったく退けられるような意図や理由に基づいて、ある何らかの行為をしていると考えることができる。ある芸術作品に関する権威ある解釈を他者から受け取る場合、それは芸術家自身の解釈とは異なっていることがありうるし、場合によっては当人の解釈以上に的を射ていることがありうる、といった具合である。ヘーゲルの理論は、(できるだけ解決をあらかじめ仮定することなく探究を始めるようにと示唆し、こうした自他の関係性は今挙げたような統制なき論戦にほかならないとみなすことで、)まさしくこうした緊張状態の可能性を非常に深刻に捉えるものとなっている。そこで、ヘーゲルが承認理論によって確立しようとするのは、諸々の事柄に関する自分自身の見解が他者の見解と「一致し」、私がそれらを承認するとおりに他者からはね返ってくるのを私が経験するに至るような、そうした社会的関係性の形式である。この形式は承認の真の相互性となりうるものであり、この形式の可能性を確立することは、疎外された生活を回避し、自由な生活を送るための必要条件を確立することとなりうる。疎外された生活においては、私の行動はよそよそしいものとして経験され、私が住む社会のなかで自分が行ったことがどうなるかは十全に私のものとして経験されることがないからである。

しかし、承認の地位〔境位〕に関する議論が、ヘーゲルがこの依存に関する主張の本質を伝える唯一の仕方ではない。『法哲学』では、自由(理性的な行為者性)の問題は「社会性の優位」というテーゼの観点から論じられている。個人における行為者性の独立した例証だと思われるもの――単なる恣意的な自由、つまり自分の好き勝手にすること(ヘーゲルが排除し否定しようとはまったく思っていない次元)、および個人として責任を有する道徳的な行為者性――は、それらが可能であるためには(それらが理解可能であることに関するどんな説明であれ、それが成功するためには)、またもや「倫理的生活」に、つまりヘーゲルが人倫と呼ぶところの社会秩序に依存している、と言うことができるのである。私はすでに何度か、こうした主張をもっとも明白に表現する箇所を引用してきたが、以下は(一四一節に対する)ホトーの補遺の一節からの引用である。

法・権利〔抽象法〕の領域と道徳性の領域とは独立して現存するわけにはいかないのであって、人倫的なものを支えとし基礎として具えていなければならない。（RP, 291; PR, 186.『法哲学』（上）一四一節）

「権利の要求」や「道徳的義務の要求」に特有な行為や行為者の地位というのは、それら自体がすでに確立された社会的な紐帯の表現なのであり、そうした紐帯を前提としているのである。そのうえ、人倫的なものがまさしく社会秩序とも呼ばれうる限りで、私たちはそこに、〔「承認の相互性」と並ぶ、〕「行為の社会性」ないしは「依存」に関する主張のもう一つの実例を持っているのである。

もっとも、多くの読者にとっては、ヘーゲルのそうした依存に関する主張は行き過ぎのようにみえるのも確かである。よく引用される箇所である一四五節では、こう言われる。

人倫的なものが理念のこれら〔諸々の掟と機構、すなわち家族、市民社会、国家〕の諸規定の体系であるという事実が、理性的なものであることを構成している。こうして人倫的なものは自由なのであり、言い換えれば、客観的なものとして、必然性の円環として即自的かつ対自的に存在している意志なのである。この必然性の円環の諸契機は、諸個人の生活を支配する人倫的な威力である。諸個人のなかに――彼らは人倫的な威力に対して偶有的である――これらの諸力は、それらの表象と、現象する形態と、現実性とを有している。（RP, 294; PR, 190.『法哲学』（下）一四五節）

この箇所では、理性的であることと自由とがまたもや結びつけられている。だが、ここでヘーゲルが強調しているのは、理性性に関する主張のもう一つの次元、すなわちその客観的な側面であることは明らかである。個人の反省や熟慮はおそらく制度に拘束されているのであり、制度上の諸規則によって制約され、律せられている（ある人間が熟慮するのはほとんどの場合、権利の担い手として、あるいは家族の構成員として、公民としてである。そのさい熟慮は、これらの役割のいずれかとして何をなすことが善いのか、という問いによって方向づけられている）。だが、こうした制度への依存は、個人による理性的な行為者性の行使として理解される自由が制限されることを意味しない。なぜなら、制度それ自体が客観的に理性的であるとされるからである。私が制度上の規則を内面化することはそれらの規則が意味するものを内面化することであり、有効な理由、真の正当化として私のうちで機能するものを内面化することなのである。(3)

以上の主張はもちろん、ヘーゲルの立場の諸側面のうちもっとも有名ではあるが、同時にもっとも評判の悪いものの一つである。すなわち、ヘーゲルは倫理的なふるまいに関する「社会的役割」の理論をもっている、というものである。おそらく、そうした現実的・客観的な自由についてのもっとも典型的な主張は、『歴史哲学講義』の緒論に見られる。

あらゆる個人は自分の立場を社会のうちにもっており、個人は、何が正しく立派な振る舞いを構成するのかについて、熟知している。もしも誰かが、通常の私的な現存在において何が正しく善いことかを決定するのは決して容易なことではない、と公言したり、彼が、道徳的な卓越性とは道徳的であることがたいへん難しいことが分かることであるとか、道徳的であることにあらゆるためらいを抱くことにある、と考えたりするとすれば、その理由は彼の悪しき意志にのみ帰することができる。なぜなら、彼の義務が何であるのかを認識するのは、決して困難なことではないからである。（VdG, 94;

LPWH, 80)〔1〕

この箇所は、『歴史哲学講義』の緒論のもっと後の箇所で出てくる「国家においてのみひとは理性的な現存在をもつ」（VdG, III; LPWH, 94）という、いっそう悪名高い主張に基礎を与えている。それはまた、出版されなかった一八一八・一九年における『法哲学』の講義にある、「国家においてのみ自由の概念はその自己充足的な現存在に至るのである」（VPR I: 222）という主張にも基礎を与えている。もっとも思弁的な表現によれば、「国家における神的な原理とは地上に顕現した理念なのである」（VdG, II2; LPWH, 95）。

歴史哲学の文脈において、これらの主張は、ヘーゲルのいわゆる歴史的な弁神論に訴えているようにも、したがってまた、近代の社会性を理性的なものとして神聖化することに訴えているようにもみえる。しかし、ヘーゲルの本意はもちろん、いかなる近代の制度も、それがただ近代的であるというだけで、自由の現実化を表わしている、という点にあるわけではない。それゆえ、近代の諸々の社会的役割のうちの特定のものだけが、現実的かつ倫理的な規範と要求を具現化していると言われうるのである。自由な生活の実質は近代における様々な現実的・社会的役割を実行することからもたらされるにしても、その理由はまたもや、それら特異な役割の実行が理性的であると言いうる点にある。すでに『法哲学』第三節への注解のなかで、ヘーゲルは次のように言及している。

ある法・権利の規定が、もっぱら広く行き渡っている状況や現存在する法制度の上に根拠があり、それらと整合していることが示されながらも、その規定が即自的かつ対自的には不正であり、非理性的であることがありうる。ローマの市民法の諸規定にはそうしたものが数多く見られた。（RP, 36; PR,

29.『法哲学』(上)三節)

したがって、ヘーゲルが後の箇所〔一三八節〕で明らかにしているように、現実における主要な制度が、彼が表現するように、「うつろで、精神性が欠け、不安定な現存在」であるような歴史的な期間がありうる。そうした時代においては、「内面の主観的世界」へ逃避することがどれほど無規定的で充足されないものであっても、かといって、社会的に要求されることのうちに自分の義務を見出すことも誤りでありうるのである。(4) それゆえ、『歴史哲学講義』のなかでヘーゲルがまたもや、市民が国家の市民としての役割を果たすことのうちに客観的自由を見出すとき、彼がふたたび主張するのは、それが自由である所以はある明白な条件のもとにおいてだということ、すなわち、この「実体的自由」が「意志のうちに即自的に存在する理性、国家のうちでそれ自身を発展させる理性」(VPG 135; PH, 104.『歴史哲学』(上)一五六頁)の表現だとみなされうる場合だということである。ベルリン版の『エンチュクロペディー』の時代に至るまでに、真に現実化された自由に関するヘーゲルの主張はたんに歴史における実定的なものを神聖化しただけだ、という論敵からの非難を彼自身十分意識していたし、自分の考えをそのように理解する人々に対する当惑を顕わにしていた。「自分の周囲に、あるべきものなどとは程遠いものが実際に数多くあることを見出せないほど、愚鈍な人間がいるだろうか」(EL, 49; EnL, 10.『小論理学』六八頁)。この一節が間違いなく意味しているのは、ある近代の制度が理性的であるという主張を支持するにあたっては何らかの課題が果たされなければならない、とヘーゲルが考えていることである。近代の制度は歴史的にみて後になってから現存するようになったものであるという主張では、それが理性的であることを立証するのに十分だとは言いがたいのである。

これらの「社会性の優位」に関連した主張はすべて、ヘーゲルが以前には承認の相互性として語っていた規範的な理想をより具体的にしたものである。承認の相互性においては、諸々の意志とは、支配と服従のゲームのなかで特殊な自己利害に関わる行為者として意欲することではなく、いかなる偏った意見にもよらず、誰もが受け容れられる根拠に基づいて意欲することであった（すなわち、彼らがお互いになす要求の基礎が理性である場合の意志であった）。実際、ヘーゲルは『法哲学』を書くに至るまでに承認の説明の相互主体的な諸相を放棄してしまった、と主張する有力な文献があるにもかかわらず、ヘーゲル自身は『法哲学』のなかで、『精神現象学』の「理性」章（V）の用語を用いつつ、相互主体性に関する論点に対する直接的な注意を呼びかけている。

> 行為とは、現実の世界のなかに現に存在するはずの変化、したがってこの世界のなかで承認されることを要求する変化なのであるから、行為は総じて現実世界において妥当なものと承認されるものでなければならない。現実世界のなかである行為をなそうと意欲するものは誰であれ、そう意欲する限りですでにこの現実の諸法則に身を委ねているのであって、客観性の権利を認めているのである。（RP, 246; PR, 159.『法哲学』（上）一三二節）

この箇所は、実のところ、『法哲学』にある「客観的なものとしての、理性的なものの権利」という言葉に関する注釈である。そこで、問題は、ヘーゲルが客観的理性をこのように主張することで何を言おうとしているのかである。

さらに、面倒なことに、一四五節で人倫的な「威力」について言及しながらも、ヘーゲルは、そうした客観的・制度的な理性性によって、個々の行為者が個人として理性的だとみなす事柄が置き換えられ、打ち負かされ、なにか取るに足りないものにされるとは考えていないと、一貫して説いている。すなわち、「人間は法・権利のうちで自分自身の理性に出会うにちがいない」(RP, 17; PR, 13-14.『法哲学』(上)八節)。こうした主張は『法哲学』で何度も繰り返される。(たとえば、一三二節への注解には「私がそれを理性的であると洞察するものでなければ何ものも認めないという権利は、主体の最高の権利である」(RP, 245; PR, 159.『法哲学』(上)一三二節)とある。)したがって、こう言い換えた方がよいかもしれない。自由が含意するのは、主観的次元からも客観的(ないし制度的)次元からも理性的に行為することだとヘーゲルは主張するが、私たちの直面している問題はこの主張をどのように理解するのかに関わる。

主観的次元という半面は、ヘーゲルが「主体が行為のうちに満足を見いだす権利」(RP, 229: PR, 149.『法哲学』(上)一二一節)と呼ぶところのものである。第六章で論じたように、この原理はヘーゲルの哲学においてもっとも重要なものである。というのも、この原理はヘーゲルによるキリスト教の哲学的意義の解釈であり、したがってまた、彼の近代世界に関する理論全体の根拠であるからである。それゆえ、たいへんよく知られているように、ギリシア人にとっては「諸々の慣習やしきたりが、権利が意欲され、実行される形式である」。だから、ギリシア人について「彼らは良心をまったく持っていなかったと断言してよい。つまり、自分たちの祖国のために生き、それ以上の反省はもたないという慣習が、彼らを支配する原理だったのである」(5)。したがってギリシアにおける人倫は「いまだ絶対的な自由ではなく、いまだそれ自体で完成してはおらず、いまだそれ自体によって突き動かされるものではなかった」(VPG, 308, 309, 293; PH, 252, 253, 238.『歴史哲学』(下)四一—四三、二三頁)。これに対し、精神の実体は自由である。このことから私たちが推測できるのは、歴史の過程における精神の目的とは、主体が自分自身の良心と道徳性に従う自由であり、また、主体が自分自身の普遍的な諸目的を追求し、それを成し遂げる自由である。したがってまた、この目的が含意するのは、主体は無限な価値をもつということ、そして主体は自己の究極性を自覚するようにならなければならないということである。世界精神の目的が実現されるのは、諸個人の自由を媒介とした実体においてなのである。(6)

(VdG, 64; LPWH, 55)

そのうえまた、諸々の主体が現に彼らの社会的・政治的な生活形式の正しさに何らかの主観的信頼を暗々裏のうちに寄せており、事実上その生活形式に主観的に同意しているとしても、たんにそれだけでは十分ではない。ヘーゲルはこうした主観的特殊性の権利が理性の普遍的要求を承認することと矛盾しないと論じるが、そのさいに彼が主張しているのは、近代の人倫においては、諸個人は「自分たちの意志をある普遍的目的に向ける」と同時に、「この目的を自覚しつつ」行為するということである。すなわち、彼らは「知性的かつ意欲的に、この普遍的な関心を、まさしく彼ら自身の実体的な精神として認めるのであり、それを彼らの究極目的として積極的に追求するのである」(RP, 406–407; PR, 282.『法哲学』(下)二六〇節)。(7) したがって、「法・権利に従うこと」、「即自的かつ対自的に理性的であること」、ある制度に参与することと、これらすべては同じ事態に帰着する。そして、この同じ事態というのが、現実的自由の様態なのである。実践的理由をもつことは主体にとって、少なくとも部分的には、制度上の規則に従うことであり、それらの理由の特質はいわば、制度の客観的に理性的な地位の一つの機能なのである。さらに、ヘーゲルが、私が自分の行ったことを自分のものと同定することができ、その行為を他人の意志が生み出したものでも、強制されたものでもなく、自分が生み出したものだと理解することができるために必須の条件を指摘する場合、ルソーやカントやフィヒテと同様、ヘーゲルも主体にとっての実践理性の役割を挙げる。ある行為を自分自身のものと認めたり、その行為を請け負ったり、その行為の責任を引き受けたり、そのうちに私自身を認めうるために、私に何ができることが必要であるかと言うと、何らかの仕方でその行為を正当化することである[8]。ヘーゲルが彼らと方向性を異にするのは、社会的役割のうちにあることを、上述の主観的でかつ客観的な意味での理性の実現と結びつけるときである[9]。他にどんな意味合いがあるにせよ、ヘーゲルがそのさいに言おうとしているのは、「正当な理由をもつ」とは通常私たちが期待しているのとは非常に異なった観を呈することになる、ということである。なぜなら正当な理由をもつとは、たんに、善やある効果的な戦略計画などをめぐって、一定の形式の格律をもつ、反省的に熟慮された信念をもつといった事柄ではないからである。また、実践的・道徳的な推論の役割とは、ある方法論を、すなわち普遍化しうるかどうかのテストを適用するといった事柄ではないからである。推論することや理由をもつようになることは、社会実践への参与に大いに関係しているように思われる。そして、真の自由の達成、十全な理性的行為者性の達成に関連する諸々の理由というのは、そうした社会実践や制度の性格に依存するように思われるのである[10]。

今では、私たちは問題を理解することができる。ヘーゲルにおける実践的理性性とは、選好を最大化したり、普遍性という道徳的立脚点を採用したりすることではなく、言うなれば、規則が社会的な実践や制度を規制しているところで規則に適切に従うことなのである。こうした意味においてこそ、カトリックの司祭は（「彼らは現に司祭なのだから」という意味で）独身主義を貫く理由をもっていると言いうるのであり、ある社会における家族の男性成員は名誉を侮辱されたことに対して復讐しようとする理由をもつ、等々のことが成り立つのである。もしヘーゲルの議論がうまくいっているとすれば、このような規則に従う思慮は正当なものとみなされうるのであり、それは実践上の正当化の典型例となる。しかし、規則に従うことを擁護する他の論者の説明とは異なり、ヘーゲルが擁護しようとしているのは以下のような主張だけではないことは明らかである。

（i）「制度Xに参与し、その規則に従うことによってこそ、私は実践において理性的となる、すなわち自分がなすことに対して正当性をもつと言われうる。」

しかし、すでに何度が見てきたように、同時にヘーゲルは、この立場が相対主義的な意味合いと結びつくのを避けようとしているのは極めて明らかであり、したがって次の主張も擁護しようとしている。

（ii）「制度Xはそれ自体が理性的なものであり、ある客観的な理性の形式をもっている。」

とはいえ、この後者の主張は次のことを意味していると直観的には受け取られやすい。

（ii'）「いかなる個人であれ、Xに参与し、Xを支えようと決意することは理性的なことである。」

けれども、すでに見てきたように、また以下でも探究するように、ヘーゲルが考えていると思われるのは、私がそもそも実践的理由をもち、その理由が効力を発揮すると言われうるのは、参与者である限りでのみだ、ということである。ヘーゲルは周知のように、制度の成立以前の推定上の個人が合理的に意欲するのは何なのか、あるいは、そのさいの個人の決定が行為する理由、もしくは制度への忠誠を維持する理由を与えうるのはなぜなのかについて、答えようがないと考える。すでに言及したように、ヘーゲルの考えでは、社会は何らかの点で個人に先行しているのであり、また、そもそも私がある限定された個人、熟慮する個人となり、自分がなすべきことを反省するための基礎をもつのも、ただ規範によって統制されたある種の社会のうちにおいてのみであり、またそうした社会の成果なのである。それゆえ、(ii')は(ii)に関する適切な解説とはなりえない。そこで私たちには、(ii)が何を意味しうるのか、という問いが残るわけである。

II 制度の理性性――方法論的個人主義と社会有機体論の批判

こうして、私たちはようやく本題へと導かれる。すなわち、近代のある諸制度が理性的であるということとは何を意味するのか。ここではとりわけ、それらの諸制度が客観的に理性的であるということは何を意味するのか。また、もしそうであるならば、同様にそれらが主観的に理性的でもあるということは何を意味するのか(11)。

ここで最初に注意すべきは、主観的と客観的というこれら二つの要素を宥和させる明白な方法が二つあることである。第一に上述したように、ある制度が客観的に理性的であると言いうるのは、合理的だと想定される個人ならば(「主観的に」)意欲するであろう構造をもっている場合である。その場合、個人の意志は抽象的に、つまりすべての人々に等しく関係する諸規範に対する応答という見地からのみ考えられている。第二に同様にして、客観的に理性的な制度が主観的にも理性的であると言われうるのは、その制度によって統制されるすべての人々が制度が客観的な理性的だとの要求を妥当なものだと信じ、したがって、そのどんな理由づけも自分自身のものとする場合である。しかしながら、もし前者がヘーゲルの立場でありえないとすれば、これから示すように、後者もまた、少なくともそのままでは、ヘーゲルの立場ではありえない。社会秩序が理性的であるのは、合理的な個人が個人として調整と統制の体系に求めることをそれが充たすからである、という立場をヘーゲルは退ける。しかし、もしそうであれば、私たちが知る必要があるのは、なぜ諸個人は、社会機構の構造ないし体系の内在的、客観的な理性性についての主張を、彼らが何かを行う理由や逆にそれを行うのを控える理由とするのか、ということである。

いま述べたように、制度が諸個人の合理的意志の産物であることが示されうる場合には、制度を理性的なものと考えるのは当然なことであろう。すなわち、もし制度以前の理想的な諸条件を仮定するならば、どんな制度であれ、それを設立し、形成し、維持することは理性的であろうことを示すことができる。このような推論形式は、国家を近代の契約論の立場から擁護するに際しての、「自然状態から脱却する」という議論において、もっともよく知られているものである。仮にこの推論形式が立証されうるとすれば、私は国家の諸々の法律に従う際、実際には自分自身に従っているだけなのだということになろう。こうした方法論的個人主義は、制度をめぐる近代の議論を束ねてきたものであり、また、それはいくつもの社会科学の方法論を定義づけるものであると言ってよい。こうしたモデルの多くで問題となるのは、個人の真の利害関心か、個人の主観的な選好充足の理想的な総和か、そのいずれかであり、したがって、その場合の個人の思いめぐらす諸々の思慮というのは、実のところ、主体が行為するさいに準拠する主観的な理由であることがほとんどであると推定されるし、また、たとえわずかでも啓蒙化され、歪みがないといった条件のもとでは、そうした主観的な理由はいっそう大きな動機づけの力を容易に獲得しうると推定されるのである。

こうした方法論的個人主義に基づく制度の理性性のモデルに対するヘーゲルの立場からの批判はいくつかある。第一に、もっともよく知られているように、ヘーゲルは、こうした社会秩序の考え方は個人の社会秩序に対する関係を手段化し、それによって社会秩序への私たちの忠誠のあらゆる要素を条件的なものにし、改変しうるものにしてしまうことを特筆している。ヘーゲルがこうした考え方の誤りをもっとも明白に提示しているのは、国家について言及し、「国家の構成員であることは任意の事柄である」ことを否定する箇所（二五八節）においてである。彼はこう続ける。

しかし、国家の個人に対する関係は〔市民社会の個人に対する関係とは〕まったく異なっている。国家は客観的精神であるから、国家の一員であることを通してのみ、個人自身は客観性と真理と倫理的生活とをもつからである。こうした結合それ自体が真の内容であり目的であるから、個人の使命は普遍的な生活を送ることである。彼らのその他の特殊的な満足、活動、ふるまいの様式といったものは、この実体的で普遍妥当的な基礎をその出発点および成果としているのである。（RP, 399; PR 276.『法哲学』二五八節）

また、一五六節への補遺では、「社会的なものの優位」に関する決定的な見解が主張されている。

したがって人倫の領域ではつねに二つの観点しか可能ではない。すなわち、実体性から出発する観点か、もしくは原子論的な仕方で、個人性という基礎を前提とし、そこから上昇していく観点かの、いずれかである。この後者の観点は精神を欠いている。なぜならそれは一つの集合体に行き着くだけであるが、これに対し、精神とは個別的なものではなく、個別的なものと精神的なものとの統一だからである。（RP, 305; PR, 197.『法哲学』（下）一五六節）

もっとも、こうした事態の表現の仕方は次のことを示唆するものとなっている。すなわち、ヘーゲルが契約論モデルを信用しないのならば、彼は、おそらくは彼の形而上学の一テーマとして、（それ自体が社会秩序全体の最高の表現または総体である）国家に対する任意でも自発的でさえもない関係といったものがあると信じているはずだ、ということである。そして、こうした主張こそまさに、ヘーゲルは国家に関係する諸個人をある有機的な全体の有機的な諸要素であるかのようにみなしている、といった印象を生じさせるのである。つまり、手や肺は生きた肉体内のそれ固有の配置と働きの外部ではもはや手や肺でありえないが、まさしくそれと同様に、諸々の個人や集団や制度も国家の外部にあって、国家によって統治されないものとしては、もはや個人や集団や制度たりえないかのように、ヘーゲルが考えていると思われるのである。

しかしながら、ヘーゲルの言葉遣いには彼特有のきわめて特殊な表現法が用いられており、それは伝統的な有機体論のどんな記述によっても十全に捉えうるものではない。すなわち、ここで問題となっている依存が特徴づけられるのは、自然の有機的全体といった言葉遣いにおいてよりもむしろ、理性性や自由の問題という観点においてであり、ヘーゲルが言うように、「客観的精神」の理論のなかにおいてなのである。[12] 引用箇所で主張されているのは、国家は「客観的精神」であるがゆえに、個人は国家のうちでのみ「客観性と真理と倫理的生活」とをもつということであり、また、普遍的な生活を送るべき（理性の諸要求に服するべき）であるという個人の使命が果たされるためには、理性的かつ倫理的な諸制度に参与することが必要であるということである。すでに見てきたように、ヘーゲルが擁護している立場とは、そうした理性的な個人の地位を理性的なものとしてすでに構成している社会的な紐帯がなければならない、というものである。このことこそ、私たちの使命は普遍的な生活を送ることであり、また、何らかの偏った利害や特別視された利害にではなく、理性に基づく正当化の実践に他者たちとともに関与することであると、ヘーゲルが述べる場合の趣旨なのである。人間の依存のこの本源的な形式を捨象するならば（正当性の本源的に社会的な性格を捨象し、諸々の理由づけの提出はそれらが受容され、広く流通するかどうかに依存していることを捨象するならば）、第六章で叙述した状況のようになるだろう。そこでは、諸個人それぞれが自分固有の主観的で私的な「事そのもの」をもつと考えられていたが、彼らは、第一義的には（あらゆる交渉「以前の」立場においては）、「真の」ないしは客観的な行為者の地位を達成するとは決して言われえなかった。すなわち、彼らが抱く自己の表象の主観的確信は、客観的には決して実現されえなかったのである。

有機的なものという観念が『法哲学』二五六節へと顕著な仕方で導入されるとき、「思想」や「普遍性」といった語が同様の特異な仕方で強調されている。国家は家族と市民社会とへの区別立てを具体化するとされるのであり、同様に、

教養のうちに存する普遍性の形式、思想という形式。この思想の形式によって、精神は諸々の法律や

制度のうちで、すなわち思想というそれ自身の意志のうちで、有機的全体としてそれ自身に対して客観的かつ現実的なのである。(RP, 398; PR, 274.『法哲学』(下)二五六節)

この(「思想というそれ自身の意志のうちで」という)箇所で、ヘーゲルは高次の有機的存在者に固有の特徴を考えているように思われる。すなわち、高次の有機的存在者は自らのうちに運動の原理をもつので、それはみずから運動するのであり、あるいはこの場合、みずからを規定するのであり、それによって自己を組織し、自己を維持するのである。国家にはっきり表われている自己規定の形式は、人倫における他のすべてのものを導く原理である。国家がそれ自身をそれ自身に対して表象する仕方は現実的であり、慣習、法律、家族生活や市民生活といった諸々の実践において、制度的に現実的なのである。この場合、自己規定的な全体は、諸々の自己規定的な諸部分や諸個人によって成り立っている。また、あらゆるものが協調しあっているのは、誰もが皆、普遍的に拘束力をもつと信じられた原理ないしは共有された価値に基づいて、協調するように規定されているからである。[13] ヘーゲルが二六五節Aで述べているように、「諸個人の自己感情が国家の現実性をなすのである[14](RP, 412; PR, 287.『法哲学』(下)二六五節)」。(このことに関しては、さらにIII以下で論ずる。)

したがって、純粋に理性的で、社会成立以前に存在するものと推定される個人を、他者に対する社会的コミットメントの合理性を判断する基準と考えるならば、あらゆる帰結が歪められてしまうに違いない。なぜなら、そうした推定上の個人はいかなる「客観性」も「真理」ももたないからである。この個人は、理性的な個人が何であるかを、客観的に、真理のうちに示すものではない。もしそう考えないとすると、市民社会の正当化の論理やそれの機能を、国家のそれと混同してしまうことになる、とヘーゲルは主張する（RP, 403–404; PR, 279–280.『法哲学』（下）二五八節）。国家は自己目的（*Selbstzweck*）であると言われるのであるから、市場経済を統制するための手段でもなければ、市民社会を単なる手段とするところの目的でもないのである（RP, 399; PR, 275.『法哲学』（下）二五八節）。（したがって、確かにカント的な有機体の観念がここで重要となる。この場合の目的とは、それ自体の「原因」であるとともに「結果」でもある。すなわち、これらの副次的に機能する諸部分が何のためにあるのか、その諸部分はなぜ存在するのか、に答える原因であるとともに、そうした諸部分の機能の産物ないし結果でもある。国家は市民社会の競争の産物ないし帰結と考えることはできない。市民社会の機構は「国家を目的とする」と考えられなければならない。たとえ市民社会におけるどんな人間もどんな制度もそうした目的を明示的に抱いていないとしても、そうなのである。）[15]しかし、市民社会の構成員間の私的な諸関係が、国家の組織体のために吸収されたり、否定されたりするわけではない。ヘーゲルが主張しているのは、そうした自己利益を本位とする相互行為が可能であるためには、最終的には（たとえ伝統や歴史によって定められた市民権のいまだ制限された領域の内部にとどまるにせよ）参与者たちが等しく理性的な行為者であるとみなされるような、法律と正当化が支配する領野に訴えなければならない、ということである。以上のことが意味するのは、最小限に見積もっても、次のことである。すなわち、国家の法律や要件はいかなる私的な利害に仕えるものでも、単に競合しあう利害の間の妥協を代表するものでもないこと、また、目標がただ自己利益の最大化だけであるならば、決議は合理的な変節に応じて、つねに異議が申し立てられ、変更されうるが、そのような決議を代弁するものでもないこと、これを市民社会への参与者はすべて信じているに相違ないし、またそれは真実であるに相違ない、ということである。[16]ヘーゲルはまた、国家が諸々の抗争をたんに公正に統制することを意味しているのでもない。ヘーゲルによれば、国家の権威を論拠に「普遍的な目的」を識別し、理解するという課題や、その目的を実行し、実現するという課題を担うのは、もっぱら立法と執行の権力なのである（RP, 435; PR, 308.『法哲学』（下）二七三節）。

この種の主張が依拠しているのは、ヘーゲルが他の箇所で擁護している立場、すなわち個人性の存在論についての非常に野心的な主張であり、したがってまた、自由とは他なるもののうちにあって自己のもとにあること（*bei sich Selbstsein im Anderen*）だという、彼独自の特異な説明であることは明らかである。ヘーゲルがこうした文脈のなかで社会的な観点から光を当てようとするのは、自由と自立の一局面であり、したがってまた個人性の一局面である。個人性は、どんな依存もまったく存在しないといった、何か抽象的で非現実的なあり方としては考えられておらず、むしろそれによって真の現実的な自立が達成されるようなある種の依存として考えられている。（このことに関するヘーゲルのもっともよい例は友情と愛である[17]。その場合、知的先達はまたもやルソーであり、真の市民の地位が可能となるためにはそれ以前に「人間における目覚しい変化」が必要であるという議論である[18]。）さらには、そうした依存のいかなる有機体的なイメージも単なる一つのメタファーである。この事実をヘーゲルは、私たちが客観的精神の領野にいることを繰り返し述べたり、主体を単なる自然的存在者ではなく精神的な（*geistig*）存在者とみなし、全体を自然的な全体ではなく精神的な全体とみなしたりすることによって、強調し続けようとしている。精神的なものの主要な特徴は、すでに何度も見てきたように、それが自己自身の産物であることにある。このことが意味するのは、統一や全体の成果として生じるものが何であれ、それは自由に自己を組織する全体とみなされなければならず、その全体においてはまたもや、自己自身の産物であることは「すべての人が接近できる理由に基づいている」ということを意味しなければならない、ということである。

伝統的に有機体論と考えられてきたものは、社会制度が客観的に理性的であるという要求について、ヘーゲルが私たちに考えるよう望んでいる様式ではない。そうであるならば、ヘーゲルはその要求について私たちがどのように考えることを望んでいるのだろうか。解説者たちがテキストのうちに見出したと主張する答えは三つある。私はそれらを「社会条件説」、「歴史的理性説」、「客観的構造」説と呼ぶことにしよう。

III　自由の社会的条件について

第一の、社会条件説の背後にある直観は、あらゆる社会秩序の変化と形成の様相に関する上述の見解のなかですでに明らかである。自由が偉大な価値であり、絶対的で無条件的な価値でさえあるとしよう。その場合、そうした主張にコミットする者は誰であれ、自由にかつ責任をもって行為しうる人格の発展を可能とする社会秩序にもコミットしなければならないであろうし、そうした行為者性を行使することができる領域を認可し、保護する制度的世界にもコミットしなければならないであろう。この種の議論は、権利に厳格に準拠する（すなわち消極的自由という）自由主義のヴァージョンに反対し、福祉や再分配をより重視する自由主義のヴァージョンに賛同する立場からよく引き合いに出される。もし個人による自分の目的の追求が妨害されるべきではなく、一個の人格としてのその人の価値が自分自身の生活のために目的を設定しうることに置かれるならば、諸々の目的を設定してそれを追求しうることは善いことであろう。またその場合、目的を追求する上で必要となる、諸々の手段、様々な可能性を孕む教養ある思慮分別、揺るぎない性格といったものを、生まれの偶然性によって、もっている人もいればもっていない人もいる、ということを確かだと思いつつも、そのことに無関心であるとしたら、筋が通らないと非難されてしかるべきだろう。ノイハウザーが指摘するように、ヘーゲルのこの議論はルソーの系譜に属しているとみなしうる。その理由は、一般意志の告げる法によって真の自立のための新たな社会条件を確立し、近代社会にとって避けがたい根深い隷属状態を緩和することができるという方途を探求する、ルソーと同じ筋道によって、それが特徴づけられていると思われるからである。[19]（そして、自由のいかなる条件も、市民の現実的な意志の選択の結果とみなすことができないのは明らかである。なぜなら、市民たちは結局のところ、退廃した状況に置かれているがゆえに、そうした自由な生活への関心をまったくもたないだろうからである。私たちは、彼らの「真の」意志（一般意志）を仮定しなければならず、彼らは「自由になるように強制される」必要があるかもしれないという、よく知られた可能性までも考慮に入れなければならないのである。）

ヘーゲルがこうした社会秩序の形成機能に大きな関心を抱いていたという形跡があることは明白であるし、この「社会条件」という観点から解釈しうる箇所がある。（「真の意志とは、意志の意欲するもの、すなわち意志の内容が、意志それ自体と同一であるということであり、したがって自由が自由によって意欲されることなのである」（RP, 74 ; PR, 53.『法哲学』（上）二一節）。また二七節全体でも、自由な意志とは「自由な意志を意欲するところの」意志であると主張されている（RP, 79; PR, 57.『法哲学』（上）二七節）。これらは、推定上のどんな自由意志もそれ自身の自由の諸条件を意欲するにちがいない、という主張だとみなしうる。[20]）ヘーゲルはよく知られているように、生まれ育った家族を離れ、自分自身の家族をもつことができる個人を生み出すことこそ近代家族の目的であると述べており、市場経済はそれ自体が教育的であり、その参与者に自分の特殊な目的と共通善との間の関係を教示するものだと考えられる、と述べている。たとえば、「自分の身分のうちに誇り」(*Standesehre*)をもつことを教えられなければ、商業生活と競争はすぐさま、たんなる「商工業を営んでいる階級の奢侈と浪費癖」(RP, 395; PR, 271.『法哲学』(下)二五三節)に堕落してしまうだろう、と言う。もっとも実のところ、ヘーゲルはここでの問題も承認の問題であると主張している。もしある人が自分の身分ないしは職業団体に対する誇りのうちに(すなわち、自分自身よりも意味のある重要な構造のうちに)自分を見出しえないとすれば、彼は承認を単なる「成功の外的な現れ」のうちに見出そうとするだろう。しかし、そのような現れは「際限のないもの」であって、満足のいくものでも価値のあるものでもないことが判明するだろう、と推論される[21]。

　同じ問題を別のやり方で言い表すことができる。ヘーゲルは社会的観点から、社会生活のある形態への参与は手段として有用であるばかりか、同時に変化をきたすものであると主張している。したがって、ある個人がその参与によってそうなるものと、参与がなければその個人がそうであったであろうもの、すなわち、基準としての制度以前の個人との間には、あまりにも大きな対比が成り立つと主張している[22]。このような社会制度はもともと個人のアイデンティティを形成するものでもある。したがって、社会制度は、合理的な利己主義者とその文化の発展をさえ可能にする条件であろうし、道徳的心術を形成するための条件でもあろう。そのさい、道徳的人格は、理念的に捉えられた場合でも、もっぱら個人による産物であるとはみなすことができない。もしそのようにみなすならば、そのもとで個人が優れた点をもつであろう、もしくはもちうるだろう複雑な諸条件を、説明しないまま放置することになる。

　さらに、個人の利己主義ないし良心に従う心術を保護し、育成し、保証するには諸々の制度が必要であるが、そのような諸制度それ自体は信頼と連帯の関係がなければ実質的には維持することができない。なぜなら、この信頼と連帯の関係は、個人主義的な利害関心ないし個人の良心の考慮に基づいて支えることのできないものだからである。[23]もし合理的な打算者が、自分が他者を信頼することができるのは、それが戦略的に賢明である限りにおいて（不信が発覚した際の代償があまりにも高い場合、ならびに他者が彼自身の利益になる限りでのみ協力してくれるだろう場合）のみであるとみなすならば、私たちの暮らし向きははるかに悪くなると予測される。が、その予想は理に適っているように思われる。このようにして避けがたくなる猜疑や不信に対処する代償はきわめて高いものとなるだろう。もとより、ヘーゲル自身は、信頼や連帯ないし愛の諸関係が手段的な意味においてのみ理性的である、とは考えていない。むしろヘーゲルの主張の要点は、利己主義の立場はそれ自体みずからの立場を掘り崩すものだという点にある。

今述べた家族と市民社会の教育的で形成的な機能に関する主張から、次のことを正当に述べることができるだろう。すなわち、人倫の優位は個人が何らかの倫理的・理性的な力量を具えた行為者となることを可能にする条件を確立することにある、と確かにヘーゲルは考えている。しかも、この人倫の優位の考えのもとでは、どんな社会制度であれ、それが客観的に理性的であることの論拠は、現実においてにせよ、推定上においてにせよ、（いまだ社会化されていない）諸主体がその制度へ自発的に参与することを基礎に据えることはできないだろう。

けれども、事柄をこのように見れば、ヘーゲルが客観的理性性という言葉によって言おうとしたことをすべて論じ尽くしたことになると結論づけるのは早計である。なお二つの問題が残っている。第一に近代の家族、市民社会、国家という機構はこうした自由を可能とする教育的機能を具えているとヘーゲルが考えていることが事実であるとしても、それは彼がそれだけの理由でそれらの機構が客観的に理性的であると考えていることを必ずしも意味しない。そのような議論自体が、制度を個人が行為者性を行使するためのある種の手段へと貶めることになる。これは依然として真実である。すなわち、制度は、諸個人が恣意的な自由、道徳的な行為者性、およびおそらくは社会的な行為者性（正しい主体的態度と予測をもちつつ、正しい仕方で社会制度に参与すること）を行使するのを可能にするために必要となる手段へと、貶められる。[24]その場合、（ルソーにおけるのと同様に）主張されているのは、制度は副次的に、主観的に理性的であるということである。すなわち、制度が理性的な行為者に対して、彼の行為者性にとって本質的なものとして正当化されうるのは、その制度によって彼が隷属の生み出した歪んだ状態から十全に解放される場合であろう、ということである。しかし、上で引用した箇所では、社会制度の実体性の理性的性格に対する独立の論拠が念頭に置かれているように思われるのである。

第二に、十全に理性的な主体、自分の生活の目的を設定する主体たりうるために不可欠な、現実的で経験的な能力と力量を獲得するには、いかなる社会条件が必要とされるのか、この問いの答えをア・プリオリに演繹しうるということはとうていありそうもない。もっとも厳格なカント的な意味では、そのような社会条件は存在しない。なぜなら、道徳的な行為者性の行使のために、経験的な次元で必要とされるものは何もないからである。〔ホッブズやロックといった〕別の論者は最小限の条件（暴力からの自由、所有権の保護）には賛同しながらも、それを最小限に留め置くであろう。また別の論者は人間の発達に関する経験的、心理学的主張に基づき、もっと先へと進もうとするかもしれない。私は以下でそうした試みの一つを吟味してみたい。しかし、概括的に言えば、何が自由な意志の経験的条件と定められるにせよ、その条件にはすでに考察した他の多くの事例と同様、ある時代、ある共同体のなかですでに現実的となっている道徳的能力についての社会的に共有された見解が反映されている。その場合、そうした前提条件はすでにある社会秩序を具現化し、反映しているのだから、その条件はそれだけで独立にその社会秩序を正当化するものとはみなされえないだろう。

この社会条件に関する議論を拡張しようというより野心的な試みは、アクセル・ホネットのものである。ホネットが試みているのは、ヘーゲルの『法哲学』の「再現実化」と彼が呼ぶところものであるが、私は以下でこれを考察してみたい。ホネットは、「「抽象法」および「道徳性」の理念はどちらも近代における個人の自由の条件の記述としては不十分である[25]」という点で、ヘーゲルに同意する。その上でホネットは、私たちが陥っている状態はこうした不十分さの結果であり、ある種の「無規定性の苦しみ」であると述べる。近代の行為者たちは概して、権利、真に権威のある近代的規範、および自由にコミットしており、それゆえまた、自由な生活に対する平等な権利をもつと言いうる。しかし、彼らは、自由の観念にすぎないものによって、無規定であることに苦しんでいる。（二十世紀において明らかになったように、リバタリアニズム、福祉主義、社会主義および全体主義といった立場の構想はすべて、現実的な自由という最高の原理へのコミットメントを要求するものである。）ホネットがヘーゲルを援用するのは、ヘーゲルが現実的な自由にとってはるかに重要となる条件を示しているからである。すなわち、それは他者の自由であり、そのために不可欠となる客観的な社会条件である。この社会条件とは、各主体が他者の自由を自分自身の自由のための条件として経験することを可能とし、したがってまた、社会的な行為者として、主体的に理性的な行為者として行為することを可能にするものである。カントとフィヒテは、法・権利の領域が原子的な主体間の外面的な諸関係であると理解した。そこでの主要な論点は強制力に合法性を与えることであり、自由の制限は万人の自由を保証するのに必要なものでのみある。他方、「ヘーゲルは〔法・権利という〕同じ概念のもとで、個々の市民の自由な意志の実現に不可欠なものとして示されうる社会的な前提条件のすべてを網羅している[26]」。そのさい、この社会的な前提条件は「コミュニケーション的関係」として説明しうるものであり、ヘーゲルはこの関係を人倫の構成要素として提示するのである。

しかし、ホネットは、このような議論の形式が近代の自然法の観念を拡張することに気づいている。というのも、この議論の形式は、自由な個人性の諸条件への権原要求の正当化を必然的に含んでいるからである。（このことはまさしく、自由な生活への権原にコミットする者はそうした生活を可能にする「社会条件」にコミットしていなければならない、と言うことの意味合いの一部である。[27]）しかし、ホネットが同時に気づいているのは、人倫の正当性（理性的な妥当性）が個人の法的権利を自由実現の諸条件にまで及ぼすという事柄ではありえない、ということである。社会的世界とは、諸個人がお互いに対して、社会生活のコミュニケーション的な実践ないし形式の現存が保護され、保証される権利を要求し合うことであると考えられるが、そうである以上、そうした社会的世界それ自体を権原要求の事柄とすることは意味をなさない。むしろ、もし諸個人が主体的にそうした社会生活を個人の権利として要求するならば、それはまさしく、近代の人倫が頽廃し、歪められつつある兆候にほかならないとみなされよう。家庭生活があたかも権利と契約の領域として経験される、といった場合がそれである。この事態がとりわけ当てはまるのは、ホネットが『承認をめぐる闘争』という重要な著作のなかで主張したような仕方で、愛や尊敬や尊重という承認関係が要求されるのは、近代にあって行為者となる資格をもつ者たちが正しく自己を形成するためであるとか、これらの領域での不承認は社会的な害悪、不正だとみなされるとか、と主張されうるような場合である。

すでに見てきたように、このような主張は本末を転倒してもいる。ヘーゲルが主張しており、おそらくホネットも同意するのは、法・権利の要求それ自体の権威は、個人の自由という概念にのみ依拠する、演繹的かつ純粋に理性的な思考実験の結果ではありえない、ということである。だから、ヘーゲルは、「法・権利」と「道徳性」がそれだけで独立には存在しえないと主張したのである。つまり、そうした法・権利や道徳性の要求が諸個人にとって実践的理由となりうるのはただ、ある社会生活の形式という成果においてだけであり、そうした成果としてだけなのである。共同の人倫は、それが権利要求の規定的で拘束的な力の不可欠な前提条件であるならば、権利ないし一般的な権原の要求の対象ではありえない。(ここでのいささか逆説的な状況は、マーティン・ホリスが用いた見事なイメージによって捉えられる。すなわち、イヴはどのようにして善悪の知恵の木の果実を食べることの善し悪しを、それを食べる前に知ることができたのだろうか。[28])

さらに言えば、権原の要求は、それが正当であれば、強制することもできる。それゆえ、ひとによってはその要求を押し付ける強制や暴力を国家が独占することを求めるかもしれない。しかし、強制された愛が愛ではないのと同様に、あからさまに強制された承認は承認ではない。承認の成功形態を確立し維持する制度の諸形態が客観的に理性的であることを論証する論拠がありうるとすれば、それは、制度の諸形態は個人の道徳的な行為者性の形成のための必要条件である、という主張だけに依拠することなく形成されなければなるまい。

私が思うに、ホネットが行なっているように、「現存在する諸々の社会形態」は、「近代社会の制度的秩序のなかで正当な位置を占める権利を有する」[29]という意味で、権利を有しうると論じても、あまり役に立たない。このような諸形態はいかなる意味でも権利要求の実現ではないし、そうしたものではありえない(むしろそれら諸形態は権利要求が現実性をもつための条件なのである)。権利という観念は、その担い手が誰であろうと、他者を義務のもとに置く能力と必然的に結びついている。そこで、もし社会形態が現存在する権利を有すると言いうるならば、同じ推論によって、私たちはさらにこう問わねばならないだろう。そうした権原の要求が拘束力をもち、現実的な効力をもちうるのは、前提条件に先立ついかなる社会的前提条件のもとにおいてなのか、と。もし私たちがその前提条件を権利の事柄とみなすならば、権利の要求のための前提条件の問題へと私たちを導く議論がまさしく、もう一度提起されることになるだろう。[30]（これらのような承認関係が自由の実現のための必要条件として経験されるようになるのは、いかなる社会条件のもとにおいてなのであろうか、等々と。）

Ⅳ　社会秩序の客観的理性性

ところで、ヘーゲルが客観的理性性で意味するものは、「合理的な選択者ならば意欲するであろうもの」、ないしは「個人の行為者性を実現するための客観的な必要的条件を構成するもの」というような、ある種の主観的理性性の要請にゆくゆくは行き着く、と解釈することはできない。ヘーゲルの念頭にあるのは、真に客観的な理性性についてのより確固たる意味であると思われる。

ある客体〔客観〕が、人工的な客体までも含めて、それだけで理性的であると言うことができるという考えは、さしあたっては曖昧である。まず、制度的な客体が「理性的に行為する」と言われうる、いささか比喩的な意味といったものがある。私たちは、警察が警察である限りそうする理由のある事柄を指摘することができるし、また、軍隊や最高裁判所などがそうする理由のある事柄をも同様の仕方で指摘することができる。これを理解することによって、私たちはヘーゲルにより接近することができる。というのも、比喩的な意味とは一種の省略のことであって、これ〔警察がそうする理由のある事柄〕は彼らが本当に警察であるために行わなくてはならない事柄だ、ということである。要するに、警察を一つの客体と考えた場合、彼らが理性的であるのは、彼らが警察としての役割を果たす限りにおいてであり、たとえばある専制君主のために利用される私的な軍隊などではなく、まさしく警察である限りにおいてである。

次にもう少し形式的な意味において、ある制度が不合理であると言うことができるのは、その制度の規則が首尾一貫していない場合である。たとえば、アメリカにおける「不動産業者」の制度は次の理由で不合理である、と言うことは可能である。すなわち、彼らは、おそらく最良の価格を求めて顧客のために活動しているのに、同時にまた、自分自身のためにはもっとも手際よく物件を売り渡すことに強い関心を抱いているからであり、そうした状況においては、「よい不動産業者」になる道は（偶然を除いて）何もないからである。

しかし、以上の二つの意味はどちらもあまりにも形式的なので、ヘーゲルのいっそう強力な主張にまで届くことができない。これらの意味に即すれば、制度がマフィアであるという想定のもとでは、マフィアが行なうのが合理的である事柄もあれば、不合理である事柄もあるし、また、マフィアの規約が不合理である言われうる仕方もある。しかし、そもそもマフィアそれ自体がまったく理性的ではない（つまり、マフィアが存在することは理性的ではない）。ヘーゲルの説明にはるかに野心的な仕方で結びついているのは、ある一定の構造をもった実在性――この場合、社会的な実在性――に関する理論であり、したがってまた、実在性の階梯〔度合い〕に関する理論であるように思われる。こうした語り方のもとにあるのは、封建的な社会秩序はいまだ「実在的な社会秩序」ではなく、したがって客観的な意味ではたんに部分的に理性的であるにすぎない、という考えであり、またヘーゲルの『法哲学』が叙述するように、近代の人倫と国家がそうした倫理的・社会的な秩序の真のあり方である、という考えである。言い換えれば、倫理的・社会的な秩序の構造は、客体における潜在的なものの十全な現実化を反映するのである。そこでは、客体それ自体が、客観的な人間世界の構成要素として理性的に要求されるのであり、世界が真の意味で人間世界であるために要求されるのである。

このような存在論的アプローチ（およびいわゆる真理の存在論）であると思われるものを保ちつつ、ヘーゲルのフレーズが示しているのは、哲学的アプローチが扱うのは国家の偶然的な起源や歴史ではなく、国家の「思惟された概念」と彼が呼ぶところのものだということである（RP, 400; PR, 276.『法哲学』（下）二五八節）。すでに見てきたように、ヘーゲルの論述においては、国家の概念に対する査定は国家の規範的地位に対する査定であり、すなわち以下の箇所で定義されているように、国家の概念的な規定は理性的であるという主張なのである。

抽象的に考察するならば、理性的であるとは総じて、普遍性と個別性とが一体となり、相互に浸透しあっていることである。（…）客観的自由（すなわち普遍的で実体的な意志）と主体的自由（すなわち個人的な知と特殊な諸目的を追求する意志の自由）との一体性のことである。（RP, 399; PR, 276.『法哲学』（下）二五八節）

この箇所では、実在性の基底にある構造は究極的には理性であるという想定のもとに、客観的理性性の資格要件のある種の青写真のモデルが導入されているようにもみえる。その場合、十全に現実化された存在者はいかなるものであれ、対象の普遍的諸相とそれの特殊性との間の適切かつ十全に発展した論理的関係、真の個別性における媒介された関係を反映していることになる。（自然という不完全にしか実現されていない領域、したがって十全には実在的ではない領域よりは、）精神の領域および（政治、芸術、宗教、哲学を含む）精神の諸々の産物は、この青写真のモデルに基づいて現実化されたものの連続的変化に沿って、またよりいっそう高次の目的において、理解することができる。精神的存在者は最終的には自分本来のあり方を自分自身で規定するのであって、（自然の領域におけるように）そのあり方を先天的に受け継いだり、他のものとの外的な諸関係のうちで規定されたりするのではない、と言うことができる。国家は、以下の説明にあるように、そうした精神的存在者のいわば最上位を占めている。

国家の本質は即自的かつ対自的に普遍的なもの、意志における理性的なものである。しかし国家の本質は自己を知り自己を確証するところの端的な主体性であり、――現実性としての――一つの個体である。[31]（EPG, 330.『精神哲学』四五七頁）

しかしながら、このような主張は、本書のなかで繰り返されてきた諸問題へと私たちを連れ戻すものであって、いかなる青写真の理論へも連れて行かない。つまり、国家を客観的に理性的なものたらしめるのは、国家の内部機構にはヘーゲルの論理学が私たちに語るところの実在的なものの構造が映し出されている、といった単純な事実ではないのである。きわめて重要なのは、国家が即自的かつ「対自的に」普遍的なものである、という点である。もし国家がたんに即自的に普遍的なものであるならば、論理的な青写真の理論は適切なものかもしれない。しかし、ヘーゲルが示そうとしているのは、いかにして普遍性の資格要件はそれに賛同する主体によって明示的な仕方で支えられるのかということである。そして、これは理性的な自己立法によってのみ可能となる。[32]国家の普遍的権威は、「自己によって知られ」、いっそう明示的には「自己によって確証される」ものである。これこそまさしく、国家の組織構造が自己立法的で理性的な有限的存在者に相応しい形式であると述べるヘーゲル流の表現である。意志が適切に（「他なるものへの関係における自己関係」として）理解されるとき、国家は彼らの意志の実現なのである。

したがって、『法哲学』の一四四節で「人倫の客観的領域」や国家の実体的善について議論するとき、ヘーゲルはここでも自己立法の彼流の言葉遣いで、この善は「無限な形式としての主体性によって具体化される」と記している。人倫的なものは「堅固な内容」を具えているが、それは「即自的かつ対自的に存在する諸々の法律と制度である」。「対自的に」という語はここでも、理性性の資格要件が理性的な自己立法の明示的な具体化に基礎をもつことを示している。ヘーゲルが一四七節で述べるように、「主体は、国家の諸々の法律が自分自身の本質であるということについて精神的な証を与えるのであり、この本質のうちで主体は自己感情をもつのである」（RP, 295; PR, 191.『法哲学』（下）一四七節）。私たちがすでに知っているとおり、精神的存在者にとってその本質とは「自分自身の産物」でなければならないのである。

それゆえ、諸々の倫理的制度は、もしそれらの権威の資格要件の基礎を人間の本性、神の意志、歴史上の偶然的な出来事といったものに置くならば、客観的に理性的ではない。しかし、ヘーゲルが言っているのは、規範的権威の真の形式は自己立法的なものだということについてであって、たんに右のリストにもう一つ候補を追加して、実在的なものの論理構造によって立法化されたものであるかのように、それを受け容れようということではない。彼の核心をなす主張はまったくその逆である。「論理」という語を用いるならば、制度の規範的権威の源泉に関する〔ヘーゲルのモデル以外の〕モデルすべての「論理」は不完全であり、究極的には無効である。これは、有限な人間の意志を出発点とし、国家をその意志の真の実現とみなす人々にも例外なく当てはまる。これらの人々では意志が有限な意志であると一面的に考えられているから、国家は結局のところ、一つの手段、選択肢、道具といったもののようにみえてしまう。〔これに対しヘーゲルの立場では、〕有限な意志の実現（諸々の欲求の充足）と無限に自己規定的な意志との間の差異によって、市民社会と国家との差異が成立するが、それによって国家の存在意義が市民社会の統制と混同されるさいに何が誤っているのかが説明されるのである。社会秩序は客観的に理性的である、国家は「自己を知り自己を確証する主体性」によって成り立っている、という言葉遣いでヘーゲルが言おうとすることを理解するには、精神は自己自身の産物であるという『エンチュクロペディー』での説明、精神の自己産出は自己立法的であるという説明、そして、推定上のあらゆる自己関係は同時に他者への関係でもなければならないという主張、さらに、こうした説明は承認の相互性を前提としており、また相互承認は自由が実現されるべきである限りで実現されなければならないということの論証、これらすべてを心に留めておかなくてはならないのである。

　ところで、以上の議論から次のことを立証するまでの道のりは長い。すなわち、そうした客観的理性性の資格要件が、三部から成る人倫の構造へと至ること、また、ときおり不可避的に戦争下に置かれるが、形式的決定を行う立憲君主に率いられる有限な政治体制の理論へと至ること、これを立証するには長い道のりを要する。さらに、ヘーゲルは「自己を知り自己を確証する」国家の意味合いに関して、必ずしも首尾一貫しているわけではない。たとえば二九八節において、ヘーゲルは、立法権は憲法体制の一部ではなく、その源泉とみなされるべきであるという考えを否定しているが（RP, 465; PR, 336.『法哲学』（下）二九八節）、これは私の見解によれば不当である。ヘーゲルは立法権の意義を、国家の法律のうちに体現される、少しずつだが（知らず知らずのうちに）変化する集合的意志の表現へと制限しており、憲法の改正が立法権の直接的な管轄下に置かれることを認めていない。そして、ヘーゲルは、君主制と継承権を論じる場合など、ときおり自然に訴えようとするが、そのやり方は彼が生涯を通じて自然について〔否定的に〕

論評してきたことを考慮すると、当惑せざるをえない。[33] また、以上の議論は、それが歴史的な理性性に関する理論（国家の形態がたった今論じた意味において「現実的には」客観的に理性的ではない場合、いかにして未実現の潜在的なものがその政治体制の権威の解体を説明するのに資するのかを示すことができるという主張）において果たす役割を、いまだ論じるには至っていない。

　私はここではただ次のことを強調しておきたい。すなわち、社会秩序が、不可避的な相互承認関係のうちにある理性的に自己規定する自由な行為者という、規範的権威の唯一可能な起源と矛盾しない仕方で、規範的権威の資格要件を具現化することが、ヘーゲルによる社会秩序の客観的な理性性の資格要件の一般的本性である。また、この課題の諸項は、近代政治学における基本的な論争、すなわち、相互承認をめぐる闘争は権力闘争以上のものなのかどうか、その闘争はヘーゲルが主張する実体的・構造的な理性性を反映していると言いうるのかどうか、といった論争を適切に反映している。（それにしても、この実体的かつ客観的な理性性は、形式的ではないにせよ、内容がいささか「軽い」と見て取ることができる。これは国家崇拝者だというヘーゲルの評価からすれば皮肉なことではある。しかし、合法的な意志が（表現的および認知的なものであると）理解される仕方、市民社会と国家との間の厳格な区別とそれに伴う国家の機能の非統制的な性格、国家の国家主義的概念に対するヘーゲルの厳しい批判、こうしたことを勘案するならば、国家が実際に行うべきことも、国家が国民に実際に求めることも、ほとんど何もない、と結論づけることができる。[34]）

V　社会秩序の主観的理性性

以上の議論によって私たちが立ち戻ることになるのは、この種の客観的理性性の資格要件が与えられている場合、社会秩序の主観的理性性は何に存しうるのか、という問題である。ある制度の実践的正当化がそれに関与している諸主体にとって適切となるのは、ヘーゲルによれば何によってなのか。とりわけこの場合、適切となるとは、制度に関する思慮への訴えによって、行為を請け負い、それを自分自身の行為であると主張することができるという、これまで論じてきた意味においてである。すでに見てきた人倫の優位性の強調は、主体の側にとって極めて重要な事柄をもすでに示唆している。制度に関する思慮から行為すること、すなわち、その制度を拘束として実践的に受け容れることは、ひとがある時あることを行うことを選ぶことであると理解されるべきではない。つまり、立ち止まり、道徳的な推論に携わり、演繹的な帰結としてそのような拘束が与えられる、というわけではない。財産所有者である場合、私には他の財産所有者に対して要求する権利が許されている。広く流通し、機能している正当化は、所有制度の諸規則に従って、受け容れられたり、拒否されたり、修正されたりされうる。あるいは、親である場合、子供や他の親に対して要求する権利があるし、逆に彼らから要求される権利もある、等々である。これらの事例から分かるとおり、思慮は、ある主体が抱く信念、もしくはその主体が信じる理想であると理解するのも、ある態度の命題化された対象であると理解するのも、適切ではない。ヘーゲルを正しく理解するのに必要なのは次のことである。すなわち、制度上の理由を与えたり受け容れたり退けたりする実践への参与だけが、行為を自由で真に私のものとすることを許す、その種の理由をもつことだ、とヘーゲルがみなしているのを理解することである。

以上のことは、これらの客観的条件が十分に実現されていない場合に主観的には何が起きるとヘーゲルが考えているのかを注視することによって、より明確に理解することができる。もちろん、正当化の資格要件だけでは「特別の重み」も拘束の偏重も確立しない。しかし、こうしたコミットメントの実現は、客観的条件に依拠しているのできわめて多様でありうるし、主体にとっては事柄の理解に応じて正反対のことさえも実現しうる。ソフォクレスの演劇に関するヘーゲルの有名な論述において、アンティゴネーとクレオンが争い合ったのは、ポリュネイケスの遺体を埋葬することが何を意味するのか、それは家族の義務として避けられない行為なのか、それともポリスに対する反逆行為なのか、をめぐってである。だがその場合、彼らが争い合ったのは結局のところ、行為の意味を社会的に設定し、規定するのは誰なのかをめぐってである。そして、当時彼らが利用することができた宗教上、政治上の客観的概念によって、それらの対立しあう要求を解決するのは不可能であった。したがって、客観的概念は、主観的には自分が清廉潔白であるという客観的な正当化要求をするのを両陣営に許すのであり、相手側の要求はまったく正当化されえないという外観を双方に与えるのである。そして、この客観的条件の機能不全によって、理由に訴えるにあたり主観的には何であれば成功するであろうかが明らかになり始める。なぜなら、ヘーゲルが示唆しているのは、何よりもまずこうした状況の改善をもたらすのはまさしく社会の発展であって、個人が世界のなかで真理の制作者を発見することでも、そうした真理の制作者によりよく接近することでもなければ、より卓越した主観的な明晰さでもない、ということだからである。そして、これは、ある主体によって適切だと経験される諸々の適切な実践的理由についての、まったく稀有な物語なのである。

要するに、これまでの諸々の帰結から受け取るべき教訓は、何よりもまず実践的理性性はつねに制度に拘束されているということである。つまり、その行使によって自由を構成し、私が自分の行為を真に自分自身のものと経験しうるような条件を確立するところの実践的理性性は、制度に拘束されている。また、純粋に理性的かつ自己規定的な行為者としてのみあると考えられるならば、その人は何を行なうにせよ、それを行う何らかの効果的な実践的理由をもつと言うことができない、ということである。すなわち、社会制度の理性性とは何らかの仕方で、たとえば自然本性の実現のためにとか、行為者性の条件がそれによって与えられるからとかという、社会制度に参与する理由があることを意味する、と考えることができる。あるいは、私がそもそも実践的理由をもつと言いうるのは社会制度に参与することによってのみである、と言うこともできる。私の主張では、後者がヘーゲルの立場である。[35] これは、自分の生活内容から自分自身が徹底的に解き放たれていると考えることは実際には他の生活内容への別の種類の関与を反映している、ということを意味する。これは、ヘーゲルによれば、あらゆる人格に対する普遍的な道徳的義務についても当てはまる。というのも、彼は道徳性それ自体がある特殊な歴史的制度であると理解しており、またそれと同様に、制度がもつ規範的権威を演繹的にではなく発展史的に理解しており、その規範的権威はそれが部分を成すところの制度的文脈全体によって規定されていると理解しているからである。別の言い方をすれば、そうした制度の外部と推定されるところには拠って立つ場所がないのである。ある人が契約する理由をもつとされるのは、そうした制度によってなのである。これは、チェスをしているのでなければナイトやポーンを動かす理由がないとされるのと同様である。[36] ここでの決まりきった反駁——そもそもチェスをする理由があるかどうかを議論することも可能であるにちがいない——は、ヘーゲルの説明が受け容れるものではある。だが、ヘーゲルはその反駁を、制度に先立つ何らかの見通しを導入するものであるとは論じていない。実際、『法哲学』全体の進行は、ある制度下のゲーム（すなわち、正当化を与えたり、受け容れたり、退けたり、あるいは与えられた正当化を修正したりすること）をプレーする者が、別の制度下のゲームをプレーする良い理由（そのゲームのプレーに完全に由来する理由）ももつのはどのようにしてなのか、を示すことである。したがって、私たちは抽象法の要求に関連する理由（たとえば、「あれは私の所有物だ、だからあなたはそれを取ってはいけない」、「私はそれを契約のさいに明記しなかった、だからあなたは今になってそれを要求すべきではない」）を、道徳的判断に関連する理由（「否、それは私の良心に背くことになるからだ」）、および、人倫に関連する理由（「私は父親だからだ」、「良いビジネスマンは信用できなくてはならないからだ」、「私の祖国が危機に瀕しているからだ」）から区別することができる。[37] ある規範的制度の制約に関する純粋に理性的な反省とみえうるものは、現実には、避けがたく、すでに実施されている別の制度のコミットメントへの牽引力なのである。[38]（たとえば、歴史的な意味でヘーゲルの説明におけるもっとも重要な区別立ては、「彼は公民だから」「それは公民が行う事柄だから」と、「それは生産性を向上させるための共通の手段だから」[39] ないしは「個人の善の追求のうちで私たちが共通の善をもっていることを発見するから」との間にある。）実際、人倫の構造が全体として首尾一貫したものである場合でも、ヘーゲルの説明では、コミットメント間の緊張、牽引力と反発力は、関与にあたっての主観的反省の継続的必要性にとって不可欠なものである。家族からの子供の巣立ち、市民社会・国家による私的な目的追求の制限、国家による戦争のための青年の召集等々を、ヘーゲルは包括的な全体における一様な契機として扱っているわけではない。たんに「理性的行為者としてのみ」反省がなされているわけではない場合であっても、自分の役割が何を求めているのか、何を求めていないのかをはっきりと理解するには、何を行う理由があるのか、ないのかについて、多くの反省が必要となる。

したがって、ヘーゲルの見解では、人間主体は全面的にかつ本質的に、そのつどすでに歴史や社会の進行のなかにある。そして、誰であれ何時であれ何をなすべきかを推論しようとするさいにも、ひとはそれをある制度上の立場から行っているのである。（アンティゴネーとクレオンは何をなすべきかを決めるにあたって、自分のなすべきことを確信している場合であっても、個人的な感情なり神託なりに頼っているわけではない。また、両者とも、どんな妹でもなすべきことや、どんな統治者でもなすべきことについて、それぞれの立場から弁明しようとしてはいるが、「誰もがなすべきこと」に訴えたり、そこから演繹したりしているわけではない。）もし私たちがある理想化を試みることで制度上の立場を捨象するならば、私たちは実践的に理性的である可能性の条件を捨象することになる。言い換えれば、人倫の諸々の慣習は、どのような理由を与えうるのか、それはどのような文脈においてなのか、理由を与えることによってどれほどそれにコミットすることになるのか、といったことを律するものである以上、すぐさま発動したり、異議を申し立てたりする規則ではない。人倫の諸慣習は、要求を提起したり、要求に異議を申し立てたりするとみなされることの判断基準をなすものでもある。(40)

　以上の議論が、ひとりよがりな文化実証主義（cultural positivism）の前触れでないことに留意することは重要である。つまり、私たちが正当だとみなすのは私たちのゲームのなかで正当化として機能するものだけであり、これが正当であるのはそれがまさしく私たちがことをなすやり方だからである、といった文化実証主義の主張ではない。後に見るように、文化実証主義もあまりにも反省的で抽象的な立場であるから、それが実践的理由を与えるとみなすことはできない。（「これは私たちがことをなすやり方だ」と述べるだけでは、それがよい理由であるとは言えない。）ヘーゲルの立場では、たとえば妻子を夫の所有物のように扱うことを要求するというような、私たちが受け容れていない正当化に直面した場合、彼らの理由の空間で打たれる正当化の一手であるその要求には、それに反発すること以外に私たちには実践的な選択肢はない。その上で、その正当化は不当だという私たちの主張に役立つ人格権や自然権などに関する拡張された理解を提案し、それを彼らに確信させるように試みるよりほかはないのである。(そうしなければ、私たちは他の主体を主体として扱っていないことになろう。)私たちは、この場合の「文化的差異への尊敬」を、それもまた正当化しうると理解することができなければ、行為(もしくは不行為)の規範とすることはできない。ある意味で、文化的差異への尊敬こそ、寛容を尊重しない文化と交流する場合に、多分行為を要求するであろう(41)。

ところで、『精神現象学』、『エンチュクロペディー』、および近代的諸制度の内在的・客観的な「論理的」理性性に関する講義におけるヘーゲル独自の一連の反省が、今見てきたような制度的諸前提に応じた実践的理由の相対化と対立関係にある、と受け取るべきではない。しかしながら、私たちはこの問題を「プラトン的な仕方で」考えることに慣れているので、そのような対立関係があることが当然だと思うのである。すなわち、私たちの考えでは、日々の生活は「諸々の前提」に依拠しているが、そうした前提の正当化は日々の生活のある時点で「無効になる」が、これは正当化の破綻を表わしている。そして、私たちが日常の実践において不完全に行っていることを完成することができるのは哲学だけである。こうして哲人王と知的指導者とに案内される。同様にまた、私たちは次のように考えがちである。すなわち、こうした正当化の実践はまさしく崩壊しうるがゆえに、実践的理性性を構成することができず、参与者たちは自分たちが現実にははっきりと不十分であることを経験しうる。一方でまた、ある種の学習の過程ないしは真の道徳的な向上がありうる。そして、これが意味するのは、私たちは完全に実践的に理性的な状態、すなわち公平な正当化の完全に適正なやり取りを求めており、おそらくはそれに近づきつつある、ということである。そうであれば、それらの条件を展開することは原理上端的に可能であるはずであり、不完全な生き物だから現実世界にそのような状態の事例を多くは見出すことができない、と悩むことはないというわけである。

これらは適切で重要な考察ではある。しかし、ヘーゲルの観点からすれば、私たちはこれらの問題をどのように言明するかに注意しなければならない。とりわけ、共同体内部での正当化の言語的実践におけるある種の挫折、アポリア、解決し難い対立状態と、その後の部分的な解決、止揚などの経験との間の差異に留意しなければならない。この現象は現実的ではあるが、局所的な状況にすぎないであろう。その状況では、いったん実践的に理性的であることがこのように（適切な規則遵守と）定義されるならば、その参与者たちは同時代の他者たちと、そうした規則、規範的境位のよりよい候補の交渉に当たっていると理解されうるであろう。よりよい候補とは、すでに没落したものに代わって参与者たちをよりよく動機づける実践的理由のことである。しかしながら、それを行うには、当の参与者たち自身が「絶対的な真理ないし絶対的に満足できる状態に近づいている」ことを理解していなければならない、と考える特別な理由はない。（オレステスやクリュタイムネストラが必要とし、最終的にはエウメニデスも必要としたものは、報復行為であって、地上における神の国ではない。）また他方では、さらに反省を深めて、動機づけを与える実践的理由とは関連のないレヴェルに達すれば、この類の規範的な認可や拘束を、規範性や正当化一般に関するいっそう明瞭な自己理解（おそらくは「論理学」）の内部に位置づけようとする試みもありうることだろう。

換言すれば、ヘーゲルにとって、哲学は、人々が客観的精神のレヴェルで下手にしかできないことを、より上手にするというわけではない。哲学が行なうことはもっと別のところにある。確かにヘーゲルにおいて、哲学は「より高度で」「より自由な」活動とみなされている。しかし、哲学は客観的精神に一致するわけではないし、現実的な道徳的能力は諸々の原理や理論をおぼろげに、混乱した仕方で把握するわけではない。道徳的能力は哲学の劣ったヴァージョンではなく、端的に倫理的能力のヴァージョンであり、おそらくは倫理的能力のよい、そしてさらによくなるヴァージョンなのである。いや実のところ、〔市民宗教のような〕事柄に、このような〔哲学的な〕理論が、ヘーゲルのいわゆる「人倫的な威力」として持ち込まれるならば、それは人倫を歪めることになるだろう。事実、ヘーゲルのもっとも根本的な主張によれば、こうした哲学活動の内容とは、没落と回復の相互主体的な論理の展開をありありと再演することにほかならず、そのような説明や正当化の包括的な論理にほかならない。そして、包括的な論理それ自体は、当の諸主体にとってはいかなる役割も果たさないのである。

この実践と哲学の「連続性」という点に関するプラトンの最初の批判者は、言うまでもなくアリストテレスであった。そして興味深いことに、実践と哲学の区別立ての重要性は、ヘーゲルとアリストテレスの両者に関する解説においても看過されがちである。アリストテレスは、自分の倫理学的著作のなかでは、あるひとが何かをする理由を事実上与えていないと主張しており、倫理的世界はそれ自体で申し分がないので、いかなる教示も哲学的正当化も必要としないと主張している。ところが、解説者たちはときおり次のような推察をしている。すなわち、「思慮ある人（*phronimos*）」（実践における賢者）は、人間の諸々の実践の「基礎」を成すところの自然理解や人間理解について何らかのことを知っているにちがいない、と。しかしながら、アリストテレスにはある理想的な人間やポリスの実在的基礎に関して言及されるべき事柄があるとはいえ、こうした解釈はまったく誤っている。(42) そして、ヘーゲルもまた彼独自のやり方で、客観的精神の哲学で提示されている、近代の諸制度が権利の諸条件を充たすことを証明する諸考察は、実践的理由を与えるものではないし、そうではありえないことを十分に明らかにしている。以前に引用した一四五節において、ヘーゲルが「人倫的なものが理念のこれら〔諸々の掟と機構、すなわち、家族、市民社会国家〕の諸規定の体系であるという事実が、理性的なものであることを構成している」(RP, 294; PR, 190.『法哲学』(下)一四五節)と主張するとき、彼が与えているのは、忠誠心を生じさせ、背信行為を未然に防ぐのに実践的に有効でありうるような説明ではない。もっとも、こうした説明の仕方は、契約論者やカント主義者であれば、自分たちの説明の間接的なヴァージョンに実践的に関連するとみなすであろう。同様のことは、ヘーゲルが、理性性に関する体系的説明によりもむしろ、『精神現象学』や歴史講義にあるような、歴史的説明に訴えていることについても言われうるだろう。彼は、近代における諸個人の実践的経験の現れを速記したものを、普通の手書きといったもので要約しているわけではない。

そして、ここの作業での区別立て、すなわち、客観的精神における実践的な理性の制約された役割と絶対的精神における理性の「もっとも自由な」実現との区別立てこそ、もっともよく知られてもいるがもっとも誤解されてもいる『法哲学』の主張の基礎をなすものである。その「序文」でヘーゲルは次のように主張している。すなわち、自分が試みているのは「国家を本質的に理性的な実在として概念的に把握し、かつ表わそう」とすることだが、同じく真実なのは、自分の哲学は「あるべき国家を構想するなどという義務からは、できる限り遠く隔たったものでなければならない」ことである(RP, 26; PR, 21.『法哲学』十九頁)。ヘーゲルはまた続けて次の二点を強調する。第一に、哲学は「現在の十字架における薔薇を発見し、そのことで「現在を悦び」、この「理性的な洞察」を通じて現実との和解を与える。かつまた第二に、哲学は世界がいかにあるべきかについてまったく教示することができない。哲学は、ミネルヴァのフクロウが黄昏時に初めて飛び立つように、教示をするには舞台に現れるのがつねに遅すぎるのである、などである。しかし、これら二つの主張には少なからぬ対立がある（世界に「それがいかにあるべきか」を教示する一つの方法が、あるべきとおりにあると主張することであってはならないのはなぜなのか。物事は現在の十字架における踊る薔薇のようにみえながら、なおかつ黄昏の灰色の風景のようにもみえるのはなぜなのか）。それゆえ、解説者たちはたいてい、ヘーゲルにおける「教示の欠如」や「あるべきこと」の欠如という制限を度外視することによってその問題を解決してきたのであり、また、ヘーゲルがまさに述べようとしたのは、当時の国家、プロイセンがあるべきとおりにあるということである、と決めつけるのである[43]。

しかしながら、ヘーゲルの手続きは一貫してこれら二つの考察を区別している。それが顕著に表れているのは、彼の一八一八・一九年の『法哲学講義』においてである。そこでヘーゲルは、法律の知識に基づく実践的理由、すなわち「諸々の理由に基づく」さらなる知識と、「概念に基づく（…）哲学的な理解」(VPR, 2:106) とを区別している。また、ヘーゲルは〔『法哲学』の〕「序文」において、自分の説明は近代の現実との「和解」を認めるだろうと主張したすぐ後で、ある非常に明確な対格を記している。

> 概念把握しようという内的な要求を受け取った人々にとって。すなわち、実体的なものの領域のなかで自分たちの主体的自由を保持しようとすると同時に、ある特殊的で偶然的な状況のうちにではなく、即自的かつ対自的に存在するもののうちで、主体的自由をもって立とうとする要求、そうした内的な要求が生じた人々にとって。(RP, 27; PR, 22.『法哲学』(上) 二一頁)

近代の諸制度が十分に客観的に理性的であることに関する包括的な展望は、説明を与え正当化されうる様々な契機の体系的説明の内部で、ならびに人間精神の自己教育の歴史の頂点として、これら双方において示されるのだが、この種の展望は、ある一時の制度的背景のなかで正当化として効果的に広く流通するものに関する説明とは、厳格に区別されるべきなのである[44]。

したがって、ヘーゲルは、理性性の資格要件の主観的側面に関する具体例を提示しようとするさいに、陪審裁判の公開性と理性性という条件を引き合いに出している（RP, 380; PR, 257.『法哲学』（下）二二八節）。彼の主張によれば、あらゆる判決が専門の裁判官たちによって、証拠の厳格な基準と複雑な法律上の論拠に基づいて下されるならば、たとえそうした基準や論拠のすべてがそれ自体に関する法的な専門知識の高度な水準を満たすものであったとしても、市民たちは裁判制度への信頼を守る理由を主観的にはもちえないことになる。市民たちがこうした制度を支持する理由をもつかどうかは、制度それ自体の暗黙の基準（この場合、法の前の平等）と、制度それ自体のなかで参与者たちが与えたり受け取ったりする諸々の思慮とにかかっている。あるいは、普通の事例に立ち戻って述べれば、何をするのかを個々の市民が決めるさいに基づかなければならないものはただ「彼の身分およびその諸々の義務」だけである。市民はその時々において可能な批判的反省に訴えることによってそのような役割を肯定しうるようになるが、その一方で、彼が占める身分はそれだけでは理性の要求に一致しないと主張することも全くもって可能なのである。

換言すれば、実践的理由を求めたり、与えたり、受け容れたり、退けたりすること、これらすべては、規則に律せられた社会実践のなかの諸々の要素とみなすほうがよい。正当化は、共通の実践を律する規則に従っているという主張として、他者たちに与えられる。そして、実践や制度が、それを今あるものにしたところの危機や崩壊や変化を組み入れていった仕方を勘案すれば、適切さをめぐる実践的な問題は、このような実践の内部でのみ答えうるものとなるに違いない[45]。私たちが、ある行為はかくかくと理解されるべきであってしかじかと理解されるべきではない、と想定するとき、そこにはつねに、他人もまたその行為をそのように解釈すべきだという期待が必然的に伴っている。また、私たちがそうした想定をなしうるのは、私たちがすでに何らかの規定的な仕方で、お互いを同胞の参与者として理解するようになっている場合に限られる。あるいは、想定と期待の比較的「濃い」、相互的なやり取りが与えられている場合に限られる。実践的推論はつねにこうしたコンテクストを前提としている。したがって、打算的な思慮による推論は私の部分的な善の制限や留保を正当化しうるかどうかという問題に対するヘーゲル的な解決は存在しないが、そもそも解決されるべき「現実的な」問題もまた存在しないのである。信頼や連帯は、それがなければ共同の行為が不可能となるものだが、利己主義的な前提、「正しく理解された自己利益」に基づいて正当化することはできない。だが、それが存在するならば、またヘーゲルが正しいならば、信頼と連帯がもっともよく理解されるのは、その不在や不足という集合的・歴史的な経験から生み出されたものとしてである。したがって今や、「家族は子供の自立の育成に努めるべきだから」は、おそらく当の行為者にとってそうした実践においてそれ以上の言及がまったく必要のない、もっとも優れた決定的な理由である、と私たちはみなすことができる。ヘーゲルが主張し続けているように、もちろん行為者は理由を知り、それを肯定しなければならないが、そのように対応する場合にコミットしていることが何であるのかを理解していなければならない。しかしながら、このことは、歴史における弁証法的な諸々の変化に、あるいは発展する権利の理念との一致に訴えることとはまったく異なるし、そうしたものに暗に訴えることとも異なるのである。(46)

ところで、当然生じうる懸念や疑問がここでもまた忍び寄ってくる。すなわち、私たちが向けられているのは、デュルケームの『社会学的方法の規準』にある「個人の本性というのは単なる無規定な素材であって、それを社会的要因が形成し、変成する」というような立場である。[47] そこで、私たちは次のような疑問を呈する必要がある。純粋に理性的な批判に訴えることによってでなければ、いかにしてそうした制度の境域は崩壊しはじめることになるのか。これはではまったく相対主義的にみえるということになりかねない。そもそもこれで、個人による諸制度に対する異議申し立てのヘーゲル的な基礎を理解するのに役立つのか、等々である。ヘーゲルのアプローチを擁護するには、ヘーゲル的な行為者性のカテゴリー、哲学的な概念把握の可能性と実践的な実現との間の関連（もしそれらに何らかの関連がある場合）、ヘーゲルにおける個人の責任の地位、彼の刑罰の説明等々、それについて言及すべきであろう事柄はまだまだ多くある。[48]

そして最後に付け加えれば、これまでに論じてきた諸定式の多くは、意気を挫くもの、反理性的なもののように聞こえかねない。そして事実、バーナード・ウィリアムズのような多くの新ヒューム主義者たちは、内在主義条件と「倫理学の諸限界」との抵抗し難い支持者なのである。[49] しかしながら、本章を結ぶにあたって、以下のことに注意を向けることが重要である。すなわち、ヘーゲルは、人間理性が目的を設定することができ、自力で行為を規定することができることを否定してはおらず、また、近代における個人は先行する文明とは異なるいっそう優れた仕方で実践理性に応答することができる、という彼の論争的な主張を弱めてはいない。ヘーゲルが、実践理性それ自体のカント的な観念や合理的利己主義の観念を否定しつつ示そうと試みているのは、それを行う正当な理由のあるものが何であるかは、諸々の制度的な生活形態に注意を向けることなしには分からない、ということである。というのも、それらの制度的な生活形態は、適切な自己理解が何であるのか、うまくいく正当化が何であるのか、を具体的に規定するものだからである。ヘーゲルが主張しているのは、（たんに説明という意味においてではなく、正当化に役立ちうる適切なよき理由という意味において）ある理由をもつということは、理性それ自体の法廷の前で反省による究極的に絶対的な証明をなすといったことではない、ということなのである。[50]

これまでずっと述べてきたように、ヘーゲルには、制度は人間精神の自己教育の歴史を具体化していると言うことができる、と主張する用意がある。（ヘーゲル自身の前提において、制度がある最終的な、あるいは完全な契機を具体化すると言うことができるかどうかという論点については、第十章の「結論」のなかで簡潔に取り組むことにする。）ただし、こうした真の教育や道徳的な前進に対する主張に関する説明や正当化を与えることができるとしても、それはただ「黄昏時に」であって、「なされるべきこと」を立法化するような仕方においてではない。そうした説明や正当化を与えることができるのは、ヘーゲルが『宗教哲学講義』で「聖職者」と呼ぶ哲学者にとってだけである。[51] 換言すれば、マルクスはヘーゲルに関して正しかった。すなわち、ヘーゲルにとって哲学の核心は、世界を理解することであって、変革することではなかった。そして、これには哲学が世界を変革することができないという単純な理由があるのだが、マルクスが適切に理解しなかったのはこのことにほかならない。

原注

（1） ツェルマン宛の手紙（B, I: 137）。

（2） アンティゴネーは祖先の神々がこの行為を彼女に要求していると考えたのかもしれないが、彼女は「神の命令」を論拠とする道徳理論の信奉者のように〔その要求に〕応答しているわけではない。彼女にとって受け容れ難いのは、ポリュネイケスを埋葬しないままで、妹であり、妹として生きるということであろう。それゆえ、この場合、「神々がそれを命じている」というのはむしろ、回避することのできない事柄を確証することに近いものとして機能している。

(3) ある意味では、この箇所で述べられていることは感情を害するが、今日ではほとんどの人が明白であるとみなすであろう事柄である。すなわち、国家ないし社会秩序全体という次元が存在し、それはそうした全体を構成している個人の生活や利害よりも重要だと考えられているということ、また、そこでの制度は、諸個人の利益のために存在しているのではなく、見方によっては、そうした諸個人には「無関心である」と言われうるということである。

(4) 言い換えれば、こうした状況は悲劇的なものであろう。というのも、良心への信頼がこうした社会的世界において指針として役立てうるもののすべてだとしても、そうした主観的確信のみに信頼を寄せることは、依然として、無規定的で信頼できない帰結を生み出すだろうからである。

(5) 『法哲学』一四七節に対するヘーゲルの手書きのメモをも参照。ヘーゲルはここでも、「ギリシア人たちは良心をまったくもち合せていなかった」(VPR, 2:553; さらに LPWH, 213) と述べている。また、『歴史哲学講義』におけるルターと宗教改革の意義に関する見解、とりわけ、感情の面では (「心情においては」)、真理は一人ひとりの主体によって理解されうる、という考えを参照されたい (VPG, 495–496; PH, 416.『歴史哲学』(下) 二七二頁)。

(6) このいわゆる主観性という近代の原理と前近代的な「精神の形態」、とりわけ古代のそれとを、ヘーゲルがどのように対比しようとしているのかさえ、まったく明らかではない。ギリシアの個人は「良心をまったくもち合せていなかった」とか、彼らは反省することなく、ひたすら祖国のためだけに生きていた、などのヘーゲルの主張は、そのうわべだけ見れば、まったく馬鹿げている。もしアンティゴネーとクレオンが実際とは別様に行為しえなかったならば、そもそもソフォクレスの演劇のすべてはまったく意味をなさない。彼らが別様に行為しえたであろうことは、イスメネやハイモンが居合わせ、議論していることのうちにドラマティックに明らかにされている。また、ギリシア人の観客が、円形劇場に入って、彼自身一方の役に引き付けられると次には他方の役に引き付けられるといったことがなく、その演劇においてどちらか一方の応援団員とみなされるならば、彼はその演劇を悲劇としては経験することができないであろう。ホメロスの世界においてさえ、もしヘーゲルのうわべの主張が正しいのであれば、オデュッセウスに対するカリプソの誘惑は、誘惑としてまったく意味をなさないことになろう。

私が思うに、ヘーゲルが言おうとしているのは、諸個人はまったく無反省に自分の役割を果たしているというのではない。社会秩序が客観的に欠如した状態においては、否応なく、同等に要求される他の諸々の社会的機能との危機的な衝突に陥らざるをえない、ということであり、その場合、既存の規範に対する反省や疑念が実際に生じるとしても（『供養する女たち』におけるオレステスを参照）、それらはどこにも導かず、いかなる解決も提示せず、ただ苦しまざるをえない、ということである。これが、実際のところ、ヘーゲルが『法哲学』一四七節の手書きのメモで述べていることの真意である。すなわち、ギリシア人たちは「釈明をなしえず」、したがってまた「いかなる良心も、確信も抱いていなかった」のである。また、彼らが信じる事柄は「理由によって媒介されてはいなかった」のである（VPR, 2:553）。（それでもなお、この解釈は極端なものである。ソフォクレスの演劇でもっとも奇妙なことの一つは、どのぐらいの反省や疑念なら支持され、真に議論されるのかが分からないということである。それでも、この解釈はよりよい線を行っている。）

（7）『エンチュクロペディー』五〇三節Aもまた参照。そこでは、近代的主体は「自分の心情、心術（*Gesinnung*）、良心、洞察などのうちに、同意、承認、あるいは正当化さえ」（EPG:313.『精神哲学』四三二頁）見出さなければならない、と主張されている。

（8）〔自由には〕緩やかな一般的な意味があって、私は自分で目標を設定したとか（ある種の自律）、心理的な意味で目的に心から同一化したとか（真正さ）、目的を達成するための手段をもっていたとか（力）、身体的にも言語的にも障害がなかったとか（否定的自由）、発展や成長へみずから努力したとか（ダイナミックな自己実現）、その成果を自分や自分が意図したことの真の現われとして経験したとか（自己承認という意味での自己実現）と、言いうる。したがって、こうした非常に様々な自由の概念は、ある意味、自由それ自体が抽象的な理想であるということを超えて、規範的に中立的であると言いうるかもしれない。しかし、ヘーゲルの主張の要点は、自由の概念がこうした〔とりとめのない〕現れ方をするのは、理性の役割（したがってまた、実践的推論が本来的に具えている社会性）がこうした概略では隠されているからだ、ということである。Geuss（1995a）の大変参考になる議論において、レイモンド・ゲスが自己実現理論における「〜のうちに自分自身を認める」という言い回しの制約について論評しているのを参照されたい。

（9）アイザイア・バーリンの抱いた懸念への応答は、ここでの主題とは別のいっそう遠大な主題である。彼の懸念とは、自由の概念が近代において「膨張する」ことによって、私たちがよい生活の構成要素だとみなしたいと考える他の多くの事柄が、自由であるとは何であるのかについての主張へと不当な仕方で詰め込まれる、ということである。

(10) 二六〇節とその補遺においては、主観的と客観的の双方の理性性の十全な要求が述べられている。そこでは、「理性的」という語が意味するのは、「特殊性という自己充足的な極点」の原理と倫理的全体の「実体的統一」との両方が実現され、充足されることであり、そしてこのことが「主観性の原理そのもののうちに」あることである、と思われる（RP, 407; PR, 282.『法哲学』（下）二六〇節）。

(11) 「和解」の問題に関しては「主観的」側面がヘーゲルにとって中心的な位置を占めることについては、Hardimon（1994）第七章および Neuhouser（2000）第三章、第七章を参照。

(12) 政治哲学における自然への訴えの用法については、『エンチュクロペディー』五三九節（EPG:333.『精神哲学』四五九―一四六〇頁）におけるヘーゲルの論争的な言及を参照。

(13) 『法哲学』二六四節ではこの論点が明確にされている（RP, 411; PR, 287.『法哲学』（下）二六四節）。

(14) 二七〇節も参照（RP, 415ff.; PR, 290ff.『法哲学』（下）二七〇節）。

(15) カントの場合と同様、もし機械論的な力（悟性が類推だけによって考えた状態）しか存在しないのであれば、全体は機械論的な諸々の力による単なる偶然的な帰結として現れうるが、本来それがそうあるべきであるように、様々な力の根拠、とりわけ、そうした力の統一と調和の根拠としては説明されえないだろう。カントの目的論に関しては Wolff（2004）を参照。

(16) 繰り返して言えば、ヘーゲルは、欲求の体系の統制以外の何ものでもないような国家は存在しえない、と主張してはいない。彼の言いたいのは、欲求の体系の統制は真の国家の姿ではない（その概念がそれ自身と一致していない）こと、そしてまた、いかなる普遍的次元も想像できない市民社会の競争状況は、それだけでは国家が本来それであるところのものではありえず、それ自身を掘り崩さざるえないことになること、この両方である。

(17) 『法哲学』七節の補遺（RP, 57; PR, 42）、および Honneth（2000）, p. 26 の解説を参照。また、「われであるわれわれ、われわれであるわれ」という、精神に関する有名な『精神現象学』の主張を参照。ヘーゲルの構想全体ならびに『精神現象学』における、「社会性」という観念の重要性に関するもっとも優れた説明としては、Pinkard（1994）を参照。

(18) Rousseau（1997）における『社会契約論』I‐7を参照。

(19) Neuhouser（2000）, p. 147 の「社会条件」の立場に関する明瞭な要約の定式化を参照。

(20) 一四八節注解の「自由の理念によって必然的に形成される」ものに関する言及を参照（RP, 297; PR, 192.『法哲学』（下）一四八節）。

(21) Wolff (2004), pp. 295–296 の興味深い議論を参照。ヘーゲルはここで、なぜこうした消費主義者の楽園は反対されるべきなのかという問題に、直接取り組んでいるわけではない。彼の立場は一八一九―一八二〇年の講義においていっそう明白である。ヘーゲルはその講義で、「もし人間が父親とか市民社会の構成員などでしかないならば、人間はその本分（*Bestimmung*）を達成しそこねている」（VPR, 2:127–128）と主張している。だが、この主張を理解するためには、ヘーゲルの主張が意味するのはおそらく、ヘーゲルは哲学的人間学や自然目的論に拠ろうとしているのではないことを理解しなければならない。ヘーゲルの主張が意味するのはおそらく、そうした〔家族や市民社会における〕実践は集合的な自己立法能力を必要とするということであり（そうした実践が規範的な意味で理解可能となるのはそうした能力の観点によってのみであり）、そうした能力は家族や市民社会といった制度のもとでは実現されえず、国家への参与が必要になるということである。

(22) ルソー『社会契約論』I. 8、Rousseau (1997) 参照。社会以前の合理的な諸個人は、契約にあたり、社会への依存の不可避性の事実を考慮することができる。つねにこう主張しようとすることができるかもしれない。しかし、誰一人として社会への依存の性格や範囲を事前に知ることはできない以上、契約は空虚な譲歩にみえてしまうのである。

(23) Hollis (1998)、とりわけ、第二章「慎重さの危険」を参照。ヘーゲルは『エンチュクロペディー』の五一五節で、信頼を「真の倫理的心術」と呼んでいる（EPG: 319.『精神哲学』四四〇頁）。また、信頼と「教養によって形成された洞察」との関係に関する『法哲学』の二六八節をも参照（RP, 413; PR, 288.『法哲学』（下）二六八節）。

(24) これはノイハウザーの言い回しである。

(25) Honneth (2000), p. 20 参照。

(26) Honneth (2000), pp. 28–29 参照。

(27) Honneth (2000), p. 29 参照。

(28) Hollis (1998), p. 11 参照。あるいは、ホーリスも同様に述べているように、イヴが「アダム、言葉を創りましょうよ」と言うことができたということは、意味をなさない。

(29) Honneth (2000), p. 30 参照。

(30) 同様の問題を抱えているのが、ホネットの初期の、等しく興味深い、貴重な「新ヘーゲル主義」の著作、『承認をめぐる闘争―社会的コンフリクトの道徳的文法』(Honneth 1996) である。この著作では、「社会的コンフリクトの道徳的文法」が、社会的善としての敬意や承認の重要性と、社会的な害悪としての軽蔑の重要性とに訴えることによって分析されている。〔この研究に対しても〕同様の問いが生じる。それなくしては個人の十全な主体性そのものが不可能となるような敬意や連帯とは、いかなる種類の善なのか。もし(権利のように)その善が欠如している場合、それは合法的な仕方なり、他の何らかの仕方で請求されうるものなのか。それはいかにしてなのか。もしそれが請求されえないのならば、いかなる種類の是正が適切なのか。社会的敬意の最広義の形式が共通の価値の何らかの形式に依拠しているのならば、私たちはなぜ、発展し、ますます世俗化の進行する近代文化がそうした成功した共通の目標を提供しうると信じなければならないのか。

(31) ワレスによるこのページ (PM, 264) の翻訳はひどいので、私はそれを無視した。ヘーゲルがこの箇所の最後で言及しているのはおそらく、諸々の国家は本質的に有限な個体である(いかなるコスモポリタン的な秩序も可能ではない)という理論か、立憲君主の理論かのどちらかであろう。

(32) この違いに関する二七〇節 (RP, 415ff; PR, 290ff.『法哲学』(下) 二七〇節) のヘーゲルの説明を参照。

(33) 二八〇節および二八一節 (RP, 449-454: PR, 321-325.『法哲学』(下) 二八〇節、二八一節) を参照。この点に関してはWolff (2004) による優れた議論があるが、そこではとりわけ、この点に関するマルクスによる (的確な) ヘーゲル批判が論じられている (pp. 309-12)。ヘーゲルの国家論のもう一つの特質についてはフォスターの研究 (Foster 1935) がうまく明らかにしている。フォスターの主張によれば、立法府は私たちが政治的意志だとみなすものを実際には具現していない。立法府は、伝統的な主意主義的な意味で、決断し、決定するよりもむしろ、共通の政治的合意においてすでに「議決されている」ことを表現し、確証し、「再現する」のである。しかし、これは私たちが首尾一貫して見てきたヘーゲルの強い反主意主義の特質であり、こうした政治的文脈においてそれが主張されたとしても驚くべきことではない。

(34) ただし、宣戦布告という、もっともよく知られ、問題となる国家の役目だけは別である。

(35) この点に関して、私はNeuhouser (2000) の解釈の主旨には賛成しない (p. 115 および第七章を参照)。ノイハウザーの主張によれば、ヘーゲルの主眼点は、「諸個人が自分自身を道徳的主体と理解するのは、彼らが道徳的権威の起源をたんなる外的なもののうちにではなく、自分自身のうちに見出す場合である」(p. 225) ことにある。私が思うに、ノイハウザーはこう主張するとき、内‐外の二元論を持ち込んでいる。だが、この二元論はヘーゲルが覆そうと努めているものであって、それにより、「たんなる」内的なものと「たんなる」外的なものは、双方とも通常の理解とはまったく異なる観を呈することになる。ノイハウザーの説明では、倫理的秩序をいわゆる「道徳的主観性」に服させているが、そのさい、ヘーゲルが道徳的主観性の地位について練り直していることや彼が特権的な内面生活という観念を根本的に批判していることは（ほとんど）考慮されていない。ヘーゲルが『エンチュクロペディー』五〇三節注解で、「倫理や宗教の諸規定」は個人の「心情、心術、良心」にとって外的なものとして経験されるべきではないと述べるとき（EPG: 312-313.『精神哲学』四三二頁）、個人の良心をそれらの規定が受け容れられうるかどうかの判定者にしようとしているのではないことは明らかである。彼が主張しているのは、理性的な秩序、客観的に理性的な制度においては、個人の良心の内実はそうした諸規定が要求することと一致することが判明する、ということである。ヘーゲルの説明において「内と外」に関する通常の「論理」がどれほど熟考されているかを考慮するならば、諸個人に対する社会秩序のたんなる「透明性」(p. 229)といったものがこの一致を果たすと信じる理由はどこにもない。しかしながら、ノイハウザーのいっそう充実した陳述としては、p. 250 を参照せよ。そこでは「真の倫理的水準への接近は他の道徳的個人に対する正しい（制度に媒介された）関係に立つことに懸かっている」と強調される。だが、もしこの通りであり、このような関係が熟議する対話者たちであることよりもはるかに深いところに達すると仮定するならば、道徳的主観性の本性に関する問題全体が再考されなければならないことになる。

(36) Hollis (1998), p. 115 参照。「私の行為が意味する何らかものがあり、他の人々がそれをその行為の意味するところのものだと認めない限りは、一個の個人としての私は自分の行為によって何ものも意味することができない。」

(37) したがって、ヘーゲルは、カントが手がけ、ハーバーマスとホネットにおいて展開された「批判理論」の一ヴァージョンの展開を継続したのである。批判理論においては、反省は、行為を理解可能なものにし正当化する試みに際しての、一定の境界条件を確立することができる。また反省は、こうした諸条件が考察されず、様々な種類の理由が混同されている場合に、何が誤っているのかを説明することができる。カントは悟性と理性を区別することで、この特殊な問題の口火を切った。ヘーゲルはカントの言い回しを受け容れないものの、彼自身の哲学は［カントと］同様な仕方で、「悟性の哲学」を「思弁」から区別することや、有限な反省を絶対的な反省から区別することなどにコミットしている。したがって、抽象的な権利の要求は妥当ではあるが、それは無制約的な意味においてではなく、責任主体、目的それ自体としての諸人格による、思慮の道徳的要求によって制約される。

(38) Honneth (2000) では、妥当だが制約された自由の概念に基づいて主体が行為し、その制約を看過する場合に、何が誤っているとヘーゲルが考えているのか、あるいは、どのようにして孤独、空虚、疎外などといった様々な社会「病理」が現れるのかが、きわめてよく示されている(p. 36 参照)。また『法哲学』の一三六節、一四一節、一四九節も参照(RP, 254, 286, 297; PR, 163, 185, 192.『法哲学』(上)一三六節、一四一節、(下)一四九節)。

(39) ヘーゲルの政治哲学では規範的領域の区別立てが非常に重要であることに関しては、Halbig, Quante, and Siep (2004) におけるジープの議論を参照。

(40) これは、ヘーゲルが、ある社会の制度構造全体への批判、ノイハウザーが「ラディカルな」社会批判と呼ぶものに、「十分な」余地を認めるかどうか、という問いを提起する(Neuhouser 2000, pp. 225ff.)。この問題は答えるのが難しい。というのも、客観的に見て、ある社会の生活形態がそれの要求するものと相容れないコミットメントに圧迫されて崩壊しつつある場合には(たとえばソクラテスの場合)、ヘーゲルがラディカルな批判に賛同することは確かだからである。ヘーゲルは、(二七〇節の宗教上の意見対立に関する有名な議論(RP, 415ff.; PR, 291ff.『法哲学』(下)二七〇節)の場合のように)他の事例においても、そうした批判に寛大な姿勢をとるのを厭わないようにみえるが、その理由はたんに、そういう事例では、それが近代の社会秩序に対する真の脅威とはならないとみなしているからである。もし社会秩序がたとえ理性的であっても、強力な批判がその秩序を掘り崩しかねないような場合に、ヘーゲルはその批判を完全に放免しておくことに賛同するだろうか。答えは「否」とならざるをえないだろう。これが何を意味するのか、これをヘーゲルへの批判とみなすべきかどうか、このノイハウザーの議論には価値がある。

(41) この点は、ヘーゲルの説明における宗教の政治的地位という、かなり複雑なテーマに関係する。『法哲学』二七〇節における非常に長い注解と補遺を参照(RP, 415ff.; PR, 291ff.『法哲学』(下)二七〇節)。

(42) アリストテレスにおけるこれらのテーマに関して大変価値のあるものは、McDowell (1998B) である。とりわけ、「眩暈」についてのp. 63の言及を参照。

(43) こうした「理論-実践」問題に関するヘーゲルのアリストテレスに対する関係については、述べるべきことが数多くある。これについての最良のものは、Theunissen (1970) の第三部第四章、pp. 338-419、とりわけp. 404

にある。また、大学教授、公務員、学識ある市民などとしての哲学者の「倫理的」役割に関しては、（私はその解釈に同意しないにせよ）Fulda（1968）もまた大変意義深いものである。

（44）『法哲学』一四七節における、一方の「自己意識の現実的な生命性（Lebendigkeit）」と他方の「概念的思惟に属する」「十全な認識」との間の違いに関するヘーゲルの説明を参照（RP, 296; PR, 191.『法哲学』（下）一四七節）。

（45）「社会空間における立場の想定」と推論に関するテリー・ピンカートの説明は、ヘーゲルが取り上げる文脈において実践的推論の社会的見解がどのようにみえるものなのかについての、重要なヴァージョンである。Pinkard（1994）第七章「近代生活の本質構造」pp. 263-343 における、ヘーゲルの『法哲学』に関する説明を参照。

（46）この点を始めるにあたっては注意が必要である。私は Pippin（1997）の「ヘーゲルの倫理的理性主義」において、ヘーゲルが実際に提示しようとしているのは、近代の諸制度は理性的意志の真の客体であり、したがって、近代的主体に対して忠誠と参与を要求するものだということである、と論じた。しかし、これは本章で述べたことと衝突するものではない。私は、客観的精神の哲学とその歴史的条件に関する説明が、この実践の参与者たちに対する何らかの正当化の役割を果たす、とヘーゲルが意図していた何らかの根拠も見出さない。本書の第十章の議論をも参照。私は、マルク・アルツノイアーの博士論文「ヘーゲルによる道徳的責任の弁護」（Alznauer 2008）第一章のこの論点に関する議論に恩恵を受けている。

（47）Durkheim（1950）の第五章参照。

（48）より十分な説明によって扱われるべきであろう特別の論点が二つある。それらは両方とも、外観上、ヘーゲルのテキストにある矛盾とみえるものに関わっている。（i）ヘーゲルは「信頼」という非反省的でさえある、近代的市民の主観的態度を叙述しつつも（EPG: 318.『精神哲学』四四〇頁）、同時にまた、すでに何度か見てきたように、その市民たちが「知性的かつ意欲的に」「普遍的なもの」を意欲するとも主張しているのだが（RP, 406-407; PR, 282.『法哲学』（下）二六〇節）、彼はここに何らの問題も認めていない。この問題に関するもっとも優れた議論の一つとしては、ノイハウザーの第七章「人倫における道徳的主観性の位置」（Neuhouser 2000, pp. 225-80）を参照。

また（ii）、これらの問題が、『法哲学』を基礎付けている道徳心理学の説明、とりわけその「緒論」で定式化されたものとどのように関連しているのか、という問題がある。ヘーゲルは一方では、実践理性の役割を、粗野な心理的与件ででもあるかのような様々な衝動、欲求、忌避の価値を査定する、独立した能力として捉える、どのような見解も退けているようにみえる（これは、カント、実定的宗教、禁欲的道徳などに対するヘーゲルの痛烈な批判に認められるとりわけ明白な拒絶である）。だが他方では、ヘーゲルはより伝統的な合理主義の言い回しを引き合いに出しているようにみえる。すなわち、ひとは自己を自分とは別個の意欲的状態（distinct conative state）から切り離し、それらを「超えて」（十一節および十四節を参照――RP, 62, 65; PR, 45, 47.『法哲学』（上）十一節、十四節）、それらが動機として役立ちうるかについて価値判断する、といった言い回しである。問題が紛糾するのは、私たちの次のような直観による疑いによってである。すなわち、自分が何をなすべきかを理性的に反省し、社会的に有効な理由を見出し、目標を定め、その目標を達成するのに十分な自制心と知性と手段をもち、ついにそれを達成したとしても、結局は依然として「行為〔なされたこと〕のうちに自分自身を見出す」ことができず、失望感を味わって終わる、といったことを言いうるのではないか、という疑いである。自由のこの次元にヘーゲルは関心を抱いているから、彼はそれを論じる何らかの手立てをもっているはずである。Geuss（1995a）p. 6を参照。「私は私が実際に望んでいることが何であるかを、たんなる内省によっても、たんなる理論的な反省によっても確かめることができない。」また、ヘーゲルにおける「反省」と「同一化」についてのGeuss（1995b）の提言をも参照。

(49) 道徳的理由と非道徳的理由の間のカテゴリー的相違と想定されるどのようなものをも重視しないという、ウィリアムズの構想の中心的主題の一つは、ヘーゲルの構想とも大いに関わっており、また、研究に値するギリシア哲学の諸主題との関係も含んでいる。ヘーゲルが「正しい」行為と結びつける実践的推論とは、道徳に特有な推論形式ではない。したがって事実上、ヘーゲルは他とは切り離されたという意味で独特の「道徳性」の理論をもたない。決議論的な問題、ジレンマの状況、諸々の義務間の衝突という問題、道徳的価値に関する諸々の論点等々は、近代的人倫に関するヘーゲルの議論においては決定的な役割を果たさないのである。

(50) Geuss（2005）を参照。「ヘーゲルにとっては、国家の思弁的・哲学的な根拠づけから、「私は何をなすべきか」という問いに対する哲学特有の興味深い回答へと至る運動というのは、まったくありえないのである」（p. 51）。

(51) 哲学とは「隔離された聖域であり、そこの奉仕者は、世間と交わることが許されないような孤立した聖職者の身分を形成する」（TWA, 17:343.『宗教哲学』（下）一八五頁）のである。

訳注

〔1〕ピピンは『歴史哲学講義』の緒論のテキストとして、多くの場合、J・ホフマイスターが編集した『歴史における理性』を参照しているが、これは未邦訳である。

第十章　結論

I　プラグマティックな実践的理性性とその「発展史的な」正当化

二律背反的な「あれかこれか」とみなされてきたものを、より包括的な真の立場の部分的見解として取り扱う、ヘーゲルのような総合的・宥和的・弁証法的な立場は、当然とも思われる懐疑をもたらす。それは、何度か言及してきたところの「あれもこれも」への懐疑である。これまでの章でとりわけ問題としてきたのは、ヘーゲルの自由の理論である。そこで示された解釈は、ヘーゲルには自由の理性的な行為者性の理論がある、というものであった。これは、ヘーゲルが以下のように論じる点でカントやフィヒテに与していることを意味する。すなわち、（a）人間生活の本来的な価値や尊厳と、満足のいく充実した生活という現実的実体との両方の条件をなすのは、その生活が自己規制的、自律的な生活だということである。これにより、主体は満足のいく充実した人間生活を送っている、と真の意味で言いうる。また、（b）この条件が充たされうるのは、たった今述べた「送っている〔導いている〕」（leading）という語や自己規制という語を、諸々の規範によって自己を拘束し、自己を方向づけることと理解することができる限りにおいてであり、主体が理性的な行為者である限りにおいてである。以上が実際に「あれもこれも」の一方である。次に、「あれもこれも」の他方が明らかになるのは、ヘーゲルがそのような理性的な行為者性の本性と考えているのは何なのか、彼はそうした行為者性を構成する自他関係をどのように理解しているのか、を理解するときである。ヘーゲルは、そうした実践的な理性性を「社会実践」と考えている、すなわち「プラグマティックに」考えているとも言いうるし、あるいは、理由への訴えとみなされるものについての「歴史化された」ないしは「対話的な」[1]見解をもっているとも言いうる。いずれにせよ、要点は、ヘーゲルが実践理性を諸人格間における正当化の企てのある種のやり取りと理解していることである。このとき、その各々の行為は他者が別様にもなしうることに影響を及ぼすものであるとされる。また、これが成り立つのはもっぱら、ある時代、ある共同体においてのことである。

もちろん、ひとは、他者が別様にもなしうることに影響を及ぼさないことが明らかな行為に関しても、何をなすべきか思い巡らすことができる。しかし、ヘーゲルがそのような行為は実践的理性性の行使の主要な事例ではなく、あまり重要でないとみなしているのは明らかである。また、他者に何らかの影響を及ぼさない行為というのはほとんどない、と彼が考えていたことを示唆する箇所がある。(『法哲学』における実践的理性性の三つの主要カテゴリー〔抽象法、道徳性、人倫〕は、すべて他者に関わっており、それらはすべて諸々の主体が互いに自分を正当化する様式だと考えられている。いささか驚くべきことだが、当人が何を行うことが善いのかにだけ関連する理由については、まったく考察されていない。) 最後に、そのような当人の行為にだけ関連する理由がある場合でさえ、それは少なくとも許容可能性をめぐる最低限の社会的次元に絡んでもいる。

以上のことから、理由を与えたり要求したりする実践の主観的、客観的の両側面に対して、次の帰結が出てくる。すなわち、主観的な側面に関して言えば、この次元に本質的な反省や思慮（何をなすべきか思い巡らすこと）は形式化することができず、諸規則の方法や恒久不変のセット、道徳法則、いかなる種類の計算も必要としない。ひとが思慮するのは、ヘーゲルに言わせれば、「倫理的存在者（*sittliche Wesen*）として」のことである。これが意味するのは、「私は彼女の父親だから」、「それは優秀なビジネスマンがなすことだから」、「きみは取ってはならない、それは私の持ち物なのだから」、「私は一人の公民だから」といった思慮こそまさしく実践的理由であるということである。これらの理由は、さらに十全な演繹を必要とする最初のステップというわけではない。たとえば、主観的に与えられる理由が本当に説得力をもち、よい結果をもたらしうるのに先だって、ひとは近代の法治国家の市民に求められることを常になすべきである、といった主張による演繹は必要ない。ヘーゲルによれば、そのような直観を支持するカントの自立と合理性の概念こそ危うい幻想なのである。

　もちろん、これらの思慮の特質に関して何らかの形式的な記述を与えることは可能である。あなたはある行為者に対して、その思慮はきみのためだと指摘することによって、もしくは、きみがそういう目的を望むならこういう手段があると指摘することによって、理由を提示しうる。あるいは、ある行ないはきみが追求する他の目的と首尾一貫しないとか、人々がつねに行なってきたやり方と整合しないとか、いつも幸福をもたらしてきた方針とは一致しないとかと指摘しうる。もしそれが妥当である場合にはその行為は先例を確立するものだと指摘しうるし、他の人々はきみが望まない仕方でその先例に従うだろうと指摘しうる。あるいは、きみの格律は普遍的な自然法則としては役立ちえないだろうとか、普遍的原則として首尾一貫して意欲されえないだろうとかとさえ指摘しうる。しかしながら、どのような種類の思慮が妥当なのか、またそれが妥当なのはなぜなのか、いかなる資格が与えられることによってなのか、いかなる文脈においてなのか、こうした問題は、ヘーゲルによれば、形式的に扱うことはできないし、何らかの手続きやテストに還元することはできない。また、ヘーゲルはこうも論じている。（a）これら理由のいくつかは「公的なもの」、あるいは、どうしようもなく社会的なものであらねばならず[2]、「私はきみの友人だから」、「これは国家のこれからの何世代かにとってよいことだから」といった、ある社会的アイデンティティ（「倫理的な存在者」としての当人の立ち位置）に訴えることとなる。さらに、（b）いっそう強力な主張によれば、私的ないし個人的な理由のどれが公的権威を獲得するのかということ自体が、すでに機能している社会秩序や社会的紐帯の一つの機能である。たとえば、個々の私的利益を促進するであろうものへの公的な要求が、有効な現実的理由として経験されないばかりか、異様なほど自己中心的でひどく不快であるとさえ受け取られる、そうした社会環境を想像するのは難しいことではない。

客観的側面に関して言えば、そうした実践的理性性の概念が具体的に社会化されて支配力をもちうるのは、ある特定の時期、つまりはブルジョワ近代の基本的諸制度の内部においてのみである以上、そうした制度が客観的・制度的に理性的であるのか、という問題が残されている。また、ヘーゲルは諸々の事柄を「合理的個人が意欲するであろうもの」に依拠するいかなる回答も締め出すような仕方で設定している。それゆえ、客観的理性性についての非常に独特な物語的、発展史的な説明が必要となり、このことが露骨な懐疑を生み出すのである。あるひとは、ある歴史上の実践の発生に関するいかなる考察も、総じて、その実践が理性的であり、規範的に必要にして十分であることには決して関わりえないと、露骨に不平をもらすかもしれない。つまり、ヘーゲルは精神それ自体の発展史を取り込むために（言いかえれば、「理性の自己権威づけ」の考察を取り込むために）、実践的規範の自己立法的性格の考え全体を拡張したのかもしれないが、彼が行なったことのすべては、推定上の前規範状態から諸規範の可能な自己立法的起源を理解することの困難さを深めることによって、自己立法の逆説的かつ不確実な本性を拡張することであった、というものである。続いて批判されるのは、この線上にあるのは単なる歴史社会学、つまり、共同体が規範的に必要十分であると受け取ってきたものは何なのかについての歴史学であって、それが規範的に必要十分であることについての説明ではない、というものである。

この後者の論点、すなわち客観的理性性とその発展史的正当化の問題は、ヘーゲルの構想においてきわめて重い比重を占めている。もしヘーゲルの実践的理性性（したがって行為者性）の理論がまさしくたった今叙述された意味において一つの社会理論であるならば、すぐさま次のような問いへと導かれる。なぜ「私は国家社会主義政党〔ナチス党〕員だから」、「きみは女性だからこの仕事には就けない」といった正当化は、ある時代、ある共同体のなかでは（それが一度は正当だとみなされたであろうように）有効な正当化だとみなされるべきではないのか、と。すでに見たように、ヘーゲルは実践的理性性の主観的側面は正当化の日々の実践と絡み合っており、したがって、そうした主張の反省的な査定――たとえば、女性であることによってある仕事の資格が奪われるべきかどうかについての査定――ですら、ある時代のある実践の現われであると論じている。少なくとも、そのような反省がまた諸々の理由を与えたり求めたりする現実の実践においてある役割を果たしうる場合には、そうである。ヘーゲルはおそらく、力が同等ではない立場から提出される正当化、相互の社会的立場を承認しあうことが欠けている正当化が、なぜ有効で「現実的な」正当化となりえないのかについて、一つの見解をもっている。けれども、ヘーゲル独自の推論スタイルは、ある社会実践のなかの形式的・抽象的な規範といった基準に頼ることを彼に許さない。それゆえ、私たちは、何がそうした十分な相互性とみなされるのか、それは正確にはなぜなのか、そして、現実的で有効な正当化であることに「失敗する」という表現でヘーゲルは具体的には何を言おうとしているのか、について知る必要があるが、そのためには彼の発展史的・内在的な説明が不可欠となるのである。しかし、これは、理性の法廷の前で社会実践や道徳的要求に釈明を求めるという、哲学的反省の本質的に規範的な機能が放棄されることになるのではないか、という疑念をふたたび招き寄せることになろう。

しかしながら、この種類の懸念はそれ自体の憶測を伴っており、ヘーゲルが示そうとしている事柄の誤った解釈に基づいている。彼が示そうとしている事柄を理解するためにはまず、そうした論点の細部からはるか手前へと引き返して、実践的規範に関する明白な事実を考察する必要がある。すなわち、実践的規範は変化するのである。〔たとえば今日、〕私たちは人類史上そうした変化の最大のものの一つを生きている——性別役割分業に対するどんな要求の規範的権威も、少なくとも西洋社会においては、終焉を迎えつつある。ひとは次のことを認めるだけで、ヘーゲルの方向に向かって大きな一歩を踏み出すことができる。すなわち、この変化の正しい説明は（ならびに哲学的な規範理論においてこの変化を説明する正しいやり方は）、原理的には人類に接近可能であるが、不運にも（数千もの世代にわたって）発見されなかったがために数千年も隠されてきた道徳的事実を、ある人あるいはあるグループが発見したのだ、という仕方での説明であるとは、最小限に見積もってもまったくありそうもないこと、これを認めるだけでよい。同じことは、奴隷制や人種差別、児童労働、植民地主義についても言いうる。すでに見てきたように、私たちは同様の問いを、次のように提起することができるし、また、そのように提起するべきである。すなわち、自由それ自体の理想が西洋社会のなかでこのような重要性を獲得したのはなぜなのか、行為者とみなされる者を規定する境界が設定されるようになったのはいかにしてなのか、またそれはいつなのか、さらには、なぜその境界が画定されるようになったのか、等々の問いである。(3)

この問題を次のように言い表すことも可能である。すなわち、それは、おぼろげにではあってもいつかは知られる、きわめて基本的な道徳的諸事実の一つではあるが、しかし同時にまた、この諸事実は、おそらく普及しつつある、より寛大でより理性的な「諸解釈」に晒されているのだ、と。この場合、私たちが保持しようとする道徳的諸事実それ自体は、変化することなく、つねに人間の諸々の実践を、おそらくは多少なりとも成功裡に導いているのである。私が思うに、ヘーゲルはこうした難題に対して二種類の回答を用意している。第一は、基本的な規範は「同じであり続け」、「諸々の解釈だけ」が歴史とともに変化すると主張し続けることは、ただむやみに解釈が異なる場合であっても、ある点では（この点がどこにあるのかを正確に述べるのは正直なところ難しいが）依然として説得力がある、という回答である。もっとも、ある点ではと言っても、「同じ道徳的事実」という要求に関して残されたものは多くない。少なくとも関心を引くようなものは多くない。たとえば、次のように言うことが許される場合がそれである。ある深刻で奇妙な逸脱行為は問題外として、ある共同体では「すべての人格が尊敬をもって扱われねばならない」という考えが受け容れられながらも、人口の約五パーセントだけが真に人間的な人格であるとみなされていた。そして、そのような共同体がマザー・テレサやキリスト教的平等主義者と同じ規範を共有している、と言うことが許される場合である。あるいは、東欧の共産主義体制は「国家権力は人民の意志の名において行使されるべきである」という規範的要求を完全に受け容れていた。自由民主主義の体制の支持者もまた同じ言葉を用いるであろうが、しかし、この両体制が「同じ規範を共有していた」と唱えるのは困難であろうし、おそらくは興味も引かないし、有益でもないだろう。もう一つの応答に含まれるのは、ヘーゲルによる概念の説明における基本的に論理学的な主張、すなわち第四章で特に言及したように、「概念」はつねに「現実化される」ものとして理解されねばならない、という彼の主張である。

もちろん、これらの問題のいずれに関しても、哲学者としての私たちはそうした発生的、歴史的、心理学的な問題に関心を向ける必要はない、と主張することもできるだろう。すなわち、私たちがしなければならないことはただ、いかなる実践や行為が正当と認められうるのか、また、それはなぜなのかを決定するために、今できる最善を尽くすことである、と。けれども、こうした考えはやや近視眼的であるように思われる。たとえばロールズが福祉国家のいくつかの特徴を正当化するために用いた手段は、(ロールズが『正義論』以降、彼の経歴の第二段階で認めていると思われるように、)伝統を査定するための道具であると同時に、まさしく伝統の反省でもあった。同じことは、社会契約論、方法論的個人主義、合理的利己主義、等々についても言いうる。けれども、もしこのことが正しく、「正当化のゲーム」が他のどの実践とも同様に、歴史に位置する社会実践の一つであるならば、それが私たちに残しているものは何なのか。[4]

少なくともそれは私たちに、「いかにして私たちは私たちになったのか」、という差し迫った問いを残している。また、そのような物語がこのような発展についての多くの可能な物語のなかの一つを語るということ以上のことをなしうるのは確かである。もし私たちが基本的に規範的な作法に格別の関心をもつならば、はじめはきわめて曖昧だが、たった今叙述した状況を考慮する限りで、明白にかつ不可避的に検討課題となる事柄を、回顧的に規定しようとするかもしれない。それは、ある生活形式の本質的特徴、たとえば近代の道徳的・倫理的・政治的アイデンティティの本質的な諸特徴が今のような支配力をもつに至ったのはなぜなのか、そうした歴史が考慮される場合、他の生活形式を想定しても、そこに生きるに値する生活形式を想像することが困難であるのはなぜなのか、といった問題である。こうした研究課題は大きなカンバスのうえに描かれなければならないだろう。その課題はおそらく精神の可能な限り多くの次元を含むはずである。すなわち、宗教、政治、芸術、哲学の歴史を含む。また「精神それ自身の経験」の歴史、精神の自己教育と発展における「精神の現象学」も確実に含む。そうした課題が必然性に関する主張、すなわち、現にある諸々の事柄は他の仕方では起こりえなかったという主張にまで達することはおそらくない。しかしながら、最低限の歴史的な連続性と歴史の記憶を考慮し、社会の崩壊や規範の破綻の様々な形態によって生じたコンテクストを考慮し、それゆえまた、たんに仮想されただけの別の歴史的可能性の多くは不適当であり、可能な牽引力を欠くことを考慮するならば、「ひどいことが次から次へと続く」という説明よりははるかに多くのことが可能であるかもしれない。お互いに対して自己を正当化しようという人間の企てが作り出した文脈を考慮するならば、一連の選択肢はその文脈のうちにその歴史上の発祥地をもつが、他の選択肢はそれをもたないし、もちえない（端的に言ってそうした文脈においては意味をなしえなかった）、といった主張を論証しうるかもしれない。これは、哲学的なレヴェルにおいては（哲学者たちという「隔離された聖域」（*abgesondertes Heiligtum*）にとっては）、その種のものの正当化として、私たちが今どのように活動を続けているかについて考える様式として役立つかもしれない。そして、今の活動は、私たちが過去においてどのように活動していたのかに応答するものであり、また、もしそれが示されうるならば、過去の活動からの前進的な発展でもある。第九章で述べたように、和解のこの形式は、近代の人倫においては誰に対しても実践的正当化として機能するということはありえない。（それは、アリストテレスの説明では、思慮ある人（*phronimos*）は、実践的に賢くあるために、アリストテレスの学問の諸々の原理を理解する必要がなく、自然や弁論術に関する説明を理解する必要がないのと同様である。）しかし、たとえ近代世界との和解の形式がプラグマティックな意味では機能的に働いていないとしても、ヘーゲルの哲学観を考慮するとこの形式はもっとも重要なのである。

最後に、このアプローチ全体に対するいっそう形式的な批判がある。実践的理由とは、制度や時間に拘束された思慮として、他者が別様になしうることを妨げる行為の正当化として、ある社会的実践の内部で要求されたり、差し出されたりする思慮として論じられている。（他者が別様になしうることを妨げる行為は周知のようにかなりの説明を要する事柄である。ひとがなすことはどれも潜在的にはこのカテゴリーに分類されると解釈されるかもしれず、そうなると、明確な他者の抑圧さえ正当化を要しないことになる。）しかし、そうしたプラグマティックな思慮は、根本的に、不完全であるか、それとも、循環論法的であるか、いずれかであるといった非難が当然ありうる。

しかし、正当化する思慮として提案されるものが何であれ、それが何らかの正当化の効力をもつと言われうるのは、何が適切であるのか、許されているのか、要求されているのか、そしてそれはなぜなのかについてなされる、ある実質的な主張によってのみであって、社会紛争を調停し、承認の相互性を実現するという、機能特質によってではない。このように提供される思慮がそのことをなしうるのは、ただ現実に主張されることに基づいてのみのことである。そして、それが何であるにせよ、何が主張されるにせよ、実質的な実践的理性性の理論に基づいて、それは理性的とみなされることになるだろうが、それはその主張が果たす役割から独立の意味においてではない。つまり、ひとがそのような思慮として提供することができるのは、「何であれ、私たちの紛争を調停し、相互承認の境位を達成する仕事を果たすもの」ではないのである。

けれども、こうした形式的な批判はここでも（第九章の議論のように）、客観的精神の理論もしくは絶対者の立場の現象学的な正当化が作動するところの哲学的レヴェルと、「地上での」「生の」経験とを混同しているのである。この後者のレヴェルでは、ヘーゲルの持ち出す実例はすべて実質的で内容豊かである。たとえば、私には契約が果たされることを期待する権利がある、なぜなら私たちはお互いにそれに署名したのだから、とか、私はそれをすることが許される、なぜなら私はお前の父親だからだ、等々といった具合である。これらは、自由（および自由にとって不可欠な相互性）という規範の「現実性」がそれと判明したところのものなのである。また、これらの実例がそうした地位（理由としての機能）をもつのは、哲学的演繹の帰結としてではなく、むしろ、――一気に言わなければならないが――精神の歴史的経験の成果、すなわち精神の自己教育の成果としてなのである。ヘーゲルの説明がプラグマティックなものだと考えられるべきなのは、理解のこのレヴェルにおいてである。

II　ヘーゲルへの回帰

しかし、まさしく以上の議論によって、ヘーゲルの歴史的、解釈学的物語の増築への圧力が増すことになる。これがきわめて論争的な立場であることは明白である。私たちは「フーコー以後」の世界に生きており、歴史的変化のあらゆる場面に非情な偶然性を見ている。また今日では明らかに、よく分かる変化は権力をめぐる闘争や社会的アジェンダの調整をめぐる闘争のたんなる偶然的な結果だと考えがちである。したがって、今切り出した論点は、それが競合する説明になりうるには、よりいっそう支持される独立の取り扱い方が必要となるだろう。(5) 具体的に言えば、ヘーゲルの近代性の理論と擁護のより詳細な再構成に向けて、ならびに、自由な生活という最高の近代的規範が後期近代においていかなる運命を辿るのかに関する現代のヘーゲル的な説明に向けて、この立場は何を目論んでいるのかについての、何らかの説明が必要になるだろう。このことはまた、ヘーゲル以後の後期近代における倫理的、政治的、審美的な規範の地位についての問いは、一個の独立の議論ないし単一の包括的主張によって答えうるものではないことを意味するだろう。その目論見は、ヘーゲルが抱いていたそれと似たものとなるだろう。けれどもこの場合、以下の事柄が自己知の試み、自己知の現われとして考慮されることになる。すなわち、十九世紀小説と近代小説、ビジュアル・アートにおけるモダニズム、強力な新しいテクノロジーの出現と社会的・政治的生活におけるテクノロジーへの依存の増大、想像し難いほど影響力をもつメディア、とりわけ映画とテレビの発達、フェミニズムの「世界史的な重大性」、近代化における宗教性の歴史的運命（すなわち世俗化の要求の運命）、イデオロギー闘争の意味と遺産、等々である。こうした研究課題は単なる解釈学的なものではないだろうし、文化人類学の一プログラムといったものでもないであろう。この課題を、ギリシアの人倫、革命下のフランス、ないし道徳主義文化に関するヘーゲルの説明モデルに沿って、こうした理解の諸様式が「機能している」かどうかを問うこととみるのは、まったく馬鹿げていると同時にまったく不十分なように思われる。それらはすべて、どうしようもないほど時代錯誤であるようにみえる。

加えて言えば、こうした課題の巨大な重荷は、ひとによっては、試み全体の縮小（*reductio*）のようなものにみえるかもしれない。また、〔今述べたような〕『現象学第二部』のようなもの、ニーチェの系譜学、ハイデガーの「西洋形而上学の破壊」といった、ヘーゲル以後の試みだけでは、ほとんどヘーゲルの方向性へと私たちを向かせることはない。つまり、そうした物語においては、万人にとっての自由な生活を現実化するための闘争は存在しないのである。けれども、そうした自由な生活の実現という理想にコミットしているひともいれば、理念の歴史的斬新さやその斬新さが哲学に課す重責を真剣に受け止めるひともいる。逆に、自律についての多くの近代的観念は思慮を欠いた誇張であると確信するものの、「主体の権威」を際限なく「脱中心化」するというのもいささか行きすぎであり、それは自分自身の構想の可能性をも掘り崩す結果になると確信するひともいる。また、哲学の領域とは伝統的にみなされてこなかった文化的な対象を理解するさいの多くの解釈学的な仕事を抜きにしては、この理想がどのような意味をもつようになったのかについて理解することにならないのではないか、と疑うひともいる。また、他者と同等の生活を送りたいという切望、他者との同等な尊厳を実際に可能とする社会的・物質的諸条件のもとで自分の生活を送りたいという切望は、近代の重大な成果であって、イデオロギーによって歪められた幻想などではない、と確信するひともいる。以上の人々は誰もが、自分が何らかの点で、ヘーゲルへと立ち返っていることと、ヘーゲルの構想を継続するという問題へと立ち返っていることに気がつくことだろう。

原注

（1） 私の念頭にあるのは、ガダマーが『フィレブス』に関する研究書（Gadamer 1991）のなかでプラトンに帰している、対話的な活動と理性性との結びつきである。Makkreel（1990）による説明をも参照。Forster（1998）のように、ヘーゲルの立場を、真理は単純に共同の合意の持続によって構成されると捉えるものと特徴づけるのは正しくはなかろう。ヘーゲルが合意といったものに関心を示すのはある特殊な種類の歴史的発展の内部においてである以上、適切な真の合意の真理条件それ自体が合意の対象であることはありえない。

（2） Rawls（1999）を参照。

（3） これは複雑で独立の主題を導くものだが、この規範の変化に関する考察は、なぜヘーゲルの立場が他の点では近いプラグマティックな立場と最終的には異なるのか、という理由の一つであることは明記しておくべきである。プラグマティックな立場の一つは、ハーバーマスのコミュニケーション的合理性の理論である。第八章でヘーゲルによる正当化の「発展史的な」説明を論じたさいに見たように、ヘーゲルはおそらく、純粋に形式的な語用論から実践的合理性の実質的拘束を含む理論へと至る仕方があるということに同意しない。ひとが有効な仕方で言語を使用するさいには、合理的な規範に「自分自身を服従させている」と言いうることが確かだとしても、これはそうした規範性に関する実質なき必要条件という意味を含むにすぎないのであり、このことだけをもって、ひと（誰しも）がどんな行為をなす理由をもつのか、どんな行為を差し控える理由をもつのかを導くものは、何一つないのである。もっとも、ヘーゲルの説明にはハーバーマスの戦略に似た面もある。それは、そもそも意味形成的な実践への参与において何が「不可避的」なことなのか、実践的に避けがたいことなのかを持ち出す点に関係する。ヘーゲルもまた、具体的な実践的規範への服従は実践的に首尾一貫して不可避的であることが示されうる、と考えている。しかし、ヘーゲルにとって、そうした拘束の内容が何であるのかを超越論的に提示すること、あるいは（ハーバーマスには失礼ながら）「擬似‐超越論的に」提示することはできないのである。ヘーゲルの歴史的‐発展史的な物語は、超越論的な必然性という、哲学における金本位制とでも呼べるものを私たちに与えてはくれないだろうが、それでも、（a）その物語は私たちが獲得してきたもののすべてであり、（b）十分なものである。第二に、ブランダムの推論主義の精神は（セラーズ的であるとともに）非常にヘーゲル的ではあるものの、彼が与える規範性の説明およびある種の正当化の説明は、それがうまくいくものであったとしても、その範囲に関しては、同様の諸問題がある。Pippin（2005d）を参照。

（4）Patten（1999）はヘーゲルの議論の歴史主義的解釈と彼が呼ぶところのものに反対している。私は、ヘーゲル的な意味での十全な反省的理性性を個々の行為者に帰することなくして、いかにしてヘーゲルのこうした次元を回避できるのかを理解できない。Pippin（2001b）を参照。

（5）私にはっきり分かっているのは、こうした陳述がまったくの控えめな表現だとみなされるにちがいないということである。私は他の著作のなかで、これらの説明がどのようにみえるのかを示唆しようと試みた（Pippin (1997), (2001a), (2002b), (2005a) を参照。また、まもなく出版される小著 *Policical psychology and American Myth: Violence and Order in Hollywood Westerns* を参照）。〔訳注＊実際に出版された本のタイトルは *Hollywood Westerns and American Myth* である〕

監訳者あとがき

本書は、Robert B. Pippin, *Hegel's Practical Philosophy, Rational Agency as Ethical Life*, Cambridge University Press, 2008 の全訳である。

原書の裏表紙には、フランクフルト学派第三世代の代表的存在で、現在国際ヘーゲル学会会長のA・ホネット（フランクフルト大学教授）と、米国におけるR・ローティ以来のポスト分析哲学、ネオ・プラグマティズムの流れをリードするR・ブランダム（ピッツバーグ大学教授）の推薦文とともに、次のような紹介文が掲載されている。

自由とは何なのか。自由に行為するとはどういうことなのか。そもそも自由に行為することは可能なのか。そして、自由に生活することがどれほど重要なのか。これら近代自由論の中心問題がヘーゲル実践哲学の中心問題であることを、この斬新で独創的な著書は論証する。ピピンの議論によれば、ヘーゲルのこれらの問題に対する解答の核心が行為者性の社会理論である。それは、行為者性が、個人の自己関係や自己決定の問題であるだけではなく、他者との適正な関係と他者による適正な承認を必要とするというものである。ピピンは、ヘーゲルの主要テクストの詳細な分析によって、この解釈を展開し、ヘーゲルの主張が、自由で民主主義的な伝統における多くの議論の核心的な問題を含む、現代の多くの実践的な諸問題に関わっていることを明らかにする。

このピピンの重要な研究は、ヘーゲル哲学に関心をもち、行為者性や自由という近代の諸問題に関心をもつすべての読者にとって、きわめて価値のあるものである。

紹介文にあるように、本書は、ヘーゲル哲学の斬新で独創的な解釈を打ち出すことによって、ヘーゲル実践哲学のアクチュアリティを提示すると同時に、行為者性や自由という現代実践哲学において最も重要な問題に答える、きわめて注目に値する著作である。本書に集約されるピピンのヘーゲル哲学研究が、一方で、ホネットらのドイツのヘーゲル哲学研究に、他方で、もともと反ヘーゲル的な傾向の強い英語圏の分析哲学系の実践哲学研究に大きなインパクトを与えていることを考えると、ヘーゲル哲学研究も分析哲学系の実践哲学の研究もともに盛んでありながら、両者の間でほとんど対話のないこの日本の研究土壌において、ピピンの本邦初訳となる本書がどのように迎え入れられるか、大いに興味をそそられる。

一　ピピンの略歴と業績

著者のピピンは、一九四八年九月十四日にアメリカのバージニア州ポーツマスで生まれ、一九七〇年にコネチカット州ハートフォードのトリニティ・カレッジで学士号を、一九七二年にペンシルベニア州立大学で修士号を、そして一九七四年に同じくペンシルベニア州立大学で哲学の博士号を取得した。一九七五年から九二年までカリフォルニア大学サンディエゴ校で、一九九三年からはシカゴ大学で教鞭を執っている。現在は、シカゴ大学の大学院社会思想研究科、哲学研究科、そしてカレッジの特別教授（the Evelyn Stefansson Nef Distinguished Service Professor）である。ピピンの主要な研究領域は、近現代のドイツ哲学であり、カント、ヘーゲルのドイツ観念論から始まって、ニーチェ、十九世紀および二十世紀ヨーロッパ哲学、そして、フランクフルト学派の批判理論にまで及んでいる。

ちなみに、カルフォルニア大学サンディエゴ校では、H・マルクーゼと同僚だった時期もある。こうしたピピンの研究の根底には、近代性をどう評価するかという、文化的、社会的、政治的な問題関心がある。また、その豊かな才能は、シカゴ大学の学風ともあいまって、哲学の領域を超えて、プルースト研究などの文学研究、美学芸術研究、そして、最近では映画理論においても発揮されている。ピピン自身がホーム・ページで挙げている主要な研究業績だけでも、以下のようになる。

著書（編著なども含む）

- *Kant's Theory of Form: An Essay on the"Critique of Pure Reason"*, Yale University Press, 1982
- *Marcuse: Critical Theory and The Promise of Utopia*, eds. R. Pippin, A. Feenberg, C. Webel. MacMillan（Great Britain）, Bergin and Garvey（USA）, 1988
- *Hegel's Idealism: The Satisfactions of Self-Consciousness*, Cambridge University Press, 1989（中国語訳）
- *Modernism as a Philosophical Problem: On the Dissatisfactions of European High Culture*, Basil Blackwell, 1991（中国語訳）
- *Idealism as Modernism: Hegelian Variations*, Cambridge University Press, 1997（ギリシア語訳）
- *Henry James and Modern Moral Life*, Cambridge University Press, 2000（ドイツ語訳）
- *Hegel on Ethics and Politics*, eds. Robert Pippin and Otfried Höffe, Translated by Nicholas Walker, Introduction by Robert Pippin, Cambridge University Press, 2004
- *Die Verwirklichung der Freiheit*, forward by Axel Honneth and Hans Joas, Campus Verlag, 2005
- *The Persistence of Subjectivity: On the Kantian Aftermath*, Cambridge University Press, 2005
- *Nietzsche, moraliste français: La conception nietzschéenne d'une psychologie philosophique*, Odile Jacob, 2005
- "Introduction" to *Thus Spoke Zarathustra*, and edited with Adrian del Caro, Cambridge University Press, 2006

・ *Hollywood Westerns and American Myth: The Importance of Howard Hawks and John Ford for Political Philosophy*, Yale University Press, 2010
・ *Nietzsche, Psychology, First Philosophy*, University of Chicago Press, 2010
・ *Hegel's Concept of Self-Consciousness*（2009 Spinoza Lectures）, van Gorcum, 2010
・ *Hegel on Self-Consciousness. Desire and Death in the Phenomenology of Spirit*, Princeton University Press, 2011
・ *Fatalism in American Film Noir: Some Cinematic Philosophy*, University of Virginia Press, 2012
・ *Introductions to Nietzsche*, ed., Cambridge University Press, 2012

このなかでも、一九八九年の *Hegel's Idealism: The Satisfactions of Self-Consciousness* は、一九九四年のピンカート（Terry Pinkard）の *Hegel's Phenomenology: The Sociality of Reason*, Cambridge University Press とともに、アメリカの哲学界でヘーゲル哲学が再評価され、現在のアメリカのヘーゲル哲学研究の隆盛をもたらすきかっけとなった著作である。両著とも、ヘーゲル哲学をカントの批判哲学の延長上に位置づけ、形而上学批判を徹底したところに、ヘーゲル哲学の真髄を見出す。そうした方向性は本書でもはっきりと読み取ることができるが、これがJ・マクダウェルやR・ブランダムの心の哲学に大きなインパクトを与えたのである。

二　本書の解説

本書のサブタイトル『人倫としての理性的行為者性』は、「Rational Agency as Ethical Life」を翻訳したものである。日本語としてはしっくりこないところがあるが、「Ethical Life」はヘーゲルのテクニカル・タームであるドイツ語「Sittlichkeit」の英訳語であるから、その邦訳語「人倫」をあてた。しかし、これには解説が必要であろう。

ヘーゲルの『法哲学』では、「人倫」は、家族、市民社会、国家という近代の社会制度として叙述されている。しかし、「自由の理念」、「現実世界となるとともに自己意識の本性となった自由の概念」（『法哲学』一四二節）とも定義されているように、それは、社会構成員の自由な関係行為によって現実世界となると同時に、社会構成員を自由な行為主体（自己意識）として立ち上げる規範的な社会制度、倫理的な生活形態でもある。このヘーゲルの「人倫」を「理性的行為者性」の社会理論として読み解くというのが、本書でのピピンの狙いなのである。

1 行為者性

「行為者性（agency）」という用語は、分析哲学に馴染みのない読者には、聞き慣れない言葉であろう。そこで、この「行為者性」についての解説から始める。

次の事例を考えてみよう。地震で崖から岩が崩れ落ちて、登山中の何人かがその犠牲になったとする。そのとき、私たちは、地震や崩れ落ちた岩にその出来事の責任を問うことはない。しかし、誰かが爆薬を仕掛けて岩の崩落を引き起こし、何人かの犠牲者が出たとなれば、話が違ってくる。私たちは、当然爆薬を仕掛けた者の責任を追及することになる。ところで、この対応の違いは何に由来するのであろうか。それは本書でピピンも指摘しているように、前者が自然の出来事であるのに対して、後者は行為（なされたこと）であることによる。それでは、自然の出来事と行為（なされたこと）とはどう違うのであろうか。違いは、前者が自然の因果性によって説明される自然現象であるのに対して、後者は行為主体によって引き起こされた行為の結果である点にある。そして、このように行為の担い手であるがゆえに、引き起こされた行為の結果に責任があるとされる行為主体であること、これが「行為者性」である。

この「行為者性」は、作為においてだけではなく、不作為においても問題となる。それが、東日本大震災（二〇一一年三月十一日）にともなう福島第一原子力発電所事故の際にも問題となった、天災（自然災害）か、それとも人災か、という問題である。国会事故調査委員会最終報告書（二〇一二年七月五日提出）では、規制当局や東京電力が、地震、津波対策を意図的に先送りしたことを「事故の根源的原因」と指摘し、これを「自然災害でなく人災である」と断定し、「行為者性」を認定している。そこでは、事前に地震、津波対策を立てるチャンスがあったことを根拠として、事故に対する行為主体の責任が問われている。つまり、対策の先送りという不作為も行為なのである。そして、原発事故は、不作為という行為の結果である限り、天災（自然災害）ではなく人災であり、行為主体は引き起こされた行為の結果に責任がある。

ところで、引き起こされた行為の責任を問うにあたり、その行為がその人の行為である、もしくは、その人がその行為の担い手であると特定できなくてはならない。ここで問題になるのが「行為者性」の条件である。現行法では、ある出来事がある当事者によって引き起こされたにもかかわらず、その人の責任が問われない場合がある。それは、精神鑑定によってその人に責任能力がないと判定される場合である。そのさい、責任能力とは、事の善し悪しを弁別し（弁識能力）、かつそれに従って行為する能力（制御能力）のことであるとされるが、これを欠いていると、その行為はその人の行為であるとは言えず、あるいは、そもそもそれは行為であるとは言えず、それゆえに、責任を追及することができないとされる。ちなみに、十四才未満の未成年が刑事責任を問われないのも同じ理由による。

事の善し悪しを弁別し、かつそれに従って行為するとされる責任能力は、哲学史的な淵源をたずねるならば、感性の衝動による強制から独立に、自ら課した理性的な法則に従って自らを律する、カントの自由意志に行き着く。この自由意志は、自然の出来事における因果系列とは別個の因果系列を生み出す原因、すなわち行為の因果的能力とも考えられている。この自由意志が「別様になすこともできた」という他行為可能性の根拠に据えられ、そこから「それにもかかわらず、こんな許しがたいことをして、けしからん」という非難や、「自分のしたことに責任を取れ」という帰責の要求が正当化されるとされる。したがって、「行為者性」の根底には「別様になすこともできた」という他行為可能性、すなわち自由の問題がある。ピピンの解釈するヘーゲルは、この他行為可能性という問題の立て方には異議を差し挟むが、行為者性の核心に自由の問題があると考える点では、カントと同一歩調をとっている。

もっとも、カントの説明には辻褄の合わないところがある。たとえば嘘をついて人を騙す行為において、非難され責任を問われているのは、自律の能力である自由意志が作動すればなされなかったであろう、詐欺行為である。ここで、カント的な自由意志を行為者性の条件とするならば、この詐欺行為は行為者の自由意志によるものではないから、それはその人の行為であると言うことができず、その行為者の責任を問うことができなくなる。しかし、これでは辻褄が合わない。そこで最近の議論では、自由意志からカントの自律という意味を払拭して、自由意志を「別様になすこともできた」という因果的能力という意味においてのみ用いている。しかし、自然の出来事を生み出す原因と全く同じように、行為の原因としての自由意志が存在するのであろうか。かりに存在するとしても、それをどのようにして知りうるのであろうか。ちなみに、カント自身はそれを知りえないとしている。

この問題を、現行の裁判制度の話にもう一度投げ返してみよう。先の問いを次のように問い直してみる。すなわち、法廷で裁かれる犯罪行為について、犯罪者が犯行時に法律の定義通りの責任能力をもち合わせていた、と言うことができるであろうか。たとえば、怨恨から復讐の念に駆られた犯罪者が、まさにその激情が頂点に達したと思われるその瞬間に、弁識能力と制御能力とをもち合わせていた、と言うことができるであろうか。具体的な状況や責任能力の中身をどう捉えるかにもよるが、この問いに対して、多くの場合疑わしいと言わざるをえない。だが、もし責任能力が存在するという前提それ自体が疑わしいということになれば、事実としての責任能力を前提として、そこから行為者の行為責任を問うという論理は成り立たなくなる。

自由の可能性は、行為者が常に（絶対的に）別様にもなすことができたことを証明しなければならないということを、必要としない。自由の可能性を証明するために、自然法則を「免れること」は必要ではない。

ピピンの理解するヘーゲルは、ここでの責任能力、つまり、自由意志が事実として存在するか、存在しないかを論ずることに意味を認めない。もっとも、カント自身も、実践哲学の場面では、自由意志が存在するか、存在しないかを論ずることをあえて封印する。そして、カントは、理性の事実である道徳法則を引き合いに出し、それを認識根拠として自由意志は存在するはずであると主張する。つまり、自由意志は実践哲学の立場から不可避な想定として要請される。換言すれば、違法行為や非道徳的行為の責任を追及するために、適法行為や道徳的行為を期待される行為者が具えるべき資質として要請されるのである。それゆえに、他行為可能性が問題となるのも、行為者が現実の行為に際して、違法行為ではなく適法行為を、非道徳的行為ではなく道徳的行為を「選択することができた」という意味においてではない。適法行為や道徳的行為を「選択することができたはずだ」という意味においてである。この「選択することができたはずだ」という判断の前提には、適法行為や道徳的行為への期待と、その期待を担いうるはずの自由な行為者が想定されている。もっとも、カントの議論はここまでである。しかし、議論をここで打ち切るならば、自由も「行為者性」も単なる想定、すなわち、フィクションにとどまることになる。

ピピンによれば、ヘーゲルがカントを踏み超えるのは、ここにおいてである。ヘーゲルは、自由や「行為者性」をフィクションにとどめておかず、具体的で現実的なものとする。もっとも、自由や「行為者性」を具体化し、現実化するとはいっても、自由意志が事実として存在するという議論を蒸し返すわけではない。ピピンによれば、ここで自由に関するヘーゲル独自の見解が展開される。

自由は、外的な拘束からの自由でも、因果的能力でも、純粋な自発性でもない。むしろ、集合的に達成された関係性、「他なるもののうちにあって自分のもとにあること」である。

2　社会的「地位」としての行為者性

「行為者性」とは、行為の担い手であることである。しかし、その行為がその人の行為であると言いうるためには、行為者は責任を問われうる主体でなくてはならない。その場合、責任を問われうるとは、「理性に訴えることのできる自由な人格であれ」という期待に応えうることである。しかし、「行為者性」は、カントにおけるように、期待や要請にとどまる限り、単なる想定でしかない。

ピピンによれば、ヘーゲルの実践哲学において、この単なる想定を現実化する鍵となる概念が、本書では「地位」と訳した「ステータス（status）」である。もっとも、この「ステータス」はなかなか理解しにくいと思われる。これを理解するために、ここでは医師の例を取り上げる。

たとえば、私がある人の身体にメスを加えたとする。その人の負った傷の程度にもよるが、これは一般的には傷害行為であり、犯罪として処罰の対象になる。しかし、私が医師であって、これを医療行為の一部として行ったのであれば、どうであろうか。それは、望まれることはあっても、処罰の対象になることはない。ところで、この違いは、何によるのであろうか。それは、私が医師であるか、ないかである。ちなみに、医師とは、高度の知識や技術を用いて医療行為をなしうると自他ともに認める「地位」のことであるが、この自他ともに認める「地位」の社会的、制度的な保証が、医師法に基づく医師免許という資格である。そして、この医師免許によってその資格が保証された、医師であるという「地位」、これが「ステータス」である。もし私にこの医師という「ステータス」がなければ、私は医療行為をなしうる能力がないということであり、もとより医療行為に携わることは許されない。

「行為者性」とは、ピピンの解釈するヘーゲルにとって、この医師の場合と同様の「ステータス」、それも社会的「地位」のことであるが、その限り、単なる想定ではなく、優れて現実的なものである。医師が現実に医師であるのは、その当人が自分は医師であると言い触らすことによるのではなく、医療行為をなしうる能力をもち合せていると他者によって承認されていること、医師免許によってその資格が制度的に裏付けられていることによる。

行為の「自我」もしくは主体が、そのような主体でありうるのは、ただ「他の自己意識」に対してだけである。行為者性は社会的な地位であって、形而上学的なカテゴリーではない。

ピピンは、自由によって自然の出来事から区別される行為を、「その出来事の発生に責任ありとみなされる主体に、そのための理由もしくは正当化を要求することが妥当だとされる」特別の種類の出来事である、と説明している。したがって、「行為者性」は、行為の発生に責任ありとみなされる主体にそのための理由もしくは正当化を要求することを妥当だとする、規範的な社会制度を前提としている。また、その規範的な制度のもとで、行為の理由を要求し、それに応答する社会的実践を前提としている。それゆえに、「行為者性」とは、規範的な制度のもとでの社会的実践を通じて現実的なものとなる社会的「地位」にほかならない、とも言いうる。しかも、この社会的「地位」としての「行為者性」は、カントに代表される近代哲学の伝統のなかでそう考えられていたように、孤立した個人の自由な意志(主観性)において成立するものではなく、このような自他の「関係性」においてのみ成立するものであり、その限りでまた、集合的に達成されたものである。集合的に達成されたものであるとは、近代になってそれが達成されるまでの、「承認」関係をめぐる対立や抗争に充ちた歴史物語が背景に控えているということである。

このような行為者性もしくは自由それ自体は、時間のなかで社会的に達成されたものの一種であると解されなくてはならず、そのような「承認」関係をめぐる対立や抗争の帰結であると解されなくてはならない。

3 精神

「行為者性」の社会理論の根底には、ヘーゲル独自の「精神(Geist)」概念がある。この精神について論じられるのが、三部構成からなる本書の第一部においてである。

精神は（物質的であれ、非物質的であれ）物ではなく、活動である。人間の精神そのものはそのような活動と解されるべきである。

ピピンによれば、ヘーゲルの精神は、物質的な物でもなければ、「神的精神や宇宙的精神」のような超自然的で非物質的な実体でもない。あくまでも、それ自身を生み出す活動なのである。

精神はそれ自身の産物である。

精神は自然と違った種類の物であるわけでも、違った種類の実体であるわけでもない。その意味で、ヘーゲルは、精神と自然に関して、精神かそれとも自然かという非両立論も、両者を全く相容れない種類の物とか実体とかとみなす二元論もよしとしない。

自然は「眠れる」精神であり、精神は自然の「真理」である。

ピピンによれば、ヘーゲルは非二元論者、最も弱い意味での両立論者である。精神と自然との違いは、いわば様相の違いであって、その限りで、ヘーゲルは二様相論者である。ただし、自然と精神の両者が非連続を孕む発展史的な連続性においてである、独得の二様相論である。また、両者の違いは、事実の説明か、それとも規範の説明かという、説明領域の違いであり、領域の違いに応じた説明スタイルの違いでもある。

世界を理解可能なものとしようとする私たちの試みは、異なった二種類の説明、すなわち自然の説明と精神の説明を必要とする。

自然が必然性によって特徴づけられるのに対して、精神は自由によって特徴づけられるが、「精神はそれ自身の産物である」という文言が言い当てているのは、この精神の自由であり、精神の自立である。精神とは私たちを拘束する規範的なものであるが、ここにピピンはカントの「自己立法」原理を読み込む。すなわち、実践的規範は、私たち自身がそれを立法し、私たち自身をそれに従わせるものであるから、カントの「自己立法」を体現したものである。そして、ここに実践的規範の自律が、そしてまた、精神の自由が現実化される。しかし、この「自己立法」がカントでは個人の主観的理性のレヴェルにとどめられていたのに対して、ヘーゲルはその社会的、歴史的ヴァージョンを提示する。ピピンの議論によれば、ヘーゲルの精神、それは実践的規範でもあるのだが、制度に拘束された「相互承認」のやり取りという社会的実践を通じて「自己立法」化されたものであり、「それ自身にそれ自身の現実性を与える」精神である。この精神は、何らかの実体的本質の発現や神的精神の顕現であるのではなく、社会的実践を通じて集合的、歴史的に達成されたものであり、また、相互に規範へと拘束する集合的な活動によって維持されるのである。

4 自由と関係性

ヘーゲルにとって、自由とは私自身の行為であると同定することのできる行為を通じて、私自身を表現することであるが、ピピンによれば、ここに「関係性」の理論が絡んでいる。私自身の行為であると同定するにあたって、その行為の理由が求められ、与えられ、そして受け容れられなくてはならないが、それは私にとってだけではなく、私に対しても、また、他者に対してもである。ここに、私の私自身に対する自己関係と、私の他者に対する自他関係とが認められるが、ピピンの解釈するヘーゲルにおいて、前者は後者に埋め込まれている限りでのみ可能である。もう一つの関係性は、内なる意図と外なる行為との関係であるが、これをヘーゲルは因果関係ではなく、「表現」関係ととらえている、とピピンは見る。ちなみに、このピピンの解釈には、Ch・テイラーのヘーゲル解釈の影響が認められる。

ところで、私が私自身の行為を同定しうるのは、それを請け負うことができ、私のものと認めることができるからであるが、それはその行為の私自身にとっての正当な理由を根拠としている。この私自身にとっての正当な理由が私自身に対して正当化されるのは、反省的熟慮を通じてであるが、その限りで、自由は「自分自身と反省的、熟慮的な関係のうちにあること」、つまり自己関係である。それは、具体的には、反省的熟慮によって内なる傾向性や動機に「理性の形式」を与えることである。ピピンの主張では、この自己関係によってこそ、自分の行為をそれとして経験することがない「疎外」を回避することができる。

しかし、ヘーゲルにおいてこの自己関係は自他関係に埋め込まれている限りでのみ可能である。反省的熟慮に制限された実践理性は、形式的であるがゆえに、行為に具体的な内容も動機づけも、そして、客観的な理由も与えることができない。この実践理性が内容や動機づけ、そして客観的な理由を手に入れるのは、ひとが「他者との規範的で制度的な関係のうちにあること」、言い換えれば、社会的実践の参与者であることによる。というのも、行為が正当化されるのは、理由を求め、与え、そして受容したり拒否したりする社会的実践においてであるが、その限り、行為の客観的な理由が調達されるのは、規範的な制度のもとでの社会的実践への参与によってだからである。しかし、それだけにはとどまらない。この社会的実践への参与によって、「行為者性」の条件もまた充足される。というのも、自由な行為者であることは社会的「地位」であるが、それが獲得されるのはこの社会的実践への参与によってであるからである。言い換えれば、社会的実践への参与、そしてそこでの社会的「地位」こそ、私が自由な行為者であることを現実化するのである。その意味で、逆説的ではあるが、ヘーゲルにとって自由の現実化の条件は社会的依存なのである。

自由は、(…) 集合的に達成された関係性、「他なるもののうちにあって自分のもとにあること」である。

自由のもうひとつの関係性は、内なる意図と外なる行為との関係である。ヘーゲルはこれを「表現」関係と捉えて、因果関係とは捉えていないが、これに応じて、内なる意図も、因果的能力の行使として捉えられるのではなく、表現された行為との関係のなかで遡及的正当化や相互承認に基づいて捉え返される。そして、興味深いことに、これは現代の実践哲学のトピックの一つである「道徳的運」を受容することを意味する。というのも、私の行為を理解し正当化するにあたって採用される理由は、「私次第」というわけではなく、行為がそこで行われる社会的文脈と切り離せないからである。行為の理解とその正当化は、行為以前の文脈へと投げ戻されると同時に、行為以降の遡及的正当化や相互承認に委ねられる。こうして、自由で理性的であると仮想された意志が負荷なき理想的条件下で決断する「瞬間」はその場所を失う。

ところで、「道徳的運」について少し補足しておきたい。たとえば、先に取り上げた福島第一原子力発電所事故に関して、次のような議論がありうる。事故の原因は、地震、津波対策の先送りという意図的な不作為だけにあったわけではない。そもそも、今回の大地震、大津波がなければ、事故は起きなかったであろうし、政府も東京電力も責任を問われることはなかったであろう。また、地震、津波対策の先送りという、同じような意図的な不作為は、なにも福島第一原子力発電所に限られたことではなく、他の原子力発電所においても認められるであろう。だから、運が悪かっただけだ、という議論である。確かに、結果がどうであれ、行為の責任を意図との関係においてのみ理解する限り、責任と運の両概念は相容れない。しかし、ピピンの解釈するヘーゲルによれば、行為の理解とその責任をめぐる議論は、行為の結果から事後的、遡及的になされる。つまり、千年に一回あるかないかと言われる、今回の大地震、大津波のような人の手の及ばない偶然的な要因が絡んでいようとも、責任のあるなしは、あくまでも行為の結果によって決まる。したがって、運が悪かっただけだという理由で、責任を免れることはできない。先にも述べたように、ヘーゲルにとって、行為を理解し正当化するために採用される理由は、「私次第」というわけではなく、行為がそこで行われる文脈と切り離すことができない。その意味で、運もまた責任を構成する。これが「道徳的運」なのである。

また、私はある意図を抱いていたが、それをなし遂げる決心がつかなかったという「意志の弱さ」という考え方も排除される。というのも、この考え方は別様になしうる能力を必要とするが、私たちがこうした能力を想定したいと考えるのは、私の意図したことをなし遂げられなかったとき、往々にして自責の念に駆られることによる。しかし、ヘーゲルによれば、この事態の正確な説明は、私は行為を通じて私がそれだと考えていた私ではないことを知った、ということ以外のことではない。もっとも、だからといって、私が違う私でありえたというわけでもない。

個人とはその行為〔なされたこと〕がそれであるところのものである。

5　社会性と相互承認

自由な行為者であることは一種の規範的な地位であって、その内容と可能性そのものは、相互に承認し合う行為者たちから成る共同体の内部で、自由な行為者として承認され、そうみなされていることに依存する。

自由が承認に依存するという、この自由の社会性、これがピピンのヘーゲル実践哲学解釈の最大の論点である。自由の社会性というヘーゲル主張の根底には、あたかも自由な行為者が社会成立以前に成立しているかのように主張する、近代の個人主義的自由主義に対する強い違和感がある。ピピンの解釈するヘーゲルに言わせれば、行為者に責任があると考えること、したがって、行為者が自由であると考えること、これは近代になって初めて達成されたことである。また、行為の正当化を求めることを当然とする規範的な社会制度、これも近代になって初めて達成されたことである。ある個人が自由な行為者であるのは、そのような行為者として承認されることによるが、そのように承認されるのは、お互いを自由な行為者として承認し合う行為者たちの実践のなかで、それへと訴えられる諸規範がその共同体の内部で行為の正当化として現実に機能する場合である。そして、これを私たちが理解し始めることができるのは近代になってからである。

こうして、ヘーゲルの行為者性論は、自由な個人を所与の事実とみなすことから、近代になって達成された事実、それも、承認された規範的「地位」とみなすことへと、私たちに見方の転換を促す。私たちは無条件に自由な個人であるわけではない。自由な個人でありうるためには、相互承認が必要なのである。

もっとも、ヘーゲルにとって、相互承認が必要なのは、この自由の現実化の条件という意味においてであって、A・ホネットが主張しているように心理学的、精神医学的に善であるからでも、Ch・テイラーが主張しているように個人や社会のアイデンティティの形成に貢献するからでもない。ピピンは、相互承認の概念をこう位置づけることによって、イエナ期の諸論考、『精神現象学』における相互承認の概念が、後期の『法哲学』第三部「人倫」においても依然として重要な役割を果たしていると解釈する。ピピンに言わせれば、『法哲学』の「法・権利」という概念自体が、「成功裡の承認」の制度化にほかならないからである。ちなみに、この『法哲学』解釈は、ヘーゲルがイエナ期の相互承認の概念を後期の『法哲学』では放棄したとする、ハーバーマス、ホネットらの解釈に異を唱えるものである。

6　小括

以上の議論から判明するように、『人倫としての理性的行為者性』という本書のサブタイトルは、理性的であると仮想された行為者が負荷なき理想的な条件のもとで意志するという、行為者性像へのアンチテーゼである。その意味で、ピピンは、ヘーゲルの実践哲学が、カントに代表される個人主義的な自由主義の徹底的な批判に基づいて構築された「人倫」の哲学であると解釈するわけである。しかし、だからといって、ヘーゲルが近代を否定しようとしているわけでも、近代を乗り越えようとしているわけでもない。この点を誤解しないようにしなければならない。ピピンも繰り返し言っているように、ヘーゲルはすぐれて近代的な価値であると言ってよい自由や理性を全面的に肯定している。ただ、ヘーゲルは、この自由や理性を実質化し現実化するには、すなわち、自由で理性的な個人として現実に生きるには、近代の個人主義的な発想の逆転が必要であると説いているのである。つまり、自由で理性的な「行為者性」は「人倫」としてのみ、実質化され、現実化される。これを正確に理解することが肝心である。ピピンも、これをうけて、ヘーゲルにとって、自由な行為者であること、行為の正当な理由をもつことは、近代の諸制度（ヘーゲルのいわゆる「人倫」）に参与することである、と解釈する。

しかし、問題は次の点にある。すなわち、ピピンは、ヘーゲルが諸規範や社会制度に従う「行為や実践が主観的にも客観的にも理性的であると言いうる」ことを論証しているとか、「個人の精神性（自己関係）と共同の精神性（自他関係）との関係性は理性的であることから、自由を構成し、〔行為の〕同定を可能にする」ことを論証しているとか、主張しているが、この論証と言われているものがはっきりしないのである。すでに述べたように、ヘーゲルにとって、ある個人が自由な行為者であるのは、そのような行為者として承認されることによるが、そのように承認されるのは、お互いを自由な行為者として承認し合う行為者たちの実践のなかで、それへと訴えられる諸規範がその共同体の内部で行為の正当化として現実に機能する場合である。だが、承認が成功裡になされているか否か、諸規範がその社会制度の内部で行為の正当化として適正に機能しているか否か、これを何が判定するのであろうか。これを判定するのは理性以外に考えられない。しかし、それはカント的な反省的理性ではありえない。そうかといって、理性を「人倫」というコンテクストに内在化すれば、ピピンも指摘しているように、それは相対主義に陥らざるをえない。しかし、ヘーゲル哲学を非形而上学的に解釈するピピンの立場からすれば、普遍的に妥当する理性を「絶対精神」というかたちで蘇らせるわけにもいかない。そこで、ピピンは、歴史的、社会的で、プラグマティックな理性をヘーゲルに読み込むわけである。このプラグマティックな実践理性を、自分の行為が相互に影響し合う行為者間での、「行為の正当化のある種のやり取り」とも説明している。だが、これに対して、それは原理原則を欠いた理性概念であるか、それとも、カント的な形式的な理性概念への逆戻りであるか、そのいずれかであってヘーゲルの理性概念の解釈としては受け容れがたいといった批判が寄せられよう。

しかし、承認が成功裡になされているか否か、諸規範がその社会制度の内部で行為の正当化として適正に機能しているか否か、という問いに戻れば、ピピンにとっても、ヘーゲルにとってと同様に、その答えは「近代についてはそうだ」というものである。たとえば、刑罰制度一つをとっても、私の預かり知らないことにまで責任を負わされる古代ギリシアのオイデュプスの場合、専制的な権力者の恣意によって勝手に処罰が行われる場合などに比べて、『法哲学』で説かれる近代の刑罰制度は自由を具体化する理性的な制度であると言いうるというわけである。その意味で、ピピンもヘーゲルの近代への絶大な信頼を共有しているのである。

理性的なものは現実的であり、現実的なものは理性的である。

これは、そのような関係が理性的であり、それによって人間の自由を具体化すると言うことができるからである。ただし、理性の真に客観的な形態が存在することを私たちが理解する場合にのみ、そうなのである。

さて、「合理的再構成」と呼ぼうが、「批判的解釈」と呼ぼうが、本書が、ヘーゲルの主要なテクストの詳細な分析を通じて、ヘーゲル実践哲学について斬新な解釈を打ち出したものであることは間違いない。何よりもまず、ピピンのヘーゲル解釈はヘーゲル解釈として納得のいくものである。しかし、それでいて、その解釈には目を見張るものがある。つまり、ピピンのヘーゲル解釈を通じて、現代の実践哲学の問題のいくつかが氷解するのである。その意味で、本書は、ヘーゲルを現代に蘇らせる、スケールの大きな群を抜いた水準のヘーゲル研究書であると言いうる。本訳書をこうして上梓することができることは、訳者としても大きな喜びである。本書が、ヘーゲル哲学に関心をもつ読者にも、行為者性や自由という近代の諸問題に関心をもつ読者にも、さらに広く、哲学、倫理学に興味をもつ読者にも、愛読されることを願ってやまない。

三　本書の翻訳にあたって

本書の翻訳の分担は左記の通りである。

第一章　　星野　勉
第二〜四章　　大橋　基
第五、六章　　大薮敏宏
第七〜十章　　小井沼広嗣

この翻訳に取り掛かったのは、二〇一〇年のことである。その年の夏、各分担者が翻訳した担当部分を持ち寄り、監訳者を含む全員で訳稿の検討を行うと同時に、訳語の調整等意見交換を行った。その後、同様の検討、意見交換を繰り返し、二〇一二年春から夏にかけてほぼ出来上がった全訳稿を監訳者がチェックし、全体の仕上げの作業を行った。本翻訳作業は、著者ピピンの真意を汲み取るのに苦労する箇所もいくつかあり、思いのほか難航した。しかし、意見を交換しながらの共同作業は、相互に啓発し合いながらの楽しい作業でもあった。なお、日本語の索引、引用文献表は大橋基氏が作成したものである。訳語の選択一つとってもこれでよかったのかどうか、思わぬ誤解や誤訳が見逃されているのではないか、危惧するところである。ご教示、ご指摘を賜れば、幸いである。

最後に、法政大学出版局の前編集代表の秋田公士氏と編集部の前田晃一氏には、深く感謝申し上げたい。秋田氏には本訳書の出版にあたり、翻訳権の確保の手配など、ご配慮頂いた。また、前田氏には、本訳書の入稿から校了に至るまで、訳語の統一、訳文のチェック、原注、訳注の調整、索引、文献表の作成など、献身的にご尽力頂いた。本訳書の刊行に漕ぎ着けることができたのも、両氏のおかげである。前田氏がピピンの映画理論に関心をもたれていることも、嬉しい発見であったので、申し添えておきたい。

二〇一二年師走

星野　勉

《叢書・ウニベルシタス　991》
ヘーゲルの実践哲学
人倫としての理性的行為者性
2013年4月12日　初版第1刷発行

ロバート・B・ピピン
星野 勉　監訳
大橋 基・大藪敏宏・小井沼広嗣　訳
発行所　財団法人　法政大学出版局
〒102-0071 東京都千代田区富士見2-17-1
電話03(5214)5540 振替00160-6-95814
組版・印刷：三和印刷　製本：誠製本

Printed in Japan

ISBN 978-4-588-00991-4

著者：

ロバート・B・ピピン（Robert B. Pippin）

1948 年，アメリカのバージニア州ポーツマス生まれ．現在，シカゴ大学の大学院社会思想研究科，哲学研究科，カレッジの特別教授 (the Evelyn Stefansson Nef Distinguished Service Professor)．主要な研究領域は，近現代のドイツ哲学であり，カント，ヘーゲルのドイツ観念論から，ニーチェ，19 世紀および 20 世紀ヨーロッパ哲学，フランクフルト学派の批判理論に及ぶ．特にそのヘーゲル論は，現在のアメリカのヘーゲル哲学研究の隆盛をもたらすきかっけとなった．また文学研究，美学芸術研究，映画理論でも旺盛な研究活動を行っている．主な研究業績として，*Kant's Theory of Form: An Essay on the 'Critique of Pure Reason'* (Yale University Press, 1982), *Hegel's Idealism: The Satisfactions of Self-Consciousness* (Cambridge University Press, 1989), *Idealism as Modernism: Hegelian Variations* (Cambridge University Press, 1997), *Henry James and Modern Moral Life* (Cambridge University Press, 2000), *The Persistence of Subjectivity: On the Kantian Aftermath* (Cambridge University Press, 2005), *Hollywood Westerns and American Myth: The Importance of Howard Hawks and John Ford for Political Philosophy* (Yale University Press, 2010), *Nietzsche, Psychology, First Philosophy* (University of Chicago Press, 2010), *Hegel on Self-Consciousness. Desire and Death in the Phenomenology of Spirit* (Princeton University Press, 2011), *Fatalism in American Film Noir: Some Cinematic Philosophy* (University of Virginia Press, 2012) など．

訳者：

星野　勉（ほしの・つとむ）　監訳者

1948 年生まれ．法政大学文学部教授．哲学・倫理学．主な研究業績に，『外から見た〈日本文化〉』（編著，法政大学出版局，2008 年），『国際日本学とは何か――内と外からのまなざし』（編著，三和書籍，2008 年），『現代哲学への招待』（共著，有斐閣，1995 年），「ヘーゲルと現代英語圏の哲学――理性と歴史をめぐって」（大橋良介編『ドイツ観念論を学ぶ人のために』世界思想社，2006 年），G. E. ムア『倫理学原理』（共訳，三和書籍，2010 年）など．

大橋　基（おおはし・もとい）

1965 年生まれ．法政大学社会学部兼任講師．倫理学．主な研究業績に，『自然と人間――哲学からのアプローチ』（共著，梓出版社，2006 年），『ヘーゲル　現代思想の起点』（共著，社会評論社，2008 年），K. オット／M. ゴルケ『越境する環境倫理学』（共訳，現代書館，2010 年）など．

大藪　敏宏（おおやぶ・としひろ）

1959 年生まれ．富山国際大学子ども育成学部准教授．哲学・倫理学．主な研究業績に，「無限性と時間――ヘーゲルにおける時間論の形成」（日本哲学会編『哲学』，第 47 号，法政大学出版局，1996 年），R. ブラント『哲学　ひとつの入門』（共訳，理想社，2006 年），「現代政治をめぐる『雑居的寛容』と『雑種文化』――『相互理解としての日本研究』と国際理解教育のために」（王敏編『東アジアの日本観――文学・信仰・神話などの文化比較を中心に』所収，三和書籍，2010 年）など．

小井沼　広嗣（こいぬま・ひろつぐ）

1979 年生まれ．法政大学文学部兼任講師．哲学・倫理学．主な研究業績に，「公共性としての『事そのもの』」――ヘーゲル行為論の社会哲学的意義」（『アジア太平洋レビュー』第 7 号，大阪経済法科大学アジア太平洋研究センター，2010 年），「『精神現象学』における『道徳性の生成』のモチーフの展開」（『法政大学大学院紀要』第 68 号，2012 年）など．

索　引

ア行

愛 love　203 (n.11), 354 (n.15), 334, 347, 378, 410 (n.17), 433, 440
アウグスティヌス Augustine　228, 248–249 (n.8)
アクィナス, トマス Aquinas, Thomas　248 (n.8)
　「合理的な欲望」と～ "rational desire" and　249 (n.8)
アドルノ, テオドール Adorno, Theodor　227
ア・プリオリ *a priori*　177, 183, 328, 352 (n.6), 399, 405
アリストテレス Aristotle
　「連続性」と～ "continuity" and　456
　実践的に賢くあることと～ practical wisdom and　480
　自由意志と～ free will and　163, 229, 315
　受動的理性 *nous pathetikos*　101 (n.17)
　徳と～ virtue and　116
　内在主義的立場と～ immanentist position and　409 (n.14)
　ヘーゲルとの関係 relation to Hegel　50 (n.10), 103 (n.25),
　ヘーゲルの～について Hegel on　103 (n.27)
　理論-実践と～ theory-praxis and　469 (n.43)
アリストテレス的, アリストテレスの Aristotelian　20, 49 (n. 4), 93, 152 (n.12), 198, 332, 351 (n.4), 354 (n.16)
　第二の自然の観念 notion of second nature　106 (n.35)
アンスコム, G・E・M Anscombe, G. E. M.　48 (n.1), 102 (n.22), 154 (n.26), 249 (n.12, n.15), 258, 297 (n.1), 298 (n.11–13), 301 (n.25), 302 (n.32), 305 (n.46), 353 (n.12), 409 (n.8)
意志 will
　～の自由 freedom of　8, 19, 50 (n.8), 67, 215. 217, 220, 237, 435, 438, 439, 444
　～の弱さ weakness of　36, 134–136, 153, 277, 290, 302 (n.10)
意識, 普遍的～ consciousness, universal　53 (n.33)
依存 dependence
　意図と～ intention and　414
　規範的権威と～ normative authority and　96
　近代の理想と～ modern ideals and　408 (n.3)
　行為と～ action and　11
　個人と社会構造の間の～ between individuals and social structures　5, 8, 12, 224, 287, 414, 430
　社会的～ social　12, 224, 271, 287, 359 (n.33), 366, 367, 378, 381, 407, 408 (n.5)
　自由と～ freedom and　8, 10, 32, 36, 57, 239, 348, 366
　承認と～ recognition and　36, 334, 361, 367, 368, 369, 379, 407
　人倫と～ *Sittlichkeit* and　33

政治と〜 politics and　360
『精神現象学』における〜 in *Phenomenology*　380
自立と〜 independence and　271, 364, 373
テクノロジーへの〜 technological　483
『法哲学』における〜 in *Philosophy of Right*　33, 417
一元論 monism　62, 67, 86, 89, 104 (n.30)
イデオロギー闘争 idelogical warfare　484
ウィトゲンシュタイン主義者 Wittgensteinian(s)　385
ウィリアムズ, バーナード Williams, Bernard　28, 202 (n.6), 249 (n.19), 299 (n.19), 304 (n.45), 352 (n.5), 409 (n.9), 461, 471 (n.49)
ヴォルフ, クリスティアン Wolff, Christian　153 (n.14–15)
ヴォルフ, ミヒャエル Wolff, Michael　466 (n.21), 467 (n.33)
カントの目的論について on Kant's teleological theory　465 (n.15)
自由と〜 freedom and　352 (n.7)
『心身問題』*Das Körper-Seele Problem*　103 (n.28),
ヘーゲルの非アリストテレス主義について on Hegel's non-Aristotelianism　354 (n.16)
内と外 inner and outer　35, 154 (n.26), 277, 288, 468
〜の思弁的同一性 speculative identity of　47, 410 (n.16)
美しい魂 beautiful soul　365, 380, 394, 401
ウッド, アレン Wood, Allen　52 (n.21), 247 (n.4), 126
カントの分析 analysis of Kant　153 (n.20)
ヘーゲルのアリストテレス主義的な倫理的自然主義について on Hegel's Aristotelian ethical naturalism　354 (n.16)
「幸福に対する自由の優位」について on "priority of freedom over happiness"　52 (n.27)
『法哲学』への「導入」"Introduction" to *Philosophy of Right*　247 (n.3)
理性的行為者性について on rational agency　52 (n.21), 157 (n.45)
エネルゲイア *Energia*　88, 99 (n.10), 240
エリスン, ラルフ Ellison, Ralph　370
『エンチュクロペディー』*Encyclopedia*
〜における自然と精神の関係 nature-spirit relation in　12, 190
〜における実践哲学 practical philosophy in　3
〜における体系の分類 division of system in　16
〜の構造 structure of　73, 75
「小論理学」*Logic*　173, 200 (n.1), 202 (n.6), 264
「精神哲学」*Philosophy of Spirit*　333, 358 (n.31), 465 (n.12), 466 (n.23)
「人間学」*Anthoropologie*　218
実践的アイデンティティと〜 practical identity and　141
魂のカテゴリーと〜 category of soul and　94
オークショット, マイケル Oakeshott, Michael
市民的アソシエーション civic associations　358 (n.33)
オレステス Orestes　302 (n.34), 455, 464 (n.6)

カ行

懐疑主義 skepticism　340, 361, 384
概念 concept
理念と〜 Idea and　69, 77
規範性と〜 nomativity and　61, 167, 178,

403
現実性と～ actuality and 9, 46, 160, 165, 171–174, 183, 395
自由と～ freedom and 168, 174
内的な否定性と～ internal negativity of 120
理解可能性と～ intelligibility and
「概念論」*Begriff* 178
概念論 Concept Logic 24, 166, 167, 169, 172
家族 family 39, 53 (n.31), 199, 240, 244, 245, 326, 334, 340, 347–350, 358 (n.32), 388, 417, 418, 424, 430, 435, 437, 450, 452, 457, 460, 466 (n.21)
ガダマー, ハンス＝ゲオルク Gadamer, Hans-Georg
『フィレブス』*Philebus* 485 (n.1)
神 God 30, 41, 75, 117, 161–163, 198, 201 (n.4), 229, 410 (n.17), 446, 455
「関係性」の理論 "relational state" theory 15
カント, イマニュエル Kant, Immanuel
～の実践哲学 practical philosophy of 96
～の「統合」原理 "incorporation" principle of 137
～の二元論 dualism of 64
～の法論 Doctrine of Right of 38, 373
～による経験論に対する攻撃 attack on empiricism of 203 (n.12)
観念論の超越論的ヴァージョンと～ transcendental version of idealism 170
規範性と～ normativity and 110, 112, 157 (47)
→「規範性」も参照
義務と～ obligation and 116, 121, 125, 142, 151 (n.7), 197,
現実性と～ actuality and 181
合理論と～ rational philosophy and 186
自己立法と～ self-legislation and 22, 109, 110, 119, 121, 122, 125, 142, 148, 152 (n.13), 168, 187, 188, 210, 320
『自然科学の形而上学的原理』*Metaphysical Foundations of Natural Science* 16
実践理性と～ practical reason and 24, 122, 125, 181, 198, 202 (n.6), 277
「実践理性の優位」という～のテーゼ practical thesis of 225
主意主義と～ voluntarism and 248 (n.8)
「人格」と～ "person" and 126
『人倫の形而上学 法論』*Rechtslehre* 38, 319, 364
『人倫の形而上学の基礎づけ』*Groundwork of the Metaphysics of Morals* 22, 50 (n.12), 117, 118, 121, 122, 128, 131, 153 (20), 176, 193, 194, 404
「人類史の憶測的起源」*Conjectural Beginnings* 154 (n.33)
『第一批判（純粋理性批判）』*First Critique (Critique of Pure Reason)* 96, 101 (n.29), 168, 182
『第二批判（実践理性批判）』*Second Critique* 144, 181, 182, 204 (n.16)
『単なる理性の限界内における宗教』*Religion* 121
「道徳的宿命」と～ "moral destiny" and 204 (22)
「批判理論」と～ "critical theory" and 468 (n.37)
「比類なき」価値と～ "incomparable" worth and 372
ヘーゲルとの関係 relation to Hegel 50 (n.13), 113, 116, 148, 150 (n.4), 169, 186
ヘーゲルの概念論と～ Hegel's Concept Logic and 168, 169
ヘーゲルの～批判 Hegel's critique of 28, 409 (n.13)

ヘーゲルの承認論と〜 Hegel's theory of recognition and 319, 376
法・権利の領域と〜 sphere of right and 439
理性的行為者性と〜 rational agency and 27
理性の「事実」と〜 "fact" of reason and 153 (n.24), 186, 187, 203 (n.16)
カント主義者 Kantian 52 (n.24), 105 (n.35), 149, 157 (n.47), 328, 457
カント的〜，カントの〜 Kantian
演繹モデル deductive model 338
道徳心理学 moral psychology 263
観念論，ドイツ〜 Idealism, German 22, 23, 53 (n.34), 226, 227
規範，実践的〜 norms, practical 15, 476, 478, 486
規範性 normativity
依存と〜 dependence and 170
概念的規定と〜 conceptual determinacy and 214, 444
カントと〜 Kant and 110, 112, 157 (47)
カントとヘーゲルのアプローチにおける類似性 similarities in approach by Kant and Hegel 198
→「規範性とカント」も参照
→「実践的規範」も参照
〜の危機・崩壊・破綻 crisis or breakdown on failure of 124, 149, 210, 293, 388, 405, 481
〜の契約論モデル contractualistic model of 329, 429
〜の今日的な文脈 contemporary context of 410 (n.19)
〜の功利主義的な考え Utilitarian conception of 329
〜の遵法主義的モデル legalistic model of 329
〜の自律 autonomy of 49 (n.7)
〜の流動性 fluidity of 398
近代の政治的反省と〜 modern political reflection and 373
現実化と〜 actualization and 25
最高の近代的〜 highest modern 483
自己立法と〜 self-legislation and 15, 20, 139, 144, 185, 186, 195, 210, 332, 337, 340, 341, 345, 347, 476, 477
→「自己賦課された規範としての精神」も参照
「真に無限なもの」と〜 "true infinite" and 96
精神と spirit and 17, 218, 326
精神と自然の二元論と〜 spirit-nature dualism and 91
正当性と〜 legitimacy and 93
哲学的反省の機能と〜 function of philosophical reflection and 478
ヘーゲルの〜の一般理論 Hegel's general theory of 15, 24, 149, 211
ヘーゲルの承認論と〜 Hegel's theory of recognition and 329, 361, 421
〔規範的〕要件の本性 nature of requirement 75
立法的な権威と〜 legislative authority and 176
旧約聖書 Bible, Hebrew 410 (n.17)
共産主義体制 Communist regime 479
共同体 community 9, 28, 36, 124, 150 (n.1), 230, 239, 262, 268, 332, 351 (n.4), 359 (n.33), 378, 406, 438, 474, 477, 479
コミュニタリアン communitarian 367
教養形成 bildung 198
「教養を積んだ自己」"cultured self" 333
ギリシア人 Greeks 21, 30, 34, 83, 84, 163, 229, 246, 279, 302 (n.34), 358 (n.28), 422, 463 (n.5, 6)
キリスト Christ 61, 75, 410 (n.17)
キリスト教 Christianity 30, 57, 139, 163,

212, 229, 422
キリスト教徒 Christians　21
キリスト教的～・キリスト教の～ Cristian
～言葉遣い language　154 (n.34)
～主観性 subjectivity　407
～護教論 apologetics　249 (n.8)
～哲学者 philosopher　315
～道徳 morality　411 (n.21)
近代・近代性 modernity
カントと～ Kant and　195, 409 (n.11)
「自然からの解放」と～ "liberation from nature" and　106 (n.36), 195
自由な生活と～ free life and　484
ヘーゲルと～ Hegel and　102 (n.20), 195, 483
近代小説 modernist, novel　484
グリースハイム, グスタフ・フォン Griesheim, Gustav von　83
形式主義 formalism　28, 39, 52 (n.24), 355 (n.18)
芸術家 artist　260, 299 (n.16), 304 (n.45), 320, 353 (n.11), 416
啓蒙 Enlightenment　148, 149, 380, 384, 406
契約論 Contractarianism　427, 480
決定論 determinism　58, 98 (n.8), 176
ケーラーによる筆記録 Kehler-Nachschrift　83
厳格主義 rigorism　28, 39, 52 (n.24), 355 (n. 18)
現実化・実現 actualization
意志・意図と～ will and　239, 273, 284, 286, 289, 408 (n.1), 439,,446, 447
概念の～ of concept　46, 164, 171, 191, 394
行為の～ of action　258
行為者性の～ of agency　22
自由の～ of freedom　50 (n.7), 66, 160, 191, 200, 271, 312, 322, 339, 344, 352 (n.6), 355 (n.17), 394, 442
主体性・主観性の～ of subjectivity　26, 239, 341, 348
真理と～ truth and
精神と～ spirit and　89, 91, 227, 325
提示としての～ as display
人間的善の～ of human good　228
理性の～ of reason　41, 64, 424
現実化条件 actuality condition　161
検証主義 verificationism　276, 287
原子論 atomism　66, 365, 429
倦怠 boredom　6
権利の担い手 rights-bearers　344, 345, 368, 388, 418
行為, ～論 action, theory of　51 (17), 301 (28)
行為 Handlung　253, 278, 285, 297 (5). 320
行為者性・行為者, ～の社会的理論 agency, social theory of　252
後悔 regret　220, 276, 288, 289
構成主義者 Constructivists　95
「後退」論証 "regress" argument　117, 126
行動主義 behaviorism　302 (33)
合法性 legality　53 (31), 203 (13), 439
幸福 happiness　174, 197, 228, 248 (8), 344, 357 (23), 475
合理性 rationality
～の失敗 failure of　130
道具的～ instrumental　140, 325
精神・神的精神 Mind: Divine　63, 67, 100 (13), 111, 163, 229
精神哲学・心の哲学 philosophy of　9, 106 (36)
コジェーヴ, アレクサンドル Kojéve, Alexander　411 (n.21)
個人主義, 方法論的～ individualism, methodological　5, 408 (3), 427, 428, 480
コースガード, クリスティン Korsgaard, Christine　23, 114, 117, 126, 128, 130, 133, 141, 145–147, 152 (n.12), 153 (n.19), 154

(n.28), 155 (n.36–37), 156 (n. 42), 157 (n.47),
「カントによる人間性の定式」“Kant's Formula of Humanity“ 151 (n.8)
義務と～ obligation and 138–140
「自由としての道徳性」“Morality as Freedom” 151 (n.5)
人間性の価値と～ value of humanity and 145–146
国家 state
権威の起源と～ coercive force and 364
個人と～ individual and 165, 428, 429
～学 theory of 26
～の自由主義ヴァージョン liberal versions of 361
～有機体論 organic theory of 355 (n.17)
自己立法と～ self-legislation and 445
自由と～ freedom and 214, 349
代議制～ representative 199
ヘーゲルの～の概念規定 Hegel's conceptions of 465 (n.16)
国家社会主義政党 National Socialist Party 477
ゴーティエ, デヴィッド Gauthier, David 363
事そのもの Sache selbst 268, 338, 401, 430

サ行

サール, ジョン Searle, John 301 (n.30)
サンデル, マイケル Sandel, Michael 367
詩 poem 272
恣意・選択意志 Wllkür 8, 49 (n.6), 59, 76, 324
シェイクスピア Shakespeare 262
ジェイムズ, ヘンリー James, Henry
『鳩の翼』*Wings of the Dove* 290
自己, ～に関する「場」の理論 self, “locus” theories of 50 (n.9)
自己意識, 普遍的な～ self-consciousness, universal 334, 336
自己外化 self-externality 395, 406, 407, 410 (n.17)
自己欺瞞 self-deceit 122, 132, 273, 277, 292
自己知 self-knowledge 9, 13, 74, 75, 257, 258, 294, 314, 392, 402, 406, 484
事後的特性 Nachträglichkeit 260
自己否定 self-negation 216, 217, 382, 384, 399, 401, 405–407
自己立法 self-legislation 22–27, 75, 109–110, 119, 123, 127, 129, 148, 150, 180, 189, 200 (n.1), 227, 446
→「規範性と自己立法」,「ルソーと自己立法」,「カントと自己立法」も参照
自己を解放する集合的な企て self-liberation, collective 331
自然 nature
～状態 state of 101 (n.20), 216, 248 (n.7), 319, 363, 427
～の哲学 philosophy of 19
精神と～ spirit and 15,18, 91
人間本性 human 248 (n.7)
自然権・自然法 natural right 161, 345, 351 (n.4), 440, 454
自然主義者 naturalist 28, 66, 72
自然法・自然法則 natural law 116, 119, 123
実証主義・実定主義 positivism
文化～ cultural 453
歴史～ historical 161, 164
実体 substance 18, 70, 200 (n.3), 355 (n.17)
ジープ, ルートヴィッヒ Siep, Ludwig 97 (n.4), 250 (n.19), 350 (n.1), 351 (n.4), 358 (n.31), 384, 409 (n.9–10), 469 (n.39)
市民社会 civil society 348–350, 354 (15), 465 (16), 466 (21), 431–432, 447, 448, 452
主意主義者 voluntarist(ism) 18, 217, 242, 248 (n.8), 254, 275

自由 freedom
解釈上の論争 conventional interpretation of Hegel's account of 36, 414
規範と norms and 14, 464 (n.8)
キリスト教と～ Christianity and 163
近代性と～ modernity and 195
近代哲学における～の問題 problem of - in modern philosophy 11, 104 (n.30)
芸術と～ art and 105 (n.31)
現実化と～ actualization and 312, 322, 339, 344
行為と～ action and 4, 8, 12, 14
～が近代において「膨張する」こと modern "inflation" of 464 (n.9)
～の自己実現理論 self-realization theory of 464 (n.8)
～の社会的理論 social theory of 66
～の西洋的理想 Western ideal of 478
～の理性的な行為者性の理論 rational agency theory of 27, 473
→「自由と理性性」および「理性性と～」も参照
主人と奴隷～ master-slave and 339
相互性と～ reciprocality and 366
達成としての～ as achievement 97 (n.2), 322, 340, 424
判断と～ judgement and 168
不満足と～ dissatisfaction and 471 (n.48)
法・権利と～ right and 30, 164, 413–414
ヘーゲルによる～の相互主体的理論 Hegel's intersubjective theory of 333
ヘーゲルの～の哲学 Hegel's philosophy of 13, 160, 174, 473
ヘーゲルの承認論と～ Hegel's theory of recognition and 237, 311–359, 360
宗教, ～哲学 Religion, Philosophy of 462
宗教改革 Reformation 463 (n.5)
宗教性 religiosity 484
自由主義 liberalism 50 (n.7), 361, 372, 407
「主人と奴隷」／「主奴」"master-slave" (or master-bondsman) 189, 271, 367, 339
主体, 絶対的な～ subject, absolute 312
主体性・主観性 subjectivity
カント以後の伝統における～ in post-Kantian tradition 129
近代国家と～の原理 principle of modern states and 201 (n.5)
近代の～対古代の～ modern vs. ancient 463 (6)
権利と～ right and 279, 283
自己立法と～ self-legislation and 187
実体的統一と～ substantial unity and 465 (n.10)
～の達成 achievement of 26
～の「本源」についての論争 debates over "originality" of 352 (n.6)
反省的認証と～ reflective endorsement and 150
ヘーゲルの承認論と～ Hegel's theory of recognition and 343, 360
主知主義者 intellectualist 231, 242
シュミット, カール Schmidt, Carl 411 (n.21),
シュトラウス, レオ Strauss, Leo 248 (n.7)
止揚 aufgehoben 12, 81, 100 (n.16), 455
「消極的自由」"Negative Liberty" 214, 434
小説 Romans 286, 484
承認 recognition
自己実現と～ self-realization and 237
市民社会と～ civil society and 354 (n.15)
社会的応答と～ social respontiveness and 296
自由と～ freedom and 360
主体性の社会理論と～ social theory of subjectivity and 210
～の政治的含意 political implications of 369

～の相互性 mutuality of　246, 271, 351 (n.4)
『精神現象学』における～ in *Phenomenology of spirit*　245, 269
自立と～ independence and　271
ヘーゲルの～の強調 Hegel's emphasis on　249 (n.19)
ホッブズとフィヒテにおける～ in Hobbes and Fichte　351 (n.4)
要求と～ desire and　188
理論としての～ as theory　350 (n.1)
承認の政治学 recognitional politics　371, 372
→「承認」も参照
植民地主義 colonialism　478
所有, 私的～ property, private　199
シラー, フリードリッヒ Schiller, Friedrich　198
自立, 社会によって媒介された～の説明 autonomy, socially mediated account of　23
思慮ある人 *phronimos*　456, 481
死を賭けた闘争 struggle to the death　188, 202(n.6)
新アリストテレス主義者 neo-Aristotelian　353 (n.8)
新ウィトゲンシュタイン学派 neo-Wittgensteinian　298 (n.11)
人格性 personhood　109, 333, 342, 378
新カント派 neo-Kantians　410 (n.19)
心身 mind-body　67, 82, 103 (n.28)
人民の民主共和国 People's Democratic Republics　203 (n.8)
新約聖書 New Testament　410 (n.17)
心理学 psychology　357 (n.23)
意志と～ the will and　209
依存の～ of dependence　368
合理的～ rational　102 (n.23)
社会～ social　361, 368
道徳～ moral　470 (n.48)
人倫 *Sittlichkeit*　7, 214, 343
『人倫の体系』*System of Sittlichkeit*　351 (n.4)
スキャンロン, T・M Scanlon, T. M.　356 (n.16)
ストア学派 stoicism　30, 163, 228, 229
スピノザ, バルーフ・ド Spinoza, Baruch de　19, 49 (n.6), 50 (n.10), 99 (n.8), 228, 231, 315
生活・生命 life
自由な～ free　7, 10, 27, 55, 115, 160, 231, 312, 341, 346, 416, 435, 439, 483, 484
普遍的な～ universal　324, 428, 430
精神 spirit *Geist*　3, 11, 60, 203 (n.11), 313
宇宙～ cosmic　41, 63, 67, 325
客観的～ objective　12, 17, 30, 43, 73, 150 (n.3), 217, 234, 325, 333, 430, 455, 470 (n.46), 482
行為の正当化と～ justification of deeds and　11
時間における全体性と～ totality in Time and　390
自己充足 satisfying itself　102 (24)
自己賦課された規範としての～ as self-imposed norm　185–187
自己立法と～ self-legislation and　330
自分を自身を支えることとしての～ as self-supporting　389
自由と～ freedom and　55, ,188, 201 (n.4)
集合的精神性の形式としての～ as form of collective mindedness　178
集合的な歴史的達成としての～ as collective historical achievement　74, 88
主観的～ subjective　17, 18, 84, 162, 217
主観的～の哲学 philosophy of subjective　29, 357 (n.27)
神的～ Divine　63, 67, 100 (n.13), 111, 163, 229
～の一般的観念 general notion of　185

～の傷 wounds of　410 (n.18)
～の哲学 philosophy of　3, 99, 352–351 (n.4), 410 (n.17)
～の破綻 failure of　385
～の表現と深さ expression and depth of　410 (n.16)
～の問題 problem of
～の歴史的説明 historical account of
世界～ World　161
それ自身の産物としての～ as product of itself　9, 15, 20, 46, 71, 85, 95, 103 (n.25), 104 (n.30), 109, 126, 192, 193, 341
絶え間のない不満と～ perpetual dissatisfaction and　382
絶対的～ absolute　17, 43, 190, 457
→「自然と精神」も参照
『精神現象学』*Phenomenology of Spirit* (PhG)
『アンティゴネー』と～ *Antigone* and　244
→「ソフォクレス」『アンティゴネー』も参照
承認と～ recognition and
→「承認」も参照
～と行為 and action　36, 403
～と自然的欲望 and natural desire　332
～における概念性の説明 account of conceptuality in　403
～における規範の崩壊 breakdown of norms in　124, 149
→「規範性」も参照
～における「感覚的確信」章 chapter on sense certainty in　240
～における骨相学の議論 discussion of physiognomy in　58
～における自己教育 self-education in　204 (n.21)
～における市民的自由の説明 account of civil freedom in　367
～における「精神」章 chapter on spirit in　259
～における不完全さの説明 account of partiality in　186
～の中心をなす運動 central movement of　402
～への序文 introduction to　411 (n.20)
欲望と～ desire and　188
ホネットとの関係 relation to Honneth　365
「制定者」原理 "Urheber" (authorship) principle　26, 118, 142, 194
ヘーゲルによる～の修正 Hegel's modification of　194
（諸）制度 institution(s)
規範と～ norms and　223, 313, 340, 451
客観的な正しさと～ objective rightness and　115
客観的に理性的な～ objectively rational　426, 427, 468 (n.35)
近代的～ modern　28, 47, 199, 271, 315, 346, 349, 371, 414, 419, 420, 426, 427, 441, 454, 456, 458, 470 (n.46), 476
現実性と～ actuality and　8, 420, 431
個人と～ individuality and　371, 437, 461
国家と～ state and　430
社会・社会的～ social　32, 179, 216, 312, 433, 436, 437, 438, 451,
自由と～ freedom and　424
承認と～ recognition and　330
人倫の～ of *Sittlichkeit*　346
政治～ political　311
精神と～ spirit and　93, 462
～の破綻 failure of　124
～の発展の基準 criterion for development of　42–44
～の歴史的達成 historical achievement of　64, 66
相互性と～ mutuality and　325

道徳性と〜 morality and 451
反省的認証と〜 reflective endorsement and 114
不合理な〜 irrational 443
平等と〜 equality and 405
法〜 legal 419
理性と〜 reason and 28, 232, 427, 438, 476
倫理的・人倫的〜 ethical 30, 235, 429, 446
ルソーと〜 Rousseau and 118
正当化 justification 3, 11, 40, 65, 111, 169, 175, 190, 243, 332, 342, 356 (n.19), 415, 432, 449, 453, 454, 456, 459, 462, 474
アンティゴネーと〜 *Antigone* and 245
ア・プリオリな〜 *a priori* 183
規範的役割と〜 normative roles and 20, 93, 95, 191, 342, 405
客観的〜 objective 111
行為の〜 of deeds 9, 162, 482
行為者性と〜 agency and 246
自然と〜 nature and 188
実践的な・実践上の〜 practical 425, 430, 449, 481
実践な理由と〜 practical reason and 190
「成功した〜」"successful" 337, 350
〜の論理 logic of 431
疎外と〜 alienation and 223, 246
内面化と〜 internalization and 418
発展史的・発展論的〜 developmental 340, 485 (n.3), 476, 478
分かち合われる shared 65
理論的〜 theoretical 362
聖霊 Holy Spirit 410 (n.17)
世俗化 secularization 213, 467 (n.30), 484
絶対者 absolute, the
自己充足性と〜 self-sufficiency and 11
自由としての〜 as freedom 18
成果としての〜 as result 383
精神としての〜 as spirit 200 (n.3)
〜の現象学的な正当化 phenomenological justification of 482
〜の自己実現 self-realization of 13
〜の展開 unfolding of 12
〜への梯子 ladder to 204 (n.21)
理性的な自己立法 rational self-legislation 75
責め *Schuld* 278
セラーズ, ウィルフリッド Sellars, Wilfrid 51 (n.20), 71, 75, 91, 92, 98 (n.8), 104 (n.29), 175, 403, 486 (n.3)
規範性と〜 nomativity and 105 (n.34)
セラーズ主義者 Sellarsean 105 (n.34)
善 good
最高〜 highest 197, 204 (22)
善 the 49 (n.7), 102 (n.24), 111, 120, 153 (16), 209, 228–231, 233, 248 (n.7, 8), 281, 356 (n.19), 371, 375, 411 (21), 424, 446, 452, 467 (30)
全体の〜 of the whole 358 (n.33)
相互主体性 inter-subjectivity 36, 312, 351 (n.4), 352 (n.6), 355 (n.16), 369, 421
相対主義, 歴史〜 Relativism, historical 243, 328, 356 (20)
疎外 alienation 27, 47, 52 (n.23), 213, 223, 246, 303 (n.37), 315, 375, 469 (n.38)
ソクラテス Socrates 49 (n.5), 228, 293
ソクラテス的・ソクラテスの Socratic 277, 383, 469 (n.40)
ソフォクレス Sophocles 34, 246, 304 (n.45), 450, 463 (n.6)
アンティゴネー *Antigone* 244, 245, 262, 271, 293, 414, 450, 453, 462 (n.2), 463 (n.6)
オイディプス王 *Oedipus Rex* 34, 291, 304
存在者, 精神的〜 being, spiritual 81, 242, 326, 445, 446

タ行

『大論理学』*Science of Logic*　57, 58, 74, 100 (n.13), 102 (n.21), 168–181
→「概念論」も参照
対話的, 理性性の〜的見解 dialogical; view of rationality　474
魂 soul ; *Seele*　60
『エンチュクロペディ』における〜 in *Encyclopedia*　90
「自我」としての〜 as the "I"　94
〜における精神の現れ manifestation of spirit in　79, 81
〜の実体的統一 substantial unity of　77, 100 (16)
〜の不死 immortality of　198
動物と〜 animals and　218
内省と〜 introspection and　264
〔物質から〕分離した〜の現実存在 separate existence of　71
物としての魂 Seelending (as a thing)　102 (n.23)
知・知識 knowledge
絶対知 absolute　386, 392, 394, 396, 397, 399, 400
「知性」"intelligence"　222, 229 (n.11)
ツェルマン宛の手紙 *Letter to Zellmann*　462 (n.1)
デイヴィドソン, ドナルド Davidson, Donald　297 (n.6), 299 (n.16), 300 (n.22)
定言命法 Categorical Imperative
ディドロ, ドニ Diderot, Dennis　204 (n.23), 246
『ラモーの甥』*Rameau's Nephew*　204 (n. 23), 246, 271, 387
テイラー, チャールズ Taylor, Charles　249 (n.17), 297 (n.4), 298 (n.15), 353 (n.11). 361, 367
ディルタイ, ヴィルヘルム Dilthey, Wilhelm　203 (n.11)
デカルトの・デカルト的 Cartesian　86–87
哲学 philosophy
イギリス〜 British　263
実践〜 practical　3, 4, 9, 14, 25, 44, 48, 57, 96, 160, 164, 166, 174, 181, 184, 185, 200, 203 (n.15)
哲人王 Philosopher-Kings　454
哲学者,「聖職者」としての〜 Philosophers; as "sacred priesthood"　462
デュース, ピーター Dews, Peter　352 (n.6)
デュルケーム, エミール Durkheim, Emile
『社会学的方法の規準』*Rules of the Sociological Method*　460
テロス *Telos*　104 (n.30), 342, 393
テロリスト terrorist　270
テロル terror　233
天地創造, 〜の物語 creation, story of　410 (n.17)
トイニッセン, ミヒャエル Theunissen, Michael　53 (n.34), 200 (n.2), 355 (n.16), 358 (n.30)
ドゥオーキン, ロナルド Dworkin, Ronald　364
動機づけ motivation　28, 30, 1202 128, 156 (n.37), 196, 198, 230, 233, 242, 257, 264, 455
「道徳性」(『法哲学』第二部) *Moralität*　19, 151 (n.4), 278, 281
道徳性 morality
道徳主義文化 culrure of　484
〜の領域 sphere of　388, 417
→「道徳的立場」も参照
透明性条件 transparency condition　289
独我論 solipsism　283
トルーマン, ハリー Truman, Harry　291
奴隷 slavery　38, 163, 228, 229, 230, 334, 339, 380

ドン・キホーテ *Don Quixote* 377

ナ行

内在主義 internalism 127, 202 (n.6), 409 (n.14)
なされたこと *Tat* 253, 254, 275, 278, 285, 297 (n.5)
ナポレオン Napoleon 284
二元論 dualism 17, 44, 61, 62, 64, 67, 89, 91, 230, 403, 406, 468 (n.35)
ニーチェ Nietzche
　自己従属と〜 self-subjection and 121
　「稲妻閃光」というたとえと〜 "lightning flash" simile and 301 (n.27)
　出来の悪い詩と〜 the bad poem and 272
　→「詩」も参照
『道徳の系譜』*Genealogy of Morals* 483
二律背反的 antinominal 46, 473
人間学・人類学 Anthoropologie 17, 48, 48 (n.1), 94, 105, 187, 218, 326
　哲学的〜 philosophical 20, 32,103 (n.26), 104 (n.28), 368, 404, 466 (n.21)
ネーゲル, トマス Nagel, Thomas 145, 152 (n.11), 355 (n.19)
ノイハウザー, フレデリック Neuhouser, Fredrick 435, 466 (n.24), 468 (n.35), 469 (n.40), 470 (n.48)

ハ行

ハイデガー, マルティン Heidegger, Martin
　世人 *das Man* 371
　「西洋形而上学の破壊」*Destruction of western Metaphysics* 484
パウロ St. Paul 248 (n.8)
バージ, タイラー Burge, Tyler 271
パッテン, アラン Patten, Alan 52 (n.21)
パトナム, ヒラリー Putnam, Hilary 271
ハーディモン, マイケル Hardimon, Michael 249 (n.14), 465 (n.11)
『波止場』*On the Waterfront* 272
ハーバーマス, ユルゲン Habermas, Jurgen
　カントの批判理論と〜 Kant's critical theory and 468 (n.37)
　国家の権威の起源と〜 state's coercive authority and 364
　コミュニケーション的合理性の理論と〜 theory of communicative rationality 485 (n.3)
　主体性の「本源性」と〜 "originality" of subjectivity and 352 (n.6)
　ヘーゲルの承認論と〜 Hegel's theory of recognition and 249 (n.19)
　理性的行為者性と〜 rational agency and 27
　理想的発話と〜 ideal speech and 356 (n.19)
パラドックス, 語用論的〜 paradox, pragmatic 356 (n.20)
ハリス, H・S Harris, H. S. 203 (n.11)
バーリン, アイザイア Berlin, Isaiah 34, 57, 464 (n.9)
反省的認証 endorsement, reflective
反二元論 anti-dualism 62, 191, 332
美 beautiful 49 (n.7)
『美学講義』*Lectures on Fine Art* 8, 76, 77, 104 (n.30), 105 (n.31), 171, 385
悲劇, ギリシア〜 tragedy, Greeks 386, 406
ピタゴラス学徒 Pythagorean 33
被治者の同意 consent of the governed 362
必然性・必要性 necessity
　『アンティゴネー』と〜 *Antigone* and 245
　意志と〜 will and 220
　規範的〜 normative 240, 371

自己立法と〜 self-legislation and 126
自然的〜 natural 20
実体と〜 substance and 68, 168
自由と〜 freedom and 16, 46
主観的〜 subjective 186
精神と〜 spirit and 16
道徳的〜 moral 117
〜の領域 realm of 327
プラグマティックな〜 pragmatic 376
否定 negation
「経験の論理」と〜 “logic of experience” and 394
自然と〜 nature and 248
直接性とみなされたものの〜 of putative immediacy 61
直接的に合理的な反応の〜 of immediately rational response 216
〜と精神 of and spirit 204 (n.20), 382
不平不満と〜 dissatisfaction and 293
否定性 negativity 80
自己同一化と〜 identity and 120
社会生活と〜 social life and 325
主体性としての〜 as subjectivity 214, 322, 355 (n.17)
絶対的〜 absolute 61, 69
直接性の否定と〜 denial of immediacy and 80
〜の規範 of norm 61
〜の自己関係 self-reference of 214
〜の諸様式 modes of 80
ヒューム, デヴィッド Hume, David 28, 128, 131, 174, 230
〜と実践的理性 and practical reason 130
「無関心の自由」“liberty of indifference” 316
ヒューム主義者 Humean 128, 130, 137, 156 (n.37)
非両立論 incompatibilism 62, 67, 217
ヒル, トム Hill, Tom 154 (n.33)
ピンカート, テリー Pinkard,Terry 152 (n.13), 397, 470 (n.45)
『精神現象学』の新訳 new translation of *Phenomenology* 410 (n.17)
理性の社会性について on sociality of reason 204 (n.19)
フィヒテ Fichte
「促し」“Aufforderungen” 357 (n.22)
規範性と〜 normativity and 105 (n.34)
自己定立する「自我」と〜 self-positing “I” and 96, 126, 157 (n.47)
『自然法の基礎』*Grundlage des Naturrechts* 236, 317, 318, 367
承認と〜 recognition and 357 (n.4)
→「自然法の基礎」,「自己立法と〜」も参照
転換点としての as turning point 203 (n.15)
〜の自由の説明 account of freedom of 38, 63, 98 (n.8)
法・権利の領域と〜 sphere of right and 439
ホッブズ主義と〜 Hobbeseanism and 318
理性的行為者性と〜 rational agency and 27
フィヒテ的・フィヒテの Fichtean 93, 96, 97 (n.4), 106 (n.35), 157 (n.47), 168
フィッシュバッハ, F Fischbach, F. 249 (n.16)
フェミニズム feminism
〜の「世界史的な重大性」“world-historical importance of“ 484
フェリーニ, フェデリコ Fellini Federico 301 (n.29)
フォスター, M Foster, M. 467 (n.33)
フォルスター, ミヒャエル Forster, Michael 302 (n.33)

「フーコー以後」の世界 “post-Focauldean” world 483
福音 Gospel 61
不幸な意識 unhappy consciousness 340
「不自由」“unfreedom” 224
物理主義 physicalism 104 (n.30), 302 (n.33)
プーフェンドルフ, サミュエル・フォン Pufendorf, Samuel von 151 (n.6)
普遍性, 肯定的な～ universality, affirmative 325
プラトン Plato 42, 399
「連続性」と～ “continuity” and 456
『国家』*Public* 358 (n.33),
自由意志と～ free will and 163, 229
対話的活動と～ dialogic activity and 485 (n.1)
フランクファート, ハリー Frankfurt, Harry 50 (n.9), 249 (n.13), 223, 297 (n.2)
フランス革命 French Revolution 338, 364, 386, 387
ブランダム, ロバート Brandom, Robert 43, 51 (n.20), 54 (n.35), 175, 203 (n.13)
「意味論的な外在主義」“semantic externalism” 299 (n.20)
「規制主義」“regulism” 357 (n.1)
推論主義 Inferentialism 486 (n.3)
ブルジョア bourgeois 42
フルダ, ハンス・フリードリッヒ Fulda, Hans Friedrich 53 (n.34), 97 (n.4), 470 (n.43)
プロイセン Prussia 458
フロイトの Freudian 275
ブロード, C・D Broad, C. D. 67
分業, 性別役割～ division of labor, gender-based 478
ヘア, R・M Hare, R. M. 300 (n.22)
ヘーゲル研究のハイデルベルク学派 Heidelburg school of Hegel studies 53 (n.34)
ヘーゲル左派 Left-Hegelianism 88, 91, 103 (n.28), 367
ヒューマニズム humanism 20
ヘスレー, ヴィトリオ Hösle, Vittorio 249 (n.19), 305 (n.45), 352 (n.5), 355 (n.16)
ヘッフェ, オットフリート Höffe, Otfried 364
ヘルダー, ヨハン・ゴットフリート Herder, Johann Gottfried 302 (n.33)
ヘンリッヒ, ディーター Henrich, Dieter 53 (n.34), 153 (n.24), 352 (n.6), 353 (n.8)
法・権利 right
現実性と～ actuality and 164,165, 202 (n.6, 7)
抽象的～ abstract 199, 215, 469 (n.37)
『法哲学』における～ in *Philosophy of Right* 421
よき国家の市民としての～ as citizen of good state 53 (n.29)
法・法則・法律 law(s) 50 (n.12), 53 (n.33), 109, 249, 327
法治国家 Rechtsstaat 475
『法哲学』*Philosophy of Right; Rechtsphilosophie*
「意志の理性的体系」と～ “rational system of the will” and 185
意図の内容と～ content of intension and 283, 287, 288
実体論的な形而上学と～ substantialist metaphysics and 346
社会性と～ sociality and 18
『精神現象学』との関係 relation to *Phenomenology* 390
『大論理学』との関係 relation to *Science of Logic* 171
～「序文」Preface to 457
～「緒論」Introduction to 27, 30, 52 (n. 22), 58, 164, 212, 215, 217, 470 (n.48)
～における実践的理性性 practical rationality in 474

～における思弁的な言葉遣い speculative language of 33
～における社会規範の擁護論 defense of social norms in 338
～における諸制度の説明 explanation of institutions in 452
～における「有機的なもの」の観念 notion of the “organic” in 430
～についての注釈書 commentaries on 212, 213
ホネットによる～の「再現実化」 Honneth's “reactualization” of 439
「理性的なものは現実的である」と～ “what is rational is actual” and 46, 161
ホッブズ, トマス Hobbes, Thomas 38, 41, 98 (n.8), 101 (n.20), 216, 236, 248 (n.7), 312, 351 (n.4), 363, 438
ホトー, ハインリッヒ・グスタフ Hotho, Heinrich Gustav 53 (n.29), 416
ホネット, アクセル Honneth, Axel
『承認をめぐる闘争』*The Struggle for Recognition* 440, 467 (n.30)
ポパー, カール Popper, Karl 34
ポリス, ギリシアの～ polis, Greek 245, 293, 338, 450, 456
ホリス, マーティン Hollis, Martin 441, 466 (n.23, 28), 468 (n.36)

マ行

マキアヴェリ, ニコロ Machiavelli, Niccolo 38, 312,
マクダウェル, ジョン McDowell, John 106 (n.35), 203 (n.10), 249 (n.9), 469 (n.42)
「摩擦なき空転」“Frictionless Spinning” 174
マザー・テレサ Mother Theresa 479
マッキンタイア, アラスデア MacIntyre, Alasdair 367
ミード, ジョージ・ハーバード Mead, George Herbert 358 (n.29),
ミネルヴァのフクロウ Owl of Minerva 247, 294, 457
ミル, J・S Mill, J. S. 362
ムーアのパラドックス Moore's Paradox 290
無規定性 indeterminacy 232, 256, 342, 365, 371, 406, 408, 439
無限性 infinity 85, 192, 232, 233
制限なき～ limitless 232, 233
「真に無限なもの」～ “true“ 96
メディア, 新しい～ media, new 484
目的論 teleology 68, 99 (n.13), 104 (n.30), 105 (n.35), 406, 465 (n.15)
モダニズム modernism 484
モラン, リチャード Moran, Richard 289

ヤ行

役割, 社会的～（社会的役割理論）roles, social (social role theory) 40, 110, 418
ヤコービ, フリードリッヒ Jacobi, Friedrich 102 (24)
『信仰と知』における～ in *Glauben und Wissen* 102 (n.24)
唯心論 immaterialism 19, 44
唯物論 Materialismus 44, 105 (n.30), 403
有機体論者 organist 34, 161
有限な政治体制, ～の理論 finite regimes, theory of 447
予見可能性 forseeability 304 (n.41)
ヨアス, ハンス Joas, Hans 103 (n.26, 28)

ラ行

ライティネン, アルト Laitinen, Arto 301 (n.26). 325, 341, 342, 353 (n.14), 357 (n.25)
ライプニッツ, ゴットフリート Leibniz,

Gottfried　19
ラスク, エミール　Lask, Emil　410 (n.19)
ラッセル, バートランド　Russell, Bertrand　34
リヴァイアサン　Leviathan　216, 217, 363
利己主義, 合理的～　egoism, rational
理性性　rationality
意志と～　will and　234
家族と～　family and　199
規範性と～　normativity and　94
客観的～　objective　43, 49 (n.6), 421, 437, 442, 444, 447, 449, 476, 477
形式的拘束と～　formal constraints of　125
～の現実化　actuality of　112
～の失敗　failure of　137
実践的～　practical　202 (n.6), 414, 424, 451,
454, 474, 476, 477, 482
主観的～　subjective　442, 449
制度的～　institutional　41, 371
反省的～　reflective　118, 485 (n.14)
ヘーゲルの～の理論　Hegel's theory of　31, 482
歴史的な～　historical　40, 42, 448
リッケルト, ハインリッヒ　Rickert, Heinrich　410
リッター, ハインリッヒ　Ritter, Heinrich　353 (n.8)
リーデル, マンフレッド　Riedel, Manfred　351 (n.4)
リバタリアン　libertarian　66, 217, 254
リヒテンベルク, ゲオルク・クリストフ　Lichtenberg, Georg Christoph　266
良心　conscience ; Gewissen　281
両立論　compatibilism　31, 44, 51 (n.18), 62, 67, 98 (n.8), 211, 316
倫理的　ethical
～存在者　being　215, 217, 235, 238, 239, 247 (n.6), 255, 475
倫理学理論　theory　110
ルソー, ジャン＝ジャック　Rousseau, Jean-Jaques　41, 118, 203
理性的行為者性と～　rational agency and　27
国家の権威の起源　The state's coercive authority　364
自己立法と～　self-legislation and　118
実践理性と～　practical reason and　24
市民の地位と～　citizenship and　433
『社会契約論』*Social Contract*　367, 466 (n.22)
疎外と～　alienation and　213
『第二論文（人間不平等起源論）』*Second Discourse*　374
ヘーゲルとの関係　relation to Hegel　209,　424, 435
ヘーゲルにとっての～の問題の中心　centrality of　for Hegel　97 (n.1)
ルター Luther　358 (n.28), 410 (n.17), 463 (n.5)
レーヴィット, カール　Löwith, Karl　103 (26)
『歴史哲学講義』*Lectures on the Philosophy of World History*　41, 162, 165, 418–420, 463 (n.5),
ロック, ジョン　Locke, John　41, 217, 351 (n.4), 363, 364
ロールズ, ジョン　Rawls, John　485 (n.2)
概念と概念規定　Concept and Conceptualization　160
基本構造 Basic Structure　355 (n.19)
国家の権威の起源と～　state's coercive authority and　364
自己立法と～　self-legislation and　152 (n.11)
『正義論』*A Theory of Justice*　480
理性的行為者性と～　rational agency and

27
ロールズの Rawlsean
構成主義と〜 Constructivism and 338
コースガードと〜 Koorsgaard and 146
論理, 弁証法的〜 logic, dialectical 24

参考文献

略記号

J. G. FICHTE

FNR *Foundations of Natural Right*, ed. F. Neuhouser, trans. M. Bauer (Cambridge: Cambridge University Press, 2000)

G *Grundlage der Naturrechts nach Prinzipien der Wissenschaftslehre* 1776 (Berlin: de Gruyter, 1971)〔フィヒテ「知識学の原理による自然法の基礎」『フィヒテ全集第6巻：自然法論』，R・ラウト他編，藤沢賢一郎訳，哲書房，1995年〕

G. W. F. HEGEL

A *Aesthetics: Lectures on Fine Art*, 2 vols, trans. T. M. Knox (Oxford: Clarendon Press, 1975)

B *Briefe von und an Hegel*, vols. 1–3, ed. J. Hoffmeister (Hamburg: Felix Meiner, 1952–4)

BPhG *G.W.F. Hegel: The Berlin Phenomenology*, ed. and trans. M. J. Petry (Dordrecht: D. Riedel, 1981)

E *Enzyklopädie der philosophischen Wissenschaften*, vol. 6 of Hauptwerke in sechs Bänden (Hamburg: Felix Meiner, 1992)

EL *Enzyklopädie der philosophischen Wissenschaften. Erster Teil, Die Wissenschaft der Logik,* in TWA, vols. 8

EnL *Hegel's Logic, Being Part One of the Philosophical Sciences*, trans. W. Wallace (Oxford: Clarendon Press, 1982)

EPG *Enzyklopädie der philosophischen Wissenschaften. Dritter Teil, Die Philosophie des Geistes*, in TWA, vols. 10

EW *Enzyklopädie der philosophischen Wissenschaften.* in TWA, vols. 8–10

F "A Fragment on the Philosophy of Spirit (1822/5)," in PSS

FK *Faith and Knowledge*, trans. W. Cerf and H. S. Harris (Albany: SUNY Press, 1977)

G PPS, vol. 3, appendix. Griesheim's transcriptions of 1825 *Lectures on Philosophy of Spirit*

GPR *Grundlinien der Philosophie des Rechts*, ed. J. Hoffmeister (Hamburg: Felix Meiner, 1955)

GW *Glauben und Wissen*, in W, vol. 4

HE *Enzyklopädie der philosophischen Wissenschaften* (Heidelberg: Oßwald, 1817)

HW *G.W.F. Hegel's Werke, Vollständige Ausgabe durch einen Verein von Freunden des Verewigen*, ed. P. Marheinecke et al. (Berlin: Dunker & Humblot, 1832)

JA *Sämtliche Werke. Jubiliäumausgabe in zwanzig Bänden*, ed. H. Glockner (Stuttgart-Bad

Cannstatt: Frommmann, 1965–8)
JP Jena *Phenomenology*
JPR *Grundlinien der Philosophie des Rects*, in JA, vol.7
LPS *Lectures on the Philosophy of Spirit 1827*, trans. R. R. Williams (Oxford: Oxford University Press, 2007)
LPWH *Lectures on the Philosophy of World History: Introduction*, trans. H. B. Nisbet (Cambridge: Cambridge University Press, 1975)
PH *The Philosophy of World History*, trans. J. Siblee (New York: Dover, 1956)
PhG *Die Phänomenologie des Geistes*, vol. 2, Hauptwerke in sechs Bänden (Hamburg: Felix Meiner, 1992)
PhS *Hegel's Phenomenology of Spirit*, trans. A. V. Miller (Oxford: Oxford University Press, 1977)
PM *Hegel's Philosophy of Mind*, trans. W. Wallace (Oxford: Oxford University Press, 1971)
PR *Elements of the Philosophy of Right*, ed. A. Wood, trans. H. B. Nisbet (Cambridge: Cambridge University Press, 1991)
PSS *Hegel's Philosophie des subjektiven Geistes/ Hegel's Philosophy of Subjective Spirit*, ed. and trans. M. Petry, (Dordrecht: Riedel, 1978)
RP *Grundlinien der Philosophie des Rechts*, in TWA, vol.7 (Frankfurt a. M.: Suhrkamp, 1986)
SL *Hegel's Science of Logic*, trans. A. V. Miller (Amherst: Humanity Books, 1960) (translation altered)
TEL *The Encyclopedia Logic*, trans. T. F. Gerates, W. A. Suchting, and H. S. Harris (Indianapolis: Hackett, 1991)
TWA *Werke. Theorie-Werkausgabe*, 21 vols., ed. E. Moldenhauser and K. M. Michel (Frankfurt a. M.: Suhrkamp, 1969–79) (cited by volume)
VdG *Die Vernunft in der Geschichte*, ed. J. Hoffmeister (Akademie-Verlag: Berlin, 1970)
VG *Vorlesungen über Phänomenologie des Geistes 1827–8*, ed. B. Tuschling (Hamburg: Felix Meiner,1994)
VPG *Vorlesungen über Philosophie des Geschichte*, in TWA, vol. 12
VPR *Vorlesungen über Rechtsphilosophie 1818–31*, 4 vols., ed. K.-H. Ilting (Stuttgart-Bad Cannstatt: Frommann- Holzboog, 1973–4) (cited by volume)
W *Gesammelte Werke*, ed. Rheinisch-Westfälischen Akademie der Wissenschaften (Hamburg: Felix Meiner,1968–)(cited by volume)
WL *Wissenschaft der Logik*, 2 vols., in W, vols.11–12

ヘーゲル
『ヘーゲル全集』，岩波書店
『小論理学』（前掲全集　第 1 巻，真下信一・宮本十蔵訳，1996 年）
『自然哲学』（前掲全集　第 2 巻，加藤尚武訳，1998–9 年）
『精神哲学』（前掲全集　第 3 巻，船山信一，1996 年）
『精神の現象学』（前掲全集　第 4,5 巻，金子武蔵訳，1995 年）

『大論理学』（前掲全集　第6–8巻，武市健人訳，1994–5年）
『法の哲学』（前掲全集　第9巻，上妻精・佐藤康邦・山田忠彰訳，2000–1年）
『歴史哲学』（前掲全集　第10巻，武市健人訳，1995年）
ヘーゲル『信仰と知』，上妻精訳，岩波書店，1993年
ヘーゲル『美学講義』（上・中・下），長谷川宏訳，作品社，1995–6年

I. KANT

AA　*Gesammelte Schriften,* ed. Königlich Preussischen Akademie der Wissenschaftlichen (Berlin: de Gruyter, 1922)
CprR　*Critique of Practical Reason*, trans. L. W. Beck (Indianapolis: Bobbs-Merrill, 1956)
F　*Foundations of the Metaphysics of Morals,* trans. L. W. Beck (New York: Macmillan, 1990)
GL　*Grundlegung der Metaphysik der Moral*, vol.4 of AA
KpV　*Kritik der praktischen Vernunft*
MM　*The Metaphysics of Morals*, trans. Mary Gregor (Cambridge: Cambridge University Press)
TCPR　*The Critique of Pure Reason*, trans. Norman Kemp Smith (New York: St. Martin's Press, 1929)

カント
『カント全集』，坂部恵・有福孝岳・牧野英二編，岩波書店
『純粋理性批判』（前掲全集　第4–6巻，有福孝岳訳，2001–6年，所収）
『人倫の形而上学の基礎づけ』（前掲全集　第7巻，坂部恵・平田俊博・伊古田理訳，2000年，所収）
『実践理性批判』（同上）
『人倫の形而上学』（前掲全集　第11巻，樽井正義・池尾恭一訳，2002年，所収）

書籍，書籍の章，論文

Allison, H. (1990), *Kant's Theory of Freedom* (Cambridge: Cambridge University Press)
(1997), "We Can only Act Under the Idea of Freedom," *Proceedings and Addresses of the American philosophical Association*, vol. 71, no. 2, pp. 39–50
Alston, W.P., (1967), "Wants, Actions, and Causal Explanation," in *Intentionality, Minds, and Perception*, ed. H.N. Castañeda (Detroit: Wayne State University Press), pp. 301–41
Alznauer, M. (2008), *Hegel's Defense of Moral Responsibility* (PhD Dissertation, University of Chicago)
Ameriks, K. (2002), "Pure Reason of Itself Alone Suffices to Determine the Will," in *Immanuel Kant: Kritik der praktischen Vernunft*, ed. O. Höffe (Berlin: Akademie- Verlag), pp. 99–114
Anscombe, G.E.M. (1971), *Causality and Determination* (Cambridge: Cambridge University Press)
(2000), *Intention* (Cambridge MA: Harvard University Press)〔G.・E・M・アンスコム『インテンション――実践知の考察』，菅豊彦訳，産業図書，1984年〕

Aquinas, T. (1964), *Commentary on the Nicomachean Ethics*, trans. C.I. Litzinger (Chicago: University of Chicago Press)
Arato, A. (1991), "A Reconstruction of Hegel's Theory of Civil Society," in *Hegel and Legal Theory*, ed. D. Cornell, M. Rosenfeld and D.G. Carlson (London: Routledge, 1991), pp. 301–20
Audi, R. (1971), "Intentionalistic Explanations of Action," *Metaphilosophy*, vol. 2, pp. 241–50
(1974), "Moral Responsibility, Freedom, and Compulsion," *American Philosophical Quarterly*, vol. 11, pp. 1–14
Avineri, S. (1972), *Hegel's Theory of the Modern State* (Cambridge: Cambridge University Press)〔S・アヴィネリ『ヘーゲルの近代国家論』，高柳良治訳，未來社，1978 年〕
(1975), "The Dialectics of Civil Society in Hegel's Thought," *Hegel-Jahrbuch*, pp. 78–82
Baier, K., (1965), "Action and Agent," *The Monist,* vol. 49, pp. 183–95
Bartuschat, W. (1987), "Zum Status des abstrakten Rechts in Hegels Rechtsphilosophie," *Zeitschrift für philosophische Forschung*, vol. 41, pp. 19–42
Beck, L.W. (1965), "Agent, Actor, Spectator, and Critic," *The Monist*, vol. 49, pp. 167–82
(1974), *The Actor and the Spectator* (New Haven: Yale University Press)
Becker, W. (1972), "Hegel's Dialektik von Herr and Knecht," in W. Becker, *Selbstbewußtsein und Spekulation: Zur Kritik der Transzendentalphilosophie* (Freiburg: Rombach), pp. 110–23
Beiser, F. (2007), "Dark Days: Anglophone Scholarship since the 1960s," in Hammer (2007), pp. 70–90
Benhabib, S. (1981), "The Logic of Civil Society: A Reconstruction of Hegel and Marx," *Philosophy and Social Criticism*, vol. 8, pp. 153 ff.
(1984), "Obligation, Contract and Exchange: On the Significance of Hegel's Abstruct Right," in Pelczynski (1984), pp. 159–77
Bennet, J. (1995), *The Act Itself* (Oxford: Oxford University Press)
Berlin, I. (1997), "Two Concepts of Liberty," in *The Proper Study of Mankind*, ed. H. Hardy (New York: Farrar, Strauss & Giroux), pp. 191–242〔I・バーリン『自由論』，小川晃一・福田歓一・小池銈・生松敬三訳，みすず書房，2000 年〕
Bernstein, J. (1984), "From Self-Consciousness to Community: Act and Recognition in Master-Slave Relationship," in Pelczynski (1984), pp. 14–39
(1996), "Confession and Forgiveness: Hegel's Poetics of Action," in *Beyond Representation: Philosophy and Poetic Imagination,* ed. R. Eldridge (Cambridge: Cambridge University Press), pp. 34–65
Bienenstock, M. (1989), "The Logic of Political Life: Hegel's Conception of Political Philosophy," in *Knowledge and Politics*, ed. M. Dascal and O. Gruengard (Boulder, CO: Westview Press), pp. 145–70
Blasche, S. (1984–5), "Liebe und Vernunft, Familie und bürgerliche Gesellschaft: Bemerkungen zu zwei Vermittlungskonzepten in Hegel's Rechtsphilosophie," *Hegel-Jahrbuch*, pp. 107–14
Bobzien, S. (1998), "The Inadvertent Conception and Late Birth of the Free Will Problem," *Phronesis*, vol. ＸＬⅢ no. 2, pp. 133–75
Bowie, A. and Hammer, E. (2007), "German Idealism's Contested Heritage," in Hammer (2007),

pp. 309–30
Bradley, F.H. (1927), *Ethical Studies* (Oxford: Oxford University Press)
Brand, M. (1979), "The Fundamental Question in Action Theory," *Nous*, vol. 13, pp. 131–51
Brandom, R. (1977), "Freedom as Constraint by Norms," *American Philosophical Quarterly*, vol. 16, no. 3, pp. 187–96
(1994), *Making It Explicit: Reasoning, Representing, and Discursive Commitment* (Cambridge MA: Harvard University Press)
(1996), "Perception and Rational Constraint: McDowell's Mind and World," in *Perception*, ed. E. Villanueva (Atascadero, CA: Ridgeview Publishing Company), pp. 241–59
(1997), "Study Guide," in W, Sellars, *Empiricism and the Philosophy of Mind*, ed. R. Rorty and R. Brandom (Cambridge MA: Harvard University Press)
(1998), "Actions, Norms, and Practical Reason," *Philosophical Perceptives*, vol. 12, pp. 1–13
(2000), *Articulating Reasons: An Introduction to Inferentialism* (Cambridge MA: Harvard University Press)
(2002), *Tales of the Mighty Dead: Historical Essays in the Metaphysics of Intentionality* (Cambridge MA: Harvard University Press)
(2004), "Selbstbewusstsein und Selbst-Konstitution," in Halbig, Quante, and Siep (2004), pp. 46–77
(2005), "Sketch of a Program for a Critical Reading of Hegel: Comparing Empirical and Logical Concepts," *Internationales Jahrbuch des Deutschen Idealismus*, vol. 3, pp. 131–61
(2007), "Self-Consciousness and Self-Constitution: The Structure of Desire and Recognition," *Philosophy and Social Criticism*, vol. 33, pp. 127–50
Bratman, M. (1987), *Intentions, Plans, and Practical Reasons* (Cambridge MA: Harvard University Press)
Brauer, S. (2007), *Natur und Sittlichkeit: Die Familie in Hegels Rechtsphilosophie* (Freiburg und Munich: Verlag Karl Alber)
Broad, C.D. (1925), *The Mind and its Place in Nature* (London: Kegan Paul)
Bubner, R. (1973), *Dialektik und Wissenschaft* (Frankfurt a.M.: Suhrkamp)〔R・ブプナー『弁証法と科学』，加藤尚武訳，未來社，1983 年〕
(1989), "Rousseau, Hegel und Dialektik der Aufklärung," in *Aufklärung und Gegenaufklärung in der europäischen Literatur, Philosophie and Politik von der Antike bis zur Gegenwart*, ed. J. Schmidt (Darmstadt: Wissenschaftliche Buchgesellschaft) pp. 404–20
Burke, K. (1969), *A Grammar of Motives* (Berkeley, CA: University of California Press)〔K・バーク『動機の文法』，森常治訳，晶文社，1982 年〕
Buss, S. and Overton, L. (2002), *Contours of Agency: Essays on Themes from Harry Frankfurt* (Cambridge, MA: MIT Press)
Butler, J. (1987), *Subjects of Desire: Hegelian reflections in 20th-Century France* (New York: Columbia University Press)
Cavell, S. (1976), "A Master of Meaning It," in S. Cavell, *Must We Mean What We Say?* (Cambridge:

Cambridge University Press)
Chisholm, R.M. (1970), "The Structure of Intention," *The Journal of Philosophy*, vol. 67, no. 19, pp. 633–47
Collingwood, R.G.. (1937–8), "On the So-Called Idea of Causation," *Proceedings of the Aristotelian Society*, vol. 38, pp. 85–111
Cramer, W. (1973), "Kausalität und Freiheit," *Philosophische Perspektiven*, vol. 5, pp. 53–61
Dahlstrom, D.O. (1991), "Die schöne Seele bei Schiller und Hegel," *Hegel-Jahrbuch*, pp. 147–56
Danto, A.C. (1973), *Analytical Philosophy of Action* (Cambridge: Cambridge University Press)
Davidson, D. (1980a), "Actions, Reasons, and Causes," in D. Davidson, *Essays on Actions and Events* (Oxford: Oxford University Press), pp. 3–19〔D・デイヴィドソン「行為・理由・原因」『行為と出来事』, 服部裕幸・柴田正良訳, 勁草書房, 1990 年〕
(1980b), "How is Weakness of the Will Possible?," in D. Davidson, *Essays on Actions and Events* (Oxford: Oxford University Press), pp. 21–42〔D・デイヴィドソン「意志の弱さはいかにして可能か」前掲書所収〕
(1980c), "Agency," in D. Davidson, *Essays on Actions and Events* (Oxford: Oxford University Press), pp. 43–61
(1980d), "Intending," in D. Davidson, *Essays on Actions and Events* (Oxford: Oxford University Press), pp. 83–102
(1986), "A Coherence Theory of Truth and Knowledge," in *Truth and Interpretation: Perspectives on the Philosophy of Donald Davidson*, ed. E. LePore (Oxford: Blackwell), pp. 307–19
Deligiorgi, K. (2006), *Hegel: New Directions* (Chesham: Acumen)
Derbolav, J. (1974) "Hegels Theorie der Handlung," in Riedel (1974a), pp. 201–16
DeVries, W. (1988), *Hegel's Theory of Mental Activity* (Ithaca, NY: Cornell University Press)〔W・デヴリーズ「ヘーゲルの心の哲学」(抄訳) 加藤尚武・座小田豊編訳『続・ヘーゲル読本』, 法政大学出版局, 1997 年〕
(1991), "The Dialectic of Teleology," *Philisophical Topics,* vol. 19, no. 2, pp. 51–70
Dews, P. (1995), "Modernity, Self-Consciousness, and the Scope of Philosophy: Jürgen Habermas and Dieter Henrich in Dabate," in P. Dews, *The Limit of Disenchantment: Essays on Contemporary European Philosophy* (London: Verso), pp. 169–93
Dilthey, W. (1990) *Die Jugendgeschichte Hegels und andere Abhandlungen zur Geschichte des Deutschen Idealismus*, in *Gesammelte Schriften,* Bd. 4 (Göttingen: Vandenhoeck & Ruprecht)〔W・ディルタイ『ヘーゲルの青年時代』, 久野昭・水野建雄訳, 以文社, 1976 年〕
Donagan, A. (1975), "Determinism and Freedom: Sellars and the Reconciliationist Thesis," in *Action, Knowledge, and Reality: Critical Studies in Honor of Wilfrid Sellars*, ed. H.N. Castañeda (Indianapolis: Bobbs-Merrill), pp. 55–82
Donougho, M. (2005), "The Woman in White: On the Reception of Hegel's Antigone," *The Owl of Minerva,* vol. 1, pp. 65–89
Dreyfus, H. (2005), "Overcoming the Myth of the Mental: How Philosophers Can Profit from the Phenomenology of Everyday Expertise," APA Pacific Division Presidential Address (manuscript)

(2007a), "The Return of the Myth of the Mental," *Inquiry*, vol. 50, no. 4, pp. 338–51
(2007b), "Response to McDowell," *Inquiry*, vol. 50, no. 4, pp. 371–7
Durkheim, E. (1950), The Rules of Sociological Method (8th edn.), ed. George E. G. Catlin, trans. S.A. Solovay and J. H. Mueller (glencoe, IL: Free Press)〔E・デュルケム『社会学的方法の規準』，宮島喬訳，岩波文庫，1978 年〕
Fackenheim, E. (1969), "On the Actuality of the Rational and the Rationality of the Actual," *The Review of Metaphysics*, vol. 89, pp. 690–8
Feinberg, J. (1970), *Doing and Deserving: Essays in the Theory of Responsibility* (Princeton: Princeton University Press)
Fessard, G. (1947), "Deux interprétes de la Phénoménologie de Hegel: Jean Hyppolite et Alexandre Kojéve," *Études*, vol. 255, pp. 368–73
(1967), "Les relations familiales dans la philodophie du droit de Hegel," *Hegel-Jahrbuch*, pp. 34–63
Fischbach, F. (1999), *Du commencement en philosophie: étude sur Hegel et Schelling* (Paris: Vrin)
(2002), *L'être et l'acte: enquête sur les fondements de l'ontologie de l'agir* (Paris: Vrin)
Forster, M. (1998) *Hegel's Idea of Phenomenology of Spirit* (Chicago: University of Chicago Press)
Foster, M. (1965), *The Political Philosophies of Plato and Hegel* (Oxford: Clarendon Press)〔M・B・フォスター『プラトンとヘーゲルの政治哲学』，永井健晴訳，風行社，2010 年〕
Franco, P. (2002), *Hegel's Philosophy of Freedom* (New Haven: Yale University Press)
Frank, M. (1991), "Wider den apriorischen Intersubjektivismus: Gegenvorschläge aus Sartescher Inspiration," in *Gemeinschaft und Gerechtigkeit*, ed. M. Brumlik and H. Brunkhorst (Frankfurt a.M.: Fischer), pp. 273–89
Frankfurt, H. G. (1971), "Freedom of the Will and the Concept of a Person," *The Journal of Philosophy*, vol. 68, pp. 5–20〔H・G・フランクファート「意志の自由と人格という概念」，門脇俊介・野矢茂樹編『自由と行為の哲学』，春秋社，2010 年〕
(1975), "Three Concepts of Free Action: Part 2," *The Aristotelian Society, Supplementary Volumes*, vol. 49, pp. 113–25
(1978), "The Problem of Action," *American Philosophical Quarterly*, vol. 14, pp. 157–25
(1988), *The Importance of What We Care About* (New York: Cambridge University Press)
Fulda, H.-F. (1968), *Das Recht der Philosophie in Hegels Philosophie des Rechts* (Frankfurt: Vittorio klostermann)
(1982), "Zum Theorietypus der Hegelschen Rechtsphilosophie," in Henrich and Horstmann (1982), pp. 393–427
(1996), "Friheit als Vermögen der Kausalität und als Weise, bei sich selbst zu sein," in *Inmitten der Zeit*, ed. T. Grethlen and H. Leitner (Würzburg: Königshausen & Neumann)
Fulda, H.-F. and Henrich, D. (eds.)(1973), *Materialen zu Hegels Phänomenologie des Geistes* (Frankfurt a. M.: Suhrkamp)
Gadamer, H.-G. (1991), *Plato's Dialectical Ethics*, trans. R. Wallace (New Haven: Yale University Press)
Geuss, R. (1995a), "Auffassungen der Freiheit," *Zeitschrift für philosophische Forschung*, vol. 49,

pp. 1–14
(1995b), "Freedom as an Ideal," *The Aristotelian Society, Supplementary Volumes*, vol. 40, (1995), pp. 87–100
(2005), *Outside Ethics* (Princeton: Princeton University Press)
Gilbert, M. (1989), *On Social Facts* (Princeton: Princeton University Press)
Goldman, A. I. (1970), *A Theory of Human Action* (Englewood Cliffs, NJ: Prentice Hall)
Gram, M. S. (1978), "Moral and Literary Ideals in Hegel's Critique of 'The Moral View of the World'," *Clio*, vol. 7, pp. 375–402
Habermas, J. (1973), "Labor and Interaction. Remarks on Hegel's Jena Philosophy of Mind," in J. Habermas, *Theory and Practice*, trans. J. Viertel (Boston: Beacon Press), pp. 142–69〔J・ハーバマス「労働と相互行為」『イデオロギーとしての科学と技術』，長谷川宏訳，平凡社ライブラリー，2000 年〕
(1987), *The Philosophical Discourse of Modernity*, trand. F. Lawrence (Cambridge, MA: MIT Press)〔J・ハーバーマス『近代の哲学的ディスクルス』（I・II），三島憲一・木前利秋・轡田収・大貫敦子訳，岩波書店，1990 年〕
Halbig, C., Quante, M., and Siep, L. (eds.) (2004), *Hegels Erbe* (Frankfurt a. M.: Suhrkamp)
Hammer, E. (sd.) (2007), *German Idealism: Contemporary Perspectives* (New York: Routledge)
Hampshire, S. (1959), *Thought and Action* (London: Chatto & Windus)
(1965), *Freedom of the Individual* (London: Chatto & Windus)
(1971), *Freedom of Mind and Other Essays* (Princeton: Princeton University Press)
Hardimon, M. (1994), *Hegel's Social Philosophy: The Project of Reconciliation* (Cambridge: Cambridge University Press)
Hare, R.M. (1952), *The Language of Morals* (Oxford: Oxford University Press)〔R・M・ヘア『道徳の言語』，小泉仰・大久保正健訳，勁草書房，1982 年〕
(1981), *Moral Thinking: Its Levels, Method and Point* (Oxford: Oxford University Press)〔R・M・ヘア『道徳的に考えること——レベル・方法・要点』，内井惣七・山内友三郎訳，勁草書房，1994 年〕
(1989), "Principles" in M. Hare, *Essays in Ethical Theory* (Oxford: Oxford University Press), pp. 48–65
Harris, H.S. (1972), *Hegel's Development: Toward the Sunlight 1770–1801* (Oxford: Oxford University Press)
(1980), "The Concept of Recognition in Hegel's Jena Manuscripts," *Hegel-Studien: Beiheft 20, Hegel in Jena*, ed. D. Henrich and K. Düsing (Bonn: Bouvier), pp. 229–48
(1985), "Les influences platoniciennes sur la théire de la vie et du désir dans la Phénomenologie de l'esprit de Hegel," *Revue de Philosophie Ancienne* vol. 3, pp. 59–84
Hartmann, K. (1976), "Ideen zu einem neuen systematischen Verständnis der Hegelschen Rechtsphilosophie," *Perspektiven der Philosophie*, vo. 2, pp. 167–200
Henrich, D. (1971), *Hegel im Kontext* (Frankfurt a.M.: Suhrkamp)〔D・ヘンリッヒ『ヘーゲル哲学のコンテクスト』，中埜肇・笹澤豊訳，哲書房，1987 年〕

(1982), "Logische Form und reale Totalität," in Henrich and Horstmann (1982), pp. 428–519
(1994), *The Unity of Reason: Essys on Kant's Philosophy,* ed. Richard Velkley, trans. J. Edwards (Cambridge, MA: Harvard University Press)
Henrich D. and Horstmann R.-P. (1982), *Hegels Philosophie des Rechts: Die Theorie der Rechtsformen und ihre Logik* (Stuttgart: Klett-Kotta)
Hinchmann, L.P. (1984), *Hegel's Critique of the Enlightment* (Gainesville, FL: University of Florida Press)
Hollis, M. (1998), *Trust within Reason* (Cambridge: Cambridge University Press)
Honderich, T. (ed.)(1973), *Essays on Freedom and Action* (London: Routledge & Kegan Paul)
Honneth, A. (1996), *The Struggle for Recognition: The Moral Grammar of Social Conflicts*, trans. J. Anderson (Cambridge:, MA: MIT Press)〔A・ホネット『承認をめぐる闘争――社会的コンフリクトの道徳的文法』, 山本啓・直江清隆訳, 法政大学出版局, 2003 年〕
(2000), *Suffering from Indeterminacy: An Attempt at a Reactivation of Hegel's Philosophy of Right*, trans. J. Ben-Levi (Assen: Van Gorcum)〔A・ホネット『自由であることの苦しみ――ヘーゲル法哲学の再生』, 島崎隆・明石英人・大河内泰樹・徳地真弥訳, 未來社, 2009 年〕
(2002), "Grounding Recognition: A Rejoinder to Critical Questions," *Inquiry*, vol. 45, no. 4, pp. 499–520
(2007), "Rejoinder," in van den Brink and Owen (2007), pp. 348–70
Honneth, A. And Joas, H. (1998), *Social Action and Human Nature* (Cambridge: Cambridge University Press)
Hornsby, J. (1980), *Actions* (London: Routledge & Kegan Paul)
Horstmann, R.-P. (1974), "The Role of Civil Society in Hegel's Political Philosophy," in Pippin and Hösle (2004), pp. 208–40
Hösle, V. (1984), *Die Vollendung der Tragödie im Spätwerk des Sophokles* (Stuttgart-Bad Cannatatt: Frommann-Holzboog)
(1987a), *Hegels System: Der Idealismus der Subjektivität und das Problem der Intersubjektivität* (Hamburg: Felix Meiner)
(1987b), "Das abstract Recht," in *Anspruch und Leistung von Hegels Rechtsphilosophie*, ed. C. Jermann (Stuttgart-Bad Cannatatt: Frommann-Holzboog) pp. 55–99
Hudson, H. (1994), *Kant's Compatibilism* (Ithaca, NY: Cornell University Press)
Hyppolite, J. (1940), "Préface aux principe de la philosophie du droit," in J. Hyppolite, *Figures de la pensee philosophique: écrits (1931–1968)*, Tome I (Paris: Presse Universitaires de France) pp. 73–91
(1955), "La signification de la Révolution française dans la Phénoménologie de Hegel," in J. Hyppolite, *Études sur Marx et Hegel* (Paris: Librairie Marcel Riviére et Cie), pp. 45–81〔J・イッポリット「ヘーゲルの『精神現象学』におけるフランス革命の意義」『マルクスとヘーゲル』, 宇津木正・田口英治訳, 法政大学出版局, 1970 年〕
Ikäheimo, H. and Laitinen, A. (2007), "Analyzing Recognition: Idenfication, Acknowledgement, and Recognitive Attitudes Towards Persons," in van den Brink and Owen (2007), pp. 33–56
Ilting, K.-H. (1963–4), "Hegels Auseinandersetzung mit der aristotelischen Politik," *Philosophischen*

Jahrbuch, vol. 71, pp. 141–54
Inwood, M. (1982), “Hegel on Action,” in Vesey (1982), pp. 141–54
Irwin, T. (1992), “Who Invented the Will ?,” *Philosophical Perspectives*, vol. 6 (1992), pp. 453–73
Jaeggi, R. (2005), *Entfremdung: Zur Aktualität eines sozialphilosophischen Problems* (Frankfurt a.M.: campus)
Janke, W. (1972), “Herrschaft und Knechtschaft und der absolute Herr,” *Philosophische Perspektiven* vol. 4, pp. 211–31
Jauss, H. R. (1984),“Le Neveu de Rameau: Dialogue et Dialectique,” *Revue de Métaphysique et de Morale*, vol. 89, pp. 145–81
Joas, H. (1985), *G.H. Mead: A Contemporary Re-examinations of his Thought* (Cambridge: Polity Press)
(1996), *The Creativity of Action* (Chicago: University of Chicago Press)
Kaan, A. (1971), “L'honnêté et l'imposture dans la société civile (á propos du chapitre V. C. de la phenomenology. le régne animal de l'esprit),” *Hegel-Jahrbuch*, pp. 45–9
Kane, R. (1998), *The Significance of Free Will* (Oxford: Oxford University Press)
Kelley, G. A. (1978), *Hegel's Retreat From Eleusis: Studies in Political Thought* (Princeton: Princeton University Press)
Kenny, A. (1966), “Intention and Purpose,” *The Journal of Philosophy*, vol. 63, no. 20, pp. 642–51
(1975), *Will, Freedom, and Power* (Oxford: Blackwell)
Kern, W. (1971), “Die Aristotelesdeutung Hegels: Die Aufhebung des Aristotelischen ‘Nous’ in Hegels ‘Geist,’” *Philosophisches Jahrbuch*, vol. 78, pp. 237–59
Kervégan, J.-F. (1992), *Hegel, Carl Schmitt: la politique entre speculation et positivité* (Paris: Presses Universitaires de France)
(2008), *L'effectif et le rationel: Hegel et l'esprit objectif* (Paris: Vrin)
Knowles, D. (2002), *Hegel and the Philosophy of Right* (London: Routledge)
Köhler, D. and Pöggeler, O. (1998), *G.W.F. Hegel: Die Phänomenologie des Geistes* (Berlin: Akademie-Verlag)
Korsgaard, C. (1996a), *Creating the kingdom of Ends* (Cambridge: Cambridge University Press)
(1996b), *The Sources of Normativity* (Cambridge: Cambridge University Press)〔C・コースガード『義務とアイデンティティの倫理学――規範性の源泉』，寺田俊郎・三谷尚澄・後藤正英・竹山重光訳，岩波書店，2005 年〕
(1997), “The Normativity of Instrumental Reason,” in *Ethics and Philosophical Reason*, ed. G. Cullity and B. Gaut (Oxford: Clarendon Press), pp. 215–54
(forthcoming), *Self-Constitution: Agency, Identity, and Integrity* (The “Locke Lectures”), www.people.fas.harvard.edu/-korsgaard/#publications
Kreines, J. (2004), “Hegel's Critique of Pure Mechanism and the Philosophical Appeal of the Logic Project,” *European Journal of Philosophy*, vol. 12, no. 1, pp. 38–74
(2007), “Between the Bounds of Experience and Divine Intuition: Kant's Epistemic Limits and Hegel's Ambitions,” *Inquiry*, vol. 50, no. 3, pp. 306–34

Labarriére, P.-J. (1968), *Structures et movement dialectique dans la Phénoménologie de l'esprit de Hegel* (Paris: Aubier)

(1982a), "Belle âme, mal et pardon," *Concordia*, vol. 1, pp. 11–15

(1982b), "La savior absolu de l'esprit," in *The Meaning of Absolute Spirit*, ed. T. Geraets (Ottawa: Éditions de l'université d'Ottawa), pp. 499–507

Labarriére, P.-J. and Jarczyk, G. (1987), *Les premiers combats de la reconnaissance, maîtrise et servitude dans la Phénoménologie de Hegel* (Paris: Aubier)

Laden, A. (2005), "Evaluating Social Reasons: Hobbes vs. Hegel," *Journal of Philosophy*, vol. 102, no. 7, pp. 327–56

Laitinen, A. (2002), "Interpersonal Recognition: A Response to Value or a Precondition of Personhood," *Inquiry*, vol. 45, no. 4, pp. 463–78

(2004), "Hegel on Intersubjective and Retrospective Determination of Intention," *Bulletin of the Hegel Society of Great Britain*, 49–50, pp. 54–72

Lewis, C. I.(1929), *Mind and the World-Order: Outline of a Theory of Knowledge* (New York: Charles Scribner's Sons)

Löwith, K. (1984), *From Hegel to Nietzche* (New York: Garland)〔K・レーヴィット『ヘーゲルからニーチェへ——十九世紀の思想における革命的決裂』，柴田治三郎訳，岩波書店，1952–3 年〕

MacIntyre, A. (1976), "Hegel on Faces and Skulls," in *Hegel: A Collection of Critical Essays*, ed. A. MacIntyre (Notre Dame, IN: University of Notre Dame Press), pp. 219–36

Makkreel, R. (1990), *Imagination and Interpretation in Kant: The Hermeneutical Import of the "Critique of Judgement"* (Chicago: University of Chicago Press)

Malcolm, N. (1968), "The Conceivability of Mechanism," *The Philosophical Review*, vol. 77, pp. 45–72

Markell, P. (2003), *Bound by Recognition* (Princeton University Press)

(2007), "The Potential and the Actual: Mead, Honneth, and the 'I'," in van den Brink and Owen (2007), pp. 100–32

Márkus, G. (1978), *Marxism and "Anthoropology": The Concept of Human Essence in the Philosophy of Marx* (Assen: Van Gorcum)〔G・マールクシュ『マルクス主義と人間学』，高橋洋児・今村仁司・良知力訳，河出書房新社，1976 年〕

Marquard, O. (1973), "Hegel und das Sollen," in O. Marquard, *Schwierigkeiten mit der Geschichtsphilosophie* (Frankfurt a.M.: Suhrkamp)

McDowell, J. (1994), *Mind and World* (Cambridge, MA: Harvard University Press)〔J・マクダウェル『心と世界』，神崎繁・河田健太郎・荒畑靖宏・村井忠泰訳，勁草書房，2012 年〕

(1996), "Reply to Brandom," in *Perception*, ed. E. Villanueva (Atascadero, CA: Ridgeview Publishing Company), pp. 290–300

(1998a), "Having the World in View: Sellars, Kant, and Intentionality," *The Journal of Philosophy*, vol. 95, no. 9, pp. 431–91

(1998b), "Virtue and Reason," in J. McDowell, *Mind, Value, and Reality* (Cambridge, MA: Harvard University Press)

(2002), "Reply to Robert B. Pippin," in *Reading McDowell: On "Mind and World,"* ed. N. Smith (London: Routledge)

(2005), "Self-Determining Subjectivity and External Constraint," in *Deutscher Idealismus und die gegenwärtige analytische Philosophie/German Idealism and Contemporary Analytic Philosophy*, vol. 3, ed. K. Ameriks and J. Stolzenberg (Berlin: de Gruyter), pp. 1065–79

(2006), "Conceptual Capacities in Perception," in *Kreativität*, ed. G. Abel (Hamburg: Felix Meiner)

(2007a), "What Myth?," *Inquiry*, vol. 50, no. 4, pp. 338–51

(2007b), "Response to Dreyfus," *Inquiry*, vol. 50, no. 4, pp. 366–70

(2007c), "On Pippin's Postscript," *European Journal of Philosophy*, vol. 15, no. 3, pp. 395–410

(forthcoming a), "Brandom on Observation"

(forthcoming b), "Hegel's Idealism as Radicalization of Kant"

(forthcoming c), "Towards a Reading of Hegel on Action in the 'Reason' Chapter of Phenomenology"

(forthcoming d), "Why is Sellar's Essay Called 'Empiricism and the Philosophy of Mind'?"

Mead, G. H. (1934), *Mind, Self, and Society* (Chicago: University of Chicago Press)〔G・H・ミード『精神・自我・社会』, 稲葉三千男・滝沢正樹・中野収訳, 青木書店, 1973年〕

Meerbote, R. (1984), "Kant on the Nondeterminate Character of Human Actions," in *Kant on Causality, Freedom, and Objectivity*, ed. W.L. Harper and R. Meerbote (Mineapolis: University of Minnesota Press), pp. 138–63

(1991), "Kant's Functionalism," in *Historical Foundations of Cognitive Science*, ed. J.C. Smith (Dordtecht: Kluwer), pp. 161–87

Meier, H. (1998), *The Lesson of Carl Schmitt: Four Chapters on the Distinction between Political Theology and Political Philosophy*, trans. M. Brainard (Chicago: University of Chicago Press)

Miller, M. (1978), "The Attainment of the Absolute of Hegel's Phenomenology," *Graduate Faculty Philosophy Journal*, vol. 7, pp. 195–219

Moran, R. (2001), *Authority and Estrangement. An Essay on Self-Knowledge* (Princeton: Princeton University Press)

Nagel, T. (1979), *The Possibility of Altruism* (Princeton: Princeton University Press)

Neuhauser, F. (1986), "Deducing Desire and Recognition in the Phenomenology of Spirit," *Journal of History of Philosophy*, vol. 24, pp. 243–62

(2000), *Foundations of Hegel's Social Theory: Actualizing Freedom* (Cambridge, MA: Harvard University Press)

Nicolaus, H. (2002), *Hegels Theorie der Entfremdung* (Heidelberg: Manutius)

Nietzsche, F. (1988), *Zur Genealogie der Moral, in Kritische Studienausgabe*, ed. G. Coli and M. Montinari, vol. 5, (Berlin: de Gruyter)〔F・ニーチェ「道徳の系譜」『ニーチェ全集』11巻, 信太正三訳, ちくま学芸文庫, 1993年〕

Nisbet, R.A. (1969), *Social Change and History* (New York: Oxford University Press)〔R・ニスベット『歴史とメタファー――社会変化の諸相』, 堅田剛訳, 紀伊國屋書店, 1987年〕

Nowell-Smith, P.H.(1948), "Free Will and Moral responsibility," *Mind*, vol. 57, pp. 45–61

(1976), "Action and Responsibility," in *Action Theory: Proceedings of the Winnipeg Conference on*

Human Action, ed. M. Brand and D. Walton (Dordrecht: Reidel), pp. 311–22
Okrent, M.B. (1980), "Consciousness and Objective Spirit in Hegel's Phenomenology," *Journal of History of Philosophy*, vol. 18, pp. 39–55
O'Shaughnessy, B. (1991), "Searle's Theory of Action," in *John Searle and His Critics*, ed. E. Lepore and R. Van Gulick (Oxford: Blackwell), pp. 271–87
(2003), "The Epistemology of Physical Action," in *Agency and Self-Awareness: Issues in Philosophy and Psychology*, ed. J. Roessler and N. Eilan (Oxford: Clarendon Press), pp. 345–57
Ottmann, H. (1979), "Hegel und die Politik," *Zeitschrift für Politik*, vol. 25, pp. 235–53
(1982), "Hegelsche Logik und Rechtsphilosophie. Unzulängliche Bemerkungen zu einem ungelösen Problem," in Henrich and Horstmann (1982), pp. 382–93
(1973), *Das Scheitern einer Einleitung in Hegels Philosophie: Eine Analyse der Phänomenologie des Geistes* (Munich: Verlag Anton Pustet)
(1986), "Bürgerliche Gesellschaft und Staat: Überlegungen zur Logik ihrer Vermittlung," *Hegel-Jahrbuch*, pp. 339–48
Parkinson, G.H.R. (1985), "Hegel's Concept of Freedom," in *Hegel*, ed. M. Inwood (Oxford: Oxford University Press), pp. 153–73
Patten, A. (1999), *Hegel's Idea of Freedom* (Oxford: Oxford University Press)
Pears, D.F. (1967), "Are Reasons for Actions Causes?," in *Epistemology: New Essays in the Theory of Knowledge*, ed. A. Stroll (New York: Harper & Row), pp. 204–28
Pelcynski, Z.A. (ed.) (1971), *Hesel's Political Philosophy: Problems and Perspectives* (Cambridge: Cambridge University Press)〔Z・A・ペルチンスキー『ヘーゲルの政治哲学――課題と展望』, 藤原保信他訳, 御茶の水書房, 1989 年〕
(1984), *The State and Civil Society: Studies in Hegel's Political Philosophy* (Cambridge: Cambridge University Press)
Peperzak, A. (1987a), *Selbsterkenntnis des Absoluten: Grundlinien der Hegeleschen Philosophie des Geistes* (Stuttgart-Bad Canstatt: Frommann-Holzboog)
(1987b), *Philosophy and Politics: A Commentary on the Preface to Hegel's Philosophy of Right* (Dordrecht: Martinus Nijihoff)
(1991), *Hegels praktische Philosophie* (Stuttgart-Bad Canstatt: Frommann-Holzboog)
Perry, R.B. (1953), "What Does It Mean To Be Free?," *The Pacific Spectator*, vol. 7, pp. 124–41
Pinkard, T. (1994), *Hegel's Phenomenology: The Sociality of Reason* (Cambridge: Cambridge University Press)
(2002), *German Philosophy 1760–1860: The Legacy of Idealism* (Cambridge: Cambridge University Press)
Pippin, R.B. (1979), "The Rose and the Owl: Some Remarks on the Theory-Practice Problem in Hegel," *Independent Journal of Philosophy*, vol. 3, pp. 7–16
(1981a), *Kant's Theory of Form* (new Haven: Yale university Press)
(1981b), "Hegel's Political Argument and the Problem of Verwirklichung," *Political Theory*, vol. 9, pp. 509–32

(1987), "Kant on the Spontaneity of Mind," in Pippin (1997a), pp. 29–55
(1988), "Apperception and the Difference Between Kantian and Hegelian Idealism," *Proceedings of the Sixth International Kant Congress*, ed. G. Funke and T. Seebohm (Washington, DC: University Press of America)
(1989), *Hegel's Idealism: The Satisfactions of Self-Consciousness* (Cambridge: Cambridge University Press)
(1991a), "Idealism and Agency in Kant and Hegel," *Journal of Philosophy*, vol. 88, no. 10, pp. 532–41
(1991b), *Modernism as a Philosophical Problem: On the Dissatisfactions of European High Culture*, 2nd edn. (Oxford: Blackwell)
(1993a), "You Can't Get There From Here: Transition Problems in Hegel's Phenomenology of Spirit," *The Cambridge Companion to Hegel*, ed. F. Beiser (Cambridge: Cambridge University Press), pp. 58–63
(1993b), "Review of A. Wood, Hegel's Ethical Thought," *Zeitschrift für Philosophische Forschung*, vol. 47, no. 3, pp. 489– 95
(1997a), *Idealism as Modernism: Hegelian Variations* (Cambridge: Cambridge University Press)
(1997b), "Hegel on Historical Meaning: For Example, the Enlightenment," *Bulletin of the Hegel Society of Great Britain*, vol. 35, pp. 1–17
(1997c), "Hegel's Ethical Rationalism," in Pippin (1997a), pp. 417–50
(2000a), *Henry James and Modern Moral Life* (Cambridge: Cambridge University Press)
(2000b), "Kant's Theory of Value: On Allen Wood's Kant's Ethical Thought," *Inquiry*, vol. 43, no. 2, pp. 239–65
(2000c), "Fichte's Alleged One-Sided, Subjective, Psychological Idealism," in Sedgwick (2000), pp. 147–70
(2001a), "Rigorism and the Kant," *Kant und die Berliner Aufklärung: Akten des IXth Internationalen Kant-Kongress*, ed. V. Gerhardt, R.-P. Horstmann, and R. Schumaker (New York: de Gruyter), pp. 313–26
(2001b), "Review of Alan Patten, Hegel's Idea of Freedom," *History of Political Thought*, vol. 22, no. 3.
(2002a), "Leaving Nature Behind: Two Cheers for Subjectivism," in *Reading McDowell: On Mind and World*, ed. N. Smith (London: Routledge), pp. 58–75
(2002b), "What was Abstract Art? (From the Point of View of Hegel)," *Critical Inquiry*, vol. 29, no.1, pp. 1–24
(2005a), *The Persistence of Subjectivity: On the Kantian Aftermath* (Cambridge: Cambridge University Press)
(2005b), "Postscript: On McDowell's Response to Leaving Nature Behind," in Pippin (2005a), pp. 206–20
(2005c), "Agent and Deed in Nietzche's Genealogy of Morals," in *A Companion to Nietzche*, ed. K.A. Pearson (Oxford: Blackwell)

(2005d), "Brandom's Hegel," *European Journal of Philosophy*, vol. 13, no. 3, pp. 381–408
(2006), "Mine and Thine: The Kantian State," *The Cambridge Companion Kant and Modern Philosophy*, ed. P. Guyer (Cambridge: Cambridge University Press)
(2007), "McDowell's Germans: Response to 'On Pippin's Postscript'," *European Journal of Philosophy*, vol. 15, no. 3, pp. 411–34
Pippin, R. and Höffe, O. (2004), *Hegel on Ethics and Politics* (Cambridge: Cambridge University Press)
Pothast, U. (ed.) (1978), *Seminar: Freies Handeln und Determinismus* (Frankfurt a.M.: Suhrkamp)
(1980), D*ie Unzulänglichkeit der Freiheitsbeweise: Zu einigen Lehrstücken aus der neueren Geschichte von Philosophie und Recht* (Frankfurt a.M.: Suhrkamp)
Potter, N.T. (1972), "The Social and the Causal Concepts of Responsibility," *The Southern Journal of Philosophy*, vol. 10, pp. 97–99
Quante, M. (1993), *Hegels Begriff der Handlung* (Stuttgart-Bad Cannstatt: Frommmann-Holzboog)〔M・クヴァンテ『ヘーゲルの行為概念――現代行為論との対話』, 高田純・後藤弘志・渋谷繁明・竹島尚仁訳, リベルタス出版, 2011 年〕
(1997), "Personal Autonomy and the Structure of the Will," in *Right, Morality, Ethical Life: Studies in G.W.F. Hegel's Philosophy of Right,* ed. J. Kotkavirta (Jväskylä: Publications of Social and Political Science and Philosophy), pp. 45–74
Rawls, J. (1971), *A Theory of Justice* (Cambridge MA: Harvard University Press)〔J・ロールズ『正義論』(改訂版) 川本隆史・福間聡・神島裕子訳, 紀伊國屋書店, 2010 年〕
(1999), "The Idea of Public Reason Revisited," in J. Rawls, *Collected Papers*, ed. S. Freeman (Cambridge MA: Harvard University Press), pp. 573–615
Ricœur, P. (1940–1960), *Philosophie de la volonté*, 2 vols. (Paris: Aubier Montaigne)
(2005), *The Course of Recognition, trans. D. Pellauer* (Cambridge MA: Harvard University Press)〔P・リクール『承認の行程』, 川崎惣一訳, 法政大学出版局, 2006 年〕
Riedel, M. (1969–82), *Zwischen Tradition und Revolution. Studien zu Hegels Rechtsphilosophie* (Stuttgart: Klett-Cotta)
(ed.) (1994a), *Materialen zu Hegels Rechtsphilosophie*, 2 vols. (Frankfurt a.M.: Suhrkamp)
(1974b), "Der Begriff der bürgerlichen Gesellschaft und das Problem seines geschichtlichen Ursprungs," in Riedel (1974a), pp. 135–66〔M・リーデル「『市民社会』の概念とその歴史的起源の問題」『ヘーゲル法哲学――その成立と構造』, 清水正徳・山本道雄訳, 福村出版, 1976 年〕
(1984), "Hegel's Criticism of Natural Law Theory," in M. Riedel, *Between tradition and Revolution: The Transformation of Political Philosophy,* trans. W. Wright (Cambridge: Cambridge University Press), pp. 76–104〔M・リーデル「ヘーゲルの自然法批判」前掲書所収〕
Ripstein, A. (1994), "Universal and General Wills: Hegel and Rousseau," *Political Theory*, vol. 22, no. 3, pp. 444–67
Ritter, J. (1962), "Person und Eigentum: Zu Hegels Grundlinien der Philosophie des Rechts §§34–81," *Marxismusstudien*, vol. 4, pp. 169–218
(1974), *Subjeckivität: Sechs Aufsätze* (Frankfurt a.M.: Suhrkamp)

Rorty, R. (1979), *Philosophy and the Mirror of Nature* (Princeton: Princeton University Press)〔R・ローティ『哲学と自然の鏡』，野家啓一監訳，産業図書，1993 年〕
Rose, G. (1981), *Hegel contra Sociology* (London: Athlone Press)
Rosen, S. (1974), "Self-Consciousness and Self-Knowledge in Plato and Hegel," *Hegel-Studien*, vol. 9, pp. 109–29
Ross, A. (1971), "He Could Have Acted Otherwise," *Festschrift für Hans Kelsen zum 90. Geburtstag*, ed. A.J. Merkl et. al. (Vienna: Deuticke), pp. 242–61
Roth, M.S. (1988), *Knowing and History: Appopriations of Hegel in Twentieth Century France* (Ithaca, NY: Cornell University Press)
Rousseau, J.-J. (1986), *The First and Second Discourse,* ed. and trans. V. Gourevitch (New York: Harper & Row)
(1997), *The Social Contract and Later Political Writings*, ed. and trans. V. Gourevitch (Cambridge: Cambridge University Press)〔J・J・ルソー「社会契約論」『ルソー全集』5 巻，作田啓一訳，白水社，1982 年〕
Rovane, C. (1998), *The Bounds of Agency: An Essay in Revisionary Metaphysics* (Princeton: Princeton University Press)
Ryan, A. (1984), "Hegel on Works, Ownership, and Citizenship," in Pelczynski (1984), pp. 178–96
Sandel, M. (1998), *Liberalism and the Limits of Justice* (Cambridge: Cambridge University Press)〔M・サンデル『自由主義と正義の限界』，菊池理夫訳，三嶺書房，1992 年〕
Schacht, R. (1976), "Hegel on Freedom," *Hegel: A Collection of Critical Essays*, ed. Alasdair MacIntyre (Notre Dame, IN: University of Notre Dame Press)
Schmitt, C. (1926), *Die geistesgeschichtliche Lage des heutigen Parlamentarismus,* 2nd edn. (Munich and Leipzig: Dunker & Humbolt)〔C・シュミット『現代議会主義の精神史的地位』，稲葉素之訳，みすず書房，1972 年〕
Schneewind, J. B. (1998), *The Invention of Autonomy: A History of Modern Moral Philosophy* (Cambridge: Cambridge University Press)
Searle, J. (1983), *Intentionality: An Essay in the Philosophy of Mind* (Cambridge: Cambridge University Press)〔J・R・サール『志向性――心の哲学』，坂本百大訳，勁草書房，1997 年〕
(1991), "Response: The Background of Intentionality and Action," in *John Searle and His Critics,* ed. E. Lepore and R. Van Gulick (Oxford: Blackwell), pp. 289–99
(2001), *Rationality in Action* (Cambridge, MA: MIT Press)〔J・R・サール『行為と合理性』，塩野直之訳，勁草書房，2008 年〕
Sedwick, S. (1988), "Hegel's Critique of the Subjective Idealism of Kant's Ethics," *Journal of the History of Philosophy*, vol. 26, pp. 89–105
(ed.)(2000), *The Reception of Kant's Critical Philosophy. Fichte, Schelling and Hegel* (Cambridge: Cambridge University Press)
(2001), "The State as Organism: The Metaphysical Basis of Hegel's Philosophy of Right," *The Southern Journal of Philosophy* (Spindel Conference Supplement), pp. 171–88
Segal, J. (1991), *Agency and Alienation: A Theory of Human Presence* (Savage,MD: Rowan & Little-

field), pp. 171–88

Sellars, W. (1963a), "Philosophy and the Scientific Image of Man," in W. Sellars, *Science, Perception and Reality* (London: Routledge & Kegal Paul), pp. 1–40〔W・S・セラーズ「哲学と科学的人間像」『経験論と心の哲学』，神野慧一郎・土屋純一・中才敏郎訳，勁草書房，2006 年〕

(1963b),"Empiricism and the Philosophy of Mind," in W. Sellars, Science, Perception and Reality (London: Routledge & Kegal Paul), pp. 127–96〔W・S・セラーズ「経験論と心の哲学」前掲訳書所収〕

(1963c),"Some Reflections on Language Games," in W. Sellars, *Science, Perception and Reality* (London: Routledge & Kegal Paul), pp. 321–58

(1966), "Thought and Action," in *Freedom and Determinism*, ed. Lehrer (New York: Random House), pp. 105–39

(1968), *Science and Metaphysics, Variation on Kantian Themes* (London: Routledge & Kegal Paul)

Shapiro, G. (1979), "Notes on the Animal Kingdom of Spirit," *Clio*, vol. 8, pp. 332–38

Shklar, J. (1974), "The Phenomenology: Beyond Morality," *The Western Political Quarterly*, vol. 27, pp. 527–623〔J・N・シュクラール「ヘーゲルの『精神現象学』」Z・A・ペルチンスキー『ヘーゲルの政治哲学――課題と展望』，藤原保信他訳，御茶の水書房，1989 年，所収〕

Siep, L. (1974a), "Der Kampf um Anerkennung: Zu Hegels Auseinandersetzung mit Hobbes in den Jenaer Schriften," *Hegel-Studien*, vol. 9, pp. 155–207

(1974b), "Zur Dialektik der Anerkennung bei Hegel," *Hegel-Jahrbuch*, pp. 366–73〔L・ジープ「ヘーゲルにおける承認の弁証法について」『ドイツ観念論における実践哲学』，上妻精監訳，晢書房，1995 年，所収〕

(1979), *Anerkennung als Prinzip der praktischen Philosophie: Untersuchungen zu Hegels Jenaer Philosophie des Geistes* (Freiburg and Munich: Karl Alber)

(1982a), "Was Heißt: 'Aufhebung der Moralität in Sittlichkeit' in Hegels Rechtsphilosophie?," *Hegel-Studien*, vol. 17, pp. 75–96; also in Siep (1992a), pp. 217–39〔L・ジープ「『道徳性の人倫への揚棄』とは何を謂うか」前掲訳書所収〕

(1982b), "Intersubjektivität, Recht und Staat in Hegels 'Grundlinien der Philosophie des Rechts'," in Henrich and Horstmann (1982), pp. 255–76

(1983), "Das Problem einer philosophischen Begründung des Rechts bei Fichte und Hegel," *Giornale de Metafisica*, vol. 5, pp. 264–79; also in Siep (1992a), pp. 65–81〔L・ジープ「フィヒテとヘーゲルにおける法の哲学的基礎づけ」前掲訳書所収〕

(1988a), "'Gesinnung' und 'Verfassung': Bemerkungen zu einem nicht nur Hegelschen Problem," in *Philosophie und Poesie,* vol. 1, ed. A. Gethmann-Siefert; also in Siep (1992a) (Stuttgart-Bad Canstatt: Fromman-holzboog); also in Siep (1992a), pp. 270–84〔L・ジープ「『心情』と『体制』――ただ単にヘーゲルに限らない問題への注釈」前掲訳書所収〕

(1988b), "Hegels Metaphysik der Sitten," in *Metaphsik nach Kant?*, ed. D. Henrich and R.-P. Horstmann (Stuttgart: ed. Klett-kotta), pp. 263–74〔L・ジープ「ヘーゲルの人倫の形而上学」前掲訳書所収〕

(1992a), *Praktische Philosophy in Deutschen Philosophy*, (Frankfurt a.M.: Suhrkamp)〔L・ジープ『ド

イツ観念論における実践哲学』，上妻精監訳，哲書房，1995 年〕

(1992b), "Personbegriff und praktische Philosophie bei Locke, Kant, und Hegel," in Siep (1992a), pp. 81–115〔L・ジープ「ロック，カント，ヘーゲルにおける人格概念と実践哲学」前掲訳書所収〕

(1992c), "Hegels Theorie der Gewaltenteilung," in Siep (1992a), pp. 240–69〔L・ジープ「ヘーゲルの権力分立の理論」前掲訳書所収〕

(ed.) (1997), *Hegel: Grundlinien der Philosophie des Rechts* (Berlin: Akademie-Verlag)

(1998), "Die Bewegung des Anerkennens in der Phänomenologie des Geistes," in Köhler and Pöggeler (1998), pp. 107–27

(2000), *Der Weg der Phänomenologie des Geistes. Ein einführender Kommentar zu Hegels "Differenzschrift" and "Phänomenologie des Geistes"* (Frankfurt a.M.: Suhrkamp)

(2006), "The Contemporary Relevance of Hegel's Practical Philosophy," in Diligiorgi (2006), pp. 143–58

Smith, S. (1989), *Hegel's Critique of Liberalism: Right in Context* (Chicago: University of Chicago Press)

Speight, A. (2001), *Hegel's Literature and the Problem of Agency* (Cambridge: Cambridge University Press)

Steinberger, P. (1988), *Logic and Politics: Hegel's Philosophy of Right* (New Haven: Yale University Press)

Stillman, P. (1981), "Hegel's Idea of the Modern Family," *Thought*, vol. 56, pp. 342–52

Strauss, L. (2006), "Notes on Carl Schmitt, The Concept of the Political," in H. Meier, *Carl Schmitt and Leo Strauss: The Hidden Dialogue*, trans. H. Lomax (Chicago: University of Chicago Press), pp. 91–119〔L・シュトラウス「カール・シュミット『政治的なものの概念』への注解」H・マイアー編著『シュミットとシュトラウス――政治神学と政治哲学との対話』，栗原隆・滝口清栄訳，法政大学出版局，1993 年〕

Strawson, P. F. (1974), "Freedom and Resentment," in P. F. Strawson, *Freedom and Resentment and Other Essays* (London: Methuen), pp. 1–25〔P・F・ストローソン「自由と怒り」丹治信春監修，門脇俊介・野矢茂樹編『自由と行為の哲学』，春秋社，2010 年〕

Taylor, C. (1975), *Hegel* (New York and Cambridge: Cambridge University Press)

(1985a), *Human Agency and Language: Philosophical Papers*, vol. 1 (Cambridge: Cambridge University Press)

(1985b), "Hegel's Philosophy of Mind," in Taylor (1985a), pp. 77–96

(1985c), "What is Human Agency?," Taylor (1985a), pp. 15–44

Theunissen, M. (1970), *Hegels Lehre vom absoluten Geist als theologisch-politischer Traktat* (Berlin: de Gruyter)

(1984), *The Other: Studies in the Social Ontology of Husserl, Heidegger, Sartre, and Buber*, trans. Christopher Macann (Cambridge, MA: MIT Press)

(1978), "Begriff und Realität: Aufhebung des metaphysischen wahrheitbegriff," in *Seminar: Dialektik in der Philosophie Hegels*, ed. R.-P. Horstmann (Frankfurt a.M.: Suhrkamp), pp. 324–59

(1982), "Die verdrängte Intersubjektivität in Hegels Philosophie des Rechts," in Henrich and Horstmann (1982), pp. 247–97

Thompson, M. (1995), "The Representation of Life," in *Virtues and Reasons: Philippa Foot and Moral Theory*, ed. R. Hursthouse, G. Lawrence, and W. Quinn (Oxford: Clarendon Press), pp. 247–97

(2004a), "Apprehending Human Form," *Modern Moral Philosophy*, ed. A. O'Hear (Cambridge: Cambridge University Press), pp. 47–74

(2004b), "What is to Wrong Someone? A Puzzle about Justice," in *Reason and Value*, eds. R. J. Wallece, P. Petit, S. Scheffler, and M. Smith (Oxford: Oxford University Press), pp. 333–84

(forthcoming), "Naïve Action Theory"

Trilling, L. (1969), *Sincerity and Authenticity* (New York: Norton)

Tunick, M. (1993), *Hegel's Political Philosophy* (Princeton: Princeton University Press)

Vam den Brink, B. and Owen, D. (2007), *Recognition and Power: Axel Honneth and the Tradition of Critical Theory* (Cambridge: Cambridge University Press)

Vesey, G. (1982), *Idealism Past and Present* (Cambridge: Cambridge University Press)

Vogler, C. (2001a), "Anscombe on Practical Inference," *Varieties of Practical Reasoning*, ed. E. Millgram (Cambridge, MA: MIT Press)

(2001b), "We Were Never in Paradise," in *Practical Rationality and Preference: Essays for David Gauthier*, ed. A. Ripston and C. Morris (Cambridge: Cambridge University Press), pp. 209–31

(2002), *Reasonably Vicious* (Cambridge, MA: Harvard University Press)

(2006), "Modern Moral Philosophy Again: Isolating the Promulgation Problem," in *Proceedings of the Aristotelian Society*, vol. 106, no. 3, pp. 345–62

Wahl, J. (1951), *La Malheur de la Conscience dans la philosophie de Hegel* (Paris: Presses Universitaires de France)

Wallace, R. J. (1994), *Responsibility and the Moral Sentiments* (Cambridge, MA: Harvard University Press)

(2006), *Normativity and the Will* (Oxford: Oxford University Press)

Wallace, R. M. (2005), *Hegel's Philosophy of Reality, Freedom, and God* (Cambridge: Cambridge University Press)

Walsh, W. H. (1969), *Hegelian Ethics* (London: Macmillan)〔W・H・ウォルシュ『ヘーゲル倫理学』, 田中芳美訳, 法律文化社, 1975 年〕

Warnke, C. (1972), "Aspekte des Zwecksbegriff in Hegels Biologieverständnis," in *Zum Hegelverständnis unserer Zeit*, ed. H. Ley (Berlin, Deutsche Verlag der Wissenschaften)

Watson, G. (1975), "Free Agency," *The Journal of Philosophy*, vol. 72, pp. 205–20

Weil, E. (1950), *Hegel et l'Etat* (Paris: Vrin)

(ed.) (1979), *Hegel et la philosophie du droit* (Paris: Presses Universitaires de France)

Wiggins, D. (1973), "Towards a Reasonable Libertarianism," in Honderich (1973), pp. 33–61

Wildt, A. (1974), "Hegels Kritik des Jakobinismus," in *Hegel-Studien: Beiheft 11, Stuttgarter Hegel-Tage 1970* ed. H.-G. Gadamer (Bonn: Bouvier), pp. 417–27

(1982), *Autonomie und Anerkennung: Hegels Moralitätskritik im Lichte seiner Fichte Rezeption*

(Stuttgart: Klett-Cotta)
Williams, B. (1981), "Internal and External Reasons," in B. Williams, *Moral Luck* (Cambridge: Cambridge University Press)
(1994), *Shame and Necessity* (Berkeley, CA: University of California Press)
(2005), *In the Beginning Was the Deed: Realism and Moralism in Political Argument*, sel., ed., and with Introduction by G. Hawthorn (Princeton and Oxford: Princeton University Press)
Williams, R. (1997), *Hegel's Ethics of Recognition* (Berkeley, CA: University of Carifornia Press)
Wilson, G. (1989), *The Intentionality of Human Action* (Stanford: Stanford University Press)
Wolf, D. (1980), *Hegels Theorie der bürgerlichen Gesellschaft: Eine materialistische Kritik* (Hamburg: VSA-Verlag)
Wolff, C. (1976), *Gesammelte Schriften* (New York: Olms)
Wolff, M. (1992), *Das Körper-Seele Problem: Kommentar zu Hegel, Enzyklopädie (1830), #389* (Frankfurt a.M.: Klostermann)
(2004), "Hegel's Organicist Theory of the State: On the Concept and Method of Hegel's Science of the State," in Pippin and Höffe (2004), pp. 291–322
Wood, A. (1990), *Hegel's Ethical Thought* (Cambridge: Cambridge University Press)
(1999), *Kant's Ethical Theory* (Cambridge: Cambridge University Press)
Young, R. (1971), "Reasons as Causes," *The Australasian Journal of Philosophy*, vol. 49, pp. 90–5